就业政策教程

JIUYE ZHENGCE
JIAOCHENG

张原 著

知识产权出版社
全国百佳图书出版单位

图书在版编目（CIP）数据

就业政策教程 / 张原著. — 北京：知识产权出版社，2016.5

ISBN 978-7-5130-4152-2

Ⅰ.①就… Ⅱ.①张… Ⅲ.①就业政策 – 中国 – 教材 Ⅳ.①F249.20

中国版本图书馆CIP数据核字（2016）第074623号

内容提要

本书以就业政策为主要研究和写作对象，介绍了就业政策的概念和类型，对就业政策所使用的政策工具及其应用原则进行分析，并对就业政策的实践过程——就业管理进行研究。分析就业政策所处的经济、社会和制度环境，对劳动力市场发育、国家治理变迁和全球化发展对一国就业政策的影响进行梳理。从劳动力需求政策、供给政策和供需匹配政策的角度分析了就业政策的作用方式、影响范围和政策历史，并按照从核心政策到外围政策的方式介绍就业政策的作用时期和实践效果。在此基础上，采用学理化和指标化分析的方式，介绍就业政策的两种重要发展趋势——从关注就业数量到兼顾质量、从僵化到灵活安全化治理，分析劳动力市场绩效、就业结果和就业政策之间的关系。在梳理各群体性就业政策发展历史的基础上，分析不同劳动者群体的就业政策存在的问题和未来的发展方向。在就业管理政策的国际比较方面，以美国、日本和部分欧洲国家为例分别介绍了就业政策体系建设、实行和改革经验，以欧盟地区和日本为例分析了就业政策和其他相关政策的协调问题，以国际组织、美国和东欧国家为例分析群体性就业政策的相关经验。

责任编辑：李 娟

就业政策教程

JIUYE ZHENGCE JIAOCHENG

张原 著

出版发行：知识产权出版社 有限责任公司		网 址：http://www.ipph.cn	
电 话：010 – 82004826		http://www.laichushu.com	
社 址：北京市海淀区西外太平庄55号		邮 编：100081	
责编电话：010 – 82000860转8594		责编邮箱：aprilnut@foxmail.com	
发行电话：010 – 82000860转8101 / 8029		发行传真：010 – 82000893 / 82003279	
印 刷：北京中献拓方科技发展有限公司		经 销：各大网上书店、新华书店及相关专业书店	
开 本：720mm×1000mm 1/16		印 张：21	
版 次：2016年5月第1版		印 次：2016年5月第1次印刷	
字 数：390千字		定 价：39.80元	

ISBN 978-7-5130-4152-2

目　录

第一章 绪论

案例思考 1：毕业生"被就业"：就业促进政策为何变成保就业率对策？❶

2009 年 7 月 12 日，一篇名为《应届毕业生怒问：谁替我签的就业协议书？注水的就业率！》的帖子发表在天涯论坛上，网友"酱里合酱"说道："我就业啦，就业啦，太兴奋了，而且是在不明真相的情况下被就业的！"据作者讲述，他在某市人才中心办理档案关系转接时，赫然发现其中有一张盖满大红戳的《就业协议书》，看着上面的内容，"我顿时惊呆了，天哪，我居然已经就业了，协议书上面白纸黑字的就业单位名称，还有就业单位大红的印章"，就业单位是某工业公司，他甚至没有听过这个公司。该帖一出，舆论哗然，众多网友开始讲述自己被就业经历。

而除了"被瞒着就业"外，有网友也表示现实中存在着"被要求就业"的情况。网友"bei65909"表示："楼主比我好多啦，好歹学校还替你盖章，我们不但要自己想办法去盖，而且不盖还不发毕业证"。"水明楼主"说："很正常，你们学校帮你们找单位已经不错了。我们学校是逼着我们自己找单位，必须在 6 月 20 日之前签订就业协议，否则档案打回原籍，毕业证和学位证缓发。"另据媒体报道，部分高校采取措施保证就业率早已不是新闻，2006 年安徽省教育厅就曾公开批评"一些高校采取扣押毕业证等方式，要求没就业的学生提供就业协议书，结果逼得学生造假，甚至跑到学校附近的小店盖个章冒充接收单位"。

在就业率成为衡量就业工作成效的重要指标后，各高校为确保就业率达到合适的高位并保持稳定所采取的对策层出不穷，有的甚至铤而走险。我们似乎可以认为，高校促进毕业生就业工作的实质是各校确保毕业生就业率。

20 世纪末，我国的大学毕业生就业制度经历了由"统包统分"到"自主择业"巨大而深刻的变革。在这一场变革当中，政府的职责由就业岗位的分配者转变为大学生就业市场的宏观调控者，频频动用各项政策工具，调整大学生就业市场

---

❶王友航.从促就业的政策到保就业率的对策——对高校毕业生"被就业"现象的分析[J].高校教育管理，2011(1)：40-45.

的各项资源配置。高等教育扩招后大批毕业生不断涌入劳动力市场，以教育部为主的政府主管部门针对大学生就业陆续出台了50余项政策，涉及毕业生到基层、西部和民营企业就业，参军入伍，自主创业，就业指导，技能培训，待就业服务，失业登记，临时救助等各个方面，同时也敦促各高校积极做好毕业生的就业工作，将就业率作为衡量高校就业工作甚至办学水平的重要标准。

在一系列政策规定出台之后，毕业生就业率几乎成了反映高校的毕业生就业工作和办学水平的关键指标，成了高校对市场、家长和政府需求最主要的回应符号，成为关乎学校规模扩展、学科发展和领导政绩的重要因素，甚至影响一个地区的高等教育发展。作为地方微观层面的政策执行者，各学校也相继推行了促进就业的积极对策，在大学毕业生的就业市场中扮演了多重角色，主要包括：供需双方间的沟通者，向学生推荐正规、优质的用人单位，向用人单位引荐优秀的毕业生；供需信息的传播者，通过信息化建设传播就业信息；就业流动的引导者，引导学生到西部、基层和中小企业就业；就业理念的灌输教育者；就业指导服务的提供者，提供职业生涯规划、就业法律援助等多项服务；就业困难群体的帮扶者，为经济困难学生提供必要的就业经费资助。然而，随着大学生就业市场的存量和增量不断上升，加之全球金融危机对我国经济拉动就业能力的减弱，高校毕业生的就业形势愈发严峻，各高校促进就业的消极对策也开始逐渐暴露出来。

政策制定者不可能完全依靠自己执行政策，而是要通过垂直下达或水平传递，交由他人去完成相应的工作。无论是在哪个领域中，授权他人去完成工作的委托者都会丧失一定的控制权。要求高校实现毕业生充分就业，就要在政策文本中明确界定什么是"充分"，但这却存在着困难，政策环境也在发生着改变，"非典"、全球金融危机等突发事件造成的特殊就业情境，时常是详细的政策标准难以规范周全的。以教育部为首的政府主管部门动用了权威、劝诫、激励等多项政策工具，推动高校毕业生就业。然而，地方微观环境中的高等学校是就业促进政策在"街道层"的执行者，时时面对着社会经济迅速发展变化，各地劳动力市场的供需变化等复杂情境。而地方微观层面的街道层执行者所面临的大量问题和需要完成的事物，与短缺的资源之间存在着大量矛盾，将他们作为服务供给者的热情击得粉碎，不得不降低服务标准或改变服务的性质和要素，采取拖延、阻止或消解委托人的需求的手段适应工作状况，最终导致他们所执行的政策实质上即使不是完全改变，也偏离了官方的和自上而下的政策说明。

在开放多元且竞争激烈的高校毕业生劳动力市场中，学生和用人单位的行为都带有较大的不确定性，这增大了高校开展就业工作的不可预见性。而政府出台的种种就业促进措施在政策工具的选择上又多倾向于沿用计划经济时期的权威工具或劝诫、倡导工具,而市场体制的激励工具和能力建设工具使用得较少,高校在开展就业工作中得到的政府财政支持非常有限。在这种情况下,他们没有也不会接受来自政府主管部门对就业率造假一票否决的政治威慑,而是铤而走险,采用了虚报就业率,以扣留学生毕业证书的方式要求学生就业或欺瞒学生帮助其签订就业协定等方式,实现高就业的假象。

阅读上述案例后思考以下问题:

(1)部分高校的做法是在执行大学生就业政策吗?为什么?

(2)政府主管部门针对大学生就业的多项政策能否解决大学生就业问题?为什么会出现政策多、成效差的现象?

(3)一系列大学生就业政策需要采用怎样的政策工具和就业管理方式才能够达到其期望的政策目标?

1.1 就业政策概念

就业政策是指政府为了解决现实中劳动力或潜在劳动力的就业问题制定和推行的一系列方案及采取的措施❶,包括各项方针、原则和指导思想等。它属于宏观决策,是社会政策与法规体系中的重要内容❷,是党和国家在不同的历史时期制定的有关解决劳动就业问题的重大指导原则、措施和办法❸❹。

和其他各类公共政策相似,就业政策也包含了实施主体、实施对象、政策工具和政策目标等要素。就业政策的核心为帮助失业群体和就业困难群体实现就业,其治理的关键在于建立和实施包含积极的就业政策在内的综合就业政策体系,建立战略性就业政策、市场性就业政策和保护性就业政策三大政策支柱,优化国内创业政策,改进创业机理;强化经济政策之间的兼容性和劳动力市场的正向激励,提升劳动力市场的效率;保障就业权利,确定适度标准,防止和抑制就业❺。

---

❶杨龙,王骚.政府经济学[M].天津:天津大学出版社,2004.

❷花菊香.社会政策与法规[M].北京:社会科学文献出版社,2002.

❸张海鹰.社会保障辞典[M].北京:中华书局,1993.

❹王益英.中华法学大辞典[M].北京:中国检察出版社,1997.

❺杨伟国.我国的失业群集与政策选择[J].中国人民大学学报,2006(3):47-54.

1.1.1 狭义的就业政策

就业政策的核心是围绕一个市场——劳动力市场,双重关系——劳动力供求关系和劳资关系,两类人群——失业群体和就业困难群体展开的,因此狭义的就业政策也主要围绕这些要素进行定义,主要指国家针对劳动力市场中出现失业问题和就业困难问题时所采取的一系列旨在恢复劳动力供求平衡、劳资关系协调的经济和社会政策,从其内涵来看主要包括以下几个方面:

(1)旨在促进就业供求信息充分传达的政策。主要是指由政府提供或参与提供职业介绍信息和职业介绍服务,促进就业岗位与劳动力相互优化配置、降低劳动力寻找就业岗位的过程成本。现实中的劳动力市场并不具有信息完全性,由于体制性障碍、经济结构调整、企业经营机制转化等因素的存在,劳动力流动不充分、人才供求信息传递阻滞、劳资双方互不了解等矛盾无法避免,而仅靠私人渠道所提供的信息服务又无法满足社会服务的规模化和多样化要求,因此建立社会化、高效率的就业信息网络成为政府推行就业政策的基础平台,其重要性甚至高于失业救济和职业培训[1]。

(2)帮助特定群体退出或延迟进入劳动力市场的政策。困扰就业政策的核心问题是失业,而从供需角度来看,提高劳动力的有效需求,降低劳动力过度供给是政策的主要方向,因此帮助特定群体退出市场或是延缓进入市场的速度成为减轻失业压力的重要措施。从前者来看,20世纪90年代中国大规模国企改革释放的就业压力一方面要求努力推进下岗工人再就业,另一方面则是通过工资补贴或资本补贴援助的方式帮助特定下岗失业群体退出就业岗位的竞争,随着人力资源竞争的日益激烈,部分人员暂时或永久地退出对就业岗位将成为常态,在大规模体制改革背景下,政府参与退出援助是推进就业政策的重要组成部分。相反,从后者来看,适度设立劳动力市场的进入壁垒也同样重要,劳动力的合理流动、公平就业和岗位资源优化配置等问题都不可能在供求严重失衡的状态下解决。因此,发展职业教育、实行岗位资格认证制度、职业准入制度等是适度延迟劳动力进入市场的有效方式,同时也能提高就业人员的整体素质。

(3)促进就业岗位增加的政策。调整劳动力供求失衡,单方面降低劳动力供给数量或减缓劳动力进入市场的速度是不够的,也是比较消极的应对措施,失业问题的解决根本地要依赖于就业岗位的增加。从实践来看,国家可以直接开发政府性、公益性岗位解决就业,但其数量极为有限,而实体经济中的私人资本,特别是中小额私人资本对就业岗位增加的促进作用则最为显著,因此从促进就业数量增加的角度来看,大力发展中小私营经济应当成为政策主导方向。当然,政府也可参与开发就业岗位,比如联合发展社区经济,政府组织对社区公共资源进

---

[1]陈淮.中国劳动力市场政策的主要指向[J].管理世界,1999(5):64-97.

行有效整合、在资金筹集过程中的贴息扶持和税费减免,推动中小私人资本投入的社区经济,通过经济性岗位和公益性岗位相配套的方式实现劳动力群体的就业安置。

(4)保证有限就业机会有效分配的政策。就业岗位的有限性导致其成为稀缺资源,而优质人力资本的有限性也使得其成为雇主竞争的对象。因此最有效率的分配应当在尽量保证劳动力整体就业需求都得到满足同时,将就业机会和人才资源向最优秀、最有效率的群体倾斜。当然,这一过程主要依靠市场竞争发挥作用,政策一般不予介入。但在一些历史性、体制性因素产生先导性作用,市场单方力量无法发挥作用时,政策的介入就显得十分必要,比如:城乡分割的户口制度仍严重阻碍着对就业岗位的充分竞争;体制身份束缚使得劳动力市场出现人为分割,比如国有企业中正式工与临时工、劳务派遣工的差别待遇;以家族、血缘、地域等非经济性纽带连接的用工制度产生的用工歧视等。

(5)破除劳动力流动阻碍的配套措施。从劳动经济学的理论来看,劳动力市场分割是形成各种就业低效率和不平等的重要原因,因此加速劳动力流动,特别是跨地区、城乡、行业、所有制流动,是缓解劳动力供求失衡的重要途径。中国劳动力流动的障碍不仅包括各种行政性壁垒、户籍制度,在很大程度上也来自社会保障体系的不完善,新旧社会保障体系接轨方式错位,城乡社会保障体制发展失衡、地区间社会保障体制不接轨,导致劳动者在医疗、养老、工伤、失业救济等方面仍存在后顾之忧,无形中加大了劳动力流动的成本;而社会保障体系本身的碎片化和分层化,不但无助于建立统一的劳动力市场,反而使其成为劳动力市场分割的推手。因此,政府主导建立统一、公平、高效的社会保障体系,不仅肩负着提升就业权益和就业质量的要求,更承担着的打破劳动力市场分割,实现劳动力充分流动的重任。

(6)防止供求不平衡导致收入过低和工作条件恶化,解决失业所造成的后续社会问题。就业政策可以对供给、需求力量及其信息传递模式进行前期干预,从而影响劳动力市场的均衡结果,但是这种前期干预的政策目标通常着眼于就业数量或者失业率这一核心指标,而劳动力市场的结果不仅是多少人就业了,还包括他们以什么样的方式就业了,即就业质量是否令人满意。从另一角度来看,尽管就业政策能够在一定程度上影响供求关系,但不能完全纠正供求失衡,劳动力供大于求、劳资双方力量不平衡等市场规律很可能产生低工资、恶劣工作条件等各种就业问题,因此就业政策也需要以公平为基础,将直接调整劳动力市场均衡结果作为政策目标。劳动力市场的均衡价格是工资,其公平底线是供给成本,政策干预主要通过最低工资制度来实现,而劳动条件也是广义工资等组成部分,政策干预主要通过实施一系列与劳动条件有关的法律和劳动监察制度来保障就业质量,防止劳动与资本要素之间利益矛盾趋于激化。对于无法避免的失业和就业困难问题,则需要采取相应的失业救济和就业困难援助制度,进行必要的救助。

1.1.2 广义的就业政策

就业政策的核心体现在狭义就业政策所涉及的几个方面,然而经过多年的政策实践和理论研究,无论是政策制定者还是理论研究者都认识到就业问题的产生绝不仅仅是劳动力市场本身的问题,失业也不只代表了劳动力要素的供求失衡,劳动者权益的损害也不单单通过政府保护就能免除,就业政策尤其是旨在治理中长期失业问题的政策应该具有更广泛的含义。广义就业政策不仅仅包含就业政策的内核——狭义就业政策,还包括其外围——与治理短期和中长期失业有关的经济和社会政策,它们都应该被纳入到就业政策的范畴当中,而这些广义就业政策与狭义就业政策的关系也应该更系统地加以梳理,对此,本书将两者的关系总结为图1-1。

狭义就业政策既有成因指向的,即依据劳动力市场供求规律,追溯就业问题产生的根源,从而制定相关政策,大致包括上述狭义就业政策的(一)至(五)类;也有结果指向的,即观察劳动力市场已然形成的就业数量和质量状况,直接调整运行结果,或以目标导向的方式"倒逼"市场参与主体调整行为模式,从而实现政策目标,主要包括第(六)类狭义就业政策。

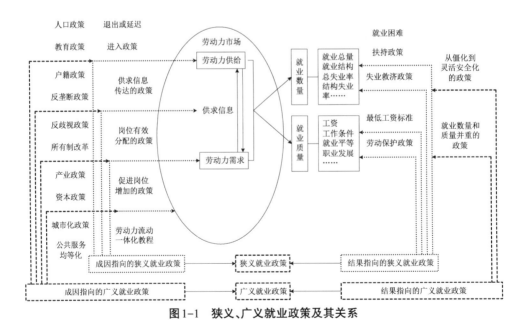

图1-1 狭义、广义就业政策及其关系

一方面,成因指向的狭义就业政策对于就业问题成因的追述往往比较短期、更为直接,虽然对于问题的反应更为快速,但往往无法避免治标不治本的问题,现实中人们也经常发现政府会频繁制定、出台和实施狭义就业政策,但其实际效果则较为有限。另一方面,结果指向的狭义就业政策尽管对劳动力市场的各种运行结果均有所考虑,但往往更加重视核心指标,比如失业率、工资率等,对于其他指标的关注较少,对不同运行结果之间的关系、结果与成因之间的联系机理也不太关心,而现实中人们对于就业数量和就业质量结果都会有所考虑,对于自身就业与否与就业能力高低也同样在意。可见,对于劳动力市场不断涌现的新问题,单纯采取狭义就业政策不足以应对。

而广义就业政策则试图在狭义就业政策的基础上纳入更多的分析视角,追溯更深层次的就业问题成因。比如,人口政策和教育政策如何在中长期内影响劳动力供给数量和质量,从而影响就业压力;所有制改革和产业政策是否会对岗位创造有所帮助从而打开就业渠道,金融和资本政策是否影响了要素替代关系从而改变了市场对劳动力的需求;户籍政策、反垄断政策和反歧视政策对于岗位资源的有效分配是否会产生影响;城市化政策和公共服务均等化建设如何影响统一劳动力市场的建立,从而提高劳动力流动性等。这些政策在传统意义上并不是核心就业政策的组成部分,但在中国的市场化改革过程中却与就业问题密切相关,因此必须成为就业政策研究的重要组成部分。结果指向的广义就业政策则更关注劳动力市场运行结果的多样性,及他们之间的关系,注重结果与成因之间的联系及不同结果之间的制约与平衡,比如反思就业数量和就业质量之间的关系,研究就业质量的指标化,从而建立更加全面的就业政策目标体系;重新考虑就业灵活性和就业安全性之间的关系,从单纯保护性的、僵化的就业政策转向以提升就业能力为导向的就业政策体系。

1.2 就业政策类型

与其他公共政策相似,就业政策按照不同的方法也可分成不同类型,就业政策的核心分类指标主要包括按对象分类和按功能分类,并且能够形成相应的交叉分类体系;同时,也可按照就业困难类型、政策积极性和政策制定层次进行分类,了解分类是认识和理解各种就业政策的第一步,对于制定、实施和评价就业政策具有基础性意义。

1.2.1 按对象分类

就业政策一般涉及实施对象和针对对象两类,前者是就业政策的制定、实施和监督主体,而后者是就业政策的受众,也就是那些会受到就业政策影响的个人或群体。

表1-1 劳动者就业权益相关法律、法规及政策条例解读:2005—2010年[❶]

年份	月份	部门	法律、法规及条例	主要涉及的劳动者群体										
				A	B	C	D	E	F	G	H	I	J	K
2005	02	劳动和社会保障部(现人社部)、全国总工会等4个部门	《关于进一步推进工资集体协商工作的通知》			√	√							
	05	全国总工会(现人社部)	《关于进一步推进劳动合同制度实施的通知》		√		√					√		
	07	劳动和社会保障部	《关于进一步做好在国有企业重组改制和关闭破产中维护职工合法权益工作有关问题的通知》			√								
	11	国务院	《关于进一步加强就业再就业工作的通知》			√								
	12	全国总工会	《关于加强乡镇(街道)工会规范化建设的意见》				√							
	12	全国总工会	《关于加强协调劳动关系、切实维护职工合法权益、推动构建社会主义和谐社会的决定》				√							
2006	01	劳动和社会保障部(现人社部)、全国总工会等19个部门	《关于贯彻落实国务院进一步加强就业再就业工作通知若干问题的意见》								√			

---

❶张原.社会转型期的劳动者权益维护制度及其绩效——基于中国劳动者权益维护的实证分析[J].中国劳动经济学,2012(1):1-11.

续表

年份	月份	部门	法律、法规及条例	主要涉及的劳动者群体										
				A	B	C	D	E	F	G	H	I	J	K
2006	01	全国总工会	《认真学习贯彻中央领导同志重要批示精神,切实维护农民工合法权益的紧急通知》		√									
	01	国务院、国资委	《进一步规范国有企业改制工作实施意见的通知》			√								
	01	国资委	《关于进一步规范国有企业改制工作的实施意见》			√								
	03	全国总工会	《关于贯彻〈国务院关于解决农民工问题的若干意见〉的意见》		√									
	03	国务院	《关于解决农民工问题的若干意见》		√									
	04	全国总工会和国家安监局等3部门	《关于开展"关爱农民工生命安全与健康特别行动"的通知》		√									
	05	全国总工会	《关于推动提高和落实最低工资标准的指导意见》		√					√				
	06	国资委、全国总工会等5个部门	《关于在国有企业重组改制和关闭破产中开展维护职工合法权益工作的通知》			√								

年份	月份	部门	法律、法规及条例	主要涉及的劳动者群体										
				A	B	C	D	E	F	G	H	I	J	K
2006	07	18个城市总工会	《全国城际工会农民工联动维权方案》		√									
	08	全国总工会	《关于做好帮助和指导职工签订劳动合同工作的意见》	√										
	08	劳动和社会保障部（现人社部）、全国总工会等4个部门	《关于开展区域性行业性集体协商工作的意见》					√						
	10	中国共产党十六届中央委员会第六次会议	《关于构建社会主义和谐社会若干重大问题的决定》	√										
	10	安监局、全国总工会等12个部门	《关于进一步做好煤矿整顿关闭工作的意见》						√					
	12	国资委	《关于推进国有资本调整和国有企业重组的指导意见》			√								
2007	02	国务院	《残疾人就业条例》										√	
	04	国务院	《生产安全事故报告和调查处理条例》	√										
	05	劳动和社会保障部（现人社部）、卫生部	《关于维护乙肝表面抗原携带者就业权利的意见》											√
	06	全国人大常委会	《劳动合同法》	√										
	06	劳动和社会保障部（现人社部）	《劳动和社会保障部（现人社部）》	√										
	06	劳动和社会保障部（现人社部）、全国总工会等10个部门	《关于开展整治非法用工打击违法犯罪专项行动方案》						√					

续表

年份	月份	部门	法律、法规及条例	主要涉及群体										
				A	B	C	D	E	F	G	H	I	J	K
2007	08	全国人大常委会	《就业促进法》	√										
	11	劳动和社会保障部（现人社部）	《就业服务与就业管理规定》	√										
	12	全国人大常委会	《劳动争议调解仲裁法》	√										
	12	国务院	《职工带薪年休假条例》	√										
2008	02	国务院	《关于做好促进就业工作的通知》	√										
	03	全国总工会	《2008年维护农民工合法权益工作要点》		√									
	06	全国总工会	《关于开展集体协商要约行动的意见》	√										
	06	全国总工会	《关于建立集体协商指导员队伍的意见》					√						
	07	全国总工会	《关于进一步加强工会劳动争议处理工作的意见》	√										
	08	全国总工会	《工会法律援助办法》	√										
	09	国务院	《中华人民共和国劳动合同法实施条例》	√										
	10	人力资源社会保障部、发改委等11个部门	《关于促进以创业带动就业工作的指导意见》	√										
	12	全国人大常委会	《社会保险法（草案）》	√										

年份	月份	部门	法律、法规及条例	主要涉及群体										
				A	B	C	D	E	F	G	H	I	J	K
2008	12	国务院	《关于切实做好当前农民工工作的通知》		√									
2009	02	国务院	《关于做好当前经济形势下就业工作的通知》	√										
2010	01	国务院	《关于进一步做好农民工培训工作的指导意见》		√									
	02	国务院	《关于切实解决企业拖欠农民工工资问题的紧急通知》		√									
	07	国务院	《关于进一步加强企业安全生产工作的通知》	√										
	10	国务院	《关于加强职业培训促进就业的意见》	√										

[说明]涉及的劳动者群体:A,所有劳动者;B,农民工;C,改制国有、集体企业劳动者;D,非公有制企业劳动者;E,地方、基层、小型企业劳动者;F,煤矿行业劳动者;G,外资、私人企业;H,下岗失业人员;I,劳务派遣工;J,残疾人;K,乙肝携带者。依据2005—2010年人大常委、党中央、国务院和各部委的法律、法规及政策条例整理。

就业政策的制定和实施主体包括中央和地方各级政府,具体而言,全国人大常委会、国务院、人力资源和社会保障部、人口和计划生育委员会、安全生产监督总局、教育部、卫生部、工业和信息化部、国有资产监督管理委员会、发展和改革委员会、中华全国总工会等部门都能够制定或参与制定与就业政策相关的法律法规,地方政府及其立法、政策制定机构也有制定地方性就业政策的权利。表1-1列举了2005—2010年与劳动者就业权益相关的法律、法规及政策条例,总结这些政策的制定部门和涉及的主要劳动群体,可以发现,就业政策的实施对象可以独立制定政策,也可以联合不同部门共同行动;可以进行单个政策的制定,也可以参与多项政策,其职能特征和管理范围决定了参与就业政策的深度和广度,随着行政机构改革的开展,制定和执行就业政策的主体也会发生一定的调整。由于交叉性、重叠性和机构改革带来的不稳定性,从实施主体角度进行就业政策分类并不是一种理想的方法,更加简洁明了的方法应该从实施对象角度进行分类。

同样,从表1-1的例子可以发现,就业对象可以宽泛至所有劳动者,也可以具体到农民工,改制国有和集体企业劳动者,非公有制企业劳动者,地方、基层、小型企业劳动者,煤矿行业劳动者,外资、私人企业劳动者,下岗失业人员,劳务派遣工,残疾人,乙肝携带者等非常具体的劳动者群体。按照这些劳动者群体进行分类的就业政策也会存在一定的交叉性,比如劳动者可以既是农民工同时又属于青年失业群体,但只要分类定义明确,那么即使有一定的交集,按针对对象进行的就业政策分类仍然是比较明确的。按照目前我国失业和就业困难主要群体的构成状况,就业政策类型主要可以分为国有下岗职工就业政策、城镇失业人员就业政策、农民工就业政策、青年失业群体就业政策、弱势群体就业政策等。

1.2.2 按功能分类

就业政策按照其功能不同,可以分为战略性就业政策、市场性就业政策和保护性就业政策[1]。

战略性就业政策是以增加就业岗位为核心的就业政策,因此其政策重点在创业激励,主要包括六项基本要素:财产的法律与政治保护、激活企业家精神、市场准入、行政成本、融资便利、税收政策。私有财产及其法律与政治保护对于经济增长不可或缺,其关键在于为创业激励准备恒久动力。因而国家必须从法律和政治角度建立现代产权制度,保护私有财产。激活企业家精神的核心在于促进自由企业制度,鼓励民营企业的发展,由此,持之以恒地鼓励、支持和引导非公有制经济发展已是必然,从政策操作层面看,需要清理和修订限制非公有制经济发展的法律法规和政策,消除发展非公有制经济的体制性障碍。尤其在市场准入方面,政府需要进一步放宽市场准入条件,允许非公有资本进入法律法规未禁入的基础设施、公用事业及其他行业和领域,非公有制企业在投融资、税收、土地使用和对外贸易等方面,与其他企业享受同等待遇;废止妨碍公平竞争、设置行政壁垒、排斥外地产品和服务的各种分割市场的规定,打破行业垄断和地区封锁。在降低创业的行政成本方面,国家应该关注更多的企业形式、更少的资本限制、更简便的注册程序、更短的注册时间。在融资便利方面,主要是积极推进资本市场的改革开放和稳定发展,建立多层次资本市场体系,完善资本市场结构,丰富资本市场产品,鼓励社会资金参与中小金融机构的重组改造,在加强监管和

---

[1]杨伟国.转型中的中国就业政策社会转型[M].北京:中国劳动社会保障出版社,2007.

保持资本金充足的前提下，稳步发展各种所有制金融企业。在税收政策优化方面，按照简税制、宽税基、低税率、严征管的原则，稳步推进税收制度改革，统一各类企业税收制度，清理有碍于创业激励的不合理税收。

市场性就业政策则是基于劳动力市场供求规律，以实现供求匹配为核心的就业政策，包括劳动力供给和需求激励，及市场中介组织相关的政策。劳动力供给激励的核心是提升劳动力的就业能力，就业能力是指劳动者在劳动力市场上自由流动，通过持续就业而实现潜能的能力。对个人而言，就业能力取决于他们所拥有的知识、技能与态度等，提升就业能力已成为全球就业政策的共同选择，现代国家一般都会构建国民教育体系和终身教育体系，通过推进素质教育，强化职业教育和技能培训，增强国民的就业能力、创新能力、创业能力，提升劳动力就业能力。劳动力需求激励则更多关注扩大就业需求，比如积极提升具有比较优势和市场需求的劳动密集型产业，扩大第三产业的就业吸纳能力，鼓励就业容量大的私营、个体经济和中小企业发展。而在供需匹配方面，政策核心在于促进劳动力市场的发育，提高劳动力市场效率，矫正制度性扭曲，提供市场过程激励。改进劳动力市场过程的关键是强化就业服务，提升就业灵活性。加强劳动力市场科学化、规范化、现代化建设，不仅需要建立完善的公共就业服务制度，还需鼓励和规范民办职业介绍机构的发展。在提高灵活就业方面，政府可鼓励劳动者通过灵活多样的方式实现就业，比如非全日制、临时性、季节性、钟点工、弹性工作等，积极发展劳务派遣组织和就业基地，为灵活就业提供服务和帮助，但同时也要依法规范这些就业渠道，在灵活化同时保持市场的规范化。

保护性就业政策则主要关注劳动者的就业权利，保护就业前的平等就业机会权利、就业中的就业条件公平权利和不能就业时的社会保障权利，同时注意平衡就业权利保护与自我负责之间的关系。在就业前的平等就业机会权利保护方面，应该逐步统一城乡劳动力市场，推进户籍制度改革，形成城乡劳动者平等就业的制度，保障进城就业农民的合法权益；从反就业歧视方面，法律保护劳动者不因民族、种族、性别、宗教信仰不同而受歧视，纠正劳动力市场上的各种歧视行为。就业中的就业条件公平权利保护包括保障劳资双方的平等对话权利，劳动时间长度限制、节假日待遇、最低工资规定、就业及失业保障等。在不能就业时的社会保障权利保护方面，国家对失业者或不能就业者提供社会保障，包括完善企业职工基本养老保险制度，健全失业保险制度，扩大基本医疗保险覆盖面，推行职工工伤和生育保险。在平衡自我负责与社会保护方面，基于现实的经济基础和发达国家的经验与教训，保护性就业政策也必须关注平衡自我负责与社会保护，采取广覆盖、低水平的政策，及早防止社会保护标准对就业政策效果产生负面影响。

1.2.3　按就业困难类型分类

就业政策不仅仅关注已有的失业者,也会覆盖初次就业者和就业困难人群。失业是指劳动者由于某种原因失去了原有的职业,失业的严重性在于失去工薪收入,严重影响生活依赖的物质来源,导致生活贫困,失业人群可能成为社会的不安定因素。中国的失业现象是自建国时起就一直存在的问题,解决失业问题也是政府一贯的政策目标。1949年以来,中国曾经出现过三次较大的失业高峰,由此也导致政府不断出台以解决失业问题为目标的政策,针对失业人群的就业政策成为各类就业政策中的重点和核心。

新生劳动力是指初次面临就业的各类有关人员,包括由于某种原因未能继续升学而直接进入求职大军的青年劳动力、达到劳动年龄的学校毕业生、进入城市初次求职的农民工等。随着年龄的增长,每一个青年人都会进入劳动年龄。继续升学深造的青年人最终也总要从学校毕业而求职参加工作。新生劳动力是社会经济发展的必要保障因素,在劳动力供给达到一定的均衡状态时,社会上必须要有一定的新生劳动力储备,以便能够满足随着未来新企业而出现的劳动力新需求,否则将不能从劳动力供给上支持新企业的出现,从而影响整个社会经济的发展。但是,由于某些原因,新生劳动力也会面临着就业问题,他们尽管没有失去工作的经历,但新生劳动力待业也会产生负面效应,解决新生劳动力的初次就业问题也就构成了政府就业政策的目标之一。

同时,就业问题也不仅仅体现在新老失业问题,也包括就业困难,这里的就业困难人群包括两类:第一类是已就业但就业条件差的人员;第二类是想就业但由于屡次无法就业而不再积极寻找工作的人,也即"丧失信心"的劳动者。在劳动力市场上第一类就业困难人群工作条件差,收入得不到保障,但由于其属于就业人群,不受失业政策保护,第二类就业困难人群没有工作,但是由于没有积极寻找工作,因此也不受失业政策覆盖。就业困难人群同样会产生社会问题,比如劳动条件差的农民工和丧失信心的国企下岗工人都存在不同程度的生活和心理问题,都应该受到就业政策的帮助。

1.2.4　按积极性分类

从历史来看,各市场经济国家都曾经历过失业问题,从各国解决失业问题的实践来看,虽然就业政策种类繁多,但通常可以按照政策的积极性分为两大类:一是积极的就业政策,也称主动的就业政策;二是传统的就业政策,也称被动的就业政策。

积极的就业政策是指针对失业的不同类型和产生的原因,政府采取相应的政策措施,尽可能地消除引起失业的成因,以减少失业和保证充分就业。比如保持较高的经济增长率,提高经济的活动水平,着力修复劳动力市场的功能,提高劳动力市场的调节能力,调整劳动力市场的供需结构,促使劳动力市场恢复均衡。主动的就业政策是当代世界各国政府实施的就业政策的主体。但无论积极的就业政策有多大的成效,仍然不可能完全消除失业现象。

失业在现代社会中是一个经常存在的现象,单靠积极的就业政策不足以解决,因此还需要传统的就业政策与之配套。传统的就业政策亦可称为以失业保险为主要内容的就业政策,其主要功能是为失业者提供基本的生活保障,以使他们平稳地渡过失业期,重新找到工作,同时维护社会稳定❶。

1.3 就业政策之间的关系

就业政策可以按照不同的标准进行分类,但是不同种类的就业政策之间存在着重要的相互关系,这种关系可以表现为互补性、因果性、依赖性、制约性等。了解政策之间的相互关系对于有效运用政策具有重要意义。

1.3.1 狭义与广义就业政策之间的关系

狭义就业政策与广义就业政策之间的作用层次、覆盖范围和延续时期存在一定的互补性。一般来说,狭义就业政策的反应速度较快,短期内的调节作用也较为明显,而广义就业政策稳定性较高,效果往往不能立竿见影,但是在中长期中却起到了决定性作用,因此在运用和调整这类政策时必须对实际劳动力供给状况有更高的把握和更准确的预测。

核心就业政策是解决短期就业问题的主要工具,如果政策效果不显著,可能会使得短期就业问题发展成"慢性疾病",进入中长期治理的范畴;从另一方面来看,许多短期内爆发的就业矛盾也是外围就业政策作用不利,或者长期制度弊病的累积反应,因此也不能完全依赖核心就业政策实现"休克疗法"。因此,在处理两类政策的关系时,需要把握一些基本原则:核心政策应瞄准中短期目标,兼顾长期趋势,遵循灵活化和相机决策的原则;而外围政策则应关注中长期规划,保障政策的稳定性和可预见性,在政策调整上采取谨慎和渐进的原则,防止产生难以扭转的副作用。

1.3.2 成因和结果指向的就业政策之间的关系

就业政策部分内容是成因指向的,即依据劳动力市场供求规律,追溯就业问

---

❶吴鸣,李楠.治理失业和推进改革:转型时期我国就业政策的双重任务[J].求实,2004(6):44-46.

题产生的根源,从而制定相关政策,另一部分则是结果指向的,即观察劳动力市场已然形成的就业数量和就业质量状况,直接调整运行结果,或以目标导向的方式"倒逼"市场参与主体调整行为模式,从而实现政策目标。

从治理就业问题的逻辑来看,只有解决了形成问题的主要矛盾,各种劳动力市场失衡现象才能够得到根本性纠正,因此,成因指向的就业政策在调整劳动力市场运行过程中起到了核心、主导的作用。但是,劳动力市场的运行也有自身的规律,劳动力供求总量,劳动力市场失灵现象等问题可以由政策进行调整,但往往不能彻底解决,对于业已形成的市场结果,需要政策予以二次纠正,而这种事后调整就有赖于结果指向的就业政策,因此后者起到了补充、配合的作用。

虽然成因和结果指向的就业政策之间具有不同的权重关系,但这并不意味政府可以偏向或者弃用某一类政策,因为单一的政策取向不仅无法有效解决问题,有可能还会加剧矛盾。以狭义就业政策为例,政府运用就业岗位促进政策来扩大劳动力的需求,经常会开发一些灵活就业岗位,比如临时工、季节工、小时工、派遣工等,虽然能够解决部分劳动力的就业问题,但是这些岗位往往存在录用程序不规范、薪酬标准不明确、薪酬差距大、福利待遇不公平、工作身份歧视等问题,反而挫伤了再就业劳动者的工作积极性,致使公益性岗位的工作效率低下,原因就在于没有建立和施行配套的结果指向性就业政策来有效规范工资、工作条件等相关内容。这种配合问题在广义就业政策中也同样存在,比如我国高等学校从20世纪90年代开始连续大规模扩大招生,对缓解短期劳动力市场供给过剩起到了重要的作用,但是随之而来的大学生就业质量下降又成为困扰中国劳动力市场的中长期问题,应该采取哪些结果指向的就业政策来提高大学生的就业质量,大学生就业质量的衡量指标和评价体系应该包括什么内容,都需要对结果指向的就业政策进行研究和重新构建。大量现实中存在的例子表明,成因和结果指向的就业政策必须配合使用,才能真正有效地治理就业问题。

1.3.3　成因指向的就业政策的内在关系

成因指向的就业政策主要包含调节劳动力供给、需求和供需匹配的政策。劳动力市场供求具有高度的相关性和同步性,因此决定了调节劳动力供给和需求的政策需要相互配合。劳动力供给过剩是造成就业问题的主要原因,劳动力供给的总量和结构都会对劳动力市场的就业状况产生重要影响,因此针对供给设计的就业政策占据了就业政策的重要篇幅,也有较大的政策选择空间。有效需求不足是导致劳动力要素闲置的重要原因,因此从需求角度进行的政策设计主要从扩大全社会劳动力吸纳、优化就业岗位的角度解决失业和就业困难问题。产业、职业和所有制结构都会对劳动力市场的就业吸纳能力产生重要影响，因而，从扩大劳动力需求角度入手制定就业政策，提高劳动力市场的岗位数量，调整岗位结构，成为解决就业矛盾的重要渠道。在平衡供需的过程中，市场力量有时受到信息不完全、制度历史传统、外部性等问题的影响，无法有效发挥作用，就需要改善市场效率的政策进行调节。

劳动力市场的供需关系决定了成因指向的就业政策之间的内部对应关系，但从基础性角度来看，政策之间又非简单的平行关系。破除劳动力流动阻碍的政策、促进就业供求信息充分传达的政策和保证有限就业机会有效分配的政策具有较高的制度性和规范性含义，政府主要通过立法的方式构建整体市场运行的基本准则，并不直接干预市场供求行为，因此这类政策更加具有基础性和公共性，也是就业政策的"长处"；而退出或延迟进入劳动力市场的政策，促进就业岗位增加的政策则会直接影响劳动力的供给状态和市场的就业吸纳能力，需要政府在一定程度上充当或替代市场的角色，很可能是政策的"短板"，因此在运用这类政策强化政府责任的同时，还需要平衡市场和政府之间的关系。从现实情况来看，如果没有把握好两者之间的关系，很可能导致市场和政策"同时失灵"的尴尬状况。比如在国有企业改革和民营经济发展的过程中，体制外劳动力就业并没有过多地依赖政府——非国有企业职工的就业基本以市场为基础，农民工就业也大多通过自身的努力创造就业机会；而国有企业下岗人员依赖政府解决就业问题的心态极为明显，政府在这一群体上的就业投入也很大，但效果却不显著。这充分表明，政府在运用成因指向的就业政策时，需要充分了解市场和自身的长处，有效配置政策资源。

1.4 就业政策工具

就业政策是政府为解决现实中劳动力或潜在劳动力的就业问题制定和推行的原则、指导思想和方针措施，由于就业政策类型众多，现实中推行就业政策就必须依赖各类政策工具。政策工具具有较强的实用性，不同属性的工具运行机制各异，因而选择政策工具时必须衡量各项政策工具的生效条件，统筹劳动力市场的不同情形。

1.4.1 强制性的政策工具

强制性的政策工具主要是管制或规制，包括进入管制、质量管制和价格管制等。它们主要通过法令形式规定，并通过国家强制力保障执行。与这些管制工具相配套的还有劳动监察、劳动争议仲裁和裁判，用于监督执行强制性政策并对违反管制政策者进行制裁。强制性政策工具主要运用范围包括建立城乡统一平等的劳动力市场制度环境,减少就业领域信息不对称和不完全,减少劳动力市场供需双方的单方垄断,提供公共物品,保护劳动者权益、保护弱势群体、实现社会正义等。强制性的政策工具是以国家强制力作为后盾的,具有高度的有效性和公平性。其作用程度受到经济社会的承受力和适应性、政策目标的一致性程度、信息对称和完全程度及劳动和社会保障执法力量和经费能力等因素的影响。

1.4.2 激励性政策工具

激励性政策工具通过经费补贴、财政补贴、税费补贴及贷款和奖励等方式提供就业服务。它主要用于对就业管理和服务的购买、对工会的扶持和培育、对创业活动的激励等方面。激励性政策工具受政府财政能力及代理方代理能力和资格具备程度的影响。另外,激励性政策工具需要处理"委托—代理"问题,即社会分工和信息不对称带来的委托者督促代理者实现自身目标的问题。这一问题可以通过招投标的形式创造竞争机制和减少委托成本,通过信息获取来减少道德风险,也可以通过监督代理人履行合约的行为过程来缓解,还可以通过建立评价体系对目标实现程度进行考核评价。

1.4.3 指导性政策工具

指导性政策工具主要是提供就业和工资等方面的建议、提供劳动力市场指导价位和企业工资指导线、参加劳资双方的工资集体协商及进行劳动纠纷的调解等。在市场经济环境下,在不能通过简单行政命令实施工资和福利标准,且工资福利依据市场规律和劳资双方的个体特征富有弹性的条件下,使用指导性政策工具比使用强制性政策工具更为恰当。指导性政策工具的缺点在于它所指向的建议和目标结果具有不可控性,政策工具的有效性受指导者相关知识具备程度、相关信息拥有程度及劳资双方力量对比情况等因素的影响。

1.4.4 信息性政策工具

信息性政策工具主要包括信息网络建设、信息供给及政策咨询等。这种政策工具主要用于劳动者的工作搜寻、工资福利协商及农民工权益保护等方面。这一政策工具的生效程度主要与信息网络的完备程度、使用的便利程度、信息的时效性和丰富程度相关。就统筹城乡就业的信息网络而言,至少要求具备跨区域性、跨城乡性和便于农民工使用等特征,所提供的信息要求真实可靠和及时有效,同时信息管理部门要对垃圾信息和噪音信息进行及时剔除。

1.4.5　服务性政策工具

服务性政策工具包括政府直接供给、建立公共企业供给、服务外包及社区服务等。用于统筹城乡就业中的服务性政策工具主要表现为:建设劳务协作基地,组织劳务输出,对外出务工人员建立个人档案并定期回访;建立创业服务项目经理人制度,开发社区就业岗位;政府成立公益性事业单位或者自收自支事业单位对农民就业培训和社会保障进行服务和管理;为就业困难人群开发并提供岗位及提供就业服务;安排农民工子女就近入学、建设廉租房及其它帮助进城务工人员就业和享受公共服务体系的措施。就业服务通常需要在了解服务对象需求的基础上提供个性化服务,所以需要在供需双方间建立服务"表达—响应"机制。同时,服务性政策工具的程序较为复杂、工作要求细致、人员配置需求较多,所以需要改善就业服务的服务流程、服务质量,加强人员配置并将服务下沉到社区、农村和企业等最基层。另外,服务性政策工具运作效果好坏还与支撑就业服务的公共财政体系和公共服务供给机制密切相关。❶

总体而言,不同类别的政策工具针对大致不同的情形、本身具有不同的特征,生效条件也不尽相同。当然,同样的情形有时也需要通过多种不同的政策工具来应对,或者说同样的政策工具可以应对多种不同的情形和需要。

1.5　就业政策工具的应用原则

就业政策工具多种多样,而其有效性发挥则更多地依赖于合理选择和灵活把握,对于不同的情况,就业政策工具生效条件也不尽相同,同样的政策工具可以应对多种不同的情形和需要;反之,对于同样的情形,有时也需通过多种不同的政策工具来应对,其要点包括以三个方面。

1.5.1　平衡市场与政策的关系

经济的效率来源于市场的力量,但与所有的市场一样,劳动力市场本身也存在缺陷,在收入分配公平性、供求信息充分传达、充分就业等问题上,单凭市场力量无法解决,因此需要政府发挥作用,以政策力量弥补市场的消极影响。实现充分就业是宏观调控四大目标之一,强化政府在扩大就业、降低失业率等方面的责

---

❶黄红华.统筹城乡就业的政策工具研究[J].浙江工商大学学报,2012(1):71-78.

任,是保证公共就业政策有效实施的重要途径,现实中,许多国家也出台了扩大就业和促进再就业的政策。但是,在强化政府责任的同时,要转变劳动者的就业观念,除了就业困难群体无法进入劳动力市场以外,其他劳动者要不断增强就业市场竞争意识,在政府引导下通过劳动力市场努力寻找就业机会。从现实情况来看,在中国改革过程中,体制外劳动力就业并没有过多地依赖政府,非国有企业职工的就业基本不依赖政府,农民工就业也基本通过自身努力实现,而国有企业下岗人员依赖政府解决就业问题的心态极为明显,主动提升劳动技能愿望却不显著,在一定程度上增加了政府扩大就业的难度。这充分表明,在推行就业政策时必须充分了解市场和政府的长处,看清其不足,平衡双方力量,政府应当贯彻一个原则,即在不损害效率的基础上坚持就业优先,把就业放在经济社会发展更加突出的位置,实现兼顾公平的目标。

1.5.2 兼顾公平与效率的统一

就业是人们取得收入、赖以生存的手段,也是人们参与社会活动,实现人的全面发展的重要途径。劳动力具有商品属性,在劳动力市场竞争过程中主要依据效率优先原则;同时,与其他商品不同,劳动力的主体是人而非物,因此具有非商品的属性,在使用劳动力的过程中必须顾及人的各种属性,其中最重要的一点就是对公平的追求。从现实状况来看,一方面,劳动力市场竞争常常会产生供大于求的状况,就业需求与就业供给的缺口过大,失业率就会超过人们的心理承受能力和社会的容忍程度,不能分享经济发展的成果,社会公平目标难以实现,社会矛盾加剧,最终破坏经济增长的宏观环境,从这个意义上讲,一定的就业需求,既是社会稳定的基础,也是经济增长的必要条件。另一方面,人为市场分割、政策性市场壁垒及劳动力市场歧视的存在往往带来不公平的就业结果,从而导致劳动者的心里失衡和工作积极性下降,最终影响市场效率的提升,从这个意义上而言,建立真正公平统一的劳动力市场是实现长期效率的保障。

1.5.3 在博弈中实现目标一致

与其他公共政策相似,就业政策同样需要把握不同政策实践的博弈。举例来说,在解决失业率持续上升的矛盾时,往往需要政府运用财政转移支付的办法,加大对就业和再就业的投入,协调就业与税收、工商管理、金融等政策的关系,可是实际上要中央财政扩大就业支出,最大的阻力是来自于财政部与其他部门利益关系的调整;税务部门对下岗失业人员提供税收优惠、工商行政管理部门对下岗失业人员提供工商行政管理费优惠,及下岗失业人员信贷政策等都是如此,这些部门之间的利益之争,会严重削弱政府在促进就业方面的整体合力,最终导致就业的公共选择变成了部门之间讨价还价的结果,降低了就业政策效率。因此,提高就业政策效率的方法是把竞争机制引入公共政策选择之中,使就业政策选择更好地把握宏观调控的方法和力度,注重政策规划的连续性、政策选择的公共性、政策实施的优先度,使就业政策的价值取向体现公正与公平。

1.6　就业政策的实践——就业管理

运用就业政策工具,推行就业政策的系统过程就是就业管理,与单纯的就业政策相比,就业管理需要在充分理解就业政策的基础上,将就业政策的各项内容转换为就业政策实行机构的各种事务,并对其组织、人员、程序和结果加以有效管理。

1.6.1　就业管理的概念和原则

就业管理是指按照经济发展的客观规律,为提高劳动力资源的开发利用水平,提高就业效益而对劳动就业活动进行计划、组织、激励、协调和控制,是就业政策从理论变为实践的基础。就业管理会在就业政策的基础上形成一系列文件性的标准、规程和条例,整体来看包括两大类:一类是较为宏观的关于全体社会劳动力的就业管理规章制度,如失业人员登记制度,具有一定的抽象性,但也会落实到某一个具体的就业管理部门,比如失业人员登记管理处;另一类是较为微观的管理部门内部的规章制度,如职业介绍部门的工作条例、岗位责任制度等,其规则主要是针对就业服务过程中的权责、行为、态度、纠纷处理方式等加以具体的规定和调整。

就业管理属于公共管理的范畴,因此需要遵循一般公共管理的原则——人本原则、服务原则、效能原则和均衡原则,但由于就业管理也有其自身的特征,因此也需要遵循其本身特有的原则,具体而言包括:系统原则,即避免就业管理规范内主要矛盾发生的同时,保持其与社会总体规范协调一致;效率原则,即当出现就业问题解决方式多样化的情况时,寻找最有效率的、成本－产出最大化的方案;权变原则,由于劳动力市场的状况会不断发生变化,就业政策将发生相应的调整,因此就业管理本身需要具有更加灵活的动态调整性质;适度原则,就业管理需要有适当的约束的尺度,约束过紧或放松无度都无法达到政策的预期目标,因此适度原则也需把握。

1.6.2 就业管理的内容和组织

就业管理以就业关系作为主要管理对象,因而包括两方面的管理内容:其一是劳动力供给和需求总量管理,保持就业岗位与劳动者总量的动态平衡,比如人口生育政策和人口流动政策。其二是劳动力供给和需求结构管理,各种岗位由于具有性质差异、工作繁简、难易程度的不同,因而对劳动者受教育程度、专业水平、专门技能、经历、心理特征及身体状况等基本特征要求也不同,劳动力结构管理主要在于使得岗位性质与劳动者类型相互匹配,调节社会劳动力在国民经济各部门各地区各岗位的分配,提高劳动力资源开发利用水平,与就业的产业和职业结构相关的就业管理主要涉及就业结构管理方面的内容。

就业管理的组织方式是通过一定数量和结构的人员及设备所组成管理机构,制定、调整和执行就业管理规范,设计与就业管理相关的程序,承担主要的就业管理监督任务,通过计划、组织、激励、协调、控制等施加影响于劳动力供给和需求的相互平衡活动,使其符合客观规律,提高就业效率。就业管理主体对客体施加影响的方式和具体表现,是设计管理者职务和管理机构功能的依据。就业管理的基本功能包括:计划与决策,确定就业活动的目标、任务、政策及方案,并付诸实施;组织与用人,把各种管理设备,特别是人员结合成完成任务的功能实体,其结果是形成一定的管理机构部门;控制,按预定计划对全体劳动力就业活动进行监督、检查和调查,以纠正偏差,保证预定目标的实现;协调,理顺劳动力需求和供给的关系,消除不和谐、不平衡状态,以便为实现管理目的创造良好的环境。

1.6.3 就业的供需管理和匹配管理

政府的就业管理核心为就业供给和需求管理。就业需求管理表现在直接和间接就业需求干预两个方面,直接需求干预是指政府本身作为劳动力需求主体以调控劳动力市场的失衡状况,主要包括政府部门直接雇佣数量庞大的劳动者,通过财政政策实施公共工程,创造就业机会,作为劳动力市场最终需求方,雇佣特殊时期是失业者或特殊的劳动力并发给工资;政府向雇工单位提供雇工补贴以刺激雇工单位保留原有职工或聘用失业者,为濒临失业者提供就业和训练机会等。间接需求干预是指采用税收和其它经济杠杆影响私人企业资本投资从而调整企业劳动需求量,通常使用的调节方式是:通过降低税率、提高起征点或出台减免税政策扩大劳动需求;利用会计结算中加速折旧的方法鼓励企业大量生产性投资,并缩短再投资周期;调整货币政策,采用扩展性货币政策促进私人投资和经济活动规模扩大,间接影响就业量;针对严重失业和贫困地区实施特殊就业计划,通过调整产业发展、劳资关系、劳动工资等方法间接影响就业。

政府就业供给管理主要表现在人力资源规划政策上,通过调节人力资源存量,使供给的劳动力与可利用的职位相一致。一些就业供给管理实施较早的国家,其人力资源政策已经形成比较完整的三位一体的管理体系,包括:经常性训练和职业训练在内的技巧训练计划;职位开发计划,比如学徒扩展计划、企业部门的工作机会、公共部门的职位扩大等;就业能力发展计划,包括工业化机会中心、集中性就业计划、工作刺激计划、职位组合等。这些公共管理性质的宏观人力资源规划侧重于两类人群:一是新增劳动力,主要是青年劳动力如何由学生顺利过渡到从业人员;二是劳动力市场原有的从业人员如何应对职位转变中遇到的问题。政府通过各种手段提高劳动者的就业能力,使不同的人群适应两类转变,这些手段主要包括:加强基础教育和职业教育,促进高等教育,消除由基础教育不足导致的就业障碍;对青年及成年劳动力进行工作经验训练,降低由于工作技巧缺乏造成的就业困难;对失业者给予训练和再训练,禁止种族歧视,降低就业困难人群的就业心理障碍;进行人力资源需求调查,影响雇主用人政策,比如迁移人口雇佣政策,来解决劳动市场信息缺乏和供需匹配障碍所导致的就业问题;专设青年服务的就业机构和失业人员服务机构,保证劳动力有充分的就业准备期。

政府在供需匹配上的就业管理主要包括:收集、整理、加工和发布权威可信的市场供求信息,保证劳动市场信息的质量和丰富程度,降低劳资双方搜寻失败概率,建立双方互信基础,为合理选择职业提供基础条件。区域性就业管理部门的基本工作着眼于划分辖区内的劳动力短缺地区、供给平衡地区、轻度过剩地区和严重过剩地区,按产业、职业、性别、受教育程度等分类模式提出劳动力供需的现实状况和未来预测,发布可靠的信息。在求职服务方面,公共就业机构利用分支机构和网络开展职业介绍中介服务,基于劳动力市场供求信息,介绍供求双方直接联系,或者代雇主雇佣劳动力。在就业咨询方面,主要针对刚进入劳动市场的新增劳动力,不适应现有职业的劳动者及特殊求职者,如受歧视人群和残疾人,提供就业转换意见、就业准备帮助和就业法律援助。在雇主服务方面,对新企业或转型期企业发布劳动力需求信息,接受雇主委托,为其寻找或提供特别职位申请者。另外,也会参与一些其它的供求协调服务,比如为工会提供帮助、参与社区就业组织工作、安排政府就业训练活动及贯彻就业相关立法等。

★ **本章重点：**

就业政策的概念,狭义、广义就业政策及其关系;

就业政策的分类方法,按对象和功能进行分类的就业政策;

就业政策工具类型,就业政策工具应用中注意的三大前提;

就业管理的概念和内容。

★ **关键词：**

狭义就业政策	广义就业政策
成因指向的就业政策	结果指向的就业政策
就业政策的实施对象	就业政策的针对对象
战略性就业政策	市场性就业政策
保护性就业政策	就业困难人群
积极的就业政策	传统的就业政策
强制性政策工具	激励性政策工具
指导性政策工具	信息性政策工具
服务性政策工具	就业管理
就业的供给管理	就业的需求管理
就业的匹配管理	

思考与应用：

图1-2是深圳市龙岗区人力资源服务中心的灵活就业补贴申请流程表,请仔细阅读图表,查阅图表中所涉及的文件和其他相关知识,并结合本章所讲内容,回答以下问题:

(1)灵活就业补贴属于哪种类型的就业政策,如何按照就业政策的不同分类方法将这一政策进行详细定位? 灵活就业补贴政策的目标、对象、实施方式是什么?

(2)在实施灵活就业补贴政策时,需要借助哪些就业政策工具? 这些政策工具是如何相互配合从而有效完成政策实施的? 在这一过程中体现了就业政策工具的哪些运用原则?

(3)请简要描述该区灵活就业补贴的申请流程、组织方式和管理内容,评论其是否能够较好地遵循就业管理的基本原则。如果由你来设计该区的灵活就业补贴政策和管理制度,你会在哪些方面加以改进?

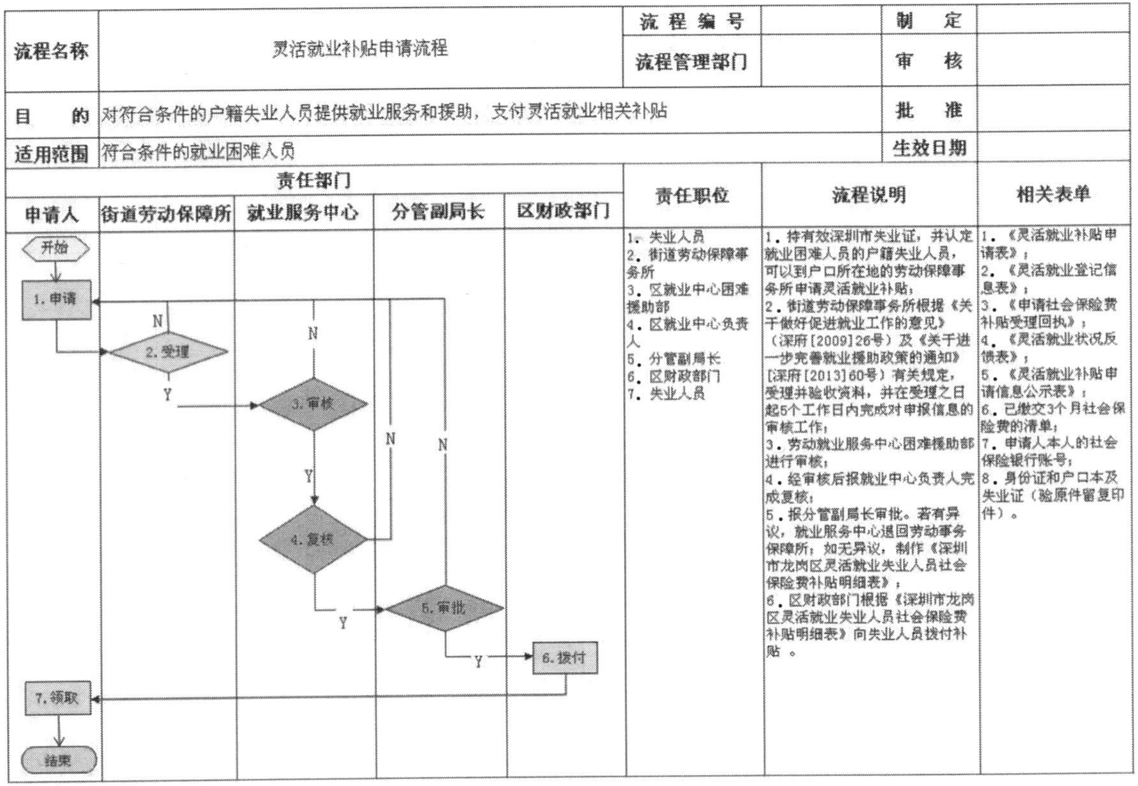

图 1-2 深圳龙岗区人力资源服务中心灵活就业补贴申请流程

流程名称	灵活就业补贴申请流程	流程编号		制定	
适用范围	符合条件的就业困难人员			审核	
目的	对符合条件的户籍失业人员提供就业服务和援助，支付灵活就业相关补贴			批准	
				生效日期	

责任部门					责任职位	流程说明	相关表单
申请人	街道劳动保障所	就业服务中心	分管副局长	区财政部门	1. 失业人员 2. 街道劳动保障事务所 3. 区就业中心 审核人、区就业中心负责人 5. 分管副局长 6. 区财政部门 7. 失业人员	1. 持有效深圳市失业证，并认定就业困难人员的户籍失业人员，可以到户口所在地的劳动保障事务所申请灵活就业补贴。 2. 街道劳动保障事务所干部在社保联网系统中进一步了解（深府〔2009〕26号）及《关于进一步做好我市就业困难人员灵活就业社会保险补贴工作的若干意见》（深府〔2013〕6号）有关规定。 3. 劳动保障事务所起15个工作日内完成初审并转送至区就业服务中心的，5个工作日内完成审核。 4. 经审核后报业务中心负责人复核。 5. 分管副局长审批，若符合条件，加予审批，制作《深圳市龙岗区灵活就业人员社会保险补贴明细表》及区财政部门下拨后，区就业服务中心将补贴款项向失业人员发放。 6. 区财政部门下拨后，区就业服务中心将补贴款项向失业人员及其他相关人员。	1.《灵活就业补贴申请表》 2.《灵活就业登记证》 3.《申请退回函》 4.《灵活社会保险费补贴发放表》 5.《灵活就业补贴申请汇总表》 6. 已缴满3个月的社会保险费凭证、银行开户单、补贴人本人的社会保险账户号、身份证、户口簿及所在社区工作站证明（临原件查验）。

第二章 就业政策的环境与变迁

2.1 国家治理变迁的路线

就业政策作为治理劳动力市场的主要公共政策,其形成和变化离不开国家整体治理变迁的影响。改革开放以来,我国国家治理变迁从以经济建设为中心变化为以各社会阶层和领域的和谐发展为目标,实现包容性增长,这使得就业政策也逐步由单纯关注降低失业率,实现劳动要素的有效利用,转变为在实现劳动力经济价值的同时关注其自身权益。从国家治理方式来看,由过去的一元化治理模式转变为社会组织参与的多元化治理模式,这使得就业政策的制定、实施和监督主体更加多元化,在权力下放的过程中,就业政策从"一刀切"变为更加适时适地,同时也要求就业管理机构更加注重分工合作。从人治到法治的国家治理变迁趋势则要求就业政策更加规范化和明确化,以适应劳动力市场整体法制化建设的需要。而从管制政府到服务政府的转变则进一步将就业服务落实到操作层面,就业管理部门从过去的管理者角色转变为服务者角色,其工作内容也从过去的管制、分配、调动转变为帮助、咨询、引导。要深入理解中国的就业政策及其变迁,离不开对国家治理变迁的路线的了解。

2.1.1 从经济发展为中心到包容性增长

中国自改革开放以来的经济增长取得了巨大的成功,甚至被称为"中国奇迹"。但回顾改革历程可以发现,中国增长模式的代价是非常明显的,由于只考虑经济效率目标,并没有解决增长成果在社会成员之间的合理分配问题,因此导致了改革过程中的各种利益矛盾,甚至出现了对改革的质疑与争论。

和谐的经济增长,要求全体人民都能够平等、广泛的参与经济增长并从中收益,使大众共享经济增长的成果。协调各地区各阶层之间的利益关系,推进利益冲突向利益和谐的转化,是实现包容性增长的社会基础。包容性增长最基本的含义是全体社会成员能够公平合理地参与经济活动、分享经济增长的成果,它包括许多可衡量的标准和更多的无形因素。

包容性增长的可衡量标准包括基尼系数、识字率、公共产品的一般供应和分配,包括教育、卫生、电力、水利、交通基础设施、住房、人身安全等;包容性增长也包括无形的因素,观念和"感情","希望"和"参与"都包含其中。包容性增长的基本内涵就是公平性的增长,是包容更多的人群和地区的增长;在包容性增长的指导下,经济增长所惠及的就不仅仅是一部分人、少数人,改革的成果也就不会仅仅为少数人、个别人所分享;包容性增长将使经济发展的实惠更多地为广大的普通老百姓所享受,使更多的普通人群的生活得到实质性的提高和改善。因此,在包容性增长的指导下,广大人民群众所面临的住房难、看病贵、上学难等问题都将为党和国家所进一步重视,并依靠深化改革开放,加快推进社会和政治体制的改革而实现切实的改善。

互动讨论1:如何保护绿色产业中的非绿色就业者?

2011年7月2日,入夏后的又一个高温日,上海市的气温达到了38℃,而这一天,进入上海老港废弃物处置公司(下称老港公司)的垃圾是11683吨。在这里,每天承担着上海市区70%以上的城市固体废弃物的末端处置,及部分污水处理、填埋气预处理、除臭、虫害控制、废弃物资源综合利用。很难想象,如果没有在此工作的劳动者,生活在上海市的居民将如何面对每天上万吨的垃圾。

然而,在这一绿色产业中工作的劳动者是否也有一个与其名字相匹配的"绿色"工作环境呢?观察一下老港公司工人们的工作场景就能明了。炎炎夏日,垃圾短驳运输车驾驶室内温度高达50℃,随着垃圾逐步增量进入更远的处置场,往返里程增加,但车速无法提高,"垃圾内免不了混有玻璃、钢筋等尖利物品,汽车轮子碰上这尖利物品,很容易爆胎",驾驶班长洪诗华解释说。为防止大量垃圾渗滤液进入填埋场,李四德等工人师傅接受了对垃圾集装箱进行放水试验的应急任务,集装箱内积聚了一股浓烈的酸臭味,加上兼容箱放水阀因从未使用而发生堵塞,只能手动疏通放水阀,并用人工装桶渗液过磅计量。上海市处于我国的夏季台风多发区,污水处理不仅需要面对处理系统本身的污染,还需要应对恶劣天气,污水处理班组的黄斌在发现有雨污水漫过水管向外溢出的紧急情况后,带领4名员工跳入两米深的雨污水池中,手动封堵排水口。在污泥生产性自营线上,丁雪冲师傅需要面对作业现场大量的粉尘和扑鼻的氨味,随时解决和协调污泥加药、放水、搅拌等过程中出现的问题……

随着中国长江三角洲地区城市化进程的加快和上海市城市建设规模和人口数量的迅速扩张,大城市生活和工业废弃物数量不断增长,环境污染日益严重,国家对环境保护的重视程度也越来越高。工业化和城市化的实际需求及政府加大环保基础设施的建设投资,有力拉动了相关环保产业的发展,老港公司的成长恰好是这一时期我国绿色产业迅速发展的缩影(表2-1)。

表2-1　上海老港废弃物处置有限公司成长历程:1985—2004年[1]

时间	事件	总投资(万元)	设计日处理量(吨)
1985.3	筹建与破土动工		
1989.10	垃圾处理一号码头建成并投入试运转		
1990.7	二号码头完工,两个码头同时投入试生产		
1991.4	第一期工程竣工并通过市级验收,正式投产	10494	3000
1996.9	第二期工程竣工并通过市级验收,正式投产	5676	6000
2000.12	第三期改扩建工程竣工并通过市级验收,正式投产	16000	9000
2004.7	事业单位转制为企业,第四期工程规划开工	96605	13900

然而,绿色产业在为整体经济和社会带来环境效益的同时,却也面临着其内部从业人员的职业安全卫生问题。高温、粉尘、污水、臭气和填埋气体等化学毒物、设备噪声、风雨作业、车辆侧翻等事故风险时刻威胁着废弃物处置行业劳动者的身体健康和安全,导致员工罹患职业病,甚至伤残或死亡。2010年3月,由上海市总工会协同财政局、发改委等部门展开的专题调研表明[2],上海市环卫行业3.94万职工中有84.7%为一线职工,外来务工人员占到半数以上,这些劳动者除了需要面临工作环境污染较为严重、存在安全隐患和工作强度大之外,超时和延时加班也比较普遍,有的最多每周工作超过国家劳动法规定17.6个小时,但工资收入则低于全市平均水平39%,罹患上呼吸道疾病、皮肤疾病、高血压等心血管疾病和失眠等神经系统疾病等职业病、常见病的概率要高于其他工种。

2.1.2　从一元治理到多元治理

治理主体的单一化主要是指所有权力集中于唯一的权力机构,在这种体制下,治理的主体只有一个,不仅管理着国家的政治和行政事务,也管理着全部社

---

[1]上海老港废弃物处置有限公司成长历程:1985—2004.上海老港废弃物处置有限公司[EB/OL].(2005-04-20)[2016-02-01].http://www.lgcz.net.

[2]张路.上海市环卫工人收入低于当地平均工资四成[EB/OL].(2011-04-25)[2016-03-01]. http://www.cn-hw.net/html/china/201104/27014.html.

会事务和经济事务。一元治理体制的最大弊端是导致政治上的专权和管理上的低效,抑制个体的创造性和自主性。这种一元治理体制的突破性改革始于党政分开,政府率先成为一个相对独立的治理主体,作为改革开放起点的中共十一届三中全会就已经注意到这一问题,并且明确指出:"要认真解决党政企不分、以党代政、以政代企的现象"。一元治理模式势必导致政治上的高度集权,并且最终导致个人的高度集权。邓小平对此有过这样的说明:"权力过分集中的现象,就是在加强党的一元化领导的口号下,不适当地、不加分析地把一切权力集中于党委,党委的权力又往往集中于几个书记,特别是第一书记,什么事都要第一书记挂帅、拍板。党的一元化领导,往往因此而变成了个人领导。"

与一元治理转向多元治理相适应,改革开放以来,中国政府开始进行大规模的政治性分权,这种分权几乎同时在三个维度展开。一是中央向地方分权。从20世纪80年代中期开始,中央大幅度下放政治管理权和经济管理权。1984年7月20日,中央书记处决定,改革干部管理制度,下放干部管理权限,采取只管下一级主要领导干部的新体制。这一新的管理体制实质性地扩大了地方的自主权。1993年12月,国务院决定全面实行中央与地方的分税制,极大地下放了经济管理的权限。二是政府向企业分权。从20世纪80年代中期开始,中共中央决定逐步推行政企分开的体制改革。1984年12月国务院发布《关于国营企业厂长(经理)实行任期制度的通知》,决定从1985年开始国营企业的厂长经理与其原来的行政性任命制脱钩,而实行新的任期制。1993年11月中共十四届三中全会通过《中共中央关于建立社会主义市场经济体制若干问题的决定》,企业成为自主管理的法人治理结构,政府不再是企业的治理主体。三是国家向社会的分权。在一元化治理模式下,社会政治、经济和文化等全部权力高度集中于国家,没有相对独立的民间组织,也没有实质性的社会自治。随着多元治理主体的出现,国家开始向社会分权。20世纪80年代后期先后推行的农村村民自治和城市居民自治,既是中国基层民主的突破性发展,也是国家向社会分权的重要步骤。20世纪90年代开始,新一轮的政府机构改革后,一些政府机构改造为行业协会,如轻工业部变为轻工总会,纺织工业部变为纺织总会,相应地,一些原来的政府管理职能开始移交给行业管理组织,从而迈出职业自治的重要一步。20世纪90年代后期和21世纪开始,民间组织大量出现,政府开始特别强调其社会管理职能,并且开始让各种民间组织参与社会管理,从而开始将部分国家权力下放给特定的社会组织。

2.1.3　从人治到法治

改革开放后,党和政府开始强调"法制"或"依法治国",在相当长的时期内我们将民主与法制并提。中共十一届三中全会指出:"为了保障人民民主,必须加强社会主义法制,使民主制度化、法律化,使这种制度和法律具有稳定性、连续性和极大的权威,做到有法可依,有法必依,执法必严,违法必究。"20世纪80年代后,许多理论工作者开始倡导"法治"或"以法治国"。"法制"与"法治",或"依法治国"与"以法治国"的主要区别是,前者强调严格依法办事和依法行政,后者除了强调依法办事和依法行政外,更强调法律是最高的统治权威,任何个人或团体都不能超越法律之上。法治的观念一开始就受到了党和政府的高度重视。1979年9月9日的中发第64号文件《中央关于坚决贯彻刑法、刑事诉讼法切实实施的指示》就宣布取消党委审批案件的制度,该文件中甚至破天荒地使用了"法治"的概念。在20世纪80年代中期,党的一些领导人就开始提出,中国共产党作为唯一的执政党也必须在法律的框架内活动,党组织及党的领导人也不拥有超越法律的特权。20世纪90年代后,法治成为中国政治发展的长远目标,其主要标志是1997年召开的中共十五大。十五大的政治报告,首次明确提出了"建立社会主义法治国家"的目标,不久后,这一目标又被写进我国的宪法,从中国共产党的政治目标转变为国家的政治目标。中共十六大后中国政府又进一步提出了建设法治政府的要求,使法治国家的目标更加具体化,并且表明政府将在实现法治国家的道路上起表率和带头作用。改革开放的过程,也是一个逐步确立中国社会主义法律体系的过程。1979—2005年,全国人大及其常委会共通过了400件法律和有关法律问题的决定,国务院制定了650多件行政法规,地方人大及其常委会制定了7500多件地方性法规。

2.1.4 从管制政府到服务政府

政府管理的直接目的是规范社会的政治生活,维护公民的各项合法权利。它既是对公民政治行为的一种约束,又是对公民权益的一种保障。因此,政府管理既是一种管制,又是一种服务。改革开放以来,中国政府管理体制改革的总趋势,是管制的成分正在日益减少,而服务的比重则在日益增多,直至明确提出建立服务政府。1998年的《国务院机构改革方案》首次把"公共服务"确立为政府的基本职能,2004年温家宝总理提出了"建立服务型政府"的目标,2005年的《政府工作报告》正式将"建设服务型政府"确认为政府的目标,并且提出了相应的措施。

服务型政府的职能核心主要包括两方面:其一是政府职能应转到为市场主体创造平等竞争环境和提供服务上。在社会主义市场经济条件下,政府的职能,无论是经济调节、市场监管,还是社会管理,其本质都是公共服务。强化政府公共服务职能,是有效化解社会矛盾的基础和前提,主要应着眼于制定和完善市场规则,打破行政性垄断,维护市场公平竞争,创造有利于市场主体平等竞争的市场环境。实现社会公平和正义,防止权力"寻租"性腐败,需要从体制源头上解决行政性资源配置和权力市场化问题,严格限制行政权力介入的领域,并对权力运行进行有效的监督。其二是政府职能应转到为人的生存和发展创造良好、和谐、可持续的环境和提供服务上来，以人为本，不断提高人民群众的生活质量和水平，不断满足人民群众的物质和精神需要，尤其应重视解决全面、快速增长的公共需求与公共产品供应严重不足的矛盾。

2.2 经济发展和制度环境

就业政策的推出主要是为了解决失业、就业困难等与劳动力供求相关的问题，而这些问题的产生与社会经济发展和制度改革环境密切相关，为了更好地理解就业问题和有针对性地展开就业政策的研究，我们有必要首先了解就业问题产生的宏观经济环境，厘清制度改革与失业问题的基本逻辑关系。

2.2.1 经济增长和就业问题

在宏观经济学和劳动经济学的基本理论中我们已经知道，失业率变化与经济波动之间存在着密切的关系，美国经济学家阿瑟·奥肯曾将经济周期波动和失业率之间的经验关系概括为"奥肯定律"。

知识链接 1：奥肯和奥肯定律

阿瑟·奥肯（Arthur Melvin Okun，1928—1980 年），经济学家，美国新泽西州泽西城人。1956 年获哥伦比亚大学经济学博士学位，后任教于耶鲁大学。1961 年担任总统经济顾问委员会成员，1964 年，被聘为约翰逊总统经济顾问委员会成员，1968 年被任命为该委员会主席。奥肯定律是奥肯依据美国数据进行经验研究得出的一个结论，它描述了失业率与产出变化之间的数量关系，即实际产出每

增加 3%，失业率将大约降低 1%。这种产出变化与失业率变化的比值又称作"产出的失业率弹性系数"，简称"奥肯系数"。由于奥肯定律连接了产出和失业这两个重要的宏观经济变量，具有重要的理论意义和学术价值，因此一直备受重视，成为宏观经济学的一个重要内容。根据奥肯本人的原创性工作及后来的发展，奥肯定律可以归纳为差分版本、缺口版本、动态版本、生产函数版本和不对称版本这五种版本形式。当然，这种划分不是绝对的，

Arthur M. Okun, 1928—1980年

不同版本的奥肯定律之间也存在着一定的交叉。在五个版本的奥肯定律中,差分版本和缺口版本是宏观经济学教科书介绍奥肯定律(Okun,1962)❶使用的是时常用的基本形式。

1. 差分版本(difference version)

差分版本是奥肯定律最基本的形式,它直接表示了产出变化和失业率变化之间的关系:$y_t^g = a + b\Delta u_t + \varepsilon_t$, $t=1,2,\cdots,T$。

其中 y_t^g 是产出增长率,u_t 是失业率,Δ 是差分算子,$\Delta u_t = u_t - u_{t-1}$,$\varepsilon_t$ 是干扰项,a 和 b 是参数(常数),其中 b 衡量的是失业率变化所引起的产出增长率变化的大小,而 $1/b$ 即为奥肯系数,表示产出变化所引起的失业率的变化程度。这一表达式说明的是同一时期产出增长率和失业率变化之间的关系。这一关系式中,一般认为 b 是负数,即产出的增长将伴随着失业率的下降,或者是产出下降时失业率会上升。通过差分版本的奥肯定律,我们可以计算出为降低一定的失业率,产出所必需的增长速度。在差分版本的奥肯定律中,产出增长率和失业率变化之间的关系清晰,并且所涉及的失业率和实际产出等宏观经济变量都是可以直接观测到的,容易得出产出变化和失业率变化之间比较明确的结论。但是,由于经济时间序列往往都是单位根过程,如果产出增长率和失业率变化这两个序列之间存在协整关系,则差分版本的奥肯定律会由于遗漏二者的长期均衡关系而导致估计结果偏误,此时尽管可以通过误差修正模型进行估计,但得出的结果也不再是差分版本意义的奥肯定律了。

2. 缺口版本(gap version)

这个版本中的"缺口"是指产出缺口和失业缺口。所谓产出缺口指的是实际产出和潜在产出之间的缺口,失业缺口指的是实际失业率和自然失业率之间的缺口。按照奥肯的解释,潜在产出指的是充分就业时的产出,而充分就业指的是没有较大通货膨胀压力下,不存在非自愿失业的就业水平,此时的失业率称为自然失业率或正常失业率:$y_t - y_t^n = -c(u_t - u_t^n) + \varepsilon_t$, $t=1,2,\cdots,T$。

其中 y_t 是实际产出,y_t^n 是潜在产出,u_t 表示失业率,u_t^n 表示自然失业率,εt 是干扰项。一般认为,参数 c 是正数。这一关系式表示的是,如果实际产出大于潜在产出,失业率超过自然失业率的部分就会按照比例 c 下降,反之则以 c 的比例上升。这一模型隐含的假设是,如果存在高失业率,则经济中一定存在闲置的资源,由此可以推断此时产出一定低于潜在产出水平;而产出的增长必然导致闲置资源的减少,从而使失业率下降。缺口版本的奥肯定律体现了经济周期中的产

❶M.OKUN. The Political Economy of Prosperity[M].Washington, D.C.: Brookings Institution, 1962.

出和失业围绕趋势波动的情况。但是缺口版本中的潜在产出和自然失业率都不是可以直接观测到的经济变量,尽管计算潜在产出和自然失业率的方法有很多,但孰优孰劣没有定论,不同的潜在产出和自然失业率的估计方法可能会影响奥肯定律的估计结果。

　　观察欧洲国家经济波动与失业率之间存在的负相关性(图2-1),经济衰退的国家往往伴随失业率高涨(图2-2),这表明就业问题产生的根源还在于经济增长动力不足。

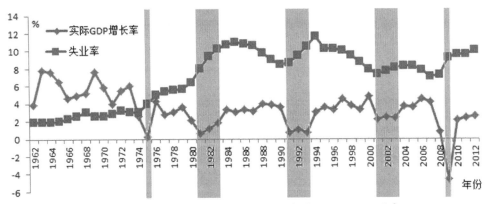

图2-1　欧洲国家失业率与实际GDP增长率:1962—2012年[1]

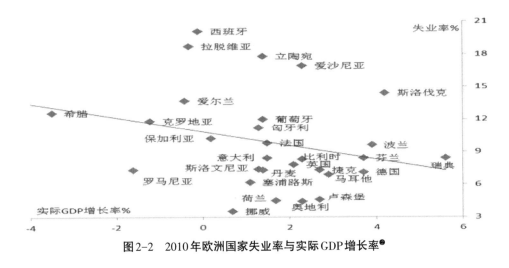

图2-2　2010年欧洲国家失业率与实际GDP增长率[2]

[1]欧洲国家失业率与实际GDP增长率:1962—2012年.欧盟数据库[EB/OL].(2013-03-01)[2016-03-11] http://epp.eurostat.ec.europa.eu.

[2]2010年欧洲国家失业率与实际GDP增长率.欧盟数据库[EB/OL].(2013-03-01)[2016-03-11]http://epp. eurostat.ec.europa.eu.

2.2.2 消费、投资、政府支出、进出口和就业问题

进一步观察组成GDP的各个部分可以发现,消费、投资、政府支出和进出口与就业之间都存在一定的相关性。以欧洲为例,部分欧洲国家近十年来消费占GDP比重不断上升,希腊在2008年经济危机之前已经突破70%,即使在经济危机之后,其消费份额仍在上升,2011年达到了近80%(图2-3)。消费作为有效需求的构成,原本应是经济增长的"三驾马车"之一,但是过度依赖消费,尤其是借贷消费,非但无助于失业问题的解决,反而造成负面影响,即:恶化国内财政,引发债务危机,加重失业;影响投资的储蓄积累,降低投资的经济拉动作用;加剧进出口失衡。

从投资和储蓄的角度来看,失业问题较严重的国家近年来国民储蓄率及储蓄—投资比重持续下跌,国民储蓄越来越难以支撑投资所需。对比德国和失业状况比较严重的葡萄牙、意大利、爱尔兰、希腊和西班牙,可以发现后五国的国民储蓄率普遍低于20%,有些甚至下跌至10%以下(图2-4),由于收入多数用于消费,国民储蓄越来越难以支撑投资所需,国民储蓄与投资之比基本都在80%以下,在2009年欧洲债务危机爆发初期,一些国家甚至低于50%(图2-5),严重制约了国内投资,而德国多年来基本保持国民储蓄在20%以上,保持了国民储蓄与投资的平衡,从而保证就业有基本的投资基础。

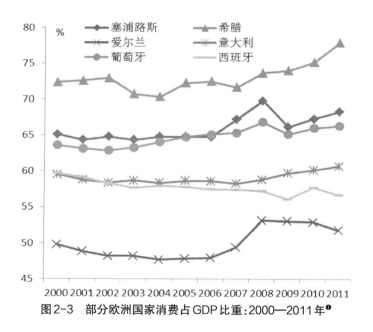

图2-3 部分欧洲国家消费占GDP比重:2000—2011年❶

❶部分欧洲国家消费占GDP比重.欧盟数据库[EB/OL].(2013-03-01)[2016-03-11]http://epp.eurostat.ec.europa.eu.

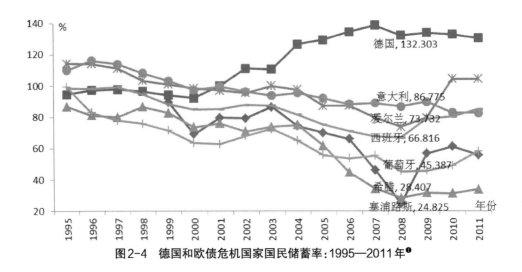

图2-4　德国和欧债危机国家国民储蓄率：1995—2011年❶

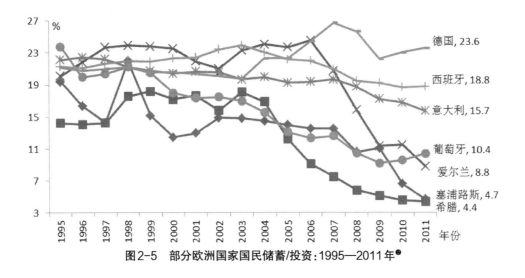

图2-5　部分欧洲国家国民储蓄/投资：1995—2011年❷

　　从理论上而言，私人投资不足导致有效需求不足，从而影响充分就业实现的问题，可以通过增加政府支出得到缓解。但这一逻辑的成立前提是政府有充

---

　　❶德国和欧债危机国家国民储蓄率：1995—2011年.欧盟数据库[EB/OL].(2013-03-01)[2016-03-11] http://epp.eurostat.ec.europa.eu.

　　❷部分欧洲国家过敏储蓄/投资：1995—2011年.欧盟数据库[EB/OL].(2013-03-01)[2016-03-11]http://epp.eurostat.ec.europa.eu.

分的经济实力支撑充分就业的投资需求。从欧洲的经验来看,近年来高失业国家政府基本上都入不敷出,并且有恶化趋势(图2-6)。希腊、葡萄牙、匈牙利、塞浦路斯等国财政近十年来一直处于赤字状态,导致财政自动稳定器效果下降,拖累经济复苏,加剧失业。财政自动稳定器是指财政制度本身存在的一种会降低经济波动幅度的机制,从财政转移支付(包括失业救济金和各种福利支出)的角度来看,在经济繁荣阶段,失业率下降,失业人数减少,失业救济金和其他的福利支出会自动下降,从而抑制可支配收入和消费需求增长;而在经济萧条阶段,失业率上升,失业人数增加,失业救济金和其他的福利支出会自动上升,刺激经济复苏。然而,财政自动稳定器在经济萧条期能够发挥作用的前提是政府财政有足够的空间支撑增加的失业救济金和福利支出,而当前欧债危机国家恰恰无法满足这一前提。有人将之怪罪于凯恩斯主义财政政策,但实际其主张是财政政策应"逆风而行",经济高涨时,多收税,少支出,财政积存用到经济萧条时增加财政支出,以此平衡周期,但危机国家无论经济高涨还是萧条,都是赤字财政,造成了两方面的不良影响:一是公共服务的"棘轮效应",只进不退,只涨不降;二是当真正出现经济危机时,政府财政无力负担拉动就业的扩张性财政政策。

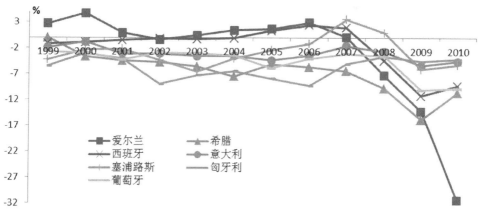

图2-6 部分欧洲国家政府收支占GDP比重:1999—2010年[1]

[1]部分欧洲国家政府收支占GDP比重:1999—2010年.(2013-03-01)[2016-03-11]http://epp.eurostat.ec.europa.eu.

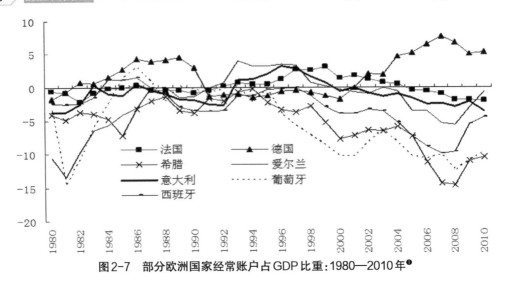

图2-7　部分欧洲国家经常账户占GDP比重：1980—2010年❶

　　从进出口状况来看，无论是产品还是服务的出口对于一国的就业而言，都具有不可忽视的拉动作用，但是如果国家宏观经济长期出现进口大于出口的赤字状态，那么对其贸易部门的就业将会产生极大的负面影响。从欧洲的经验来看，葡萄牙、意大利、爱尔兰、希腊和西班牙等国大多从20世纪90年代初开始经历长时期贸易逆差和经常账户赤字，而且具有不断扩大的趋势（图2-7）。这些国家在2008年经济危机之前经常账户赤字占GDP比重达到了历史最大值，与德国形成鲜明对比。贸易赤字导致国内失业问题加剧，但国内企业投资动力和能力不足导致出口无法改善，消费者又不愿改变消费习惯，导致贸易赤字进一步加剧，失业问题持续恶化。

阅读推荐1：中国的奥肯定律

　　请你查阅这些资料阅读并撰写一篇读后感：

　　（1）蔡昉，都阳，高文书，《就业弹性、自然失业和宏观经济政策——为什么经济增长没有带来显性就业》《经济研究》，2004.9。

　　（2）蔡昉，《为什么"奥肯定律"在中国失灵——再论经济增长与就业的关系》，《宏观经济研究》，2007.1。

　　（3）邹薇，胡翾，《中国经济对奥肯定律的偏离与失业问题研究》，《世界经济》，2003.7。

❶部分欧洲国家政府经常账户占GDP比重：1980—2010年．(2013-03-01)[2016-03-11]http://epp.eurostat. ec.europa.eu.

（4）卢锋，《破解奥肯定律在中国不适之谜》，《中国财经报》，2012.10。

（5）李碧花，《"奥肯定律"中国悖论的再解释——基于中美劳动力变动差异视角》，《经济问题》，2010.6。

2.2.3 制度性因素和就业问题

随着GDP增长率变化，如果劳动力工资也能随之发生波动，那么从理论上说，失业问题并不会非常严重。但实际中我们往往能够观察到，工资增长具有刚性，从而导致劳动力市场供求调节机制受到影响。比如，欧洲各国普遍推行最低工资制度，且刚性很强，其占中位数工资的比重甚至在经济下滑时上扬（图2-8中的阴影部分），依赖低收入的劳动者在经济不景气时遇到较多困难，因此可能更会要求上调最低工资水平，这就使得市场价格调节劳动力供求的能力受到了严重的影响，因此不可避免地产生失业。

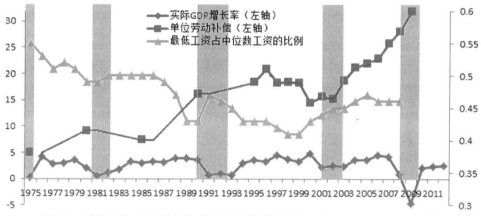

图2-8 欧洲实际GDP增长率、单位劳动补偿和最低工资水平：1975—2011年[1]

对于具有较悠久工人运动历史和劳资协商传统的国家，工人运动也是影响工资的重要因素，在欧洲国家，罢工现象一般与经济衰退和失业率高涨同步出现，其主要目是反对降低工资、社会保障待遇和裁员，作为劳动力市场制度的重要组成部分，工会对于劳动力供给、市场灵活度具有重要影响，罢工也是一种左右劳动力市场政策走向的政治压力，从而能够进一步影响未来的失业率。

---

[1] 欧洲实际GDP增长率、单位劳动补偿和最低工资水平：1975—2011年.（2013-03-01）[2016-01-11] http://epp.eurostat.ec.europa.eu.

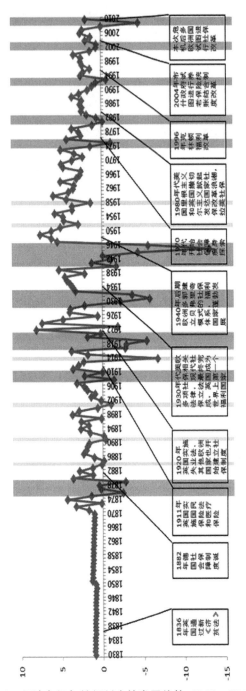

图2-9　经济危机与社保制度的发展趋势：1830—2012年❶

❶ 依据"AngusMaddison，TheWorldEconomyHistoricalStatistics，DevelopmentCenteroftheOrga- nization- forEconomicCooperationandDevelopment，2003"提供的数据和社会保障历史事件绘制。

从劳工社会保障与失业率的关系来看(图 2-9),社会保障制度建设和水平高低与历次经济周期,及相应阶段的失业率之间具有一定的相关性,其分水岭出现在 20 世纪 70 年代石油危机:前一阶段中,经济周期波动对社会保障的催生、发展和膨胀起到了积极的促进作用,危机中出现的失业问题、工人阶层生活问题及由此产生的工人运动,促进了欧洲社会保障制度的发展;而在后一阶段中,"高福利保障养懒人"的现象日益突出,不仅不利于刺激就业和经济增长,而且社会保障支出日益成为政府的沉重负担,潜藏债务隐患,每次经济危机发生均成为社保制度改革的推动力。经济危机、失业率波动和社会保障制度之间的关系也与欧洲国家工会力量之间高度相关,欧洲工会密度发展趋势恰好也以 20 世纪 70 年代为分界线,呈现倒 U 型发展趋势。

2.3　劳动力市场和就业管理制度的发展

失业问题的产生与经济增长和影响经济增长的各个组成部分之间存在着重要的相关性;而社会保障、工资制度和工会制度等制度性因素也是影响就业问题的重要因素,并且呈现一定的阶段性规律。然而,中国就业问题的研究表明,除了宏观经济规律和制度性因素的一般性影响之外,劳动力市场和就业管理制度的发展所起的作用也十分突出。

2.3.1　劳动力市场发育和成长

我国劳动力市场的培育有一个自发、被动到自觉、主动过程,并且历史较短。改革开放以前,我国长期实行的是高度集中的计划经济体制,与之相适应,就业政策以指令性计划为基础,实行城乡隔绝并对城镇劳动力统包统配的办法来安排就业,这种就业政策到 20 世纪 60 年代中期基本定型。在当时特定的历史条件下,这套带有浓厚计划经济色彩的就业政策对推动工业化进程、扩大就业和维护社会稳定曾发挥过积极作用。但其弊病也十分明显:企业无法根据生产经营的需要增减劳动力,劳动力成本压力无法有效调整,劳动者缺乏选择职业的自由,也无须承担创造就业机会的义务,加上一次分配定终身,影响了其劳动积极性,这些严重制约了企业经济效益的提高;就业制度具有明显的城乡分割特征,导致大量的剩余劳动力滞留农村,人力资源得不到充分利用。虽然当时没有市场化意义上的失业问题,但是城镇企业中和农村地区实际存在的隐性失业却比比皆是,劳动就业制度及就业政策的调整和改革已势在必行。

改革开放以后,随着经济体制改革的推荐,我国的就业制度和就业政策也出现了一次重大的转变。1980 年,全国提出要实行"在国家统筹规划和指导下,实行劳动部门介绍就业、自愿组织起来就业和自谋职业相结合"的就业方针,突破了过去计划经济体制下政府对就业统包统配的做法,使我国的就业工作出现了新面貌。1979—1987年,全国共安置了7000万人次实现就业,待业率从5.9%下降到2%,基本缓解了当时的就业压力。但随着经济体制改革不断地深入,各种矛盾也开始显现:就业方针仍过于强调政府在组织就业中的作用,劳动力市场的配置功能和个人自主择业没有作为基础加以重视;就业政策着力于就业安置数量,尤其是国有企业和集体企业存在的隐性失业问题成为日后改革的掣肘;就业管理城乡隔绝问题并未解决,政府就业政策主要还是着眼于城镇的就业问题。

改革的最重要意义在于促进了劳动力市场的发育,激发了其在劳动力资源配置中的基础性作用。20世纪90年代末期,随着国有企业改革的日益深入,下岗失业人数迅速增加,农村剩余劳动力向城市流动的速度不断加快,我国的就业方针又一次出现了重大转变,即从"三结合"的就业方针转到劳动者自主择业、市场调节就业、政府促进就业的方针,将劳动者自主择业摆到了首位。劳动者和企业作为市场的参与主体,主要通过价格机制来调节各类供求关系,引导劳动者择业;政府不再是具体组织就业的主体,而主要是促进经济发展、调整经济结构、完善劳动力市场功能及加强就业服务等。同时,这一方针也强调了以充分开发利用劳动力资源、统筹安排城乡劳动力为出发点,强调依靠社会各方面的力量,拓宽就业门路,促进再就业。实施再就业工程就是推行这一就业政策的重要内容,这项工程于1993年开始试点,1995年在全国范围内正式推广。为了适应"鼓励兼并、规范破产、下岗分流、减员增效"的举措,1998年5月中共中央、国务院召开了"国有企业下岗职工基本生活保障和再就业工作会议",随后发布《关于切实做好国有企业下岗职工基本生活保障和再就业工作的通知》,要求为失业下岗人员提供就业指导、职业介绍、转岗培训和生产自救等应急措施,为落实国家指导下的劳动者自主择业、市场调节就业、政府促进就业的新方针奠定了基础。

党的十六大前后,中国政府在总结各地实践经验和借鉴国际做法的基础上,初步形成有中国特色积极就业政策的基本框架,可以概括为五大支柱和六个领域,其中五大支柱主要指:

(1)以提高经济增长对就业的拉动能力为取向的宏观经济政策,这类政策主要是鼓励扩大就业总量、创造就业岗位。其指导思想是通过扩大内需保持国民经济必要增长速度,通过发展经济扩大就业;同时积极调整产业结构,推动就业结构合理化,降低结构性失业;在仍有较大吸纳就业潜力的领域开发就业岗位,包括非公有制经济、第三产业、中小企业、劳动密集型企业、鼓励灵活就业和劳务输出。

(2)以减少失业为取向的宏观调控政策,主要是规范企业减员、引导大企业分流富余人员,减轻社会失业压力。如通过实行免征所得税政策鼓励国有大中型企业通过主辅分离和辅业改制分流安置富余人员;通过规范企业裁员程序等措施控制失业等。

(3)以重点促进下岗失业人员再就业为取向的扶持政策,这类政策主要是运用政策杠杆将所创造的岗位优先用于解决困难群体就业。包括通过实行税费减免和小额贷款政策支持下岗失业人员自谋职业;通过实行社会保险补贴和税收减免政策鼓励服务型企业吸纳下岗失业人员;通过实行再就业援助帮助就业困难对象再就业等。

(4)以实现劳动力与就业需求合理匹配为取向的劳动力市场政策,主要是通过就业服务和职业培训促进劳动力市场供求之间合理匹配。通过加强就业服务和职业培训促进劳动力与就业需求合理匹配;通过构建社区劳动保障工作平台强化就业和社会保障的社会化管理服务等。

(5)以既能有效地保障下岗失业人员基本生活,又能积极促进再就业为取向的社会保障政策,通过完善社会保障体系,消除下岗失业人员的后顾之忧,为促进劳动力合理流动提供保障,逐步完善社会保障体系,并将其作为做好再就业工作的基础。正确处理完善社会保障体系和扩大就业的关系,通过促进再就业解决下岗失业人员的根本出路,通过完善社会保障体系为深化改革和扩大就业提供保障。

六个领域的展开和具体化包括:税费减免政策,小额贷款政策,社保补贴政策、就业援助政策、主辅分离政策、就业服务政策,财政投入政策、社会保障政策,企业裁员政策、社区平台政策。这套积极的就业政策既采用了世界各国治理失业的一般手段,也突出了中国就业问题的特殊性,即中国的就业压力不仅仅源于劳动力供大于求,而且还出自经济体制改革的深化所产生的复杂背景❶。

2.3.2 市场化就业机制的形成

就业机制从总体来看可以分成市场化就业机制和非市场化就业机制,后者亦即我们常说的"统包统配"的就业机制;而就业市场化或称市场化就业机制,则是通过市场机制调节劳动力价格和配置劳动力,其实质就是劳动力市场在劳动力资源配置中起基础性作用。就业市场化的基本标志是劳动力价格由市场决定且价格信号是公开的,数量调节对于价格信号是敏感的,市场主体包括就业主体和用工主体的行为是效益取向的。简单地说,就业市场化就是要使市场成为实现就业的唯一中介,市场自行调节劳动力供求关系,政府要实现市场化就业机制

❶吴鸣,李楠.治理失业和推进改革:转型时期我国就业政策的双重任务[J].求实,2004(6):44-46.

的社会经济措施也通过劳动力市场影响就业。从现实情况来看,要实现市场化就业机制,必须具备几个基本条件:

(1)就业观念要适应市场经济的基本要求。就业观念是人们对就业的认识和态度,是指导人们进行职业选择的基础。如果人们的就业观念仍然停留在消极等待政府安置、到国有单位才算就业的观念,那么就业市场化的实现是根本不可能的。根据我们的调查,目前人们的就业观念仍相当陈旧,人们的自主择业意识薄弱,个人在就业中的积极性较差,这必须引起社会的高度重视,以便切实可行地引导人们转变就业观念,适应市场经济发展的需要。

(2)失业公开化。这是一个两难的问题,一方面失业公开化会使隐性失业显性化,增加社会负担甚至影响社会安定,而社会安定是社会发展和经济增长的基本条件;另一方面失业公开化是改善企业经营条件,发挥劳动力市场作用的基本要求。在目前就业压力巨大的情况下,完全实现失业公开化是困难的,只有在经济稳定增长、社会保障能力增强的条件下才能逐步实现失业公开化。如果撇开社会政治原因,事实已经证明:让失业人员滞留在企业的办法,并不能减少失业,反而会阻碍企业改革,妨碍企业改善经营管理、提高劳动生产率。

(3)保障社会化。长期以来,我们实行的是就业保障一体化,这种保障制度脱离保障的本意,在市场经济条件下,这种保障制度充满着风险,一旦企业经营不善,劳动者的保障水平就会下降甚至失去保障。因此建立社会化保障基金,实行保障社会化,扩大保障覆盖面,对转变就业观念、保障人们的基本生活,甚至对社会安定是十分有利的。保障社会化对市场化就业机制的形成是十分重要的。

(4)政策配套化。就业工作是一项系统工程,各项社会经济改革只有相互协调相互配套才能为就业问题的解决创造一个较为宽松的社会经济环境。如在制定经济发展规划、产业政策,所有制结构调整,工商管理、财政税收政策,保障制度建设,劳动管理等方面,都应当考虑到是否有利就业问题的解决。

(5)竞争公平化。在劳动力市场上,就业主体应当处于平等竞争的环境之中,拥有相同的就业信息、相同的就业机会,在劳动力市场上接受用人单位的挑选;同样,用人单位也均应以市场价格为基础,选择适合的劳动力。

就业市场化会对社会经济发展产生深刻的影响,主要表现在以下几个方面:

(1)有利于市场体系的建立,劳动力市场的发育完善和劳动力资源的合理配置。我们要建立社会主义市场经济体制,就必须建立统一、开放、竞争、有序的市场体系,不仅全部的商品,而且全部的生产要素都应进入市场,而劳动力是诸生产要素中唯一具有能动性的因素,所以完善的市场体系绝不能没有劳动力市场。在传统的就业实现机制下,劳动者就业由国家统包统配,劳动者和用工单位都没有选择的权利,其结果是劳动力的配置以牺牲效益为代价。而实现就业市场化,劳动力市场成为劳动力供求双方选择的唯一中介,劳动者的素质、劳动者的价值会得到准确公平的评价,双方的意愿会得到充分的表达和实现,劳动力资源的优化配置会在市场的竞争中得到实现。

(2)有利于经济体制改革的深入,有利于促进"两个转变"。经济体制改革和经济增长方式的转变的目的都是为了促进经济增长,提高经济效益,这在宏观上就要求提高资源配置的效率,在微观上就要求减轻企业负担增强企业活力。实行就业市场化,建立和完善劳动力市场有利于提高劳动力资源的配置效率,也可以通过提高保险的社会化程度,落实企业的自主权,增强企业的市场竞争能力。

(3)有利于规范劳动关系。在市场经济条件下,劳动关系双方当事人的权利是对等的,但在现实生活中,由于劳动立法滞后、劳动力供求矛盾突出等原因,用人单位滥用权力、劳动者权力虚置的现象十分普遍。实行就业市场化,确立了劳动者在劳动力市场上与用人单位的选择的平等权利,劳动者的休息权、工资权、保障权等通过劳动合同得以确立,劳动关系容易规范。当劳动争议发生时,劳动者的权利也容易得到保护。

(4)有利于提高劳动者的素质。市场化就业机制直接把劳动者置于劳动力市场的竞争之中,劳动者的素质技能在劳动力市场上得到客观的评价,并直接决定劳动者能否就业及能得到什么样的就业岗位。这就促使劳动者为提高自身的市场适应能力和就业竞争力而努力提高自身素质。❶

2.3.3　制度健全跟不上市场扩张

经过20多年的改革和建设,中国的劳动力市场已经经历了从无到有、从混乱到有序的发展过程,目前已经成为劳动力资源配置主要机制。然而,我国在几十年的建设时间内走完西方发达国家劳动力市场发育的几百年路程,即使可以超越发展,也有一个学习、探索的过程,劳动力市场制度建设存在矛盾、困难和无序有历史必然性。由于劳动力市场制度建设仍然处于发展阶段,在市场秩序方面仍然存在诸多问题,主要表现在以下几个方面:

(1)劳动力市场不统一,人为分隔的状况依然存在。我国目前的劳动力市场分隔主要体现在:①城乡分隔。在一些大中型城市,城乡户籍制度仍然是农村剩余劳动力进城的一个重要障碍。尽管农村剩余劳动力向城市的流动已经没有太多的行政性障碍,但是城市对于农村劳动力的歧视依然存在。比如,某些城市的政府为了缓解本市劳动力的就业难题,以行政命令和施加户口限制等方式,禁止

❶周亚新,王秦辉.市场化就业机制对社会经济发展的影响[J].浙江经济高等专科学校学报,2000(1):40-42.

在某些岗位雇用农村劳动力。②在中国仍然存在一些垄断和半垄断行业和企业,其劳动力需求往往偏离市场最优决策水平。③劳动者的身份差别依然存在。在传统体制下被以正式职工的身份雇用的劳动者和后来根据劳动合同雇用的劳动者及临时工之间在工资、福利、社会保障等方面存在差异。④劳动力市场管理体制存在人为的市场分隔。目前在公共职业介绍机构方面,存在劳动部门搞的"劳动力市场",人事部门搞的"人力资源市场"或"人才市场",组织部门搞的"高级人才市场",而各家的政策和规则不统一,导致劳动力市场上的职业介绍机构缺乏统一的监督和管理。在一些地区,还出现了一些以骗取钱财为目的的假的甚至黑社会性质的职业中介机构。上述种种情况的存在,人为地放慢了我国统一劳动力市场的形成过程,这对于劳动力资源在全国范围内的优化配置显然是不利的。

(2)劳动力市场价格信号机制不完善,同类劳动力的市场工资率差别过大。提供及时、真实、相对准确的劳动力市场价格信息——即相关劳动力的市场通行工资率水平,帮助劳动力供需双方进行明智的市场决策,是劳动力市场的一种重要功能。但中国目前劳动力市场这种功能表现却并不令人满意。这一方面是由于劳动力市场的隔离导致劳动力流动不十分通畅,另一方面则是因为劳动力市场的信息传递不顺畅,对劳动力市场信息进行搜集及发布的专业机构太少。而在发达的市场经济国家,除了有政府专门建立的劳动力市场信息搜集与发布机构会定期发布关于劳动力市场的各种信息,特别是市场工资率的信息外,在劳动力市场上还有各种咨询机构、大学及专业的调查公司等,以收费的方式帮助企业进行市场薪酬调查。尽管中国劳动和社会保障机构已经开始正式发布劳动力市场价位的指导数字,但由于这些调查往往不系统、操作也不是很科学,因而无法成为企业薪酬决策的重要依据,结果导致同种劳动力的市场价格信号往往千差万别。

(3)劳动法律体系不健全,执法力度不够,劳动者的权益屡屡受到侵害。中国现处于市场经济初期,整个社会在剧烈变革中,就业矛盾非常突出,劳动者在劳动力市场上的合法权益得不到保障。不良雇主为了实现自己的利益,恶意拖欠工资、使工人单方面承受工伤和职业病风险、无限延长工作时间、提供恶劣的工作条件等,这些违反劳动法的现象在很多地方都可以见到。这主要是由于:①中国的劳动立法时间不长,劳动法律体系很不完善,难免会存在各种漏洞和不足。自1995年国家颁布《劳动法》以来,政府职能部门陆续出台了50多个与劳动法配套的规章及规范文件,修改了《劳动合同法》,颁布了《劳动力市场管理规定》等重要法规,对《劳动法》的贯彻执行起到了有力的促进作用。但是,《劳动法》的许多条款规定依然笼统、简单,需要制订相应的实施细则才能有效执行。②中国各级政府的职能转变滞后于市场的发展,对劳动者合法权益的保护还未上升到政府工作的一个重要内容的时候,劳动执法部门的执行权力显然是无法得到保证的。劳动监察人力不足,各地劳动行政管理部门的劳动监察和劳动仲裁人员配置不足,使得大量举报的劳动违法违纪案件及劳动纠纷不能得到及时的处理,大量流动人口纠纷更是难以过问❶。③狭隘的经济发展观。在一些地区,地方政府将发展地方经济、引进外资等工作视为自己的头等大事,只要能够吸引投资,增加地方财政收入,对于企业是否遵守劳动法规采取睁一只眼、闭一只眼的态度。甚至对于劳动者提出的劳动争议和劳动诉讼也采取敷衍的态度,这进一步助长了一些企业主对劳动者权益的侵害。

(4)社会保险系统仍然存在很多问题,对劳动者的社会保护机制薄弱。我国的社会保险系统存在的问题主要表现在:①养老保险费率过高,制度运行压力过大。由于近年来离退休人员增长迅速,导致基本养老保险费率上升,企业负担过重,影响了企业参保积极性,导致社会统筹基金入不敷出,形成个人账户"空账"运行的局面。②城镇职工基本医疗保险制度的覆盖范围窄,保险水平低。③失业保险压力极大。我国自20世纪80年代中期开始建立失业保险基金,由用人单位和参保个人共同缴纳费用。但是,面对城镇下岗失业高峰和相当数量的潜在失业,3%的失业保险基金显然是杯水车薪。4.农村的社会保障工作滞后。尽管自20世纪90年代初开始,我国在农村地区大力提倡恢复与发展合作医疗制度,并积极推行建立农村社会化养老保险制度,但是整体效果还有待观察。

(5)劳动关系复杂化,矛盾和冲突日益突出。随着我国经济市场化和结构多元化的提升,企业劳动关系也日趋多样化和复杂化,同时由于劳动关系的行政协调和市场协调并存于还不成熟的劳动力市场上,劳动力市场上的矛盾和冲突缺乏缓和化解的畅通渠道和有效手段,从而导致劳动关系紧张、脆弱,极大地威胁和破坏着劳动力市场秩序。在新出现的股份制企业和私有制企业中,劳资双方利益上的差异和对立显性化,产生的矛盾和冲突所导致的社会问题,成为劳动力市场秩序的极大隐患。

(6)政府在建设和维护劳动力市场秩序方面信息缺乏、手段单一、经验不足。劳动力市场的独特性质决定了政府在市场秩序的建设和维护中扮演着重要的角色。但是,我国政府在劳动力市场秩序的建设方面由于经验不足,很多工作不到位,比如由于政府部门本身的协调不当而导致的中国劳动力市场的分隔问题;政府在搜集和发布劳动力市场信息方面的工作缺乏覆盖面和影响力问题;公共就业中介服务机构的作用发挥不充分问题;劳动法的执法力度不足的

---

❶朱必祥,戴宏伟,詹婧.加强我国劳动力市场秩序建设的思考[J].南京理工大学学报,2004(2):47-50.

问题等。❶

2.4 全球化对中国就业政策的影响

中国劳动力市场发展和市场化就业机制形成的几十年,也是全球化进程推动世界经济增长的时期,全球化对于各国内部经济发展和就业结构的影响不尽相同。即使对于那些在工业领域占据了领先地位的发达国家而言,技术上的领先和对高端价值链的占据所带来的也并非全是益处,至少短期来看,这些国家不得不面对就业机会流出的问题。相比发达国,当代中国现代化发展进程正处于全球化浪潮外部冲击的给定框架之下,全球化对于中国劳动力市场发展而言既是机遇也是挑战,科学解读全球化对中国就业政策的影响具有重要的意义。

2.4.1 全球化与中国劳动力市场

全球化是指全球联系不断增强,人类生活在全球规模的基础上发展及全球意识的崛起,国与国之间在政治、经济贸易上互相依存,驱动全球化因素主要包括贸易的开放程度、资本流动、科技和意念交流、劳动力流动和文化整合性,并且其中劳动力流动与科技、意念交流和文化整合之间有着密切的关系,因此劳动力既是全球化的推动力量,也受到全球化的影响。全球化对中国劳动力就业问题的影响主要包括两方面:一是直接影响,即劳动力在要素市场上更加激烈的竞争;二是间接影响,即国内外企业在产品市场上的竞争,改变了我国的原有产业结构,并进而通过产业结构调整来影响就业。具体而言,其作用方式呈现如下:

(1)行业分化。全球化会使得一些行业将会得到前所未有的发展,随着国际经济交往的增加,相应要带动商贸、港运、物流管理等行业的急剧发展。全球化也会推进各国资本市场逐步放开,货币自由兑换,这样在商品流动的带动下,资本流动将迅速增加,为此金融行业也将迎来大的发展机遇。与商品、资本流动伴随的是法律与咨询服务,所以具有较高外语能力,熟悉国内法规与国际惯例的人才将有广阔的发展空间。但是,也有一些产业由于在国际分工体系中存在明显劣势而将逐步衰弱,其中受影响最大的首先是农业,据估计入世以后农业将减少近千万就业人口。其次是汽车制造业,据估计,该行业将减少就业4510万人,减幅14.5%❷。行业分化会导致就业结构发生显著的变化,就业结构的外向型趋势

❶ 刘昕.对转轨时期中国劳动力市场秩序建设问题的思考[J].财贸经济,2004(1):12-16.

❷ 罗润东.全球化对劳动力就业的影响[J].理论与现代化,2002(4):59-60.

更加显著。

（2）层次分化。全球化带来的产业提升，一方面要求国内一些企业继续进行低技能劳力的减员增效；另一方面国外大型跨国公司进入中国市场的步伐加快，企业的人才竞争不可避免。在这一过程中，劳动者的技能和知识分化也越来越明显，部分有能力并且有长远眼光的国内企业会在提升劳动者技能水平上下功夫，从而使得劳动力的素质有所进步，并且外资企业的员工培训和教育方式也会具有一定的示范效应和扩散效应，从而影响整体企业内部劳动力市场的结构。而在竞争中失去优势的劳动者则会被市场淘汰，或者激发其增强能力提升意识，这种双向的变化可能会带来劳动力市场的进一步分层化。

（3）收入分化。根据前面的分析可以得知，全球化会使得劳动者的就业结构和能力层次发生变化，由此带来的收入差距拉大不可避免。大量外资企业凭借其产品和服务在竞争力上的优势，将会以高薪吸引更多年轻的高素质的人才，从而导致中国劳动力市场从事高技术和高智力服务的脑力劳动者供不应求；与此同时，从事简单体力劳动者将会在一定程度上出现供大于求的情况，因此劳动力市场工资水平两极分化的趋势将进一步加剧。

（4）就业时间弹性化。与全球经济的接轨会更快地推进我国的市场化进程，企业之间的竞争将更加激烈，企业为了提高效率可能对员工实行更大的弹性雇用制度。另外，在一个竞争激烈又充满活力的市场中，企业的此消彼长成为常态，这必然伴随着劳动力就业与失业的经常交替，员工的工作持续性可能也会相对较短。这意味着就业形势和就业稳定性都会由于全球化而发生变化。

（5）劳动力的跨国流动加快。从一定意义上说，资本在全球范围内的流动或重新配置就意味着劳动力的跨国流动和就业岗位在全球的重新配置。据国际劳工组织（ILO）估计，目前全球每年的流动劳务约为6000万~6500万人。国际上劳务流动主要是从发展中国家和地区流向发达国家和地区。美国、日本等发达国家经济规模巨大，对劳务的需求本来就大，加上近年来，这些发达国家人口自然增长缓慢、老龄化严重，使得劳动力供不应求的状况日益严重，因此，迫切需要输入足够数量的劳动力。另外，发达国家劳动力成本不断提高使得一些产业为维护企业的竞争力，不得不考虑雇佣外籍劳工。中国近年来劳务输出量的增加意味着我们也正在参与对世界范围内有限就业岗位的竞争。

2.4.2　全球经济波动与中国的就业问题

全球化对于中国的就业而言是一把"双刃剑"，其既有正面的影响，也会带来负面的作用，主要表现在以下三个方面：

（1）就业总量受到全球经济波动影响明显。随着中国经济开放度的提高，中国经济与世界经济关联度越来越大，已形成紧密的相互依存格局。在2008年金融危机之后,中国出口对经济增长的贡献是负增长,这显然是受欧美经济低迷的负面影响,而这种负面影响会直接作用于中国外向型部门的劳动力就业,比如东南沿海地区的出口加工贸易企业,出现裁员甚至企业岗位流失的现象。欧美经济存在结构性问题,在短期内很难解决,因此这种失业可能会在相当长时期内存在。这也表明,在全球经济发展和治理中,中国既要与传统贸易伙伴国家良性互动,合理分工,发挥各自比较优势,同时,还要加强自贸区建设,与亚太国家、发展中国家建立更加紧密的联系。

(2)就业结构变化使得"工作中的穷人"数量上升。全球化尽管能够提升产业结构、就业结构和部分劳动者的收入,但同时也形成了劳动力市场分化的问题,部分劳动者可能因为失去工作而贫困,而更多的人则可能有就业岗位,但是从事的往往是低端的工作,工作地位和收入状况相对下降,并且随着全球化产业分工链的固化,基层劳动者改变现有状况的难度也在持续加大。

(3)地区间劳动力竞争使得劳动力低价优势不复存在。中国经济在过去几十年间的高速增长,很重要的一个因素就是市场上存在大量已具有基本劳动技能的廉价劳动力,但这个"传统优势"却正在由于国家地区间劳动力竞争而改变,由于资本的全球流动性和逐利性,相对工资变化所带来的产业国际间转移已经使得中国与其他发展中国家间形成了事实上的竞争关系,这也表明全球化的分工优势并不是持续不变的,发展中国家必须在适当的时间调整全球竞争战略,才能保持劳动力市场的平稳发展。

新闻链接1:耐克两大OEM厂商越南大扩产❶

耐克公司全球第二大原始设备生产商(OEM)——台湾丰泰企业(下称"丰泰")拟将大部分耐克运动鞋,打上"越南制造"的标记。而耐克全球第一大OEM厂商台湾宝成集团(下称"宝成")在越南的产能也在迅速提高,宝成的所有生产线,是耐克运动鞋全球总产量的六分之一。丰泰和宝成在投资上的悄然变化似乎预示着,耐克最大的海外基地将从中国大陆移至越南。

丰泰成立于1971年,制鞋产能紧随宝成之后,列全球第二。该公司新闻发言人陈丽琴在接受记者电话采访时透露,"今年和明年都将在越南上马新的生产线,届时越南的运动鞋总体产能将超越中国大陆。"耐克现有700多家海外生产工厂,其中中国大陆、泰国、韩国、越南分别为124家、73家、35家和34家。虽有众多加工地,但大部分工厂都是由少数几个代工集团投资的。目前,耐克全球产量的5.5%都牢牢地掌握在丰泰手中。在扩产的同时,丰泰也将公司的一大批精英派

---

❶第一财经日报.耐克两大OEM厂商越南大扩产[EB/OL].(2005-06-17)[2015-07-29]. http://biz.163.com/05/0617/03/1MDTV3N600020QGP.html.

驻越南。5月底，公司就派遣了总裁特别助理郑德汶前往越南督阵。而丰泰的董事长、总裁和总经理也频繁往来于台湾地区总部、越南和祖国大陆之间。

而另一巨头宝成，也在火速提高产量。宝成旗下的子公司——裕元工业发言人叶先生对于公司在越的投资，出言谨慎。他说，裕元工业在祖国大陆、越南与印尼的生产线分别是178条、98条与51条。"2005年内在越突破百条生产线指日可待，预计集团的总生产线将达329条，年产能达2亿双。"一个月前，宝成协理陈芳美传达出的信息是，目前公司对于祖国大陆和印尼投资热情低于越南。她在接受台湾地区媒体采访时表态，到明年，越南的新上马生产线将为15条。"集团2004年的制鞋总数为1.68亿双。其中，休闲鞋产量约为20%。而休闲鞋的主要产地就是越南。"

为何代工企业都纷纷选择在越南扩产？宝成的叶先生一语道破："越南的低廉劳动力，使越南对外资的吸引力逐步释放。"耐克苏州体育用品有限公司共有4000名员工，部分工人三班倒作业。一名新员工的底薪为600元左右，上手之后，可达1000元/月，同时公司为每人买一份养老保险。"他们的薪水，与当地的外企比，都算高的。"就在耐克苏州工厂的斜对面，太仓市开元纺织厂的一位老工人告诉记者，开元的工人工资也为每月500元左右，相比耐克要差一大截。

在越南，外企的平均起薪为45万盾（约合人民币250元左右），熟练工则为80万盾到100万盾（约合人民币431元到540元左右）。而人民币1000元的月工资，可能就是当地中高级主管的薪水了。宝成发言人叶先生说，越南的劳动力相对中国大陆来说，要便宜很多。"是不是一半，我不能打包票。但作为一个劳动密集型的产业，薪酬的高低，当然是企业投资时考虑的最重要因素之一。"

2.4.3　国际劳工标准、WTO社会条款与中国就业政策

随着中国经济与世界的联系越来越密切，中国就业政策受国际制度影响也日趋显著，这不仅加深了中国与外部世界的相互依赖，而且促进了中国自身劳动力市场的发展与转型。在与劳工相关的国际制度中，国际劳工标准和世界贸易组织（WTO）相关的社会条款所产生的作用最为明显，使得中国的就业管理的模式包含了更明显的多边制度成分。

国际劳工组织是当今世界上唯一的一个由各成员方的政府、雇主和工人代表三方共同参加、各方有独立表决权的国际组织。国际劳工组织制定国际劳工标准采取公约（convention）和建议书（recommendation）两种形式，涉及工作、就业、社会保险和社会政策及相关人权。其中8个公约涉及结社自由和集体谈判、废除强迫劳动、废除童工、就业平等4项工人的基本权利，被称为基本劳工公约，或叫

核心劳工标准。迄今为止,国际劳工组织的大多数成员方已经批准了这些基本劳工公约。

所谓"WTO社会条款"(social clause),是指美国等发达国家主张在贸易与投资协议里写入关于保护劳动权的条款,缔约方如果违反该条款,其他缔约方可以予以贸易制裁,相对于保护环境的"绿色条款"而言,社会条款有时也被称为"蓝色条款"。"社会条款"主要是针对"社会倾销"(social dumping)而提出的,高工资的工业化国家进口相对低廉的外国产品,而这些产品之所以廉价是因为出口国没有提供合理的工资、利益及对工人其他方面的保护,通过利用廉价的和缺乏保护的劳工,出口国能够以远低于一般市场价格的价格在工业化国家销售产品,这就将其社会问题"倾销"到了进口国,其形式就是使后者失去就业机会,迫使进口国降低工资和利益以使其价格结构更具有竞争力❶。

"社会条款"所讲的劳动标准概念比较混乱,有时是指核心劳动标准,有时也包括工资、工时、劳动保护等具体标准,但是无论哪种理解,都是以核心劳动标准作为基础的。经济合作与发展组织(OECD)的一份报告认为(OECD,1996)❷,只有一小部分劳动标准才属于这里所讲的"核心劳动标准",包括消除童工、禁止强迫劳动、反对就业歧视、结社与集体谈判自由等四个方面的内容。而国际劳工组织作为专门负责劳动问题的国际组织,更多地使用"基本劳工公约"(fundamental conventions),主要指已经被国际劳工组织理事会确认的,不论成员方经济发展水平状况如何,为保护工作中的人权而应遵守的8项最基本的国际劳工公约,其涵盖了自由结社与集体谈判权、废除强迫劳动、平等权、禁止使用童工等方面的内容。由此可见,OECD的"核心劳动标准"与国际劳工组织的"基本劳工公约"覆盖内容相同。

到目前为止,中国履行了22个国际公约(表2-2)。无论对已批准还是未批准的国际劳工标准,中国均可应用立法的程序将其引入本国法律中,实现国内法与部分国际劳工标准的接轨。中国的第一部劳动法于1994年7月通过,其内容就覆盖了国际劳工标准的一些重要事项,这表明国际劳工标准在一定程度上推动了中国劳动力市场制度化水平。但另一方面,中国对国际劳工公约的批准仍持谨慎态度。在国际劳工组织已通过的185个公约中,中国批准了其中的25个,占公约总数的13%;在8个基本劳工公约中,中国批准了4个,占总数的一半。尽管中国在立法方面,特别是在劳动法和社会保障法方面大量参考了国际劳工标准,但在不少方面与国际劳工标准不尽一致。

❶威廉 盖里 沃斯.国际贸易与投资——后冷战时代国际商务活动的法律环境[M].广州:广东人民出版社,1998.

❷OECD.Trade,employment and labour standards:a study of core workers' rights and international trade[M]. Paris:OECD Publications,1996.

2000年以后,中国政府加快了批准国际劳工公约的步伐,在国内劳动立法中也越来越强调与国际劳工标准的衔接。国家《劳动和社会保障事业发展"十一五"规划纲要(2006—2010)》就明确提出:"巩固和加强与国际劳工组织等国际组织的合作,积极参与国际劳工公约和建议书等国际劳工标准的制订,适时批准适合我国国情的国际劳工公约,扩大在国际劳工领域的影响。"从实际来看,中国近年来在废除强迫劳动、废除童工、平等就业方面进行了大量的制度建设工作,在结社自由和集体谈判制度建设上也进行了有益的、适合中国国情的探索,取得了一定的进展。这些都表明国际劳工标准和WTO社会条款对于中国就业政策提升有着建设性的作用,对于中国劳动力市场的规范化和国际化有着深远的影响。

表2-2 1983年以来中国政府批准的国际劳工公约[●]

公约	批准日期
《1005 对男女工人同等价值的工作付予同等报酬公约》,1951	1990年11月2日
《1115 消除就业和职业歧视公约》,1958	2006年1月12日
《1225 就业政策公约》,1964	1997年12月17日
《1385 最低就业年龄公约》,1973	1999年4月28日
《1445 三方协商促进履行国际劳工标准公约》,1976	1990年11月2日
《1505 劳动行政管理公约》,1978	2002年3月7日
《1555 职业安全与卫生公约》,1981	2007年1月25日
《1595 残疾人职业康复和就业公约》,1983	1988年2月2日
《1675 建筑业安全与卫生公约》,1988	2002年3月7日
《1705 作业场所安全使用化学品公约》,1990	1995年1月11日
《1825 禁止和立即行动消除最恶劣形式的童工劳动公约》,1999	2002年8月8日

★本章重点:

国家治理变迁的路线,各阶段的特征与就业政策变化之间的关系;

经济增长与就业的关系,消费、投资、政府支出和进出口与就业的关系;

制度性因素的内容,制度性因素如何影响就业;

劳动力市场和市场化就业机制的变迁过程;

[●]1983年以来中国政府批准的国际劳工公约.国际劳工组织[EB/OL].(2005-06-17)[2015-08-29].http://www.ilo.org/i-lolex/english/newratframeE.htm.

全球化的内涵,全球化对中国就业问题的正面和负面影响。

★关键词:

国家治理	包容性增长
一元治理	多元治理
管制型政府	服务型政府
市场化就业机制	全球化
国际劳工标准	社会条款

思考与应用:

表2-3是中国1979到2012年的实际GDP增长率、实际失业率、GDP增长率缺口和失业率缺口数据,图2-10和2-11依据这些数据绘制。仔细观察这些数据和图形,结合上述学习到的知识,思考以下几个问题:

(1)分时间段或是整体来看,这些数据有没有呈现各自的规律性,及相互之间的相关性?有必要时可以进行简单的计算。你所观察到的规律说明了什么?奥肯定律在中国适用吗?

(2)为什么在欧洲和美国经济中观察到的经济现象在中国会出现不同的规律,请你猜测一些可能的原因。

(3)请在课后搜集相关资料,结合本章"阅读推荐"中的文章,验证你的发现和猜测,并思考中国经济增长和失业之间的关系给就业问题治理提出了什么样的启示?

表2-3　中国实际GDP增长率及其缺口、失业率及其缺口:1979—2012年[●]

年份	实际GDP增长率%	实际失业率%	GDP增长率缺口%	失业率缺口%
1979	7.60	5.40	-0.29	0.76
1980	7.81	4.90	-0.56	0.71
1981	5.26	3.80	-3.58	0.04
1982	9.01	3.20	-0.29	-0.15

●中华人民共和国国家统计局.中国实际GDP增长量及其缺口、失业率及其缺口:1979—2012年[J].中国统计年鉴.1979—2013.

续表

年份	实际GDP增长率%	实际失业率%	GDP增长率缺口%	失业率缺口%
1983	10.89	2.30	1.19	-0.68
1984	15.18	2.90	5.17	-0.78
1985	13.47	2.80	3.30	-0.65
1986	8.86	2.00	-1.35	-0.29
1987	11.57	2.00	1.39	-0.20
1988	11.27	2.00	1.15	-0.16
1989	4.07	2.60	-5.99	0.43
1990	3.83	2.50	-6.24	0.28
1991	9.19	2.30	-0.97	0.01
1992	14.24	2.30	3.97	-0.09
1993	13.94	2.60	3.63	0.10
1994	13.09	2.80	2.82	0.17
1995	10.93	2.90	0.79	0.14
1996	10.01	3.00	0.06	0.10
1997	9.28	3.10	-0.48	0.07
1998	7.83	3.10	-1.77	-0.08
1999	7.63	3.10	-1.88	-0.22
2000	8.42	3.10	-1.09	-0.36
2001	8.30	3.6	-1.28	-0.01
2002	9.09	4.00	-0.66	0.26
2003	10.02	4.3	0.07	0.44
2004	10.08	4.20	-0.11	0.24
2005	11.31	4.20	0.89	0.15
2006	12.67	4.10	2.06	-0.02
2007	14.17	4.20	3.42	-0.18
2008	9.63	4.30	-1.19	-0.03
2009	9.22	4.10	-1.66	0.02
2010	10.44	4.10	-0.48	-0.22
2011	9.20	4.10	-1.65	-0.24

续表

年份	实际GDP增长率%	实际失业率%	GDP增长率缺口%	失业率缺口%
2012	7.80	4.10	-2.96	-0.23

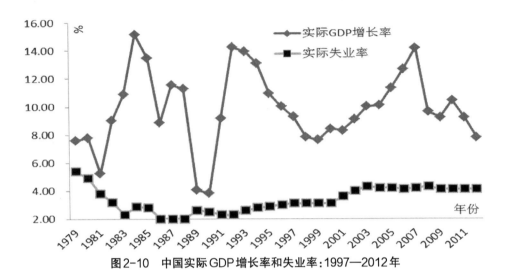

图2-10　中国实际GDP增长率和失业率：1997—2012年

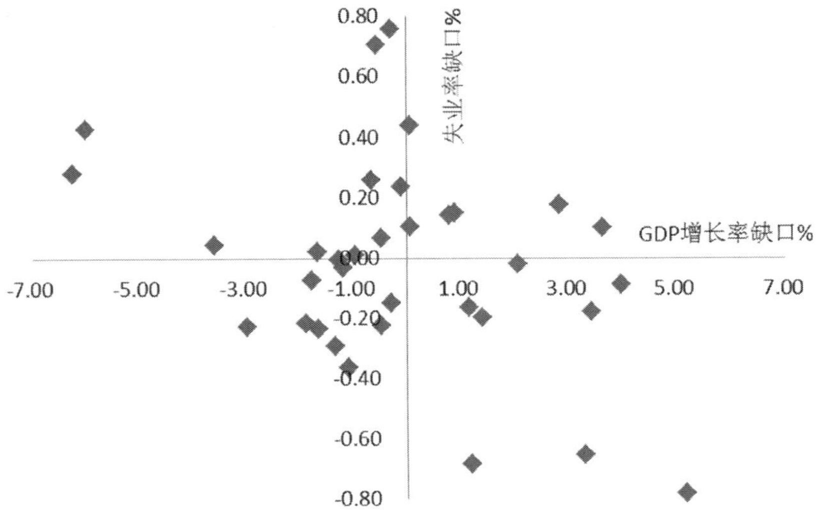

图2-11　中国实际GDP增长率缺口和失业率缺口：1997—2012年

第三章 劳动力供给政策:退出和延迟进入、人口和教育政策

3.1 劳动力供给与就业政策的关系

劳动力供给是指在一定的市场工资率的条件下,劳动力供给的决策主体(家庭或个人)愿意并且能够提供的劳动时间。由于劳动力供给是决定失业率的重要因素,因此针对供给设计的政策也占据了就业政策的重要位置。经济因素和自然因素都会影响劳动力供给,因此就业政策主要就从这些因素加以调整。就业退出和援助政策主要通过经济手段改变劳动者的工作偏好从而改变劳动力供给数量;就业壁垒政策则主要通过法律方式改变劳动供给结构,降低低素质劳动力的供给数量;计划生育政策主要通过调节人口规模和自然结构来影响劳动力供给;教育政策主要通过调整劳动者的知识和技能状况来影响劳动力供给总量及结构。

3.1.1 劳动力供给数量

从劳动力市场供求的角度来看,失业就是劳动力供给大于需求的现象,因此治理失业的主要手段之一就是控制劳动力供给。一国的劳动力供给数量直接取决于两个因素,一是该地区劳动适龄人口规模;二是劳动参与率的变动(图3-1)。

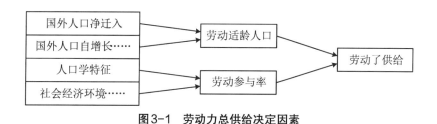

图3-1 劳动力总供给决定因素

　　劳动适龄人口是指一定年龄范围内具有劳动能力的人口。劳动适龄人口构成了劳动力资源的主体,其规模大小取决于劳动年龄长度和总人口数量。我国通常将法定劳动年龄人口确定为劳动适龄人口,即男16~59岁、女16~54岁的人口,国际上劳动适龄人口通常确定为15~64岁的人口。劳动适龄人口规模主要取决于国外劳动适龄人口净迁入及国内劳动适龄人口自增长。依据推拉理论,劳动力流入是流入地的"拉力"作用与流出地的"推力"共同作用的结果,由此可知,一方面,如果一个国家具有良好的经济发展势头,必将对外来人口产生较强的"拉力"效应;另一方面,对于国内不同地区而言,如果一国处于快速城市化时期,经济要素向城市地区不断集聚,客观上造成城乡收入差距的进一步扩大,农村过低的经济收入水平对农业劳动力产生较强的"推力"作用。

　　劳动参与率是经济活动人口(就业者和失业者之和)占劳动年龄人口的比率。依据经济学理论,劳动参与率受到两大因素的影响,一是劳动者的人口学特征,劳动者的年龄、性别、城乡、受教育程度等人口学特征都影响个人对工作机会的选择。由于教育事业的发展,低龄劳动者为提高自身素质,会选择继续接受教育而推迟就业时间,对劳动参与率产生一定的影响。二是社会保障的覆盖率和社会保障水平、劳动力市场状况等社会经济环境,也影响了个人的劳动力供给选择,从而影响整体劳动参与率。

　　近年来中国劳动年龄人口的供给状况如表3-1所示,其中低位劳动力供给量的计算假定女性劳动力均为50岁退休,由15~64岁人口数减去60~64岁人口数和51~59岁女性劳动力数量,再减去15岁人口数得出;高位劳动力数量的计算则假定女性劳动力均为55岁退休,由15~64岁人口数减去60~64岁人口数和56~59岁女性劳动力数量,再减去15岁人口数得到。从中可以发现,现阶段我国劳动力市场仍呈现明显的供过于求的局面,在这一点上,发达国家与中国的情况不同,这些国家早已进入人口负增长时期,劳动力相对资本来说较为稀缺。

表3-1　劳动力供给与需求数量:2003—2009年(单位:万人)❶

年份	15~64岁人口数	低位劳动力供给	高位劳动力供给	就业人员	低位供求差	高位供求差
2003	90976	79976	80389	74432	5544	5957
2004	92184	80972	81413	75200	5772	6213
2005	94197	81297	81760	75825	5472	5935
2006	95068	82613	83125	76400	6213	6725

❶中华人民共和国国家统计局.劳动力供给与需求数量:2003—2009年[J].中国统计年鉴.2004-2010.

续表

年份	15~64岁人口数	低位劳动力供给	高位劳动力供给	就业人员	低位供求差	高位供求差
2007	95833	83874	84384	76990	6884	7394
2008	96680	85910	86425	77480	8430	8945
2009	97502	86752	87233	77995	8757	9238

2005年以来，研究者们对于中国农村富余劳动力供给是否已经到达"刘易斯拐点"，即是否已经从无限供给转向有限供给并呈现供给短缺的迹象，展开了大量讨论。以蔡昉为代表的一批学者，从发端于沿海地区并且逐渐向全国蔓延的"民工荒"，及农民工工资的逐步走高等现象，推断我国"刘易斯拐点"即将到来，农村劳动力由无限供给转向了有限剩余，劳动力市场的总体格局会发生根本性改变，从而对就业政策的整体趋向产生根本性影响。

知识链接2：刘易斯和"刘易斯拐点"

威廉·阿瑟·刘易斯（William Arthur Lewis，1915—1991年）出生在原英属西印度群岛圣卢西亚岛（现为圣卢西亚共和国）一个黑人移民的家庭。1932年，刘易斯到英国伦敦经济学院学习经济学，1937年获经济学学士学位，1940年获经济学博士学位并留校任教直至1948年。1948年，刘易斯到曼彻斯特大学担任斯坦利·杰文斯政治经济学讲座教授。在实践方面，他担任了各种职务，为发展中国家的经济发展出谋划策，比较重要的有1951年任联合国总部不发达国家专家小组成员，1957—1959年任加纳共和国总理经济顾问，1959—1960年任联合国特别基金的代理人，1959—1963年任西印度大学第一副校长，1970—1973年任加勒比地区开发银行第一总裁。由于这些贡献，刘易斯在1963年被英国女王晋封为勋爵。1963年，刘易斯应邀到美国普林斯顿大学任教。从1968年起他在该校公共和国际事务的伍德罗·威尔逊学院担任詹姆斯·麦迪逊政治经济学讲座教授，并兼任协调发达国家与发展中国家关系的联合国皮尔逊委员会成员。1986年，刘易斯从普林斯顿大学退休，住在巴巴多斯岛上，住所就在西印度大学的科维·希尔校园附近，在这里他继续从事经济发展问题的

William Arthur Lewis, 1915—1991年

研究,并为各国提供发展指导。

1954 年,刘易斯发表于《曼彻斯特学报》的《劳动无限供给条件下的经济发展》,在这篇论文中,刘易斯提出了自己的"二元经济"发展模式。他认为,经济发展过程是现代工业部门相对传统农业部门的扩张过程,这一扩张过程将一直持续到把沉积在传统农业部门中的剩余劳动力全部转移干净,直至出现一个城乡一体化的劳动力市场时为止(这时到来的即为刘易斯第二拐点,传统部门与现代部门的边际产品相等,二元经济完全消解,经济开始进入新古典主义体系所说的一元经济状态)。此时劳动力市场上的工资,便是按新古典学派的方法确定的均衡的实际工资。

刘易斯的"二元经济"发展模式可以分为两个阶段:一是劳动力无限供给阶段,此时劳动力过剩,工资取决于维持生活所需的生活资料的价值;二是劳动力短缺阶段,此时传统农业部门中的剩余劳动力被现代工业部门吸收完毕,工资取决于劳动的边际生产力。由第一阶段转变到第二阶段,劳动力由剩余变为短缺,相应的劳动力供给曲线开始向上倾斜,劳动力工资水平也开始不断提高。经济学把连接第一阶段与第二阶段的交点称为"刘易斯拐点"。

1972 年,刘易斯又发表了题为《对无限劳动力的反思》的论文。在这篇论文中,刘易斯提出了两个转折点的论述。当二元经济发展由第一阶段转变到第二阶段,劳动力由无限供给变为短缺,此时由于传统农业部门的压力,现代工业部门的工资开始上升,第一个转折点,即"刘易斯第一拐点"开始到来;在"刘易斯第一拐点"开始到来,二元经济发展到劳动力开始出现短缺的第二阶段后,随着农业的劳动生产率不断提高,农业剩余进一步增加,农村剩余劳动力得到进一步释放,现代工业部门的迅速发展足以超过人口的增长,该部门的工资最终将会上升。当传统农业部门与现代工业部门的边际产品相等时,也就是说传统农业部门与现代工业部门的工资水平大体相当时,意味着一个城乡一体化的劳动力市场已经形成,整个经济——包括劳动力的配置——完全商品化了,经济发展将结束二元经济的劳动力剩余状态,开始转化为新古典学派所说的一元经济状态,此时,第二个转折点,即"刘易斯第二拐点"开始到来。显然,"刘易斯第一转折点"与"刘易斯第二拐点"的内涵是不同的,都具有标志性的象征意义,前者的到来为后者的实现准备了必要的前提条件,但后者的意义是决定性的。

表3-2　中国人口与劳动力供给发展趋势:2010—2020年(单位:万人)[1]

年份	总人口	15~64岁人口数	低位劳动力供给量	高位劳动力供给量
2010	134985	97980	82983	88069
2011	135926	98526	83424	88546
2012	136863	98931	83725	88882
2013	137776	99292	83985	89176
2014	138646	99497	84093	89317
2015	139456	99624	84130	89384
2016	140199	99747	84171	89453
2017	140873	99610	83959	89266
2018	141477	99511	83793	89123
2019	142013	99265	83487	88838
2020	142484	98943	83113	88481

　　劳动力的供给基于人口总规模的变化,国内关于人口增长情况所做的预测很多,根据中国人民大学人口与发展研究中心陈卫的预测结果,我国总人口在2020年将达到14.25亿人,预计到2029年将达到峰值,约为14.42亿[2],此后开始缓慢下降。从当前来看,15~64岁的人口增长数量逐年放缓,到2017年出现负增长,这一年龄段人口数量在2016年达到峰值,约为9.97亿。由于这一年龄段人口包括了15岁人口、56~60岁的退休的女性和部分50~55之间退休的女性三部分非劳动人口,在计算劳动力供给量时需要剔除。低位劳动力供给量的计算做了两个假设:第一,所有女性劳动力均在50岁退休;第二;上述三部分人口在总人口中的比重在各年份中保持不变,按照20052009年的平均水平11.1%来确定。高位劳动力供给量也同样做了两个假设:第一,所有女性劳动力均在55岁退休;第二;上述前两部分人口在总人口中的比重在各年份中保持不变,按照20052009年的平均水平7.3%来确定。基于两个假设计算的劳动力供给数量见表3-1,和15~64岁人口的变化特点相一致,不管是低位劳动力供给量还是高位劳动力供给量,从2010年起增长量逐年下降,到2017年绝对供给量开始减少,也就是说2016年中国劳动力供给总量将达到峰值(表3-2)。

---

[1]陈卫.中国未来人口发展趋势:2005—2050年[J].人口研究,2006(4):93-95.
[2] 该预测方案假设总和生育率将从2000年的1.7逐步上升到2010年的1.8,此后保持不变。我国男性人口的平均预期寿命到2050年时将达到76.63岁,女性80.82岁。

3.1.2　劳动力供给结构

劳动力供给结构主要可以分为以下几种：①年龄结构，指劳动力人口中各年龄组人口所占的比重。一般可以划分为青年、中年、老年三大类。青年劳动力比重越大，劳动力市场潜力越大，而老年劳动力比重上升，说明劳动力老龄化趋势显著，劳动力整体素质下降。②性别结构，指劳动力人口中男性、女性劳动力各自占的比重，由于生理原因和社会原因，已经就业的劳动力性别比例，一般女性低于男性。③质量结构，指以不同受教育水平和不同技术等级为主要内容的、不同复杂程度的劳动力人口构成。每一种职业的劳动力人口可以分为初级、中级、高级三个层次。除此之外，劳动力结构还包括地域结构、城乡结构等。

（1）劳动力年龄结构。据人口变动情况抽样调查计算，2001年中国65岁以上人口在总人口中所占比重为7.1%，以后各年这一比重不断攀升，至2008年已达到8.3%，说明中国的人口老龄化问题正逐步加重。近几年，这一问题已成为学术界关注的热点，然而，在人口老龄化背景下劳动力老化所产生的负面影响却极少受到关注。事实上，随着总体人口老龄化的加深，中国劳动力老化问题也逐步显现。国际劳工组织将劳动年龄人口中45岁及以上的劳动力界定老年劳动力人口，劳动力老化主要表现为劳动年龄人口中，老年劳动力人口比重不断上升的过程❶。

表3-3　劳动年龄人口结构：2003—2008年（单位：%）❷

年份	15~29岁年龄组			30~44岁年龄组			45~64岁年龄组		
	总	男	女	总	男	女	总	男	女
2003	22.8	11.6	11.2	26.7	13.6	13.2	21.9	11.0	10.8
2004	22.1	11.1	11.0	27.2	13.7	13.6	22.8	11.6	11.2
2005	21.1	10.5	10.6	26.9	13.3	13.6	23.3	11.8	11.5
2006	21.4	10.8	10.6	27.1	13.3	13.8	23.8	12.0	11.8
2007	21.4	10.8	10.6	26.8	13.3	13.5	24.6	12.4	12.2
2008	21.2	10.8	10.5	25.9	12.8	13.0	26.0	13.1	12.9

根据国家统计局每年所做的1%人口变动抽样调查数据计算，中国近6年来45~64岁人口在总人口中的比例上升很明显，2008年比2003年提高了4.1个百分

❶熊必俊.人口老年龄化与可持续发展[M].北京：中国大百科全书出版社，2002.
❷依据《中国人口和就业统计年鉴(2004-2009)》提供的每年人口变动情况1%抽样调查推算数计算。

点,而15~29岁与30~44岁之间的青壮年劳动力比例则下降了2.5个百分点(见表3-3),劳动力年龄结构呈现老化的趋势,而且男性劳动力老化程度更严重。有关预测显示,未来劳动力老化的形势更加严峻,45~64岁的老年劳动力人口比例总体上会持续上升,直到2035年达到峰值44.18%,随后15年基本稳定在将近44%左右[1]。因此,中国的人口老龄化不仅仅是退出劳动力市场的老龄人口比重上升,而且还是整个劳动力队伍的高龄化。

(2)劳动力性别结构。劳动力市场状况也受到了人口变化的影响。当今世界,虽然女性解放了,可以独立自主地决定参与社会活动,但由于男性与女性长期中在社会与家庭中的分工不同,女性更多地承担了照顾老人、小孩和家庭的责任,她们一方面要参与市场活动、赚钱养家、实现自我价值,另一方面还要承担家务劳动,为了平衡工作与生活的关系,与男性相比,女性更倾向于从事临时性的、短期的、非全日制的工作,就业的稳定性更差。Peter Auer & Sandrine Cazes[2]对工业化国家1992—2000年分性别的就业任期(持续服务于一个雇主的年限)研究,发现除了葡萄牙和瑞典之外,其他欧洲国家男性的就业任期明显比女性长,在这一点上爱尔兰、日本和荷兰表现尤其突出,这些国家男性平均就业期比女性长3~4年。Paul Osterman etc.[3]用就业保留率(一个人一段时期内持续在同样岗位上工作的概率)来衡量的美国劳动力就业稳定性结果,也证实了上述结论,即男性在同一岗位上保留率高于女性,就业更为稳定(如表3-4所示)。因此,不仅就业总量,而且经济活动人口中性别结构的变动也会影响到劳动力市场的稳定性和灵活性。

表3-4　美国就业保留率:1983—1995年[4]

时间		1983—1987年	1987—1991年	1991—1995年
0- <2 就业任期	男性	0.363	0.361	0.396
	女性	0.324	0.335	0.396
2- <9 就业任期	男性	0.654	0.567	0.588
	女性	0.568	0.535	0.555

[1]杨道兵,陆杰华.我国劳动力老化及其对社会经济发展影响的分析[J].人口学刊,2006(1):7-12.

[2] PETER AUER, SANDRINE CAZES. Employment Stability in an Age of Flexibility: Evidence from Industrialized Countries[J]. Journal of the Japanese & International Economies, 2004, 42(100):757-759.

[3] PAUL OSTERMAN, THOMAS KOCHAN, RICHARD LOCKE, MICHAEL PIORE. Working in America: Blueprint for the New Labor Market[M]. Cambridge: The MIT Press, 2001.

[4]DAVID NEUMARK, DANIEL POLSKY, DANIEL HANSEN. Has Job Stability Declined Yet? New Evidence for the 1990s[J]. Journal of Labor Economics, 1999, 17(4):29-64.

续表

时间		1983—1987年	1987—1991年	1991—1995年
9-<15就业任期	男性	0.884	0.848	0.791
	女性	0.830	0.789	0.720
15年以上就业任期	男性	0.678	0.707	0.637
	女性	0.591	0.704	0.647
总的任期内	男性	0.601	0.566	0.568
	女性	0.514	0.509	0.532

表3-5　世界主要国家与地区劳动力参与率：2000、2006年[1]

国家和地区	经济活动人口（万人）		劳动参与率（%）		女性劳动参与率（%）	
	2000	2006	2000	2006	2000	2006
中国	73826	78055	83.8	81.7	78.1	75.4
中国香港	337	360	69.3	71	57.1	62.6
印度	39168	43800	61.4	60.8	35.9	35.9
日本	6758	6620	72.5	72.7	59.5	60.6
韩国	2262	2454	63.9	66	51.9	54.3
加拿大	1626	1792	76.3	77.9	70.5	73.2
美国	14784	15702	76.9	75.6	70.4	70.1
法国	2620	2730	68	67.8	61.6	62.4
德国	4037	4102	71.6	73.9	63.6	68.2
意大利	2353	2480	60.3	62.7	46.3	51
荷兰	813	861	74.6	77.3	65.4	70.1
俄罗斯联邦	7140	7353	69.3	71.2	64.7	67.2
西班牙	1829	2113	65.9	69.4	52.3	57.8
英国	2972	3083	76.1	75.6	68.7	69.5

　　男性和女性的劳动参与率存在明显的差异，据世界银行提供的数据显示，大多数发达国家近年来女性劳动参与率有明显的提高，如日本、加拿大、法国、德国、意大利、荷兰、俄罗斯、西班牙和英国，这也是21世纪以来这些国家小时工、兼职工等灵活就业形式逐步增加的重要原因。尽管中国2000~2006年，由于女性受

　　[1]世界主要国家与地区劳动力参与率：2000年、2006年；1983—1995年.世界银行数据库[EB/OL].（2013-03-05）[2016-01-11]http://data.worldbank.org.cn/.

教育程度的提高,劳动参与率有所降低,但中国近年来一直是世界上女性劳动参与率最高的国家(表3-5)。

(3)劳动力受教育程度结构。中国现在是全球第二大经济体和第二大贸易体,但中国的经济的高增长主要由物质资本投资拉动的。持续多年的高储蓄率,已经使中国的物资资本相对充裕。但与此相比,人力资本积累却远为落后,人力资本投入与物质资本投入出现不匹配,劳动力数量众多与低素质劳动力比重较大的现象在中国并存。2009年我国文盲和半文盲劳动力比例仍然有4.8%,小学和初中学历的劳动者比重占到了26.3%和48.7%,具有高中及以上学历(含中等和高等职业教育学历)的劳动者比重仍仅有20.2%(表3-6)。

表3-6 我国从业人员当中的学历分布:2002—2009年[1]

年份	文盲或半文盲	小学	初中	普通高中	中职	高职	本科及以上
2002	7.8	30	43.2	6.7	6.4	4.3	1.7
2003	7.2	28.7	43.7	7.1	6.5	4.8	2
2004	6.2	27.4	45.8	6.8	6.6	5	2.2
2005	7.8	29.2	44.1	5.4	6.7	4.5	2.2
2006	6.7	29.9	44.9	5	6.9	4.3	2.3
2007	6	28.3	46.9	5.1	7	4.3	2.3
2008	5.3	27.4	47.7	5.5	7.3	4.4	2.5
2009	4.8	26.3	48.7	5.3	7.5	4.7	2.7

表3-7 不同技能水平的职业技术人才占从业人员比重:2004、2008年[2]

	高级技师	技师	高级工	中级工	中级技能以上工人合计
2004年数量(万)	52	163	618	1091	1924
占全部从业人员比重	0.24%	0.77%	2.91%	5.13%	9.05%
2008年数量(万)	98	277	742	1168	2285
占全部从业人员比重	0.36%	1.02%	2.73%	4.30%	8.41%

[1]国家统计局人口和就业统计司,人力资源和社会保障部规划财务.我国从业人员当众的学历分布:2002—2009年[J].中国劳动统计年鉴,2003—2010.

[2]中华人民共和国国家统计局.中国经济普查年鉴[EB/OL].(2015-03-05)[2016-01-11] http://www.stats.gov.cn/tjsj/ndsj/.

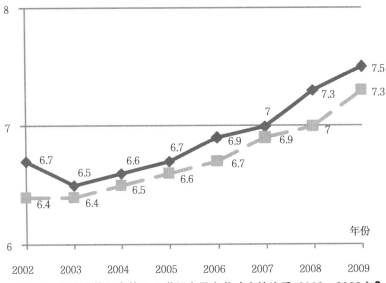

图3-2 具有中等和高等职业学历人员占劳动力的比重：2002—2009年❶

    我国劳动力受教育层次结构不合理,不仅表现在初中学历以下劳动力仍占有比较大的比重,还表现在大量的初中毕业生未受过职业教育,受过职业教育的劳动力比重较低(图3-2)。2009年,具有中等和高等职业学历人员占劳动力的比重分别仅有7.5%和4.7%。职业教育发展滞后导致我国产业界技能型劳动力的不足,尤其是高技能人才严重缺乏。表3-7是2004年和2008年两次经济普查中,不同技能水平的职业技术人才占从业人员比重。2004年,中级技能以上工人占全部从业人员的比重仅为9.05%,到2008年更是下降到了8.41%。而其中高级技工以上等级的技能型人才(包括高级工、技师、高级技师)更只有4.3%,而且技术等级越高的人才越是缺乏。

3.1.3 调整劳动力供给的就业政策

    从上述分析可以发现,劳动力供给的总量和结构都会对劳动力市场的就业状况产生重要影响,因此,以就业政策来影响劳动力供给,从而控制失业率上升,具有较大的政策选择空间,整体来看,从供给角度进行调节的方式包括三类:一是让市场中已经存在的部分劳动力以某种方式退出市场,或者缩短其工作时间,

❶国家统计局人口和就业统计司,人力资源和社会保障部规划财务司.我国从业人员当众的学历分布:2002—2009年[M].中国劳动统计年鉴,2004-2008.

这类政策主要包括退出援助政策,企业内部的短期就业时间调整政策等;二是延迟"潜在就业者"进入劳动力市场的速度,或者提高其进入市场的难度,主要包括职业准入制度,转岗培训制度,部分学历教育政策等;三是调节中长期的劳动力基数和劳动力结构,从而改变失业产生的人口基础,包括生育政策、人口流动和移民政策、教育制度。

在这些政策中,前两类基本属于狭义就业政策的范畴,主要调节短期和微观领域中的劳动力供给状况,而后一类则拓展至广义就业政策的领域,主要用于调节中长期的劳动力供给状况。从调整的内容来看,第一类政策更关注调节劳动力供给数量,在经济波动或体制改革带来较大规模、短时期的失业率上升时,这类政策能够带来一定的及时调节作用;而第二类政策主要从调节劳动力供给质量的角度间接调整劳动力供给数量,政策稳定性高于第一类政策,但也有一定的调整灵活性;而第三类政策则往往基于人口政策和教育政策来建立,因此具有较高的稳定性,尽管对于劳动力的供给数量和质量都有一定程度的调节作用,但是其效果往往不能立竿见影,但是在中长期中却起到了决定性作用,因此在运用和调整这类政策时必须对实际劳动力供给状况有更高的把握和更准确的预测。

3.2　退出和延迟进入劳动力市场的政策

退出和延迟进入劳动力市场的政策主要包括就业退出援助政策、工作时间调整政策和就业市场壁垒政策三大类,其作用主要是在短期或中期内通过直接或间接调整劳动力供给数量来改变劳动力市场供求失衡状况,从而缓解失业问题。

3.2.1　退出援助政策

就业退出援助政策主要指让一部分人通过政策援助,退出不适合本人的劳动力市场就业竞争,同时通过经济援助或岗位援助的方式让其转向培训、再就业或退休的过程,这类就业退出援助也被称为直接退出援助。

直接退出援助政策的大规模运用主要出现在解决国有企业下岗职工就业问题上。从下岗再就业工程的实践来看,尽管有部分职工可以通过自身能力实现有效的再就业,但许多大龄下岗职工由于身体、文化、技能等的制约,知识老化、技能老化、年龄老化,已无法适应现代企业用人要求、产业结构调整和市场经济观念的更新,即使国企改革已经完成,国企亏损状态得到扭转,也不适合回到原来的就业体制和主导产业中；即使结构调整已经完成，产业升级已经实现，也无法有效担当新拓展产业中的岗位。企业基于利润最大化目标，不愿雇佣他们，即使国家有种种优惠政策，也很难改变基本的雇佣决策。从下岗职工自身愿望来看，他们对于社会保障尤其是养老、医疗保障的要求在很大程度上超过了对再就业的要求。提供就业机会的"岗位援助"方式对部分职工来说并不是解决他们实际困难的最好办法。并且从供求角度来看，每年新增的劳动力数量十分庞大，在就业岗位严重缺乏的环境下，大量高素质劳动力就业尚且面临困难，大龄下岗职工如果没有身体、年龄或技能优势，鼓励其参与市场竞争，带来的可能更多的是挫败感。因此，通过社保援助、经济援助的方式帮助他们逐渐退出劳动力市场竞争，采用以退为进的策略既可达到合理利用劳动力资源的目的，又能降低劳动参与率，避免新旧劳动力群体相互挤占有限就业岗位，实现有限就业机会的优先分配。

退出援助的方式主要依据劳动者退出市场的方式来确定，"退出"主要有两种方式：其一是指从正规、全日制就业岗位竞争中退出，转向非正规部门非全日制形式继续就业，比如在个人、家庭或合伙自办的微型经营实体工作，如个体经营户、家庭手工业者等，在以社区、企业、非政府社团组织为依托的生产自救性和公益性劳动组织工作，及其它自负盈亏的劳动者。由于非正规就业要求的劳动技能低、资金投入较少、经营条件简单、经营方式灵活，因此比较适合于年龄在45岁以上，身体健康，且有劳动能力的这部分大龄下岗就业困难职工。其二是指逐渐或完全退出劳动力市场就业竞争，不再继续任何形式的就业，主要是年龄在45岁以上，且由于健康等原因已基本丧失劳动能力或无独立经营能力的少数就业弱势群体。

针对第一类退出人员，政策援助以扶持为主，通过各种再就业优惠政策。鼓励其自主经营、自谋职业；对其中自谋职业确有困难的，再由当地就业服务机构或社区服务站，通过提供各种服务性项目和公益性岗位，给予托底安置就业，其政策重点主要有两项：①政府需解决社区"托底安置"就业工作的政策与资金，解决社区开发各种服务性项目或提供公益性岗位面临创业资金短缺问题。②解决非正规劳动者的社会保障问题，临时工、钟点工、弹性就业等非正规用工形式较难形成稳定的劳动关系，因此政府在为他们提供种种非正规就业岗位、鼓励从事非正规就业的同时，应该尽量从制度上去设计完善与非正规就业形式相适应的劳动合同制、小时工资制、周工资制度及接续各种保险关系，解除其后顾之忧。

对于第二类退出人员，政策援助以"养"为主，通过内退、退养、协保等多种退出方式，帮助其直接退出劳动力市场，直至平稳过渡到退休年龄。目前已有的援助措施包括：①内部退养模式，即职工办理企业内部退养手续，先在企业内部过渡，由企业发放生活费，代缴保险费，直至退休、进入社会统筹养老系统。②协商保险模式，即在职工未达到实际退休年龄前，由企业与下岗职工签订缴纳社会保险费的协议，协商确定缴费比例和年限，帮助其接续社保关系，直至退休、进入社会养老系统。③失业保险加低保模式，对于没有内退政策的地区，对距退休年龄不足5年或工龄满30年的下岗职工，与企业解除劳动关系，愿意领取经济补偿金的，一次性领取，不愿领取的可享受两年的失业保险待遇，待遇期满仍未就业的，可参照城市居民最低生活保障标准，由民政部继续发放生活费，直至退休，职工离开企业后的养老保险由财政代缴，直至退休享受养老保险待遇。上述三种模式都要求职工与企业解除劳动关系，在未达到国家规定的退休年龄前，主要由企业承担过渡到退休年龄的费用责任，然而，由于企业的非正常经营，这种基于企业责任的退出援助机制往往无法有效持续。因此，未来退出援助的责任主体还应主要由政府担当，将退出人员移交给就业服务机构，由财政负担下岗职工基本生活保障金，承担其退出援助资金。❶

3.2.2　缩短工时政策

工时缩减政策是指通过政策援助的方式，改变在岗员工的工作时间、工作数量或工作内容，在保留岗位的同时降低工作时间和/或工资水平，用减少工作时间的办法创造工作岗位的一种基本策略，相比直接退出，工时缩减政策则相对缓和，主要是在出现短期就业困难时运用，并且从政策主体来看，从国家层面出台强制性法律法规往往只限于基本工时，而对于短期中的工时调整则更多在行业甚至企业层面，由劳资双方协商决定。

从实践来看，近年来欧洲国家借助缩减工时来扩大就业的政策思路一直有时间连续性，德国法定的工作时间是48小时/周，20世纪80年代末缩短为38小时/周，此后，德国工会又开始为实现35小时工作周努力，在此过程中，工会经过调查分析提出，实行新工时不仅可以改善员工的劳动和生活条件，缓解身心疲劳，使工人提高劳动效率，而且，随着人们闲暇时间的增多，又可以促进服务性的第三产业的扩大，从而增加新的就业岗位。20世纪90年代中期，德国开始实行35小时工作周，因此而增加的就业岗位超过20万个。除了扩大就业以外，面对日益严重的失业问题，现在缩短工时同时也成了缓解在业工人失业的一种手段。从1994年起，德国大众公司德国分厂的员工开始实行每周29小时、4天工作制。但是这次缩短工时与以往不同的是，要把员工的工资降低近10个百分点，目

---

❶申晓梅.劳动力市场"退出援助"方式与政策探析[J].人口学刊,2006(1):13-16.

的很简单:在降低工资的前提下缩短工时,就可以换取3万个工作岗位上的员工不被裁员。3万个员工暂时没有落入失业大军的队伍,从某种意义上来说也是缓解了失业问题的加剧。❶

2008年席卷全球的金融危机对德国的劳动力市场产生了一定的影响,但与欧洲其他国家相比,德国的状况相对良好,其完善的劳资双方共同参与就业政策制定的运作机制在对抗金融危机冲击中起到了重要的屏障作用。为了缓解2008年以来金融危机时期的失业问题,以德国工会联合会主动提出了确保短期、短时就业的措施,德联邦政府批准将企业短工制补贴的实施期限从18个月延长至24个月,以鼓励企业减少裁员,并在经济危机结束后尽快恢复生产,从而避免失业人数激增,国家对短时工因缩短工时而减少的净工资提供最高至67%的补贴,联邦劳动局补偿企业为短期就业职工所支付社会保障费用的50%❷。工会参与制定社会保障政策和抉择中具有真正的“主人翁”作用,而政府与工会、雇主组织等社会伙伴之间的关系也在这一社会保障机制下得到协调发展❸。

通过缩减工时、调整就业供给来缓解失业问题的策略在欧洲运用十分普遍。荷兰是欧洲工时最短的国家,荷兰雇员工会仍建议把工时进一步缩短,荷兰白领工会则呼吁缩减到每周34小时,据说依此可以避免裁减银行界10多万剩余雇工。“部分时间工作”受到劳资双方的欢迎,英国1993年以来新增就业岗位中2/3是“部分时间工作”,“部分时间工作”的人数已占雇员总数的24%以上;西班牙约30%;荷兰超过37%;在美国,一份工作两人做受到欢迎,目前多达74%的大企业实行这一制度。❹

3.2.3　就业准入政策

所谓就业准入,是指根据《劳动法》和《职业教育法》的有关规定,对从事技术复杂、通用性广、涉及国家财产、人民生命安全和消费者利益职业的劳动者,必须经过培训,并取得职业资格证书后,方可就业上岗的制度,实行就业准入的职业范围由劳动和社会保障部(现人社部)确定并向社会发布。

从上述定义可以发现,就业准入政策的其根本目的是提高劳动者技能水平,

---

❶郑桥.缩减工时灵活就业[N].工人日报,2000-12-04(8).

❷财政部亚太财经与发展中心.简析金融危机背景下德国的社保体系[EB/OL].(2009-08-09)[2016-01-09]. http://www.afdc.org.cn/NewsShow.aspx? FolderID=4&NewsID=3225&l=Chinese.

❸张原.劳资共决机制在社会保障制度中的作用——德法两国经验及其对中国的启示[J].中国劳动关系学院学报,2011(8):25-29.

❹孔祥军.缩减工时增加就业——兼论政府在解决就业中的作用[J].科学·经济·社会,1999(1):57-60.

增强其就业能力和适应职业变化的能力,实现高质量就业和稳定就业。其直接目标并不是调整劳动力供给,改变劳动力市场供需状态及治理失业问题,但是从其间接效果来看,却从事实上改变了劳动力供给的结构和供给增长速度,从而起到了一定的市场调节作用。

就业准入制度主要由职业资格证书制度和技能人才评价制度构成。职业资格证书是表明劳动者具有从事某一职业所需的学识和技能的证明。它是劳动者求职、任职、开业的资格凭证,是用人单位招聘、录用劳动者的主要依据,反映了劳动者为适应劳动需要而运用特定的知识、技术和技能的能力。职业资格与职业劳动的具体要求密切结合,更直接、更准确地反映了特定职业的实际工作标准和操作规范,及劳动者从事该职业所达到的实际工作能力水平。技能人才评价制度是就业准入制度的发展,企业是技能人才培养和使用的主体,也应该是技能人才评价的主体,职业能力最核心的评价标准应当是劳动者在工作岗位上完成任务、做出业绩的状况,其评价内容主要包括职业能力、工作业绩、职业道德和职业知识水平四项,重点考核技能人员执行操作规程、解决生产问题和完成工作任务等方面的实际工作能力,这是对传统职业技能鉴定内容的充实,更能全面的展现高技能人才的技能水平。❶

就业准入制度对于劳动者素质的提升具有重要的作用,同时也避免了低技能劳动力大量流入市场,造成就业压力过大,但是,与市场经济相适应的就业准入制度也需要尊重劳动力就业权利平等、机会平等,不能因为就业准入制度的存在而造成新的就业歧视。因此,就业准入制度在发挥调节劳动力供给作用的同时,应该遵循以下几项基本原则:①平等性,就业准入制度遵循就业权利与就业机会人人平等原则,劳动者每个人都有自主选择就业的权利,他可以放弃这个权利,《劳动法》第3条规定:“劳动者享有平等就业和选择职业的权利。”第17条又规定:“劳动者就业,不因民族、种族、性别、宗教信仰不同而受歧视。”这些法律规定明确指出了劳动者就业权利和机会平等。②开放性,就业准入制度遵循“一切职业向一切劳动者开放”的原则,开放包括向国内开放和向国外开放,由市场价格信号来配置劳动力资源,劳动者有自由选择职业的权利,职业面前人人平等,劳动力市场是一个统一开放的市场,各分类市场在国内是一个整体,不存在行政分割与封闭状况,劳动力市场的地方分割缩小了劳动力市场规模,大大降低市场效率。③竞争性,就业准入制度遵循劳动者就业取决于其竞争能力的原则,就业岗位的取得与否,不取决于求职者的身份、性别、户口等先天条件,只取决于求职者的知识水平、劳动态度与工作能力。❷

❶任鹏云.从技能型人才紧缺谈就业准入制度[J].天津职业院校联合学报,2009(1):57-59.

❷李连根.转型期我国就业准入问题探索[J].生产力研究,2001(5):31-32.

从中国目前的就业准入制度建设情况来看,还存在一些制度缺陷,导致上述原则无法得到很好的执行。首先是缺少一部完整的就业准入法律,尽管《劳动法》和《职业教育法》已经对劳动预备制度和职业资格证书制度有了明确的规定,但是其内容较为抽象,缺乏操作性,而具有较强实践性的《招用技术工种从业人员规定》立法层次又较低,制度权威性和全面性不足,执行力度也相对不足。其次是缺少推行就业准入的总体规划,推行就业准入制度仅有政策和行政法规远远不够,要使就业准入制度真正得到落实,就必须循序渐进,从社会舆论和宣传入手,要加大就业准入制度的社会宣传力度,通过扎实推进试点,扩大试点范围,在试点中调整职业标准,以利于未来的有效的实施,然后确定职业准入的具体时间,按地区、行业、职业类型分阶段、分类推进,同时,对劳动者的就业准入实行新老有别、年龄大小有别的方式。其三是缺少相关各方的配合协调,推行就业准入制度是一项复杂的社会系统工程,缺乏必要的协调和配合将会导致就业准入制度的推行不利,目前集中反映的配合问题主要是行业参与不够,及教育部门与劳动部门及行业教育资源的共享不够。❶

对此,未来就业准入政策的调整方向应包括以下几个方面:①加强立法和监督,尽快建立《就业准入法》,理顺《促进就业法》和《就业准入法》之间的关系,制止就业中的垄断行为和地方保护主义,维护就业竞争的公平性,消除劳动力市场上因无法可依而造成的混乱现象,保护劳动者的合法权益。②积极推行职业资格证书制度,实行持证上岗。2000年3月,劳动和社会保障部(现人社部)发布的《招用技术工种从业人员规定》,确定了90个工种需要持职业资格证书上岗,但是目前大量农民工在文化水平、信息取得、培训机会等方面与城市劳动者还有很大差距,职业资格证制度对农民工较为不利,因此,在出台制度的同时需加强对农民的培训,提高农民工素质。③完善市场就业机制,构筑统一高效的劳动力市场。在改革开放过程中,适应农村剩余劳动力向非农产业转移的要求,劳动力市场迅速发展并初具规模。各种职业介绍所构成就业市场经营主体;各种类型的就业培训中心、职业学校遍及城镇;劳务市场充满活力,形成了组织和管理社会劳动力的网络;各种劳动力中介机构已经形成。但目前劳动力整体市场仍处在建设发展阶段,各地区发展不平衡。要建立统一高效的劳动力市场,必须进一步改革、完善工资制度和劳动人事制度,加快建立社会保障体系,加快制定劳动力合理流动的规则。4.坚持公正原则,政府运用经济政策和社会政策促进劳动力市场的流动性,尽快废除就业歧视政策。在就业服务过程中,辅助就业条件较差的劳动者就业,消除户籍、性别、年龄等方面的歧视。政府制订就业政策应当尽可能保留在宏观层面上,要体

❶雷世平,董仁忠.就业准入制度推进中存在的问题剖析[J].中国职业技术教育,2003(8):47-48.

现政府掌握全局信息的优势,给劳动者就业以宏观上的指导,避免设置具体的就业限制造成的制度性歧视。❶

3.3　计划生育政策与劳动力供给

劳动力作为人口的一部分,其总体数量和质量受到人口波动和人口素质的影响,因此调节人口的计划生育政策成为影响劳动力供给的重要政策,我国将计划生育政策作为国策推行,对中国的经济社会产生了深远的影响,作为广义就业政策的组成部分,这一政策对劳动力供给也具有全面和长期的作用。

3.3.1　计划生育政策变迁

新中国成立以来,中国生育政策经历了三个发展阶段:

第一阶段为未定型生育政策阶段(计划生育政策萌芽阶段)。新中国建立初期,节制生育和计划生育的观念一直存在冲突。早期计划生育被视为资本主义人口论的产物,反对人为对生育进行控制,这一点可以从中央人民政府卫生部、人民革命军事委员会卫生部关于《机关部队妇女干部打胎限制的办法》(1950年)和中央人民政府政务院文化教育委员会同意《限制节育及人工流产暂行办法》(1952年)两个文件中得到证明。1957年在马寅初《新人口论》影响下形成计划生育的初步观念,由中共中央和国务院共同发布《关于认真提倡计划生育的指示》(1962年),但很快在自然灾害的影响下,未能真正推行。

第二阶段为广义计划生育政策阶段。1968年,中国计划生育领导小组成立,1973年形成“晚、稀、少”的方针,1978年10月,中央批转《关于国务院计划生育领导小组第一次会议的报告》。1968年至1980年这十年左右的时间,被视为中国广义计划生育政策从讨论到最终落实开始实施的时间点。广义计划生育政策的特点在于,没有限定每对夫妇只能生一胎,只是提出了“晚、稀、少”的口号,号召晚生和少生,并一直延续到20世纪80年代初独生子女政策尘埃落定之前。

第三阶段为独生子女政策阶段。从广义计划生育政策向独生子女政策的转型,产生于20世纪80年代初。1980年、1982年中共中央先后发布了《关于控制人口增长问题致全体共产党员、共青团员的公开信》《关于进一步做好计划生育工作的指示》,提出一对夫妇只生一个孩子”,并严格规定城镇居民和国家干部、职

---

❶李连根,关于建立和健全劳动力就业准入制度的思考[J].广州市经济管理干部学院学报,2001(3):50-54.

工除特殊情况外只能生育一胎。显然,1980年前后是全国范围内推广以家庭为单位实施独生子女政策的关键节点。

21世纪后,生育政策再次引起全国范围内的广泛关注,已经远远不止于计生部门和人口专业领域,甚至扩展到其他公共政策领域,涉及养老、住房、教育、国防、安全等诸多层面,也引起了人权、阶层等意识形态领域的争论。1991~2011年,我国的总和生育率从2.25左右平稳下降至的1.04,这与广义计划生育政策阶段(1968—1980年)生育率急需下降和20世纪80年代独生子女政策前期阶段生育率波动变化的情况存在显著差异,在一定程度上说明政策及实施都进入稳定期,变化更多体现在微调及政策涉及人口生育决策所带来的影响上。

回顾20世纪90年代以来的计划生育政策演变历史,主要的调整有两次:一是21世纪初由一胎政策调整到"双独二胎",其标志为2001年《中华人民共和国人口与计划生育法》颁布,全国15个地级市和1个县级市启动人口与计划生育综合改革试点,上海、江苏等全国18个省区陆续取消对二胎生育时间的限制,在许多地区,特别是经济较发达的城市的"双独"夫妇可申请生育二孩;二是2010年提出"单独二胎"政策,经过3年的讨论酝酿,2013《中共中央关于全面深化改革若干重大问题的决定》正式启动实施一方是独生子女的夫妇可生育两个孩子的政策。

3.3.2　生育意愿的变迁

20世纪70年代初开始,我国推行计划生育政策作为基本国策,缓解社会经济资源与人口增长之间的矛盾,为社会发展创造出前所未有的机遇。从20世纪80年代全国普遍实行计划生育政策以来,我国的生育率在短短几十年间降低到了替代水平以下,人们的生育意愿也发生重大转变,无论是单独家庭、双独家庭还是双非家庭[1],其生育意愿均已下降到了终生生育两个孩子以下(见图3-3),九成以上的家庭意愿的子女数量在两个或两个以下(图3-4),开始接近发达国家水平,总体生育意愿与计划生育政策目标渐趋一致,表明我国生育政策调整的空间逐步放宽。

与此同时,中国生育率的持续下降也带来一系列问题,计划生育政策调整的滞后性可能导致中国的老龄化问题凸显,出生性别比失衡的状况长期存在,人口结构失衡带来的劳动力资源不足,及家庭结构不当造成的养老保障等矛盾将对我国的社会发展造成负面影响。近年来生育意愿的走势也反映出政策与现实的

---

[1]这里所指"双独家庭"为夫妇双方均为独生子女的家庭,"单独家庭"为夫妇双方有一方为独生子女的家庭,"双非家庭"指夫妇双方均不是独生子女的家庭。

矛盾:20世纪80年代初出生的第一批独生子女现已进入婚育年龄,从文献和统计数据反映的情况来看,独生子女家庭近年来开始表现出更高的生育意愿(图3-3),这可能源于独生子女家庭的"生育代际补偿"和改变"四→二→一"型家庭结构的强烈愿望;尽管平均而言家庭意愿生育的孩子数量在下降,但这并不意味着大部分家庭希望只生育一个孩子,事实是近年来希望生育两个孩子的家庭比重显著上升,已超过六成(图3-4),并且其中不仅包括独生子女家庭,也有非独生子女家庭。这些情况都意味着不同家庭的生育意愿与计划生育政策之间还存在一定的矛盾,政策调整的必要性日趋显现。

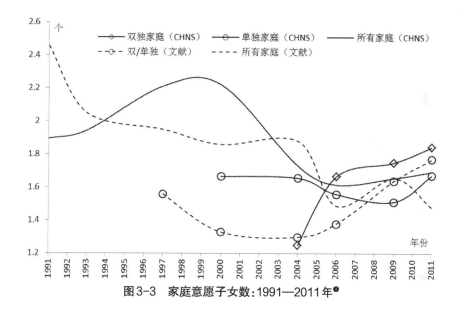

图3-3　家庭意愿子女数:1991—2011年❶

❶ 标注"CNHS"的数据依据"中国居民健康和营养调查"(CHNS)1991—2011年原始数据整理,标注"文献"的数据依据已有文献提供的生育意愿调查资料统计整理。主要文献包括:风笑天,张青松.二十年城乡居民生育意愿变迁研究[J].市场与人口分析,2002(5):21-31;李建民.生育理性和生育决策与我国低生育水平稳定机制的转变[J].人口研究,2004(11):2-18;庄渝霞.不同代别农民工生育意愿及其影响因素:基于厦门市912位农村流动人口的实证研究[J].社会,2008(1):138-162;风笑天.第一代独生子女的生育意愿:我们目前知道多少? [J].湖南师范大学社会科学学报,2009(6):57-62;王玮,李林.对当前我国家庭生育意愿的调查研究[J].长江大学学报,2009(2):157-158;贾志科,吕红平.论出生性别比失衡背后的生育意愿变迁[J].人口学刊,2012(4):34-45;汤兆云,郭真真.经济水平对生育意愿的影响分析——一项经验研究:基于621份调查问卷的数据[J].人口与发展,2012(3):27-33;廖庆忠,曹广忠,陶然.流动人口生育意愿、性别偏好及其决定因素——来自全国四个主要城市化地区12城市大样本调查的证据[J].人口与发展,2012(1):2-12;许传新.新生代农民工生育意愿及相关因素分析[J].中国青年研究,2012(11):10-14;卿树涛,彭振国,许尚锋.我国农村居民的生育意愿和生育行为:以湖南省拆迁户为例[J].人口研究,2013(5):102-112;隋艺,陈绍军.三江源地区生态移民生育意愿调查——以长江源村为例[J].青海民族大学学报,2013(4):94-97。

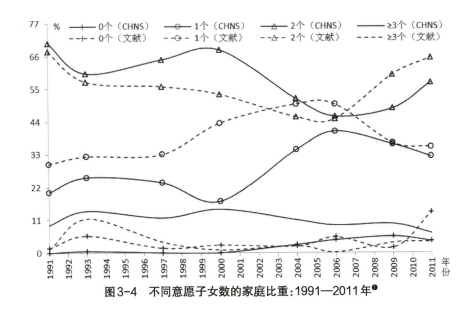

图3-4 不同意愿子女数的家庭比重：1991—2011年[●]

3.3.3 人口老龄化与计划生育政策调整

随着长期以来计划生育政策的实施，中国人口结构正逐步迈向老龄化，人口红利期即将结束，这也要求中国劳动力的竞争优势必须从"量"到"质"转变。图3-5显示，从1982年至今，中国的人口抚养比（老龄人口和未成年人口与劳动年龄人口的比重）在不断下降，这为中国经济发展提供了数量巨大的劳动力，从而构成了长达三十余年的人口红利期。不仅如此，由于劳动年龄人口占总人口的比

[●]标注"CNHS"的数据依据"中国居民健康和营养调查"(CHNS)1991—2011年原始数据整理，标注"文献"的数据依据已有文献提供的生育意愿调查资料统计整理。主要文献包括：风笑天，张青松.二十年城乡居民生育意愿变迁研究[J].市场与人口分析，2002(5)：21-31；李建民.生育理性和生育决策与我国低生育水平稳定机制的转变[J].人口研究，2004(11)：2-18；庄渝霞.不同代别农民工生育意愿及其影响因素：基于厦门市912位农村流动人口的实证研究[J].社会，2008(1)：138-162；风笑天.第一代独生子女的生育意愿：我们目前知道多少？[J].湖南师范大学社会科学学报，2009(6)：57-62；王玮，李林.对当前我国家庭生育意愿的调查研究[J].长江大学学报，2009(2)：157-158；贾志科，吕红平.论出生性别比失衡背后的生育意愿变迁[J].人口学刊，2012(4)：34-45；汤兆云，郭真真.经济水平对生育意愿的影响分析——一项经验研究：基于621份调查问卷的数据[J].人口与发展，2012(3)：27-33；廖庆忠，曹广忠，陶然.流动人口生育意愿、性别偏好及其决定因素——来自全国四个主要城市化地区12城市大样本调查的证据[J].人口与发展，2012(1)：2-12；许传新.新生代农民工生育意愿及相关因素分析[J].中国青年研究，2012(11)：10-14；卿树涛，彭振国，许尚锋等.我国农村居民的生育意愿和生育行为：以湖南省拆迁户为例[J].人口研究，2013(5)：102-112；隋艺，陈绍军.三江源地区生态移民生育意愿调查——以长江源村为例[J].青海民族大学学报，2013(4)：94-97.

重不断上升,而这部分群体相对于未成年人口和老年人口储蓄率较高(消费率较低),因此推动了中国社会总体储蓄率一直处于较高水平,高储蓄率带来的高投资率进一步为经济增长提供了所需要的物质资本投入。

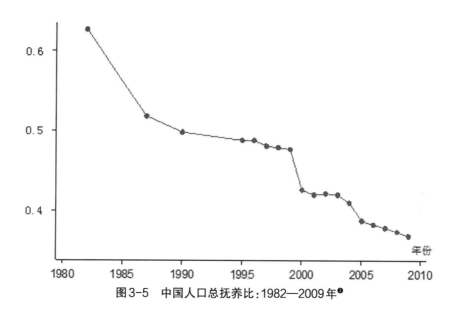

图3-5　中国人口总抚养比：1982—2009年[1]

图3-6　中国人口扶养比：2001—2040年[2]

但是随着老龄化社会的到来,中国的人口抚养比将会逐步上升。据预测,我国人口抚养比将于2014年达到最低点35.4%,之后将开始上升,2020年将会达到

[1]中华人民共和国国家统计局.中国人口总抚养比：1982年—2009年[J].中国统计年鉴,1983—2010.

[2]周渭兵.未来五十年我国社会抚养比预测及其研究[J].统计研究,2004(11):35-38.

39.7%。人口红利期的结束将使中国劳动力数量和价格优势不断丧失,储蓄率的下降也将使物资资本投资率出现下降,这都要求加强对人力资本的投资,以弥补未来劳动力数量的减少和物质资本投资率的下降。结合经济理论看,资本与劳动是构成经济发展的两大因素。但当前劳动力因素基本面已经呈现明显的变化,总量扩张的空间显著缩窄。随着多年来计划生育政策的实施和人口结构自身的周期性转变,我国的劳动力总量供大于求的状态已不复出现,人口抚养比的走势表明(图3-5),从"十二五"时期开始,我国的少年抚养比持续下降,老年抚养比不断攀升(图3-6),青壮年劳动力的"蓄水池"将面临输出增加而输入下降的态势,总抚养比在中长期内都将处于上升区间,人口老龄化的趋势十分明显。劳动年龄人口的下降虽然可能有助于解决多年来困扰中国劳动力市场的就业问题,但是随之产生的劳动力总量缩减促使劳动力的供给逐步下降,单纯凭借劳动力供给总量扩张支撑的经济发展将难以为继。

3.4　人口流动政策与劳动力供给

从空间的角度来看,劳动力供给也意味着就业者在不同区域劳动力市场间的流动,这种流动是否充分会对充分就业、工资决定、收入分配、人力资源投资和劳资关系产生重要的影响。人口流动政策与劳动力市场分割之间有着十分密切的关系,因此成为调控劳动力供给的重要政策。大量的研究以劳动力市场分割来解释中国的特殊问题,城乡分割、地区分割、体制内和体制外分割、竞争—垄断分割等各种与劳动力市场分割相关的新兴概念不断涌现,在本节中我们将深入观察这些问题。

3.4.1　劳动力市场分割理论

劳动力市场分割理论是研究中国劳动力市场的重要的理论,该理论的兴起源于新古典劳动市场理论对于多样化和复杂化的现代劳动力市场现象解释能力弱化,而其恰好提供了另外一种不同于新古典经济学的更广泛的分析视角,使得这一理论快速发展并不断受到关注和广泛运用[●]。然而,回顾劳动力市场分割理论从诞生到近期的蓬勃发展,可以发现,它并不是一个单一的理论体系,至少到目前为止其发展远没有统一,各种具有"分割"特征的理论被纳入这个体系当中;研究者们在运用这一理论的同时却很少反思其本身存在的问题。按照 Glen G.

---

❶赖德胜.分割的劳动力市场理论评述[J].经济学动态,1996(11):65-67;蔡昉.中国城市限制外地民工就业的政治经济学分析[J].中国人口科学,2000(4):1-10;蔡昉.二元劳动力市场条件下的就业体制转换[J].中国社会科学,1998(2):4-11.

Cain❶的提法，"分割的劳动力市场"定义为两个方向，一方面可以指劳动市场的特征，另一方面也可以描述劳动市场行为过程和结果的理论模型，本文在使用这个概念时不加严格的区分。分割可以指按行业、地理区域、性别、种族等特点而进行的分类；也可以指"分层"，特别是在更具有政治和社会学内涵的理论中。

新古典理论作为劳动经济学的主流，其核心是运用劳动力市场竞争理论分析雇主利润最大化和工人效用最大化行为，并主要运用局部均衡分析方法进行研究。劳动市场分割理论一直对主流劳动力市场理论进行批评和补充，非竞争性因素是形成劳动力市场分割理论的基础和关键，也是其对古典和新古典竞争假设的最大挑战❷。

（1）古典理论时期经济学家的观点。亚当·斯密❸早在《国富论》中就有关于劳动力市场分割的论述，他以欧洲经验为背景，认为造成分割的原因既有政府政策也有就业本身的人力资本因素，现代劳动经济学选择性地继承了这些理论。约翰·穆勒❹也有关于分割的讨论，"非竞争集团"是其用于说明劳动力市场上的垄断力量造成分割的主要概念。马歇尔❺虽然是用供需"剪刀差"模型来讨论劳动力市场的均衡问题的代表性人物，但是他本人并不认为均衡总能够实现，他也讨论过劳动市场分割及这种分割的传递问题，认为贫困人群由于无法给后代提供教育投资，从而形成一种不断加强的恶性循环。这个时期的经济学家常常在讨论"不平等"问题的时候关注劳动市场分割问题，并且承认政府政策、歧视、移民和其他更加复杂的历史和文化问题导致了劳动市场分割的存在，但是劳动力供给和需求及作为价格的劳动报酬决定问题仍然是研究的重点。

（2）马克思主义理论的观点。马克思主义学说在讨论社会结构时，其"分层"模型常常具有较高的现实说服力❻，将其运用于劳动市场时，也可以观察到类似的分层，一些支持劳动市场分割理论的学者和激进的经济学家常常可以借鉴马克思的分析框架，并将其应用在劳动市场的分析中。马克思关于劳动市场的分析是建立在劳动价值论和劳动分工理论的基础之上的，他认为竞争力量并不会解决"剥削"问题，市场分割是一种必然趋势。马克思本人在研究劳资关系问题时的确含有后来被称之为"激进"的观点，但是他同时看到技术和竞争力量的作

❶GLEN G. CAIN. The Challenge of Dual and Radical Theories of Labor Market to Orthodox Theory[J]. The American Economic Review, 1975, 65(2):16-22.

❷PETER B. DOERINGER. Internal Labor Markets and Noncompeting Group[J]. American Economic Review, 1986, 76(2):48-52.

❸亚当·斯密.国富论[M].郭大力，王亚南，译.上海：三联书店，2009.

❹约翰·斯图亚特·穆勒.政治经济学原理[M].晏智杰，金镝，金熠，译.北京：华夏出版社，2009.

❺马歇尔.经济学原理[M].廉运杰，译.北京：华夏出版社，2005.

❻马克思.资本论[M].郭大力，王亚南，译.上海：三联书店，2009.

用,只不过在多种因素发挥作用的途径和结果上与其他经济学家存在着差别。然而,他的继承者,Cain❶称之为"激进的劳动力市场分割理论者"进一步强调了"冲突"的方面,这一理论分支后来的发展中过分强调了劳资关系和劳动市场分割,认为劳资关系对工人队伍分割产生了重要的作用,而分割反过来又促进资方控制生产过程,从而加强了工人队伍的分化。

(3)制度经济学的观点。以凡勃伦❷、康芒斯❸等为代表的旧制度学派认为工人的个体特征变量、市场所处的制度结构及劳动力市场变迁过程等均对分割形成产生影响。单靠劳动市场自身的力量无法解决分割问题,因而主张对分割的劳动市场进行有区别的干预,对于已经存在的次级劳动市场,需要制定保护法律,并且以反托拉斯和政府的工业管制来降低分割从而提高整个社会的福利水平。20世纪40年代以后影响劳动市场分割理论的制度学派主要是新制度经济学❹,它对劳动力市场分割的看法与其企业市场理论、"组织经济学"理论密切相关,认为劳动市场并非均质的,大公司和工会组织的存在造成了内部劳动市场形成,并且它的运作规律与外部劳动市场非常不同,两个市场几乎是独立运作的,科层制是内部市场的主要结构,劳动力流动和工资形成规律也依科层制的特点而形成;而在外部市场上竞争是主要的规律。

(4)凯恩斯主义经济学的观点。劳动市场分割理论与传统理论争论主要集中在微观领域,因而一开始两类理论都不认为凯恩斯这一宏观经济学者产生过重要影响。然而,对就业问题的讨论及对新制度经济学的研究表明,凯恩斯理论在劳动市场分割理论中是有贡献的。在讨论宏观经济稳定性问题时,凯恩斯❺认为工资与价格刚性是导致就业非稳定性的重要因素。按照传统理论,工资作为劳动价格应该按照劳动供求的变化而调整,但实际上存在的刚性一方面表明劳动力市场的运作机制并非有效,另一方面也表明可能存在其他垄断因素造成了市场的非均质性。工资刚性和"非竞争集团"、歧视和失业都在目前劳动市场分割问题研究中占有重要的地位。

目前劳动市场分割理论主要由三个相对独立的理论体系构成:二元理论、工作竞争理论和激进的分割理论,它们共同对新古典劳动市场理论提出了挑战。

(1)劳动力市场二元理论。二元理论是分割的劳动力市场理论中被引用论

---

❶GLEN G. CAIN. The Challenge of Segmented Labor Market Theories to Orthodox Theory: Survey[J]. Journal of Economic Literature, 1976, 14(4):1215-57.

❷凡勃伦.有闲阶级论[M].蔡受百译,北京:商务印书馆,1964.

❸康芒斯.制度经济学[M].于树生译,北京:商务印书馆,1962.11.

❹罗纳德`哈里`科斯.企业、市场与法律[M].盛洪、陈郁译,上海:上海人民出版社,2009;奥利弗•威廉姆森.资本主义经济制度[M].段毅才,王伟译,北京:商务印书馆,2007.

❺约翰`梅纳德`凯恩斯.就业、利息和货币通论[M].高鸿业译,北京:商务印书馆,1999.

述得最多的一种。1954年克拉克·科尔❶发表的《劳动力市场的分割》和1971年多林格和皮奥里❷共同发表的《内部劳动力市场及人力政策》一书,标志这一理论的建立。该理论把劳动力市场划分为主要劳动力市场和次要劳动力市场。形成二元结构的原因有系统性也有偶然性,并且一旦形成分化,往往就会在正反馈机制作用下形成某种形式的恶性循环。劳动市场二元理论把许多传统理论作为外生变量的因素看作是内生的,并认为它是劳动力市场运作的原因和结果,因而具有较高的解释能力。

（2）工作竞争理论。工作竞争理论认为工人的收入与工人技术无关,而与其工作的类型密切相关;而工作岗位数量和种类是技术上先天决定的,并受到社会习俗和其他制度因素的影响。传统理论认为工资竞争是劳动力市场的主要竞争模式,竞争能够使得供需双方平衡;但是工作竞争理论则把劳动力市场看作是被培训人员和培训机会双方相互匹配的市场,竞争不仅仅包括单一的工资参数。

（3）激进的分割理论。激进的劳动力市场分割理论强调阶级冲突,这与此类学者资本主义批评的立场有关。激进的分割理论者认为构成工人的人力资本不但包括工人的技术生产能力,也包括种族、性别、年龄、民族等抽象的劳动生产能力,这些因素虽然与生产没有直接关系,但常常被资本家当作分化工人同盟、分裂工人阵营的工具。激进的分割理论和二元理论相似,都关注劳动市场上个体特征变量和非市场力量的作用,但激进理论将解释更多地建立在历史根源和社会阶级中劳资双方不同的行为动机之上,提供了一个广义的历史和政治的分析视角。

3.4.2　农民工供给和流动人口管理政策

中国的劳动力市场分割最重要的特征是城乡分割,农村具有大量剩余劳动力,那么城乡劳动力转移将支撑经济发展的劳动力低成本优势,因而判断劳动力转移空间对于客观评估中国劳动力因素具有重要意义。而中国过去几十年的经济增长正是依赖这一优势而实现的。

我国流动人口管理的历史变迁大致可以分为几个阶段:1949—1958年是人口自由迁徙时期,这个时期很短暂,之后便进入限制性流动人口管理阶段,这一阶段持续到1983年。政府通过控制生存环境限制人口流动,由于农业劳动生产率不高,为了保证城市人口的口粮安全和工业化的顺利进行,把全国人口分为农村户口和城镇户口、农业户口和非农业户口,通过粮食供应、住房、就业等配套政策,严格控制农村人口进城。1984~2003年,是防范型流动人口管理阶段,政府通

❶ KELL C.The Balkanization of Labor Markets, in E.W.Bakke eds.Labor Mobility and Economic Opportunity[M]. New York：Wiley, P.M.Hauser etc,1954.

❷ P.B.DOERINGER, M.J.PIORE.Internal Labor Markets and Manpower Analysis[M].Lexington：Mass. Heath Lexington Books,1971.

过治安防范和控制社会保障调节人口流动为了适应改革开放后经济社会发展的需要,人口政策逐渐松动。1984年,允许农民"自理口粮到小城镇落户";1985年实行暂住证制度、居民身份证制度和收容遣送制度。这种"防范型"[1]或"补缺型"管理模式[2],是由公安部门牵头、以治安防范为主要目标,把流动人口当成潜在的麻烦制造者进行管制。由于把流动人口置于主流社会之外,加大了流动人口与所在城市的摩擦。2003~2005年为综合型流动人口管理时期,政府采用多元政策目标,这实际上是暂住证取消后一种被动的临时措施,因此也存在一定的局限性:一是基层实施机构没有执法权,很多问题的解决要求助于上级部门,效率低下;二是管理逻辑仍然不顺畅,基层管理部门缺乏经费预算,管理主体与客体之间存在明显的排斥。从2006年开始,国家进入大人口管理模式阶段,其管理以"淡化户籍意识,强化居民意识"为核心理念,以居住证为载体,逐步让流动人口享有以往户籍人口才享有的居住、就业、社保、教育等公共服务,实质是建立适应要素优化配置、平等、动态平衡的居民管理框架,把长期游离于主流体制以外的流动人口纳入城市公共管理服务的体制中。

结合经验数据来看,目前中国农村劳动力已经开始出现显著的变化(图3-7),农村劳动力存量于20世纪90年代末期达到4.9亿的峰值之后,出现了逐年递减的趋势;农村外出务工人员的增量在2000年达到2.3亿的最高值,但近10年间均出现了迅速递减的态势,外出务工人员的总量和比重增长趋势已经明显下降。

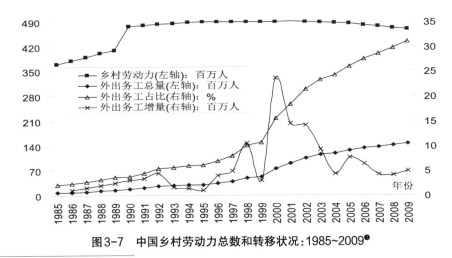

图3-7   中国乡村劳动力总数和转移状况:1985~2009[3]

[1] 傅崇辉.流动人口管理模式的回顾与思考:以深圳市为例[J].中国人口科学,2008(5):81-86.

[2] 蓝宇蕴.城市流动人口管理体制的思考——以广州市为例的研究[J].探求,2007(4):35-40.

[3] 国家统计局农村社会经济调查司.中国农村统计年鉴2006[M].北京:中国统计出版社,2006;国家统计局.农民工检测调查报告2007—2009[EB/OL].(2010-01-09)[2016-01-22].http://www.stats.gov.cn/tjfx/fxbg/index.htm.

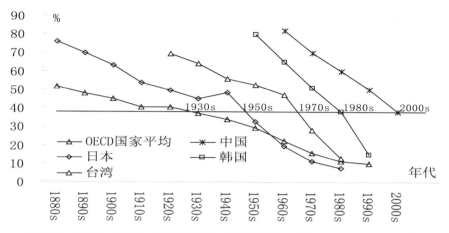

图3-8　OECD、中国和其他东亚国家/地区农业劳动力比重：1880—2000年[1]

比较OECD和主要东亚国家或地区的农业劳动力比重可以发现(图3-8)，19世纪80年代，OECD国家农业劳动力占比均值在50%以上，经过一个世纪的发展逐步降低到20世纪90年代的9%，日本、中国台湾省和韩国在第二次世界大战后凭借"后发优势"和经济追赶效应迅速完成了就业结构转型。中国21世纪的农业劳动力比重约为40%，而上述国家或地区恰好在类似的农业劳动力比重阶段开始经历技术独立、劳动密集型产业转型等重要历史转折期，依据这些经济起飞国家和地区的经验推断，中国已经进入劳动力结构变动内生要求经济发展方式转型的关键时期。

随着城市化的加速、农村人口的下降和经济发展方式的转型，中国分割劳动力市场中的流动人口管理政策也需要发生重大的改变，建立城乡统一的户籍登记管理制度的呼声越来越高，2006年，中共中央、国务院明确提出"实行流动人口居住证制度"；2010年，国务院进一步提出"逐步在全国范围内实行居住证制度"，上海、广东、深圳等地推出了有利于人口有序流动、鼓励人口结构优化的居住证制度[2]。

知识链接3：国家层面的流动人口管理政策有哪些？

改革开放以后，为适应城乡劳动力资源合理流动、推动城乡协调发展的需

[1]国际劳工组织.OECD、中国和其他东亚国家/地区农业劳动力比重：1880—2000年[EB/OL].(2001-01-07)[2016-03-22]. http://www.ilo.org.

[2]唐勇智.从防范到融合：追寻流动人口管理的足迹[J].改革与开放,2010(11)：113-115.

要,国家相继出台了一系列的制度和相关政策(见表3-8),推进人口合理流动和保障劳动力资源的合理配置。

表3-8 国家层面关于流动人口管理的政策文件:1984—2014年

年份	部门	法律、法规及条例	主要内容
1984	国务院办公厅	《国务院关于农民进入集镇落户问题的通知》	允许农民自理口粮到县以下的集镇入户居住,发给《自理口粮户口簿》
1992	公安部		实行当地有效城镇户口制度《蓝印户口制度》
1997	国务院批转公安部	《小城镇户籍管理制度改革试点方案》《关于完善农村户籍管理制度的意见》	规定在小城镇居住的农民符合一定条件的可转为城镇常住户口
1998	国务院批转公安部	《关于解决当前户口管理工作中几个突出问题意见的通知》	婴儿落户随父随母自愿,放宽解决夫妻分居户口政策,老龄人口投靠子女落户政策,在城市投资、兴办实业、购买商品房可落户
2000	中共中央、国务院	《关于促进小城镇健康发展的若干意见》	自2000年起,在县人民政府驻地有合法住所、稳定职业或生活来源的农民,均可根据本人意愿转成城镇户口
2004	国务院办公厅	《关于进一步做好改善农民进城就业环境工作的通知》	推进大中城市户籍制度改革,放宽农民进城落户条件
2004	国务院办公厅	《关于进一步做好改善农民进城就业环境工作的通知》	取消歧视性规定,取消职业工种限制,研究进城就业农民的住房问题,开展有组织的劳务输出,完善农民进城就业的职业介绍服务,加强培训等。
2003	国务院办公厅转发教育部	《关于进一步做好进城务工就业农民子女义务教育工作意见的通知》	流入地政府负责农民工子女接受义务教育,以全日制公办中小学为主
2004	国务院办公厅	《关于进一步做好改善农民进城就业环境工作的通知》	各地教育部门和学校对农民工子女接受义务教育、入学条件等方面与当地学生同等对待;进一步解决拖欠农民工工资问题,将农民工纳入工伤保险范围
年份	部门	法律、法规及条例	主要内容
2004	劳动和社会保障部(现人社部)	《关于推进混合所有制企业和非公有制经济组织从业人员参加医疗保险的通知》	把与用人单位形成劳动关系的农村进城务工人员纳入医疗保险范围

续表

年份	部门	法律、法规及条例	主要内容
2006	国务院	《国务院关于解决农民工问题的若干意见》	农民工工资问题，劳动管理，农村劳动力就地近转移就业，就业服务和培训，社会保障问题、相关公共服务、权益保障机制
2008	国务院办公厅	《关于切实做好当前农民工工作的通知》	农民工就业，工资，技能培训和职业教育，农民工返乡创业，农民工土地承包权益
2011	国务院办公厅	《关于积极稳妥推进 户籍管理制度改革的通知》	保证农村已落户城镇人口享有当地城镇居民同等权益；对暂不具备落户条件的农民工，要完善相关制度，劳动报酬、子女上学、技能培训、公共卫生、住房租购、社会保障、职业安全卫生等
2014	国务院	《国务院关于进一步推进户籍制度改革的意见》	实现1亿左右农业转移人口和其他常住人口在城镇落户，取消农业户口与非农业户口性质区分，建立居住证制度，扩大基本公共服务覆盖面

3.5　教育政策和劳动力供给

就业政策除了调整劳动力供给数量之外，也会关注劳动力供给质量。劳动力供给质量的一项重要内容为其掌握的知识和技能水平，而这些内容都与教育和培训政策直接相关。从中国的实践来看，高等教育普及化在一定历史时期也可以成为调节短期劳动力供给过剩的政策工具，但是不同教育政策的错位也可能加剧劳动力市场的结构性失业问题，因此在制定教育政策的过程中，需要充分考虑劳动力市场中长期的需求状况。

3.5.1　高校扩招的劳动力供给效应

我国高等学校从1999年开始连续三年大规模扩大招生，1998年全国普通高校招生数为108.36万人，此后三年普通高校招生数分别比上一年度递增47.36%、38.16%、21.61%，到2001年时招生数已达268.28万人，将近1998年的2.5倍，此后，我国高考的录取率几乎呈现每年递增的趋势，到2012年，高考的录取率达到了75%，当年录取的学生人数高达685万（图3-9）。扩招自然会导致几年后毕业生的大量增加，由于1999年的扩招，四年之后的2003年全国普通高校毕业生达到了212.2万人，比2002年增加46.3%，是1998年（82.98万人）的2.6倍。之后，高校毕业生的人数每年都以相当快的速度递增，并于2009年突破了600万，之后尽管增速有所放缓,但一直保持在600万以上,2013年已达699万(图3-10)。我国高等教育的这种连续大幅扩招,在世界高等教育发展中是很少见的。

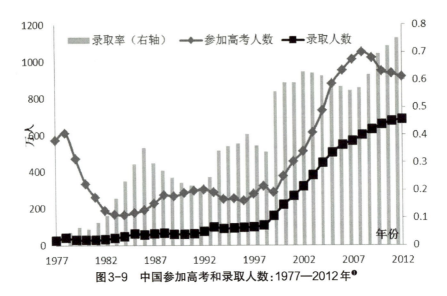

图3-9　中国参加高考和录取人数:1977—2012年❶

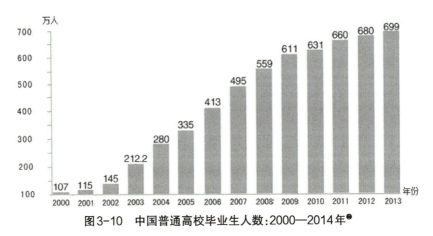

图3-10　中国普通高校毕业生人数:2000—2014年❷

❶中华人民共和国教育部.中国参加高考和录取人数:1977—2012年[EB/OL].(2013-08-07)[2016-04-22]. http://www.moe.gov.cn/.

❷中华人民共和国教育部.中国普通高校毕业生人数:2000—2014年[EB/OL].(2013-08-07)[2016-04-22]. http://www.moe.gov.cn/.

互动讨论2：高校扩招是否造成了大学生就业难？❶

观点一：高校扩招带来毕业生就业难

全国政协委员李未明：现在毕业生就业形势很严峻，高校扩招是一个很重要的原因。高校扩招带来两个问题：一是量的问题。就业市场是有限的，每年都新增这么多毕业生涌进这个接近饱和的市场，自然会造成就业"堵塞"。二是质的问题。高校扩招满足了很多人接受高等教育的愿望，这是值得肯定的地方。但是很多学校在师资力量、管理能力等方面严重不足的情况下盲目扩招，势必造成教育质量和生源质量的下滑。有些学校，一个导师带二三十个研究生已经不是新鲜事儿。这样带出的学生无论是专业技能还是实践能力都会大打折扣，因此达不到工作岗位所需要的要求也是正常的。

观点二：高校扩招可以促进就业

全国政协委员伍中信：都说高校扩招造成就业难，我的观点恰恰相反。高校扩招不仅不会造成就业难，反而可以促进就业。无论扩不扩招，面临就业的学生总量是一定的，比如，一个学生，如果没扩招，他可能只上到高中毕业，然后去找工作了；如果扩招了，他成为一名大学生，同样要去找工作。那他去找工作，是作为大学生好找呢？还是作为高中生好找呢，显然是作为大学生更好找一些。这正是扩招给他带来找工作的优势。现在毕业生就业难的问题，是由很多原因造成的，既有社会原因，也有历史原因，不能把就业难单纯归结为高校扩招惹的祸。正是高校扩招才使更多的本没有接受高等教育机会的学生接受了高等教育，具有了高学历，目前用人单位招人对学历仍是非常看重的。

关于高等教育规模扩展与高校毕业生就业之间的关系，学术界主要存在三种不同的理论观点。第一种观点依据新古典主义劳动经济理论提出的工资竞争理论，认为一般市场规律同样适用于高校毕业生就业市场，高等教育规模扩大，受过高等教育的毕业生数量增加，毕业生的工资水平就会下降。第二种观点依据劳动力市场分割理论提出的工作分层理论，认为由于劳动力市场的分割，高校毕业生将主要在主劳动力市场就业，而不愿意到次劳动力市场就业，高等教育规模扩大将导致毕业生在主劳动力市场就业的相对机会减少，从而致使其失业率增加。第三种观点依据信号理论和筛选理论提出的工作竞争理论，认为文凭是劳动力市场中用于人员筛选的重要工具，高等教育规模扩大将导致大学文凭的相对地位下降，毕业生获得好工作的概率降低，由此将加剧过度教育现象。国际上已有的相关实证研究发现，上述三种理论观点在不同国家、不同时期都可以找到部分现实依据，这表明高等教育规模与毕业生就业率、起薪、职位等就业状况之间并不存在某种简单的、唯一的因果关系。

---

❶李昕,廉维亮.高校扩招是否带来就业难[N].人民政协报,2009-03-04(B02).

　　上述三种理论在解释我国高校毕生劳动力供给中都有一定的适用性,这也为有效解决我国高校毕业生的就业问题提供了具有启发意义的思路。第一,按照工资竞争理论,在毕业生供给大量增加的情况下,通过降低毕业生工资水平可以有效解决毕业生就业问题。在毕业生的聘用成本降低的情况下,劳动力价格与其他生产要素价格的比较优势更为明显,用人单位将会用更多的人力资本来替代其他生产要素,从而增加对毕业生的需求。但在现实中,往往由于政府干预而导致这种市场调节难以有效实施,甚至产生有违初衷的结果。例如,为鼓励高校毕业生到西部、农村就业,政府规定到这些地方就业的毕业生可以提前晋级、增加工资等,殊不知由于这些新增加的工资需要由用人单位负担,用人单位因此可能反而减少对毕业生的聘用;为保护毕业生的利益,政府往往规定毕业生的基本工资,并要求解决毕业生的户口、干部身份、医疗、保险等一系列问题,使用人单位聘用应届毕业生的实际成本大大增加;出于城市规划和事业发展等方面的考虑,政府往往还会通过户口和用人指标等对有关单位的人员聘用数量进行限制,导致用人单位无法聘用到足够数量的毕业生,等等。由于对绝大多数高校毕业生而言,就业是第一需要,择业并获得较高的工资只是第二位的,因此,逐步减少政府对毕业生就业的管制和保护,充分发挥市场在劳动力资源配置中的作用,通过适当降低工资以促进就业,应该是一种可以接受的选择和努力的方向。

　　第二,按照工作分层理论,毕业生失业的主要原因是劳动力市场的分割导致他们有业不愿就,因此,有效的办法应该是找到毕业生不愿意从事这些工作的原因,扩大毕业生可接受的工作的范围。在我国,劳动力市场是多重分割的,有行业、职业之间的分割,地域、城乡之间的分割,还有单位所有制之间的分割,而且,受终身聘用制传统的影响,劳动力在不同地区、行业、所有制单位之间的流动仍然存在很大的障碍,往往第一次就业将影响一个人终身的职业发展轨迹。因此,高校毕业生对自己的初次就业非常谨慎,通常不愿意到西部和农村就业,他们担心一旦在这些地方就业将很难再回到东中部地区和大城市;他们也对集体、私营单位和个体单位多存戒心,因为这些单位不能像国有单位一样解决户口、干部身份、职称、保险等问题,一旦将来想离开这些单位到国有单位就业将有诸多困难。应该说,在目前的情况下,毕业生的这些担心并非没有道理。因此,只有打破各种人为的制度造成的隔离,使毕业生就业之后仍然拥有择业的机会和自由,才会促使更多的毕业生敢于接受合同制的、临时性的工作,才会敢于到西部、农村及最需要人才的中小企业和民营单位去。

　　第三,根据工作竞争理论,高校扩招之后,大学文凭的相对地位将下降,毕业生将只能接受相对较低层次的工作,因此,解决扩招之后毕业生就业问题的重要途径就是降低毕业生对工作的期望值。通过最近几年连续大幅度的扩招,我国迅速实现了从精英高等教育向大众高等教育的转变,这将导致整个高等教育系统从培养目标、招生标准、质量控制、学生就业等方面的全面变革。但在此过程中,社会对高等教育的观念还没有完全转变,精英高等教育的模式仍然在主导着人们的认识。在毕业生就业方面,许多毕业生仍然抱守几年前的精英择业标准,自然难以适应大众高等教育阶段的就业形势。因而,应该通过舆论导向和教育引导,让毕业生以至整个社会接受大众高等教育阶段的择业标准,将高校毕业生从事各种半专业化甚至非技能性的工作视为正常现象,才能作出明智的就业选择。●

3.5.2　学术型和职业型教育错位与结构性失业

从劳动力市场的需求结构来看,社会发展不仅有认识世界的需要,也有改造世界的需要,社会经济发展要依靠学术型、工程型、技术型和技能型人才❷等人才类型相互配合。学术型人才研究客观规律、发现科学原理,工程型人才将科学原理演变成工程原理,即具体的设计方案或设计图纸。技术型人才则是实际操作活动的组织者、管理者,他们负责将设计方案与图纸转化为产品。技能型人才则主要依靠熟练的操作技能来具体完成产品的制作。对不同类型人才的培养所对应的学校类型也不同。对于学术型人才,主要由一流大学及研究生院培养;对工程型人才,主要由本科院校培养;而职业教育和在职培训等则承担了培养技能型人才和技术型人才的重任。

与学术性教育制度相比,目前职业就业政策的整体性和系统性较低,重点集中在职业培训和职业技术资格认定制度建设工作上,对于职业就业政策之间的协调问题和教育与市场的衔接问题仍然还比较薄弱,相关职业就业政策的具体措施和实施可行性仍然没有明确,这一方面与我国职业就业政策产生和实施时间较短,各项制度内部存在的矛盾短期内无法磨合有关;另一方面原因在于管理体制上的缺陷使得政策间关系和利益主体间关系没有得到很好地处理,贯穿劳动者职业生涯的"就学－深造－培训－就业－流动－失业－再就业"等环节的外部环境还未能形成一致的链条,从就学到培训、就业,从失业到在就业的过程中,职业就业政策的作用并没有得到充分发挥,从而使得个人职业竞争力的相关的人力资本积累缺乏相应的制度环境保障,降低了劳动力市场的灵活性。

在高校扩招带来大学毕业生供给总量增加的同时,我们也发现中国劳动力市场中存在着技能型劳动力短缺的现象,"有文凭不一定有技能"的现象表明我国教育政策中存在着严重的结构性问题,特别是职业教育的发展规模与学术性教育之间的协调性存在错位,导致学校所培养的劳动者无法适应企业对高技能人才快速上涨的需求。在劳动力市场上这表现为高技能人才的供需缺

---

❶文东茅.我国高校扩招对毕业生就业影响的实证分析[J].高等教育研究,2005(4):25-30.

❷陈小虎,刘化君,曲华昌.应用型人才培养模式及其定位研究[J].中国大学教学,2004(5):58-60.

口越来越大,与此同时,大量低技能劳动力和大学毕业生相对过剩,并面临着巨大的就业压力。市场上甚至出现了大学本科毕业生工资低于技术工人的现象。

改革开放以来,我国经济尽管保持快速发展,但人力资本在经济发展中呈现两方面的非均衡特征。首先,劳动力资源丰富与人力资本短缺并存,劳动力众多与低素质劳动力比重过大并存。我国就业人口从1978年的40152万人增加到2009年的77995万人,劳动力资源丰富,但是由于教育水平低下,低素质人口占有相当比重(图3-11)。2008年我国文盲和半文盲劳动力比例仍然高于5%,小学和初中文化程度的占到了27.4%和47.7%,具有高中及以上文化程度的劳动者比重不超过20%。

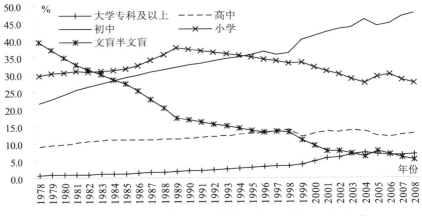

图3-11　中国各类受教育水平劳动力比重:1978—2008年[1]

相比经济增长率而言,人力资本总量与人均存量低位徘徊并且增速呈放缓态势。尽管人力资本总量[2]和人均人力资本存量不断上升,但从发展趋势来看,20世纪90年代以前,两者年均增长率分别为5.10%和2.08%,之后分别下降到年均2.08%和1.06%,在2000年之后则呈现非稳定波动(见图3-12),并且其增长率在大部分时间都小于物质资本增长率。劳动力作为构成经济增长人口红利的基础,如果普遍具有较高的人力资本水平,就可以形成经济增长的技术引擎,但是由于人力资本投资的滞后,我国丰富的一般劳动力资源一直未能转化为高效的专用人力资本。

---

[1]中国资讯行.中国各类受教育水平劳动力比重:1978—2008年[EB/OL].(2009-02-07)[2016-03-22]. http://www.infobank.cn.

[2]以受教育年限来计算人力资本总量,方法如下:人力资本总量=16×大学专科及以上就业人数+12×高中就业人数+9×初中就业人数+6×小学就业人数+2×文盲半文盲人数。

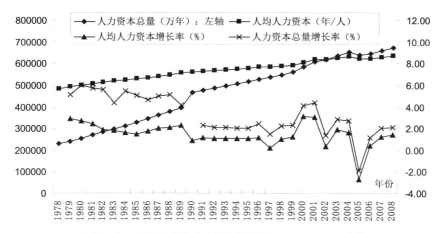

图3-12　中国人力资本存量及增长率：1978—2008年[1]

　　中国教育政策与毕业生供求失衡主要表现为结构性矛盾。"民工荒""技工荒"与大学生就业难问题的并存表明空缺职位与人力资本供给存在严重的不匹配,岗位大多是需要专门知识或技能的,而闲置的劳动力又基本上没有专门知识和技能,或者所拥有的专业人力资本不能与岗位要求的知识技能相吻合,人力资本供求双方无法在市场上找到契合点。这意味着人力资本投资的主要渠道——教育、培训、劳动力迁移和工作变更出现了无法适应需求的状况。

表3-9　中国各类劳动力供求人倍率：2001—2013年[2]

	学历					
	初中以下	高中	职高、技校、中专	大专	大学	硕士以上
2001	0.72	0.66		0.74	0.83	1.84
2002	0.86	0.81		0.67	0.77	1.26
2003	0.97	0.87		0.79	0.81	1.27
2004	0.97	0.92		0.89	0.83	1.59
2005	1.02	0.94		0.88	0.94	0.97
2006	1.00	0.96	0.89	0.90	0.98	1.26

❶中国资讯行.中国各类受教育水平劳动力比重：1978—2008年[EB/OL].(2009-02-07)[2016-03-22].
http://www.infobank.cn.
❷中国劳动力市场信息网监测中心.中国各类劳动力供求人倍率：2001—2013年[EB/OL].(2014-11-07)
[2016-04-20].http://www.lm.gov.cn.

	学历					
	初中以下	高中	职高、技校、中专	大专	大学	硕士以上
2007	1.05	0.99	0.97	0.87	0.91	1.37
2008	0.98	0.96	1.07	0.88	0.87	1.02
2009	0.9	0.8	0.8	0.7	0.6	0.8
2010	1.0	0.9	1.0	0.7	0.7	0.9
2011	1.0	1.0	1.0	0.8	0.7	0.8
2012	1.0	1.0	1.0	0.9	0.8	1.3
2013	0.9	1.0	1.0	0.8	0.8	1.6

	职业					
	单位负责人	专业技术人员	办事人员和有关人员	商业和服务人员	农林牧渔水利生产人	生产运输设备操作员
2001	0.64	0.72	0.49	0.83	0.50	0.74
2002	0.62	0.70	0.59	0.90	0.64	0.85
2003	0.72	0.84	0.72	0.98	0.83	0.91
2004	0.67	0.85	0.70	1.02	0.88	0.99
2005	0.73	0.87	0.77	1.04	0.93	1.03
2006	0.75	0.91	0.77	1.05	0.95	1.02
2007	0.78	0.96	0.73	1.05	1.08	1.04
2008	0.70	0.96	0.72	1.03	0.90	1.01
2009	0.8	0.9	0.7	1.0	1.1	1.1
2010	0.8	1.0	0.7	1.2	1.0	1.2
2011	0.9	1.1	0.7	1.3	1.1	1.2
2012	0.9	1.1	0.7	1.3	1.1	1.2
2013	1.0	1.1	0.8	1.3	1.2	1.2

	技术							
	职业资格五级	职业资格四级	职业资格三级	职业资格二级	职业资格一级	初级专业技术职务	中级专业技术职务	高级专业技术职务
2001	0.99	1.02	1.10	0.91	1.10	0.97	1.21	1.13

续表

	技术							
	职业资格五级	职业资格四级	职业资格三级	职业资格二级	职业资格一级	初级专业技术职务	中级专业技术职务	高级专业技术职务
2002	1.13	1.11	1.16	1.30	1.27	1.15	1.46	1.05
2003	1.40	1.33	1.42	1.64	2.02	1.33	1.41	1.75
2004	1.46	1.48	1.70	1.87	2.11	1.32	1.44	1.78
2005	1.52	1.57	2.10	1.85	2.08	1.31	1.51	2.06
2006	1.37	1.55	1.76	1.96	2.03	1.41	1.65	2.21
2007	1.42	1.50	1.68	2.31	2.62	1.47	1.66	2.20
2008	1.38	1.39	1.67	2.01	1.93	1.50	1.56	2.29
2009	0.9	0.9	1.1	1.4	1.4	1.0	1.0	1.5
2010	1.0	1.0	1.1	1.4	1.4	1.0	1.1	1.4
2011	1.0	1.1	1.2	1.4	1.4	1.0	1.1	1.9
2012	1.0	1.1	1.3	1.9	2.0	1.0	1.2	2.0
2013	1.0	1.1	1.4	1.7	1.7	1.0	1.2	1.6

　　依据全国2001—2013年劳动力市场供求状况分析,根据全国2001—2013年劳动力市场供求状况的资料(表3-9),企业对中高级职业技术人才的求人倍率在逐年提高。非技术类劳动力需求小于供给的现象比较显著,而且这种状况在近几年内基本没有明显的逆转趋势。另一方面,从不同技术等级劳动力的求人倍率来看,具有技术等级的劳动力均呈现供不应求的状况,并且技术等级越高越显著。具有职业资格一级证书的劳动力,其求人倍率达到了1.9,具有高级专业技术职务的劳动力在2008年更是高达2.29。技能型劳动力无法满足市场需求,随着产业结构的进一步升级,技能型劳动力存在供给瓶颈的状况在短期内很难得到有效缓解。而学历教育中只有硕士以上的求人倍率超过1,大专和大学毕业劳动者的求人倍率最低,均值分别为0.83和0.87,表明近几年来非技术劳动力需求小于供给的现象比较显著。从中不难发现,当前我国劳动力结构当中具有职业技能的人才严重偏少,职业教育已经成为产业结构转型缓慢的一项瓶颈,由于契合巨大的市场需求,职业教育毕业生也具有较强的就业能力,而大学毕业生则普遍到了"就业难"。

3.5.3　职业教育、在职培训与技能型劳动力供给

　　职业教育是人才强国战略的一项重要组成部分,它对中国人才强国战略的重要地位体现在以下几个方面:第一,职业教育是社会人才培养体系的重要环节,它有利于提高劳动者技能和劳动生产率,从而增加人力资本积累;第二,职业教育为经济发展方式转变提供人才支撑,使人才结构更适应经济社会发展的需要。第三,职业教育提高人均受教育年限,促进高中阶段教育的普及和高等教育入学率的进一步提高。第四,职业教育提供多样化的入学机会,有利于实现教育机会的公平。具体来看可以进一步细化为以下内容。

　　(1)职业教育是社会人才培养体系的重要环节,它有利于提高劳动者技能和劳动生产率,从而增加人力资本积累。人力资本积累的途径包括教育、在职培训、卫生保健、劳动力迁移和工作变更等。教育是人力资本积累最重要的方式。在整个教育体系当中,职业教育占有重要的地位。它和普通教育发挥互补作用,共同承担了培养社会人才的职能❶。职业教育为社会各行业培养直接从事生产操作或经营管理的专门技术人才。它对人力资本积累的作用体现在,它可以显著提升劳动者的质量,提高劳动者的知识程度、技术水平、工作能力,提高劳动者掌握新工种、新技术的速度。它改变了劳动力的形态,将以体力劳动和运用经验技能为主的简单劳动力,变为脑力劳动和运用科技知识为主的复杂劳动力。

　　(2)职业教育为我国经济发展方式转变提供人才支撑,使人才层次结构更好地与经济发展的需要相匹配。不同经济发展阶段对各种类型的人才需求是不同的。教育体系应该适应社会经济对不同类型人才的需求结构。中国经济正处在工业化加速推进的关键阶段,正在从"制造业大国"向"制造业强国"转变。产业结构不断升级和优化调整需要职业教育的进一步发展。由传统制造业向现代制造业的转型需要快速的技术创新和生产流程改造。这些新技术都需要高素质的职业工人迅速吸收和掌握。传统的以"帮传带"方式传授生产经验的非专门教育形式已无法满足培训大量技术人才的需求。现有产业工人的技能水平也难以掌握和适应这样快速的技术革新。因此,工业化推进和产业升级需要职业教育的进一步发展。大力发展职业教育是教育体系适应人才需求结构的必然规律,是经济和社会发展的客观要求。

　　(3)职业教育发展加快高中阶段教育的普及,提高高等教育毛入学率,从而提高我国劳动力的人均受教育年限。中等职业教育对普及高中阶段教育具有重

---

　　❶按照《国际教育标准分类》的分类,现代学校教育体系按照课程分类可以分为普通教育、职业前或技术前教育及职业或技术教育。普通教育的目的是引导学生更深刻地了解一个科目。职业前或技术前教育是为学生进入劳务市场和准备学习职业教育课程而设计。职业或技术教育是引导学生掌握在某一特定职业或行业所需要的技能和知识。

要贡献。高中阶段教育包含普通高中和中等职业教育。我国高中阶段教育毛入学率从2003年的43.8%提高到了2009年的79.2%（见表3-10）。2003~2009年，中等职业学校招生人数占普通高中阶段招生总数的比重从36.06%提高到了46.16%。中等职业学校和普通高中在招生规模上已大体相当。中等职业教育在进一步普及高中教育中将扮演越来越重要的角色。

表3-10 我国高中阶段学校招生人数：2003—2009年[1]

年份	中等职业学校招生人数（万人）	普通高中招生人数（万人）	高中阶段招生总数（万人）	中职占高中阶段教育招生的比重(%)	高中阶段教育毛入学率(%)
2003	424.12	752.13	1176.24	36.06	43.8
2004	456.50	821.51	1278.01	35.72	48.1
2005	537.29	821.51	1358.80	39.54	52.7
2006	613.06	871.21	1484.27	41.30	59.8
2007	651.48	840.16	1491.64	43.68	66.0
2008	650.27	837.01	1487.28	43.72	74.0
2009	711.78	830.34	1542.12	46.16	79.2

高等职业教育对提升高等教育入学率也具有重要贡献。高等职业教育在整个高等教育中的地位也越来越重要，高职招生人数占高等学校招生总数的比重到2009年已经达到37.64%（见表3-11）。2002年中国高等教育毛入学率为15%，到2009年已经提高到了24%，但仍然远低于发达国家40%的平均水平。推动高职教育发展将对我国高等教育毛入学率的进一步提高有重要作用。最后，由于中职招生人数占高中阶段招生人数的比重及高职招生人数占高等教育招生人数的比重都在逐步提高，职业教育在提高我国劳动力人均受教育年限中扮演了重要角色。

表3-11 我国高等教育招生人数：2003—2009年[2]

年份	高等学校招生总人数	高等职业学校招生人数	招生的比例(%)	毛入学率(%)
2003	382.17	88.38	23.13	17

---

[1]国研网统计数据库.我国高中阶段学校招生人数：2003—2009年[EB/OL].(2010-09-07)[2016-04-12]. http://www.drcnet.com.cn/www/integrated/.

[2]国研网统计数据库.我国高等教育招生人数：2003—2009年[EB/OL].(2010-09-07)[2016-04-12].http:// www.drcnet.com.cn/www/integrated/.

续表

年份	高等学校招生总人数	高等职业学校招生人数	招生的比例(%)	毛入学率(%)
2004	447.34	118.43	26.47	19
2005	504.46	144.4	28.62	21
2006	546.05	177.09	32.43	22
2007	565.92	182.62	32.27	23
2008	607.66	203.91	33.56	23
2009	639.49	240.72	37.64	24

(4)职业教育可以提供多样化的入学机会,有利于实现教育机会的公平和就业能力的提升。目前的教育体系偏重于普通教育,初中毕业生竞争进入高中,高中毕业生竞争进入大学。教育资源的配置偏重普通教育,农村、偏远地区或者弱势群体的孩子难以获得优质教育资源。对于西部农村贫困地区的学生来说,大力发展职业教育,可以使部分初中和高中毕业但未能继续升学的学生,获得进一步接受深造的机会,让他们通过职业技能培训获得人力资本的进一步提升,并通过技能素质提高而有更好的就业能力。

知识链接4:国家层面的职业教育政策有哪些?

表3-12总结了20世纪90年代以来我国的职业就业主要的政策建议,从中可以发现职业就业相关政策经历了从无到有,从粗略到细致的发展过程,尤其是进入21世纪以后,职业结构调整过程本身存在问题、职业与产业就业结构之间的矛盾、劳动力市场与教育市场衔接中存在的不协调性使得职业就业政策的重要性逐步显现,中共中央国务院最近两次有关职业教育发展的重大决定从一个侧面说明了这一点。

表3-12 中国职业就业主要政策文件:1993—2005年

时间	部门	法律、法规及条例	涉及的主要内容
1993		《中共中央关于建立社会主义市场经济体制若干问题的决定》	要制订各种职业的资格标准和录用标准,实行学历文凭和职业资格两种证书制度。逐步实行公开招聘,平等竞争,促进人才合理流动

续表

时间	部门	法律、法规及条例	涉及的主要内容
1994	劳动部(现人社部)、人事部(现人社部)	《职业资格证书制度》	职业资格是对从事某一种职业所必备的学识、技术和能力的基本要求,它是个人做好该职业工作的依据,是个人工作能力与将来可能取得工作业绩的一种价值标志
1994		《劳动法》第八章第69条	国家确定职业分类,对规定的职业制定职业技能标准,实行职业资格证书制度,由经过政府批准的考核鉴定机构负责对劳动者实施职业技能考核鉴定
1996		《职业教育法》	实施职业教育应当根据实际需要,同国家制定的职业分类和职业等级标准相适应,实行学历证书、培训证书和职业资格证书制度。学历证书、培训证书按照国家有关规定,作为职业学校、职业培训机构的毕业生、结业生从业的凭证
1996	劳动和社会保障部(现人社部)	《关于贯彻实施职业教育法的通知》	推动职业教育与劳动就业紧密结合,建立职业需求预测制度,拓宽培训领域,配合再就业工程和农村劳动力跨地区流动有序化工程。结合劳动用人、工资分配制度的改革,建立起促进职业教育发展的激励机制。深化职业培训机构改革,鼓励和支持社会力量举办各类职业培训机构,提供指导服务,给予政策扶持。加强对各类职业培训机构的管理和监督检查,规范职业培训活动。指导企业建立和完善新型职工培训制度,推动企业结合生产实际需要,开展技术等级达标培训、岗位培训和高新技术培训等工作,加强高级技工和复合型技术人才的培训。完善职业资格证书制度,做好各类职业技能鉴定工作,注意搞好职业教育教学内容与鉴定要求的衔接
1998	国家教委(现教育部)、经贸委、劳动部	《关于实施<职业教育法>加快发展职业教育的若干意见》	要逐步推行学历证书或培训证书和职业资格证书两种证书制度。接受职业标准,开展职业技能考核鉴定。对职业学校或职业培训机构的毕(结)业生,要按照国家制定的职业分类、职业等级职业技能学历证书、培训证书和职业资格证书作为从事相应职业的凭证

续表

时间	部门	法律、法规及条例	涉及的主要内容
1998	劳动和社会保障部（现人社部）	《关于对引进国外职业资格证书加强管理的通知》	劳动和社会保障部（现人社部）从1999年开始对引进的国外职业资格证书及其发证机构进行资格审核、注册，并实施相应的管理和监督。在中国境内开展职业资格证书考试发证活动的国外职业资格证书机构、有关法人团体以及国际组织，必须与中国的职业资格证书机构、有关行业组织、社会团体或其它相应机构合作，不得单独开展职业资格证书考试和发证活动。经审批和注册的国外职业资格证书受中国法律的管辖和保护，可等同于我国相应等级的职业资格证书的效力，未经审核和注册的国外职业资格证书机构不得开展此类活动，其证书不能作为上岗和就业的依据
1999	中共中央、国务院	《关于深化教育改革全面推进素质教育的决定》	要依法抓紧制定国家职业（技能）标准，明确对各类劳动者的岗位要求，积极推行劳动预备制度，坚持实行"先培训，后上岗"的就业制度。地方政府教育部门要与人事、劳动、和社会保障部门共同协调，在全社会实行学业证书、职业资格证书并重的制度
1999	劳动和社会保障部（现人社部）	《关于在职业培训工作中贯彻落实〈深化教育改革全面推进素质教育的决定〉的若干意见》	进一步加大推行职业资格证书制度的力度，逐步实现职业资格证书与学业证书并重，职业资格证书与国家就业制度相衔接，逐步建立起与国家职业资格相对应，从初级、中级、高级直至技师、高级技师的职业资格培训体系，并使之成为劳动者终身学习体系的重要组成部分
2000	劳动和社会保障部（现人社部）	《招用技术工种从业人员规定》	确定90个工种（职业）必须持证就业，严格实行就业准入制度。国家实行先培训后上岗的就业制度，实行职业资格证书制度，由经过劳动保障行政部门批准的考核鉴定机构对劳动者实施职业技能考核鉴定。技工学校、职业（技术）学校、就业训练中心及各类职业培训机构的毕（结）业生，从事技术工种的学徒应，以及转岗从事技术工种的劳动者进行相应的规定。对用人单位和职业介绍机构的技术工种人员招聘进行各种规定

时间	部门	法律、法规及条例	涉及的主要内容
2000	劳动和社会保障部（现人社部）	《关于大力推进职业资格证书制度建立的若干意见》	在全社会实行学业证书、职业资格证书并重的制度，"十五"期间推进职业资格证书制度建设要求落实就业准入政策，推进职业技能鉴定社会化管理，行政管理与技术支持相结合，严格质量控制与扩大职业鉴定覆盖范围相结合，提升职业资格证书的社会认可程度，促进职业培训制度与就业制度和企业劳动工资制度相互衔接，发挥职业资格证书制度在市场就业和引导劳动者素质提高中的重要作用
2002	国务院	《关于大力推进职业教育改革与发展的决定》	大力推进职业教育的改革与发展，坚持体制创新、制度创新和深化教育教学改革，为经济结构调整和技术进步服务，为促进就业和再就业服务。推进管理体制和办学体制改革，促进职业教育与经济建设、社会发展紧密结合，形成政府主导、依靠企业、充分发挥行业作用、社会力量积极参与的多元办学格局。行业主管部门要对行业职业教育进行协调和业务指导，鼓励和支持民办职业教育的发展，非营利性的民办职业学校，享受举办社会公益事业的有关优惠政策。深化教育教学改革，适应社会和企业需求。加快农村和西部地区职业教育发展。严格实施就业准入制度，加强职业教育与劳动就业的联系。完善学历证书、培训证书和职业资格证书制度。加强职业指导和就业服务，拓宽毕业生就业渠道。多渠道筹集资金，增加职业教育经费投入
2005	国务院	《关于大力发展职业教育的决定》	对中高等职业教育规模、办学条件和师资队伍建设的规定，重点做好的工作为：深化职业教育教学改革，加强职业院校学生实践能力和职业技能的培养；加强县级职教中心、示范性职业院校和师资队伍建设，努力提高职业院校的办学水平和质量；积极推进体制改革与创新，办好公办职业院校，发展民办职业教育，推动职业院校与企业密切结合，增强职业教育发展活力；多渠道增加经费投入，建立职业教育学生资助制度

目前我国职业教育和在职培训相关的政策和管理体系主要有七个方面内容：职业分类与职业（技能）标准、职业培训、职业技能鉴定和职业资格证书、技能竞赛和技能人才表彰，及职业介绍政策。

职业分类与职业标准方面目前的主要工作是建立标准体系，1992年中国完成了第一部《中华人民共和国工种分类目录》，到2000年，已正式颁布3200多个工人技术等级标准（职业技能标准）。职业培训工作包括就业前培训、转业培训、学徒培训和在职培训，依据职业技能标准，培训的层次又分为初级、中级、高级职业培训和其它适应性培训。主要由技工学校和各类职业培训机构承担培训，技工学校以培养技术工人为主，就业训练中心培训失业人员，以实用技术和适应性培训为主，此外，企业培训中心、社会和个人举办的培训机构也承担在职培训和其他培训；综合性培训基地是在改革现有的技工学校、就业训练中心及企业的培训实体基础上，建立起的一种兼有职业需求预测、职业培训、技能鉴定和职业指导等多种功能并与职业介绍紧密结合的综合性职业培训基地，为学员提供培训、鉴定、就业一体化服务；职业技能开发集团是在城市，依托社区，联合各类培训机构，并实行劳动部门内部培训、鉴定与就业机构的联合运作，扩大培训规模效益，为促进就业服务的一种新型培训联合体；劳动预备制度则提高了新生劳动力的就业能力。

职业技能鉴定和职业资格证书制度方面，目前中国已初步建立起初、中、高级技术等级考核和技师、高级技师考评制度，对劳动者实行职业技能鉴定，推行职业资格证书。在职业学校和职业培训机构毕（结）业生中实行职业技能鉴定，在各类企业的技术工种实行必须经培训考核合格后，凭证上岗的制度，在个体工商户、私营企业从业人员中推行持证上岗制度。技能竞赛和技能人才表彰以评选表彰"中华技能大奖"获得者和"全国技术能手"为标志。

职业介绍政策正式进入职业培训体系是以1998年劳动和社会保障部（现人社部）下发的《职业介绍服务规程》为标志，2001—2007年陆续出台了一系列加强职业介绍机构管理的通知和规定，主要用于规范职业介绍行为，维护劳动力市场正常秩序，保障用人单位和求职者的合法权益，2007年正式下发了《关于开展民办职业介绍机构信用等级评定工作的通知》，将政府和民营的职业介绍组织纳入统一、规范的管理体系。通过一系列职业相关的就业管理建设，我国劳动者职业技能有所提高，表现为全国和各地区高级工、技师和高级技师在培训人员的增加，通过上述职业资格鉴定人员比重的上升，及职业培训基地和职业技能鉴定部门的完善。

职业和技能培训政策是劳动力形成就业能力的主要渠道，但是目前职业

教育和在职培训中仍然存在一定的问题,对此,政策转型的方向包括如下几个方面:

(1)职业培训方式转变。我国目前职业培训体系中居于主导地位的仍然是政府培训,而企业对员工进行的人力资本投资几乎与前者没有联系,培训体系呈现政府、企业两条线索的特征。容易造成政府培训与企业所需技能脱节和重复培训共存的局面。急需技能人员的中小企业和刚成长起来的民营企业由于资金不足造成员工职业技能投资严重缺乏,同时政府提供的技能培训又无法满足实际需求,从而造成了这些企业发展的人力资本瓶颈;而企业内部的培训投资也呈现了两极分化的局面,技能等级和职位等级高的员工能获得大量的人力资本投资,甚至"过度培训",而低技能的一般员工在获得企业内职业培训上往往处于劣势,同时又很难再获得政府提供的培训,使得两类员工的差距进一步扩大。针对这样的状况,需要将政府和企业两种职业培训方式有机结合,职业培训与企业和产业实际需要相结合,建立对口的培训方式和培训制度。①针对中小企业和成长中的民营企业由于培训资金约束而更倾向于从政府人力资本投资中获得所需技能的状况,政府职业培训需要担当主要角色,但是在培训设计上要结合企业具体需求,在"新型学徒制"、培训-实习-就业相结合的学制设计上进行创新,使得政府投资主导的职业培训更具实效;②针对大企业培训投资和培训经验丰富的状况,进一步发挥企业内部职业培训的主导作用,并使其达到规模经济的培训投资效益,甚至可以以企业培训中心市场化、社会(个体)职业培训中心的形式发挥大企业在职业培训中的核心作用,改革单一的政府投资模式。

(2)创新创业培训政策。创业培训政策对于青年劳动者的就业能力建设开辟了新的思路,给我国大学生就业难问题提供了有益参考,创业培训目标就是要青年劳动者获得三种能力:适应能力、就业能力和创业能力,特别是要大力培养自主就业能力。①职业培训通过开设有关的创业理论和实践课程,培养创业意识和精神,进一步开辟就业的新途径。在开拓型的创业培训中,开创专门的、全新的培训内容,帮助就业者自谋出路;而在革新型创业培训中,则在现有教育的基础上加强企业教育的内容,与实际企业内的工作相结合,在实践中培养学生的创业能力。②密切职业培训与就业的关系,加强企校结合,发展现代学徒制度。吸收传统的职业培训中的优点,使之与现代教育体制结合,发挥劳动者"干中学"的能力,从而进一步密切职业培训与劳动力市场的关系。③为青年创办企业提供宽松的政策环境。政府要为职业教育毕业生的创业提供政策、资金和技术支持,简化各种手续,减免各种税费。

（3）完善弱势群体投资参与性投资促进政策。政府在实施参与性的投资政策时，最佳的途径是采用共同投资的方式，保证培训参与的各方都有激励完成培训。然而针对不同受训主体的状况，政府和企业参与比重也需有差异，政府的参与性投资促进政策主要针对弱势群体。我国在人力资本投资和技能培训上存在严重信用约束的弱势群体主要包括三部分。①失地农民，政府可以利用培训券制度向失地农民提供的培训，提高失地农民的素质和技能，为劳动力市场输送专业技能型员工，而不是单纯的体力型员工。目前国家对农民工的培训才刚刚起步，从资金到管理仍然处于萌芽状态，采取与原有培训体系相结合的方式可能是比较可行的发展方向。②是失业员工，国家应该建立针对失业员工的专用性培训制度，对失业时间达到某个期限的员工提供免费的技能培训和再教育，我国再就业工程中对下岗职工进行的培训就是这项政策的实践，但是再就业工程作为非常时期的政策其作用比较有限，只有将这一时期的工作经验总结形成比较完善的失业员工培训体系，才能更好地应对未来的新问题。③低技能员工，对低技能员工的培训可以利用杠杆投资的模式，即政府提供一部分投资费用，鼓励企业也提供相应的配套培训投资，共同完成低技能员工的培训；或者采用员工在职培训，但由政府提供低成本培训的方式，来提升这部分劳动力的素质。

（4）完善职业技能形成体系。从职业技能培训到职业技能形成必须经历技能界定和市场认可的过程，只有将国家劳动部门内部培训、企业内部培训和国家技能鉴定与就业机构相互结合、联合运作，才能真正实现劳动力的技能形成过程。①在职业技能鉴定和职业资格证书制度方面，我国目前虽然已经初步建立起初、中、高级技术等级考核和技师、高级技师考评制度，对劳动者实行职业技能鉴定，推行职业资格证书，职业学校和职业培训机构毕（结）业生中也实行了职业技能鉴定，各类凭证上岗的制度也在建设之中，但是规范化操作和实效性评估工作仍然比较落后，出现了证书泛滥但技能不切实际的状况，不法操作中出现的虚假认定状况也扰乱了良好的技能形成体系，因而法制化建设仍然需成为政府工作的重要内容。需要树立职业资格的权威性，使职业资格认证出自统一的国家认证系统，或是由国家认可的地方认证系统，降低职业资格的随意性，严格管理职业技能鉴定机构及其鉴定程序，提高职业技能鉴定考评人员的素质，保证职业技能部门本身的质量。②企业内技能形成机制与技能鉴定工作的相互结合也需成为未来工作的内容之一，企业内职工通过企业培训或"干中学"形成的技能具有重要实践作用，但是由于企业技能鉴定的非制度化特征，使得他们的技能往往无法形成正式的劳动力市场认可，影响了技能人员的流动和特殊技能的教育和继承,因此企业技能形成体系的规范化建设也相当重要。③将职业资格认证作为影响劳动力供给的重要手段。对劳动力市场上急需的技术人,其培训和资格证书认定工作于以重点倾斜,从而改善劳动力市场供需矛盾。

★本章重点：

劳动力供给数量和结构,调节劳动力供给的就业政策类型;

退出援助政策的定义和内容,缩短工时政策的定义和内容,就业准入政策的定义和内容;

计划生育政策对劳动力供给的影响,政策的调整方向;

人口流动政策对劳动力供给的影响,政策的调整方向

教育政策对劳动力供给的影响,高校扩招的就业效应,职业教育对劳动力供给的影响。

★关键词：

劳动力供给数量	劳动力供给结构
退出援助政策	缩短工时政策
就业准入政策	计划生育政策
生育意愿	老龄化
流动人口政策	劳动力市场分割理论
学术型人才	工程型人才
技术型人才	技能型人才
职业教育	

思考与应用：

请收集并仔细阅读本章两个"知识链接"(即表3-8"国家层面关于流动人口管理的政策文件:1984—2014年"和表3-12"中国职业就业主要政策文件:1993—2005年")中的相关文件,选择其中的一个主题,并跟踪政策的最新进展,思考以下几个问题:

(1)政策的发展历史有什么样的趋势,总体规律呈现何种特征?

(2)同时期相应的劳动力市场供给(比如农民工供给,跨地区流动,职业教育学生数量,职业教育劳动力比重等)呈现什么样的发展规律,寻找尽可能多的历史数据或代表性案例加以佐证。

(3)政策变化和市场变化之间是否存在相关性,存在什么样的相关性,能否说明政策具有实际作用? 据此对政策有效性进行客观评论。

(4)为什么政策会发生变化? 并依据(2)中搜集的数据进行初步的预测,并依据预测规律对政策变化的趋势加以展望,或给出你认为合适的未来政策建议。

第四章 劳动力需求政策:岗位促进、所有制改革与产业发展政策

4.1 劳动力需求与就业政策的关系

　　劳动力需求,是指企业或其他雇佣单位在特定时期内,在一定的工资率下愿意并能够雇佣的劳动量,劳动力需求是雇佣意愿和支付能力的统一,二者缺一不可。与劳动力供给相似,劳动力需求也是决定失业率的重要因素,因此从需求角度设计的就业政策主要从扩大和优化就业岗位的角度解决失业问题和就业困难问题。社会经济结构状况、制度变革、企业的生产方式和规模等因素都会影响劳动力需求,从影响需求角度设计就业政策主要就是从这些因素加以调整。就业岗位促进政策主要通过政府直接或参与提供就业岗位的方式增加劳动力需求数量;所有制改革则通过释放中小企业和民营经济的活力提高劳动力需求数量,同时改变了劳动力需求的所有制结构,释放了劳动力市场的竞争活力;产业发展和劳动力需求结构之间也存在密切关系,产业政策在调整国家经济结构的同时也对劳动力需求产生了深远的影响。

4.1.1 劳动力需求数量

　　就业问题产生的根源在于劳动力供给大于需求,因此从需求角度进行的治理主要从扩大全社会劳动力吸纳能力的角度展开。从宏观角度看,影响劳动力需求总量的直接因素为经济增长和与之相关的就业弹性系数因素(图4-1)。

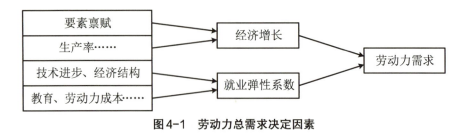

图4-1 劳动力总需求决定因素

经济增长是就业需求的最重要影响因素,这一点在第二章"就业政策的环境与变迁"中已经有了详细的介绍,两者的关系可以集中概括为"奥肯定律"。因此,要预测决定一国劳动力需求的经济增长率,就必须对整体宏观经济形势有理性的判断。

就业弹性系数是从业人数增长率与GDP增长率的比值,即GDP增长1个百分点带动就业增长的百分点,系数越大,吸收劳动力的能力就越强,反之则越弱。当就业弹性水平较低时,即使经济保持高增长,也不一定会对就业有较强的拉动。从就业弹性系数可知经济增长带动就业的能力,在现实的经济运行中,由于受到经济结构、经济增长方式等诸多因素的影响,经济增长与就业之间表现出不同的互动模式,就业弹性的强度和方向也会有所不同。

就业弹性系数的水平主要取决于经济增长与就业增长的动态作用。经济增长带动就业增长的效果越大,就业弹性系数就越高;经济增长带动就业增长的效果越不明显,就业弹性系数就越低。但同时,就业弹性系数的水平也受到其他一些重要因素影响:①经济结构的调整一般会带来就业弹性系数的下降:一是产业转型,当经济结构逐渐脱离劳动密集型产业进入资金密集型产业,相同资金带来的劳动就业的增长就会比过去减少。如果资金相对密集型产业和行业的经济增长高于劳动相对密集的产业或行业,就业弹性就会变小。二是投资转向,同样的资本投入,大企业要比中小企业雇用的劳动力少,国有企业要比民营企业雇用的劳动力少。三是产业发展不足,第一产业吸纳就业能力最低,随着农业生产技术的进步和农业机械的广泛应用,劳动生产率逐步提高,导致农村劳动力大量剩余。而第三产业各行业吸纳就业的能力最强,且传统服务行业吸纳就业的能力要强于现代服务行业。②劳动生产率对就业弹性系数的影响。劳动生产率=国内生产总值/从业人员总数。从公式可以看出,从业人员总数增长取决于国内生产总值与劳动生产率的动态作用,并且二者呈反方向变化的关系。当劳动生产率增长快于国内生产总值的时候,从业人员总数必然下降。一般来说,加快国内生产总值的增长要比提高劳动生产率难度更大。③就业结构性矛盾对就业弹性系数的影响。就业技能与就业岗位的不匹配及对岗位的过高期望值都会使就业弹性系数变小。即使有大量的就业岗位需求,如果知识、技能与岗位不匹配,或者对岗位有过高的期望值都会阻碍就业,从而使就业弹性系数下降。

　　从中国的情况来看,1978至今,我国GDP增长的弹性系数在逐渐下降,在20世纪80年代,GDP增长的就业弹性系数保持在0.3~0.4左右;进入20世纪90年代,就业弹性系数持续下降至0.1~0.2;2000年以后,就业弹性系数基本在0.1以下。

　　获得经济增长和就业弹性相关预测数据后,就可以对一国或一地区的劳动力需求数量进行相应的预测,这种预测往往被用于中长期的人口和就业政策规划中。在具体预测中,可以采用就业弹性系数法、GDP增长模型法、产业结构模型法、经济总量和结构结合法等(图4-2)[1]。从预测结果来看,在2020年以前,中国劳动力需求还会有小幅的增长,但之后就会呈现较大幅度的下降,劳动力需求总量将从2021年的7.4亿下降至2050年的6.8亿,年均降幅在0.32%。

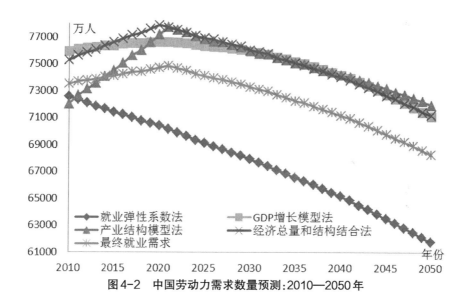

图4-2　中国劳动力需求数量预测:2010—2050年

案例思考2:北京市的劳动力需求

　　也可以对地区性的劳动力需求进行预测,以北京市为例,预测分为两个时间段,第一阶段为"十一五"后期,第二阶段为"十一五"时期。采用就业弹性方法的预测步骤分为三步:第一步预测是确定就业弹性的值,根据1978—2008年就业增长率和GDP增长率所计算的就业弹性,可以发现,近10年来北京市的就业弹性总体上为正值,并且具有波动中上升的趋势(图4-3),因此预测未来就业弹性具

[1]齐明珠.我国2010~2050年劳动力供给与需求预测[J].人口研究,2010(9):76-87.

有稳步上升的态势,并且依据三十年来就业弹性的不同平均值设定高、中、低三个就业弹性值,作为预测初始期的就业弹性。第二步则是确定GDP年增长率,根据《关于北京市国民经济和社会发展第十一个五年规划纲要的报告》中指出的北京市经济社会发展的主要预期指标之一是地区生产总值年均增长9%,据此设定预测期所采用的GDP年增长率区间为8%－10%,并以中值9%作为主要的GDP年增长率。第三步则依据第一和第二步得到的就业弹性系数和GDP的年增长率,用就业弹性公式并辅助采用线形回归方法计算出北京市的劳动力需求量的低位预测(取就业弹性区间下限进行的预测)、高位预测(取就业弹性区间上限进行的预测)和中位预测(低位预测与高位预测的平均值),辅助线性模型为:$lny=\alpha+\beta lnGDP+X_1+X_2......\varepsilon$。其中$y$表示就业人数,$X_1$、$X_2$……表示国民生产总值GDP以外的影响因素,据此估计的β值即为就业弹性。

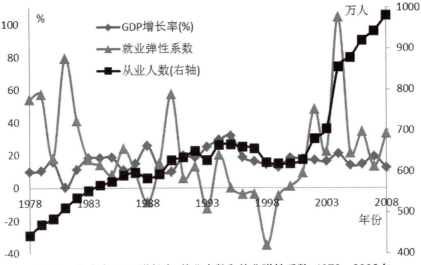

图4-3　北京市GDP增长率,从业人数和就业弹性系数:1978—2008年

采用1978年至2008年北京市GDP总值和就业总人数数据估计预测期内较高的就业弹性系数区间为0.16~0.49,中值区间为0.03~0.33,低值区间为-0.16~0.16。设定该时期GDP增长率为8%时,GDP总量将从2009年的11327亿元增加至2020年的29229亿元,当GDP增长率为9%时GDP总量区间为11432亿元至29499亿元,若GDP增加到更高的10%时,预测期的GDP总量将为11537到29770。用这些数据预测北京市的劳动力需求总量,结果如表4-1和图4-4。

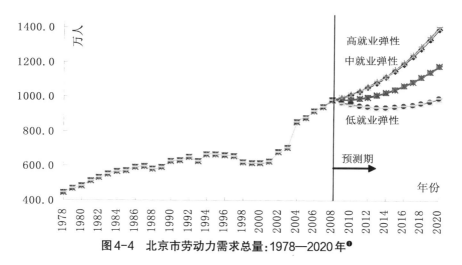

图4-4 北京市劳动力需求总量：1978—2020年❶

预测结果表明,GDP增长率在8%~10%范围内的变化不会对劳动力总量需求产生重大影响,而就业弹性对需求总量的影响较大,依据高就业弹性的预测结果,北京市的劳动力需求总量在"十一五"末期将达到1012万左右,在2020年则将达到1397万左右;如果预计就业弹性并不乐观,则劳动力需求总量则为2010年的955万左右和2020年的989万左右;如果假定就业弹性处于中等水平,并且GDP增长速度达到"十一五"规划预期的年均9%,则需求总量在预测期会以年均1.71%的速度增长,在2020年达到1177万。

表4-1 北京市劳动力需求总量预测：2009—2020年(单位：万人)

GDP	GDP 增长率 = 8%			GDP 增长率 = 9%			GDP 增长率 = 10%		
弹性系数	高	中	低	高	中	低	高	中	低
2009	993	980	967	994	980	966	996	980	964
2010	1010	983	956	1012	983	955	1014	984	953
2011	1031	988	947	1033	989	947	1035	990	946
2012	1055	997	942	1057	998	941	1060	999	941
2013	1082	1008	939	1085	1010	939	1088	1011	938
2014	1114	1023	939	1117	1025	939	1121	1026	939
2015	1149	1040	941	1153	1042	941	1157	1044	941
2016	1188	1061	945	1192	1063	946	1197	1065	946

❶北京市统计局,国家统计局北京调查总队.北京市统计年鉴2009[M]. 中国统计出版社,2010.

GDP	GDP 增长率＝8％			GDP 增长率＝9％			GDP 增长率＝10％		
弹性系数	高	中	低	高	中	低	高	中	低
2017	1231	1084	952	1236	1086	953	1241	1089	954
2018	1279	1110	961	1284	1113	962	1290	1116	963
2019	1332	1140	973	1338	1143	974	1344	1146	976
2020	1390	1173	987	1397	1177	989	1403	1180	990

表4-2 北京市劳动力三产需求数量预测方法

三产结构预测方案　　　　　需求总量预测方案		就业弹性系数高　低		
		高	中	低
结构变动　高	A	预测1	预测2	预测3
↓	B	预测4	预测5	预测6
剧烈程度　低	C	预测7	预测8	预测9

表4-3 北京市劳动力三产需求结构预测：2009—2020年（单位：%）

产业	第一产业			第二产业			第三产业		
预测类别	A	B	C	A	B	C	A	B	C
2009	6.1	6.2	6.4	21.5	20.7	19.7	72.4	73.1	73.9
2010	5.8	6.1	6.3	21.1	19.9	18.9	73.1	73.9	74.8
2011	5.6	5.9	6.2	20.7	19.4	18.2	73.7	74.7	75.7
2012	5.3	5.8	6.1	20.3	18.8	17.5	74.4	75.4	76.4
2013	5.1	5.6	5.9	19.8	18.2	16.7	75.1	76.2	77.3
2014	4.8	5.4	5.8	19.5	17.7	16.2	75.7	76.9	78
2015	4.6	5.2	5.7	19.2	17.3	15.6	76.2	77.5	78.7
2016	4.3	5.0	5.6	18.8	16.8	15	76.9	78.2	79.4
2017	4.1	4.9	5.5	18.5	16.4	14.5	77.4	78.7	80
2018	3.8	4.7	5.4	18.2	16.0	14	78.0	79.3	80.6
2019	3.6	4.5	5.2	17.9	15.7	13.8	78.5	79.8	81
2020	3.3	4.3	5.1	17.7	15.4	13.4	79.0	80.3	81.5

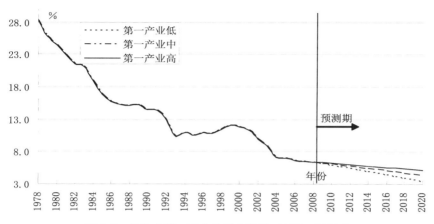

图4-5 北京市第一产业劳动力比重：1978—2020年

用类似的方法对北京市的三次产业劳动力需求进行预测,预测方法归纳为表4-2。预测结果如表4-3所示。

依据北京市1978—2008年的三次产业就业比重发展状况,尤其是近十年的情况,用上述方法进行预测,发现2009—2020年,北京市的第一、第二产业的就业比重将稳步下降,下降速度逐渐趋缓,而第三产业就业比重将平稳上升,但其增长速度将逐渐降低(图4-5、图4-7)。

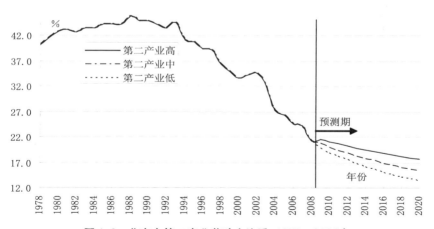

图4-6 北京市第二产业劳动力比重：1978—2020年

图4-7　北京市第三产业劳动力比重：1978—2020年

阅读上述案例后思考以下问题：

（1）北京市劳动力需求总量呈现什么样的发展趋势？收集2009年至今的北京市劳动力从业数据，将其与案例中的预测相互比较，说明两者的差异？

（2）分三次产业来看，北京市劳动力需求呈现什么样的发展趋势？收集全国分产业劳动力从业数据，将其与北京市的情况进行比较，说明并解释两者的差异？

（3）整理上述新收集的数据，并尝试预测北京市和全国未来的劳动力需求发展趋势，说明这一趋势可能带来的就业问题。

4.1.2　劳动力需求结构

劳动力需求结构主要可以分为以下几种：①产业结构，指社会劳动力在各产业间的分布，国际上一般采用第一产业（广义农业）、第二产业（广义工业）、第三产业（广义服务业）的划分口径，除此之外，也可以进行更加细致的划分。②职业结构，指从事不同职业的各类劳动者在就业人口中所占的比重，中国的职业分类主要包括：各类专业技术人员，机关、团体、企事业单位负责人，办事人员和有关人员，商业工作人员，服务性人员，农林牧渔劳动者，生产工人、运输工人和有关人员，不便分类的其他劳动者。劳动分工是职业划分的基础，随着分工的发展，职业结构的划分也越来越细。③所有制结构，指劳动力在不同所有制类型的企业或雇用单位的分布状况，我国目前的所有制类型主要有国有单位、集体单位、私营企业、股份制企业、联营企业、外商投资企业、港、澳、台投资企业和股份合作企业等。

（1）劳动力产业、行业结构。1978年，我国一、二、三次产业就业人口比重为70.5%，17.3%和12.2%，第一产业所占就业人口比重在70%以上，是名副其实的农业国。伴随着经济的发展，三次产业的就业结构也不断发生变化，第一产业就业人口比重自改革开放以来持续下降，二、三产业就业人口比重呈现上升态势，意味着就业人口从第一产业部门向二、三产业转移。2012年，我国三次产业的就业构成，分别为33.6%、30.3%和36.1%，第三产业就业人员已经超过第一产业，成为吸纳就业的第一主体。尽管如此，我国第三产业吸收就业人口的比重仅相当于同期美、日、德的一半甚至更低。我国第一产业的就业比重虽在逐年下降，但仍有大量劳动力滞留在农村，第一产业就业比重相对较大。究其原因：一是工业化程度尚处于中期水平，大量人口依附于土地，较短时间内，很难大规模释放；二是第二产业吸纳就业的能力不足，且第三产业发展尚不成熟。我国产业结构的变动与就业结构的变动趋势大体相同，经济发展不断深化，使经济重心由第一产业向二、三产业转变。在信息化和科技化高度融合的过程中，劳动力由第一产业向第二、三产业转移的局面凸显。

从三次产业内部的劳动力需求来看。1980~2012年，中国第三产业产值由21.6%增长为44.6%，增长了23个百分点，相应地同期第三产业的就业比重提高了23.1个百分点，成为吸纳城市劳动力的主要产业。一般认为，相对于第一产业与第二产业的工作，第三产业的服务性工作更具灵活性，工作稳定性更差。从产业内部构成来看，近年来增长较快的第二产业中的建筑业、第三产业中的交通运输、仓储和邮政业、批发和零售业、住宿餐饮业吸纳了大量城市低技能劳动力和农村转移劳动力。依据中国劳动力市场信息网监测中心对全国99个城市的劳动力市场职业供求信息进行的统计分析表明，从行业需求看，78%的企业用人需求集中在制造业、建筑业、批发和零售业、住宿和餐饮业、居民服务和其他服务业、租赁和商务服务业，这些各行业的用人需求比重分别为26.2%、5.2%、16.6%、13.2%、10.3%和6.5%。其中，制造业和建筑业的用人需求分别占第二产业全部用人需求的75.5%和15%，二者合计为90.5%；批发和零售业、住宿和餐饮业、居民服务和其他服务业、租赁和商务服务业的用人需求分别占第三产业全部用人需求的26.8%、21.3%、16.6%和10.5%，四项合计为75.2%。这些行业普遍经营不规范，收入低、流动率高、缺乏可靠的社会保障，行业本身的特点决定了其就业岗位随市场需求的变动具有较强的灵活性。因此，虽然历史地看总体上中国就业总量在不断增加，但劳动力市场的动荡也在加剧，就业质量与就业稳定性在下降，就业压力与危机感增强。

知识链接 5:"鲍莫尔-富克斯假说"与服务业的劳动力需求

威廉·杰克·鲍莫尔(William Jack Baumol,1922—?),美国经济学家,普林斯顿大学经济学荣誉教授、退休高级研究员,纽约大学经济学教授。鲍莫尔较广为

人知的研究有可竞争市场、交易性货币需求的鲍莫尔-托宾模型、鲍莫尔成本病、庇古税等。2006年,美国经济学会的年度会议特别以鲍莫尔的名字为名召开,会中介绍了鲍莫尔教授12篇有关企业家精神的论文,以推崇尊敬他多年来在这方面的研究贡献。鲍莫尔-富克斯假说是由鲍莫尔[1]和富克斯[2]分别提出来的,该假说包括"服务业就业增长过快论"及"成本病"理论等相互关联的重要经济学思想,受到理论界的广泛关注,又被称为"非均衡增长理论"。

William J.Baumol,1922-

"非均衡增长理论"(unbalanced growthmodel)的"非均衡"主要是指劳动生产率不同的部门在成本、产出、就业吸纳能力及经济增长中的作用具有不同的表现。该理论基于一个只有劳动力要素投入的两部门模型,假定经济系统包含一个劳动生产率增长率为零的"停滞部门"和劳动生产率增长率为正的"进步部门",停滞部门的产出单位劳动成本即将随时间无限制上升,而进步部门则保持不变;在停滞部门的需求弹性不高的情况下,该部门的产出随时间推移将趋于零;停滞部门将吸纳所有的劳动力,而进步部门就业将趋于零。

在鲍莫尔的研究问世后不久,富克斯便基于该模型进行了实证检验,他指出只有在服务业劳动生产率增长相对滞后程度、服务需求价格弹性及服务需求收入弹性三者的相互作用满足一定条件的情况下,才能有可能保证服务业就业吸纳能力的增长。20世纪80年代之后出现的一系列基于发达国家进行的实证研究[3],也基本支持了非均衡理论模型的研究结论。当然,也有部分研究提出了质

[1] W.J.BAUMOL.Macroeconomics of Unbalanced Growth:The Anatomy of Urban Crisis[J].American Economic Review,1997,57(3):415-426;RINALDO EVANGELISTA,MARIA SAVONA.Innovation,Employment and Skills in Services.Firm and Sectoral Evidence[J],Structural Change and Economic dynamics,2003,14(4):449–474;谭砚文,温思美,汪晓银.中、日、美服务业劳动生产率对经济增长促进作用的比较分析[J].数量经济技术经济研究,2007(12):60-71.

[2] V.FUCHS.The Service Economy[M].New York:National Bureau of Economic Research,1968.

[3] R.SUMMERS.Services in the international economy.G.SAXONHOUSE. Services in the Japanese economy,I.LWVESON.Services in the U.S.economy.In Inman eds.Managing in the Service Economy:Prospects and problems[M].Cambridge:Cambridge University Press,1985.

疑，Griliches❶认为统计方法上的缺陷低估了服务业产出和生产率的增长，从而使得实证研究结论并不可靠；Oulton❷通过建立一个内生结构变动模型指出，只有当停滞部门是最终产品生产部门时，非均衡增长模型的理论才会成立，而如果停滞部门能够向技术进步部门提供中间性投入，那么其对总生产率增长的贡献仍然为正。

阅读推荐2：鲍莫尔-富克斯假说与中国的服务业劳动力需求

请你查阅这些资料阅读并撰写一篇读后感：

(1)程大中，《中国服务业增长的特点、原因及影响——鲍莫尔-富克斯假说及其经验研究》，《中国社会科学》，2004.3。

(2)张原，《中国服务业就业吸纳能力下降之谜——基于Baumal模型扩展的理论分析与实证研究》，《贵州财经学院学报》，2011.1。

(3)王俊，《服务业就业增长之谜：对鲍穆尔-富克斯假说的再检验》，《人口与经济》，2008.11。

(4)朱轶，熊思敏，《技术进步、产业结构变动对我国就业效应的经验研究》，《数量经济技术经济研究》，2009.5。

(5)梁东黎，张淦，《服务业就业占比的决定："鲍莫尔-富克斯"模型再研究》，《南京社会科学》，2013.8。

(2)劳动力职业结构。依据第3~5次全国次人口普查资料，我国整体职业就业结构的变迁路径如图4-8和4-9所示。农业从业人员主要以农、林、牧、渔、水利业生产人员职业类别进行统计，在两个时间段都呈现下降态势，但变动率均低于非农从业人员。在非农职业中，商业、服务业人员及办事人员和有关人员在各阶段明显上升，变动率在各阶段均居于前列；专业技术人员从业者的变化较小，变动率一直徘徊在0.1之下；国家机关、党群组织、企事业单位负责人基本稳定，生产、运输工人和有关人员则微降后升，变动率在0.1以下，在1982—1990阶段甚至有弱的负向变动率。从总的构成来看，虽然农、林、牧、渔、水利业生产人员的比重在所有职业中下降最大，但到2000年，仍然占据了60%以上的比例，而生产、运输工人和有关人员就业比重整体上处于第二位，总就业的比例不到16%。

---

❶GRILICHES,Z.Productivity,R&D,and the Data Constrain[J].American Economic Review,1994(84):1-23.

❷ OULTON N.Must the Growth Rate Decline？ Baumol.unbalanced Growth Revisited[R].Working papers，No.107,London：Bank of England,2000.

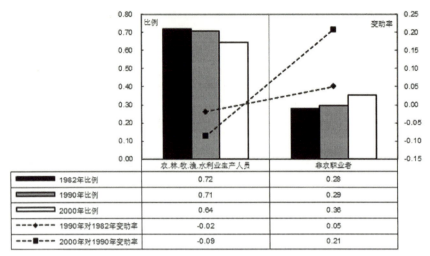

图4-8　中国农业和非农职业结构：1982—2000年[1]

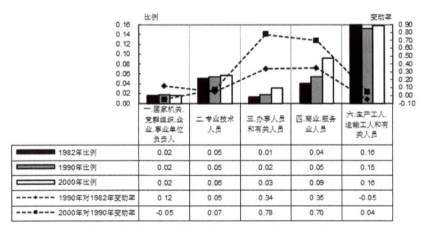

图4-9　中国国非农职业结构：1982—2000年[2]

　　在生产力水平较高、经济比较发达的国家,直接从事农业和工业等体力型职业的劳动者比重一般都比较低,尤其是从事单户小农生产的所占比重更低,体力劳动者总和仍在70%以上,表明职业结构仍然处于较低的水平。商业服务业人员就业比重增长最为迅速,表明我国过去比较薄弱的流通环节正随着商品生产和流通部门人力资源的投入而得到改善,这种变化反过来进一步促进了该职业就业人口的增长,但总体来看比重并不高。专业技术人员的比重偏低,并且在物质和非物质生产部门的分布极不平衡,在农、林、牧、渔业1982年占0.7%,尽管这

❶陈凌,张原.中国的产业结构—职业结构变动研究[M].北京:中国劳动社会保障出版社,2008.
❷陈凌,张原.中国的产业结构—职业结构变动研究[M].北京:中国劳动社会保障出版社,2008.

一比例已经是所有行业中最低的,但第四和第五次普查资料显示这一比例还在进一步降低,到2000年只占了0.2%。

从数量上看,居于主导地位的职业需求是生产、运输工人和有关人员;而从增长速度上看,商业、服务业人员具有不可低估的优势;农业职业者的基数仍然较大。作为第二产业主要职业类别的生产、运输工人和有关职业并没有较大的提高,因而真正向产业工人转移的、具有较高劳动素质的农业职业者比重相当有限;目前吸收农业职业转移人员的许多岗位来自素质要求不高的商业、服务业职业,对提升职业和产业结构具有重要作用的专业技术人员变动仍然比较缓慢。

(3)劳动力所有制结构。在改革初期的20世纪70年代末,我国城镇就业的主要部门是国有企业,占所有职工的3、4以上,其余不到1、4的职工几乎全部在城镇集体企业工作。在20世纪80年代初期,开始出现从事个体经营的人员,他们的比例稳步上升,在1999年超过了14%。从1978—2009年,国有经济、集体经济就业比重分别由78.3%和21.5%降到了20.6%和2.0%。私营企业就业在20世纪90年代才在数据中显示出来,但是比例上升很快,在2000年接近8%,之后增长更快,每年上升2到3个百分点,到2003年达到了16%。私营企业、有限责任公司、股份有限公司、港澳台投资单位、外商投资单位、个体经济逐步替代国有和集体经济,成为非农就业的主渠道,2009年,仅私营经济部门和个体经济部门就吸纳了30%的劳动力就业(图4-10)。

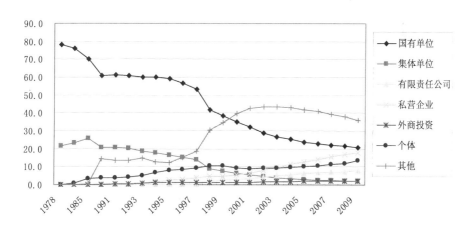

图4-10　分所有制的城镇就业比重:19782009年(单位:%)

通常认为,国有部门和集体部门工资有保障、福利好,有完善的社会保障,就业稳定性高。非国有部门,特别是私营部门和个体部门,经济规模小,经营者管理能力差,抗风险能力低,劳动者流动率高,就业稳定性弱。因此,所有制结构的转换从根本上改变了传统的长期稳定的就业关系,以私营经济、个体经济、有限责任公司等为主体的所有制结构必然带来就业形式的多样化和灵活化。而从就业吸纳能力来看,国有部门的岗位创造能力却远远低于私人部门。国有企业的就业比重在20世纪90年代以来大幅度下降,到2000年降到了55%,到2003年进一步降低到44%;而纯粹的集体企业的就业份额则从改革初期的1、4降到了2000年的9%,2003年进一步降低到7%。公有制部门就业的比例的下降是我国劳动力市场改革以来发生的最为重要的变化,期间劳动力市场的一个基本变化是所有制的表现形式更为多样化:有限责任公司、股份有限公司、外商投资企业和股份合作企业成为劳动力市场上重要的需求来源。股份制企业数量的增加及大量中小企业涌现,私营个体企业及股份制企业对劳动力的需求逐年增加,其中私营企业劳动力需求占规模以上企业劳动力需求的比例曾经从2001年的33.5%上升至2006年的38.5%,后来由于金融危机的蔓延才又有所降低;而股份制企业的劳动力需求比例从2001的23.1%上升至2009年的34.5%(表4-4)。❶

表4-4　各种所有制企业的劳动力需求结构:2001—2009年❷

		2001	2002	2003	2004	2005	2006	2007	2008	2009
企业	国有	7.1	4.9	5.7	5.6	4.0	4.1	4.1	3.7	2.7
	集体	7.0	5.9	5.2	4.5	3.4	3.1	3.1	3.1	2.5
	私营个体	31.8	33.5	36.6	36.7	38.4	38.5	35	36.5	36.8
	联营	3.7	3.3	3.6	4.5	2.7	2.5	2.7	2.2	1.7
	股份制	23.1	27.4	25.7	23.1	29.5	30.9	32.5	32.1	34.5
	外资	7.7	6.8	8.8	9.2	7.5	7.3	9.1	8.1	8.3
	港澳台资	5.4	5.8	6.3	4.8	5.1	4.9	7.3	6.1	6.2
	其他企业	14.2	5.0	8.0	11.6	9.4	8.6	6.7	8.1	7.4
事业		14.2	1.3	1.2	0.8	0.6	0.8	0.6	0.7	0.6
机关			0.4	0.6	0.2	0.2	0.4	0.2	0.1	0.2
其他			5.7	5.4	5.7	3.5	2.3	2.7	3.0	2.8

4.1.3　调整劳动力需求的就业政策

劳动力需求数量,及产业、职业和所有制结构都会对劳动力市场的就业吸纳能力产生重要影响,因而,从扩大劳动力需求角度入手制定就业政策,提高劳动

❶赖德胜,吴春芳,潘旭华.论中国劳动力需求结构的失衡与复衡[J].山东社会科学,2011(3):79-80.

❷中国就业网.北京市劳动力需求总量:1978—2020年[EB/OL].(2010-09-07)[2016-04-12].http://www.lm.gov.cn/.

力市场的岗位数量,调整岗位结构,成为解决就业矛盾的重要渠道。从需求角度进行调节的方式包括以下几类:一是以政府直接提供就业岗位,购买企业、社区或其他公益性岗位,或者与企业、社区组织和其他非营利性组织合作提供就业岗位的方式,增加劳动力市场的岗位数量;二是通过所有制改革的方式,让市场中就业吸纳能力低下的企业退出市场(比如过去冗员数量庞大的国有企业),同时采取扶持和优惠政策促进中小企业、民营经济及劳动密集型企业的发展,增加市场的就业竞争活力;三是制定相关的产业发展政策、产业准入制度,释放朝阳产业的就业吸纳能力,同时挖掘夕阳产业可能转化的就业优势;四是通过优化资本政策和资本市场结构,改变资本和劳动力要素的替代性,从而调整劳动力的需求总量和结构。

在这四类政策中,第一类属于典型的狭义就业政策,主要调节短期和微观领域中的劳动力需求数量,而后三类则属于广义就业政策,涉及大量劳动力市场以外的内容,但又与劳动力需求数量和结构密切相关。从调整的内容来看,第一类政策比较关注扩大岗位数量,在处理短期经济波动或制度改革带来就业问题时,这类政策能够起到一定的调节作用;而第二类政策主要从增加劳动力需求主体类型的角度增加就业岗位,由于不同市场主体的活动能力和竞争能有所差别,淘汰和培养市场主体也需要一定的时间周期,因此这类政策具有明显的动态性和长期性;第三类政策则通常需要依托产业发展政策和市场准入制度,与国家的产业规划周期和发展战略密切联系,而产业调整也经常呈现周期性和结构性,因此基于这类政策来调节劳动力需求,会更多地体现在优化就业结构方面,由于产业有自身的发展规律,因此尽管政策能起到一定的调节作用,但往往无法一蹴而就,效果往往在中长期中才能显现。

4.2　就业岗位促进政策

就业岗位促进政策主要指政府以直接提供就业岗位,购买企业、社区或其他公益性岗位,或者与企业、社区组织和其他非营利性组织合作提供就业岗位的方式,增加劳动力市场的岗位数量的政策。从类型来看,主要包括两类:其中政府直接提供就业岗位的政策包括扩大公共部门就业机会、开发公益性就业岗位和结合创业实习,购买就业岗位;政府参与提供就业岗位则主要包括政企合作,联合开发就业岗位,及采取财政和金融政策鼓励企业开发就业岗位两种。无论是哪种形式的就业岗位促进政策,都面临着管理和资金方面的问题,制约了政策的有效性。

4.2.1 政府直接提供就业岗位

政府直接提供就业岗位主要包括以下几类:

(1)挖掘公共部门就业岗位,扩大公共部门就业的机会。政府可以在公共安全、消防、交通等政府服务领域增加就业人员,对国有企业、国有研究所等国有机构,则根据经营状况,在有条件的部门增加招聘人数。比如可以要求那些经营效益好、业务规模较大的国有企业增加就业人员,对增加就业人员的企业给予一定的税收优惠措施。

(2)开发公益性就业岗位。公益性就业岗位指面向社区居民生活服务、机关企事业单位后勤保障和社区公共管理服务的就业岗位,及清洁、绿化、社区保安、公共设施养护等就业岗位。政府投资兴办的公益性岗位,一般会优先安置大龄就业困难人员,街道、社区要对大龄就业困难人员给予重点帮助。这项就业援助制度的对象主要是大龄下岗失业困难人员,特指男性年满50周岁、女性年满40周岁,有劳动能力和就业愿望的国有及县以上集体企业下岗职工、关闭破产企业需要安置的人员、享受最低生活保障且失业1年以上的其他城镇失业人员。人力资源和社会保障部和一些地方政府已出台相关政策,要求把下岗大龄失业人员作为就业援助的主要对象,提供即时岗位援助等多种帮助,如在社区开发的公益性岗位,安排原属国有和县以上集体企业大龄就业困难对象就业,从再就业资金中给予社会保险补贴和岗位补贴,财政拨款的事业单位要拿出一部分空缺和新增的后勤服务岗位,优先安置大龄就业困难对象。

(3)结合创业和实习,购买就业岗位。以"政府买单"性质对实习、见习期间的大学生发放生活补贴,并按照不低于当地城市居民最低生活保障的标准执行。这一方式主要是鼓励和支持离校未就业大学生在入学前的户籍所在地参加就业见习,对符合"低保"家庭,"零就业"家庭和就业困难人员条件的离校未就业大学生,优先安排见习岗位,从而解决大学生就业岗位缺乏的问题。

由于政府公共部门和公益性岗位的数量有限,由政府直接提供就业岗位的就业促进政策范围一般较窄,涉及的援助对象比较有限,目前主要覆盖的人群包括:①40、50人员,40岁以上女性、50岁以上男性,国有、集体企业下岗职工和参加过失业保险的城镇登记失业人员。②零就业家庭人员,即同一户籍家庭中,法定劳动年龄内,具备劳动能力,有就业愿望的成员均未实现就业,或从事灵活就业月收入低于最低工资标准,且家庭人均月收入低于城镇最低生活保障标准两倍的成员。③低保家庭人员,享受城镇低保家庭中的登记失业人员。④长期失业者,即持续寻找工作超过一年的登记失业人员。⑤失去双亲的人员,包括失去父母、年龄25周岁以下、未婚的新成长劳动力。⑥需赡养患有重大疾病直系亲属的人员,同一户籍家庭中,有患尿毒症、癌症、糖尿病并发症、肺心病、偏瘫、精神病、血友病、人体器脏移植后抗排异治疗等重大疾病直系亲属的人员。⑦单亲家庭,夫妻双方因离异或丧偶,需抚养未成年子女或全日制大学本科及以下在学子女的人员。⑧刑释解教人员,指刑满释放或解除劳教人员。⑨残疾人,持有民政部门核发的四级《残疾证》的人员。⑩复转军人中的就业困难人员,转业志愿兵,城镇复员士官和符合国家规定的退役军人中仍未就业的人员。

4.2.2　政府参与提供就业岗位

政府参与同就业岗位的形式主要包括以下两种:

(1)政府和企业合作,以签约承诺或共建就业基地的方式,联合开发就业岗位。这种模式不仅可以开发公益性就业岗位,也可以挖掘企业内的一般岗位,比如,据法国《费加罗报》转载法新社的报道,世界餐饮连锁业巨头麦当劳在2011年与法国政府签订协议,承诺三年内以签订"无固定期限合同"的方式,每年为法国提供三千个新增就业岗位,同时加快其在法国的发展进程,麦当劳吸纳了大量兼职员工,成为法国国内吸纳就业人数最多的企业之一❶。中国上海浦东新区劳动和社会保障局、新区邮政局和浦兴路街道办事处联合投资兴建浦东首个"政企合作"就业基地,就业基地计划吸纳"能吃苦、动作快、头脑清楚,且具有团队合作意识"的员工,优先录用就业困难人员。从就业基地的合作模式来看,场地由浦兴路街道办事处提供,基地内的设施,包括具体业务,由浦东新区邮政局出资落实,求职人员的岗位补贴则由浦东新区劳动和社会保障局负责❷。

(2)以优惠政策鼓励企业多渠道开发就业岗位。政府以社会保险补贴政策、岗位补贴政策、职业介绍补贴政策、培训补贴政策、小额贷款政策、税费减免政策等方式鼓励企业开发多种类型的就业岗位。比如,商贸企业、服务型企业、劳动就业服务企业中的加工型企业和街道、社区具有加工性质的小型企业实体,在新增加岗位中当年新招用持有失业登记证人员达到一定规模,并且符合各项规定的,可以扣减营业税、城市维护建设税、教育费附加和企业所得税;中小企业和民营企业当年聘用高校毕业生人数达到在职职工总数的一定比例的,可以申请享受两年内免收管理类行政事业性收费;新招用就业困难人员及政府投资开发公益性岗位安置就业困难人员的各类企业,签订劳动合同并缴纳社会保险费,可申请享受为其实际缴纳的基本养老保险、基本医疗保险和失业保险补贴等;劳动密集型小企业新招用人员达到企业现有在职职工总数一定比例,并符合各项规定的情况下,可申请小额担保贷款。

---

❶刘雅雪.麦当劳向法国政府承诺每年新增3000个就业岗位[EB/OL].(2011-12-14)[2016-2-20].http://finance.people.com.cn/GB/70846/16601819.html.

❷鲁哲.浦东建首个"政企合作"就业基地[N].新民晚报,2008-10-09(A02).

4.2.3 岗位促进政策的有效性

政府直接提供或参与提供就业岗位,在缓解岗位缺乏,解决就业困难方面起到了一定的作用,但整体规模仍然较小。以公益性就业岗位为例,其安置能力覆盖的范围小,发展能力仍然有限,对于众多的符合条件的就业困难人员而言仍然是杯水车薪。另外,从政策本身和执行过程中来看,也存在一系列的问题制约了就业岗位促进政策的效果:

(1)岗位开发的持续性和岗位设置的适应性不足。劳动力市场的岗位需求尤其自身的规律,并不是政府提供了就业岗位,或参与提供了就业岗位,就能够持续发挥作用。目前岗位开发模式主要采取"自上而下"方式,通过上级部门统一筹划、统一组织,各地区和下级部门落实。然而,各地区的产业特征、历史渊源、地域特点差异较大,对劳动力的需求各有不同,比如如中心区域适合开发公益性、服务类项目,郊县城区适合开发农村类岗位。采取"自上而下"的岗位开发方式有其不尽人意的缺陷,有时会造成开发的岗位无人应聘或应聘者甚少,需求迫切的岗位却没有开发或开发的岗位能容纳的劳动力过多。从目前开发的各类岗位中,有大量属于技术含量较低的、非核心的职位,往往具有较高的替代性和流动性,对于追求利润最大化的企业而言,有些开发的岗位甚至可有可无,而对于需负担这些岗位补贴的政府而言,过度和不恰当的岗位设置也会加大财政压力。

(2)岗位人员的录用程序不规范,导致岗位资源浪费。由于岗位的"公共性"和"非盈利性",使得其招聘和录用过程不甚严格,甚至对专业、实践能力等均无要求,使得一些不合条件的从业人员有机可乘,凭借各种社会关系求得一份稳定的工作,这种现象与公益性岗位政策制定的初衷是大相径庭的。因为公益性岗位薪酬低且从事的是无技术含量的工作,所以一般接收单位在公益性岗位录用后,往往不进行统一的岗前培训,甚至任务布置无序,导致公益性岗位人员在工作中不能很好地胜任。

(3)国家没有颁布对公益性岗位管理的各项措施,对薪酬标准没有明确的规定。由于政策法规的不健全和一些单位的管理不善,往往公益性岗位会出现脱岗、离岗或顶岗等违规现象,有些人甚至在此岗位上吃空饷,这不仅没有帮助真正需要帮助的人员,还对政府的形象造成恶劣的影响。从工资差距来看,公益性岗位人员与单位在编人员薪酬差距很大,往往不能享受到单位的福利待遇,同时,由于没有"正式工"身份,在工作时也会受到身份歧视,挫伤了工作积极性,致使公益性岗位的工作效率较低。

(4)配套资金保障不足,资金运作不规范。无论是政府直接提供的就业岗位,还是参与提供的就业岗位,其资金投入都来自各级政府的财政资金。虽然促进就业是公共财政的重要功能，符合支出的公益性特征，但是由于地区差别导致的财力差异，及纳入政府购买范围就业项目的不断拓展，资金保障问题也逐渐引起相关部门的关注。从目前看，这部分资金支出的总量增长较快，有些地区年增长以倍数计，尤其是"万人、千人、百人就业项目"推出后，资金支出压力不断增加。从资金运作的规范性来看，目前我国促进就业职能的部门分散于各政府系统，劳动、民政、残联、总工会等部门都有涉及，虽然有利于从不同角度、不同层面致力于就业保障，但也造成了资金管理上的条块分割。资金来源、资金拨款的多样化导致管理上的"政出多门"，易产生资金使用和管理上的疏漏，会不同程度影响资金使用效益。

新闻链接2：政府还能为大学生提供多少就业岗位[1]

明年毕业的大学生就业之难，空前而未必绝后。去年经济危机刚刚来袭，政府警惕性高，早做准备，提前动员，不仅政府机关超常招人，而且村干部、社区职务等，也招了一堆人，暂时缓解了就业危机。今年的经济形势已经好转，似乎可以松口气儿了。应对就业难，政府即使有心，似乎也没有更多办法，机关、社区和村干部岗位，已经饱和。这几年大学扩招出的大学生一时半会儿消化不了，毕业生的数量有增无减，就业形势只能越发严峻。

人们都知道，现在消化就业的主力是民营企业。经济危机，就业当先，只有维持了就业率，才能稳住局势。可是，国家挽救危机的投资，大把投向国企，驱使国企大力度进军民营企业的传统领域，大张旗鼓，吞掉民企。在这个过程中，一些政府部门出于过时的意识形态动机，推波助澜；一些地方，"国进民退"成为一时的潮流。已有亏损的山钢吃掉赢利的日钢，接下来又听说作为国企的摩托产业，看上了由草根企业做起来的电动自行车行业，说服有关部门，打算强行推出国家标准，一口吃下电动自行车，由国企的电动摩托车取而代之。

比如在传媒产业，真正活跃的是民营部分。除了教材教辅之外的大部分市场化的书籍，都是民营操作的，很多市场化的报刊及电视台的一些节目，也是民营公司制作的。不少国营单位，现有的人员都嫌多，没有能力招新人。但是，一些真正做事的民营企业却长期处于妾身未明的境地，稍有风吹草动，就会被打压。即使勉强经营，也动辄受到打压。

所以，怪圈出现了：一方面，政府在全力救经济，保就业；一方面，民营经济的受打压，又遏制了就业。政府能提供的就业岗位，其实很有限，总有塞满的时候。就业如此困难，每年都有未能就业的大学生漂在社会上，年复一年，积累到

---

[1] 张鸣.政府还能为大学生提供多少就业岗位[N].中国青年报，2009-11-24(002).

一定程度,政府的压力就可想而知。

4.3 所有制改革与劳动力需求增长

在市场经济国家,劳动力需求的主体是企业,因此劳动力需求总量的波动往往与企业的市场竞争和生存状况密不可分,而劳动力需求的所有制分布也与企业的结构调整密切相关。从中国的改革开放后的历史阶段来看,劳动力需求的增长和结构性变化几乎与整体所有制改革的推进同步变化,国有部门的逐步退出市场和民营经济、外资企业的逐步兴起改变了中国劳动力市场的需求数量与结构,也深刻影响着就业政策的方方面面。

4.3.1 所有制改革的历史变迁

中国三十多年的所有制改革历程可以概括为图4-11:在第一阶段,1978年的十一届三中全会正式开启改革大门;1981年通过的《关于建国以来党的若干历史问题的决议》中,进一步探索生产关系的具体形式被着重强调:"社会主义生产关系的发展并不存在一套固定的模式,我们的任务是要根据我国生产力发展的要求,在每一个阶段上创造出与之相适应和便于继续前进的生产关系的具体形式";1982年党的十二大报告中首次出现"多种经济形式并存"的提法,并且指出这是"由于我国生产力发展水平总的来说还比较低,又很不平衡"的原因所决定的。

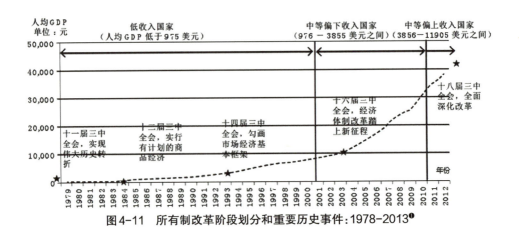

图4-11   所有制改革阶段划分和重要历史事件:1978-2013[1]

第二阶段以1984年的十二届三中全会提出实行有计划的商品经济为标志,

---

[1]易纲.中国经济改革历程、理念与方向[J].中国市场,2014(19):3-11.

1987年党的十三大报告首次将私营经济视为"公有制经济必要和有益的补充"，从而实现了我们党在所有制认识上的一个重大的转变与飞跃，私营经济发展的合法性得到了一定程度上的政治保障；到20世纪80年代末，我国的私营经济已形成一定规模，多种所有制共同发展的格局初步显现，在这一时期，以放权让利、扩大企业经营自主权为核心的国有企业改革也全面展开。1984年党的十二届三中全会通过的《中共中央关于经济体制改革的决定》，正式提出"所有权和经营权可以适当分开"，决定实行政企分开，使企业成为相对独立的经济实体，随后，承包和租赁等多种"两权分离"的生产经营方式在国有企业改革中被广泛推广。

第三阶段以1992年的十四大提出建立社会主义市场经济框架为起点，主张将市场经济体制同社会主义制度结合起来，这为所有制改革提供了根本的理论依据，同时"在所有制的结构上，以公有制包括全民所有制和集体所有制为主体，个体经济、私营经济、外资经济为补充，多种经济成分长期共同发展"。1993年党的十四届三中全会通过的《关于建立社会主义市场经济体制若干问题的决定》第一次明确提出国有企业改革的方向是建立现代企业制度，并指出"产权清晰，权责明确，政企分开，管理科学"是现代企业制度的基本特征，作为公有制实现形式改革核心内容的中国国企改革进入制度创新阶段。1997年党的十五大在所有制问题上又实现了新的重大的突破，在十五大的报告中"以公有制为主体，多种经济成分共同发展"作为中国社会主义初级阶段的一项基本经济制度而并非仅仅作为"方针"被正式确立下来，对于非公有制的地位，十五大报告也突破了将非公有制经济视为公有制的"补充"的观念，而将其视为"社会主义市场经济的重要组成部分"，同时指出"公有制实现形式可以而且应当多样化"，"要努力寻找能够极大促进生产力发展的公有制实现形式"。在十五大之后，我国所有制改革力度明显加大，步伐明显加快，国有资本加快了从中小企业退出的步伐，民营资本迅速进入。

第四阶段的标志为2002年召开的中共十六大，大会进一步提出"坚持公有制为主体，促进非公有制经济发展，统一于社会主义现代化建设的进程中"，强调要"完善保护私人财产的法律制度"。2003年的十六届三中全会通过的《中共中央关于完善社会主义市场经济体制若干问题的决定》是新世纪新阶段我国经济体制改革的纲领性文件，《决定》指出"要进一步增强公有制经济的活力，大力发展国有资本、集体资本和非公有资本参股的混合所有制经济，实现投资主体多元化，使股份制成为公有制经济的主要实现形式"，同时还把国企改革作为今后发展和完善市场经济体制的中心环节，并肯定了"产权是所有制的核心和主要内容"，强调要建立现代产权制度。2012年，非公经济吸收城镇就业近3亿人，占城镇就业人员的80%，为国民经济做出了巨大贡献。2013年闭幕的十八届三中全会提出了涵盖经济、政治、社会、文化、生态等多方面的决定，其中经济体制改革的内容占了一半篇幅。

表4-5总结了20世纪80年代以来所有制改革主要政策文件和会议要点,从中可以发现所有制改革逐步深化的过程。

表4-5　中国所有制改革主要政策文件和要点:1991—2007年

时间	会议	内容
1981	中共十一届六中全会	《关于建国以来党的若干历史问题的决议》认为一定范围的劳动者个体经济是公有制经济的必要补充
1984	中共十二届三中全会	《中共中央关于经济体制改革的决定》认为外资经济是我国社会主义经济必要的有益补充
1987	中共十三大	私营经济是公有制经济必要的和有益的补充
1988	七届人大一次会议	《中华人民共和国宪法修正案》增加规定国家允许私营经济在法律规定的范围内存在和发展,私营经济是社会主义公有制经济的补充
1988		《中华人民共和国私营企业暂行条例》颁布,私营企业、规定范围内的个体经济、私营经济等非公有制经济是社会主义市场经济的重要组成部分
1992	中共十四大	公有制为主体,其它所有制为补充。多种经济成分长期共存
1993	中共十四届三中全会	国有企业改革的方向是建立现代企业制度,并指出"产权清晰,权责明确,政企分开,管理科学"是现代企业制度的基本特征
1997	中共十五大	公有制为主体、多种所有制经济共同发展,公有制经济不仅包括国有和集体经济,还包括混合所有制经济中的国有和集体成分,公有制实现形式可以而且应当多样化,一切反映社会化生产规律的经营方式和组织形式都可以大胆利用,要努力寻找能够极大促进生产力发展的公有制实现形式,股份制是现代企业的一种资本组织形式,有利于所有权和经营权的分离,有利于提高企业和资本的运作效率,资本主义可以用,社会主义也可以用
1998	九届人大一次会议	按'三个有利于'的标准,探索和发展公有制的多种实现形式,积极稳妥地进行股份制和股份合作制改革,继续调整和完善所有制结构,在推进国有经济改革和发展的同时,积极发展城乡多种形式的集体经济,继续鼓励和引导个体、私营等非公有制经济共同发展

续表

时间	会议	内容
1999	中共十五届四中全会	《中共中央关于国有企业改革和发展若干重大问题的决定》认为，包括国有经济在内的公有制经济，是我国社会主义制度的经济基础，以公有制为主体，多种所有制经济共同发展，促进各种所有制经济公平竞争和共同发展，在坚持国有、集体等公有制经济为主体的前提下，鼓励和引导个体、私营等非公有制经济的发展，积极探索公有制的多种有效实现形式，大力发展股份制和混合所有制经济，重要企业由国家控股。继续对国有企业实施战略性改组，充分发挥市场机制作用，着力培育大型企业和企业集团，放开搞活国有中小企业。要采取切实措施，解决目前某些垄断性行业个人收入过高的问题
2000	九届人大会三次会议	积极探索公有制的多种有效实现形式，强调加快中小企业服务体系建设。坚持公有制经济为主体，鼓励和引导个体、私营等非公有制经济健康发展
2000	中共十五届五中全会	坚持公有制为主体，多种所有制经济共同发展的基本经济制度，要通过发展经济，尤其是发展劳动密集型产业，积极发展集体企业和个体私营企业，以提供更多的就业岗位
2001	九届人大四次会议	坚持以公有制经济为主体，发挥国有经济主导作用，发展多种形式的集体经济，支持、鼓励和引导私营、个体经济健康发展，在保持较快经济增长的同时，要重视发展有比较优势的劳动密集型产业，特别是发展就业容量大的服务业，积极发展集体企业和私营、个体企业，努力增加就业岗位，拓宽就业渠道。积极探索各种有效方式，有进有退，有所为有所不为，加快国有经济布局的战略性调整，发挥国有经济在国民经济中的主导作用，发展多种形式的集体经济，支持、鼓励和引导私营、个体企业健康发展
2001	九届人大五次会议	坚持以公有制为主体、多种所有制经济共同发展的基本经济制度，积极探索公有制多种有效实现形式。继续发展混合所有制经济和集体经济，鼓励、支持和引导私营、个体经济健康发展

时间	会议	内容
2002	中共十六大	坚持和完善公有制为主体、多种所有制经济共同发展的基本经济制度,深化集体企业改革,继续支持和帮助多种形式的集体经济的发展。修改《中国共产党章程》,总纲规定,必须坚持和完善公有制为主体、多种所有制经济共同发展的基本经济制度,坚持和完善按劳分配为主体、多种分配方式并存的分配制度,鼓励一部分地区和一部分人先富起来,逐步消灭贫穷,达到共同富裕,在生产发展和社会财富增长的基础上不断满足人民日益增长的物质文化需要
2002	九届人大常委二十八次会议	《中华人民共和国中小企业促进法》,为包括私营企业在内的中小企业的健康发展,提供了强有力的法律保障
2003	十届人大一次会议	坚持和完善以公有制为主体、多种所有制经济共同发展的基本经济制度,毫不动摇地巩固和发展公有制经济,毫不动摇地鼓励、支持和引导个体、私营等非公有制经济发展
2003	中共十六届三中全会	坚持公有制的主体地位,发挥国有经济的主导作用,积极推行公有制的多种有效实现形式,加快调整国有经济布局和结构,要适应经济市场化不断发展的趋势,进一步增强公有制经济的活力,大力发展国有资本、集体资本和非公有资本等参股的混合所有制经济,实现投资主体多元化,使股份制成为公有制的主要实现形式。以明晰产权为重点深化企业改革,建立归属清晰、权责明确、保护严格、流转顺畅的现代产权制度,有利于维护公有财产权,巩固公有制经济的主体地位;有利于保护私有财产权,促进非公有制经济发展,要依法保护各类产权,健全产权交易规则和监管制度,推动产权有序流转,保障所有市场主体的平等法律地位和发展权利
2004	十届人大二次会议	大力发展混合所有制经济,逐步使股份制成为公有制的主要实现形式
2005	中共十六届五中全会	坚持和完善基本经济制度。坚持公有制为主体、多种所有制经济共同发展,继续深化集体企业改革,发展多种形式的集体经济,各类企业都要切实维护职工合法权益
2007	十届人大常委二十九次会议	《中华人民共和国反垄断法》颁布,第五章专门针对滥用行政权力排除、限制竞争的行政垄断行为进行了法律规范

4.3.2 非国有部门的劳动力需求

随着所有制改革的推进,非公经济市场主体迅速崛起,成为劳动力需求的主要力量。从图4-12统计的企业数量来看,私营工业企业单位数量从20世纪90年代末开始爆发性增长,到2012年,私人控股企业法人超过655万个,占全部企业的79%;而随着外商投资和中外合资各项法律的出台和健全,港、澳、台资和外资工业企业单位数量也呈现逐年增长的势头,成为非国有部门中仅次于民营经济的劳动力需求主体。

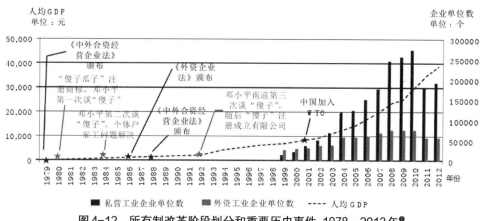

图4-12 所有制改革阶段划分和重要历史事件:1978—2013年[1]

表4-6 非国有经济类各所有制单位的就业人数(单位:万人):1995—2007年[2]

年份	股份合作单位	联营单位	有限责任公司	股份有限公司	外商投资单位	港澳台商投资单位	私营企业	个体户	合计
1995	-	53	-	317	241	272	485	1560	2928
1996	-	49	-	363	275	265	620	1709	3281
1997	-	43	-	468	300	281	750	1919	3761
1998	136	48	484	410	293	294	973	2259	4897
1999	144	46	603	420	306	306	1053	2414	5292
2000	155	42	687	457	332	310	1268	2136	5387

[1]易纲.中国经济改革历程、理念与方向[J].中国市场,2014(19):3-11.

[2]中华人民共和国国家统计局.所有制改革阶段划分和重要历史事件:1978—2013年[J].中国统计年鉴.1978—2013.

年份	股份合作单位	联营单位	有限责任公司	股份有限公司	外商投资单位	港澳台商投资单位	私营企业	个体户	合计
2001	153	45	841	483	345	326	1527	2131	5851
2002	161	45	1083	538	391	367	1999	2269	6853
2003	173	44	1261	592	454	409	2545	2377	7855
2004	192	44	1436	625	563	470	2994	2521	8845
2005	188	45	1750	699	688	557	3458	2778	10163
2006	178	45	1920	741	796	611	3954	3012	11257
2007	170	43	2075	788	903	680	4581	3310	12550

非国有部门的快速发展带来了这些部门劳动力的巨大需求,非国有经济类各所有制单位的就业人数从1995年的2928万增长到2007年的1.26亿,其中股份合作单位、联营单位、有限责任公司和股份有限公司等现代企业形式的就业人数从1995年的370万增加到2007年的3076万,港、澳、台资和外商投资企业就业人数则从513万增长到1583万,而同期私营企业和个体户的就业人数则从2045万增长至7891万(表4-6),就业比重也呈现不断增长的势头,目前大约有2/3的劳动力在这些部门工作(图4-13),成为全社会吸纳就业的主体。

4.3.3 国有部门的劳动力需求

随着所有制改革的推进,有限责任公司、股份有限公司、私营企业、港澳台商和外商投资等单位的就业从无到有,并且近年来继续增长,标志着我国的就业结构形成了多样化的局面,而这种多样化的变化趋势是以国有部门的改革和冗员释放为基础的。

从城镇从业人数的变化看,在改革初期,国有企业就业占全部就业的近80%,加上集体单位就业,吸收了几乎全社会的劳动者就业,虽然个体就业开始出现,但规模和比重都微不足道。这一状况一直持续到20世纪90年代,非国有经济就业才逐渐扩大了规模和比重。三十多年间,国有单位雇用的劳动力比重从占城市全部就业的78.3%下降到31.9%;城市集体单位就业比重从21.5%下降到5.4%,目前两者相加大约占到全社会就业的1/3(图4-13)。

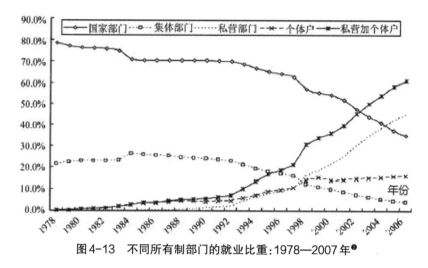

图4-13 不同所有制部门的就业比重：1978—2007年[1]

而从新增就业机会来看(图4-14)，从大规模国有企业改革开始后，国有部门提供的新增就业岗位数量就呈现下降趋势，从20世纪90年代中期开始，新增就业量就一直呈现负增长态势，1998年国有企业损失了2000万个就业机会，到1999年国有经济失去了500万个就业机会，一直到2006年，每年国有企业减少几十万到几百万的就业岗位。尽管在国有企业的固定资产投入是民营企业固定资产投入的数倍，但是这些投资所能创造的新的就业机会，一直都是负的，每年都在减少。而相比之下，尽管对民营经济的投入只有国有企业投入的1/4，但是却仍然创造着几百万个就业机会。

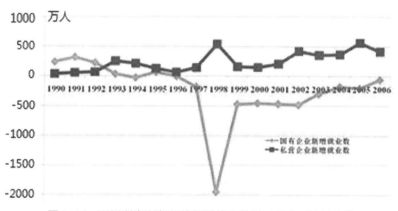

图4-14 不同所有制部门的新增就业数量：1990—2006年[2]

[1]中华人民共和国国家统计局.所有制改革阶段划分和重要历史事件:1978—2013年[J].中国统计年鉴.1978—2013.

[2]陈志武.为什么百姓收入赶不上GDP增长,"燕山大讲堂"演讲稿[EB/OL].(2008-08-06)[2014-09-21].http://chenzhiwu.blog.sohu.com/96573564.html.

除了国有企业之外,国有部门就业还包括政府机关等社会公共事务管理机构,由于政府本身会雇佣相当规模的公务员,因此公共部门就业也不可忽视。中国庞大的政府管理机构和行政事业单位,更是历来为人们所瞩目,由于其就业机制不同于私人部门,在经济波动过程中,公共部门就业具有一定的独立性,这也会反过来影响私人部门的就业。

一直以来,我国公共管理部门机构臃肿、人员超编问题很严重,除正式编制员工外,政府机关、行政事业单位还有众多的编外人员,形成了很大的财政压力。从历史来看,1993年启动的政管理体制改革和政府机构改革,在"政企分开"的指导思想下展开,国务院直属机构由19个压缩为13个、办事机构由9个调整为5个,地方政府也于1994年展开了机构改革。但在随后的时间里,公共部门人员规模很快出现反弹,并且控制的难度逐渐变大,在1998年进行的新中国成立以来最大规模的政府机构改革中,人员规模也没有真正地降下来。在2003年启动的第四次政府机构改革中,公共部门规模不仅没有压缩,反而得以扩张,当年人员规模比上年增加了近100万,其后各年均维持明显的增长态势。❶

根据中国公务员局发布的数据,2012年底,中国公务员数量为708.9万人。然而,若把行政机关、党政机关、企事业单位、社会团体及机关工勤人员等人员数加在一起,中国财政实际供养人数高达6000万,此外,中国还存在大量的准财政供养人员,包括数以万计的村委会、居委会。若以GDP为单位考量公务员规模的合理性,中国财政供养人员的冗杂配置便迅速显现:以百万美元的GDP为标准,日本仅需供养1.38名人员,英国1.58人,美国2.31人,法国3.46人,而中国则供养了39人❷。

政府机构作为社会经济发展的服务者,其人员所占的劳动力比例将影响最终纳税人获取公共服务的代价,且作用于劳动力市场,最终对经济的活跃度产生影响。劳动力市场的扭曲主要体现在,市场被分割为公共部门和私人部门,前者凭借稳定的工作、优厚的待遇,成为一级劳动力市场,后者则为次级劳动力市场,就业受到前者的干扰。特别是公务员集团的利益不断强化,诱使大量优秀人才涌入公务员队伍,出现"千军万马争考公务员"的现象,而私人部门则无法竞争到优秀的人才资源,因此要稳定私人部门就业,就必须加快公共部门的就业和薪酬体制改革。

❶丁守海.中国公共部门就业凸显棘轮效应[N].中国社会科学报,2011-06-17(009).

❷王健,金今花.中国公务员是多还是少[J].世界知识,2005(5):47-49.

4.4　产业发展政策与劳动力需求结构

产业结构演变是形成劳动力需求结构性变化的重要原因,劳动力需求结构的探讨可以采用传统的三次产业分类方法,也可以用六部门分类法进行观察,就业偏离度分析法有助于探讨就业结构是否与产业劳动力需求相适应。在产业结构演变过程中,工业化阶段是劳动力需求结构演变的关键阶段,对劳动力的素质和技能都提出了更高的要求,从而影响了相关的人力资源投资政策。在优化产业结构的过程中,产业政策和产业政策的国际化起到了重要的作用,也对劳动力需求产生了重要影响,因此也成为广义就业政策的组成部分。

4.4.1　产业结构、产业分工和就业偏离

产业就业结构演变的研究可以溯源到17世纪英国经济学家威廉·配第,他在《政治算术》中认为:制造业比农业,进而商业比制造业能够得到更多的收入,这种不同产业之间相对收入上的差异,就会促使劳动力向能够获得更高收入的部门移动。虽然当时产业分类与现代不同,但其产业就业结构的演变思想却是相同的。之后,美国经济学家克拉克在《经济进步的条件》一书中整理了二十几个国家总产出和各部门劳动力投入的时间序列数据,通过统计分析揭示了经济进步过程中产业部门间就业结构变化的一般规律:由于产业间产品附加价值的差异及由此带来的相对收入的差异,劳动力首先由第一产业向第二产业转移,当人均国民收入水平进一步提高时,劳动力又向第三产业转移,需求因素和效率因素是引起产业就业结构演变的主要因素。西蒙·库兹涅茨在继承克拉克研究成果的基础上,采用多国样本更全面、深入地验证了三次产业的演化规律:劳动力的工业部门份额的上升,比起劳动力的农业部门份额的下降来说,其幅度显得有限,而劳动力的服务业部门份额上升的情况十分普遍,这与总产值中该部门份额没有持续上升形成对照;从截面考察和长期趋势两个方面分析劳动力的部门份额变化表明不同收入国家的就业结构与同一国家不同发展阶段的就业结构演变大体上是一致的,因而可以用发达地区各个截面的数据来粗略地预测落后地区就业结构演变的未来趋势。如果说上述劳动力就业结构演变的认识是建立在对大量历史资料进行统计分析基础之上的话,刘易斯则为这一过程的运行机制进行建立了理论上模型,他认为发展中国家人口增长十分迅速,农业人口所占比例的下降一般不能被制造业人口所占比例的提高所完全抵消,其他各类就业机会的扩大都发生在服务业领域;就业结构的变化主要受报酬差别的影响,劳动力从

农业转到其他产业是增长的结果而不是增长的原因。

无论是克拉克、库茨涅茨或是刘易斯，他们都只是指出了经济发展过程中就业结构转变的一般趋势和引起这一结构转变的基本动因。钱纳里则凭借世界银行丰富的数据资源，将产业结构的演化规律研究范围进一步扩展到许多发展中国家，进一步研究了在不同的经济发展阶段上，劳动力转移与经济发展水平之间的数量关系，从而为发展中国家和地区提供了参照体系。[1]

基于经验数据统计和计量分析的研究的方法后来成为产业就业结构变动研究的蓝本，近期对国家或地区就业结构演变的研究也不外乎以下内容：描述产业就业结构变化的历程，总结变化特征，分析变化原因，预测变化趋势，提出变化中存在的问题及建议[2]。虽然这些理论不是十分正式的，有时甚至只是描述性的，但为我们考察具有相似起始条件的各国或地区的经济增长提供了有用的见解和可供参考的框架。国内学者对产业就业结构演变的研究，一般从三次产业分类的角度展开，而且由于统计数据的局限对于省或地区就业结构的演变研究时限较短，国内产业就业结构演变的研究与国外相比具有很多的特殊性，更多受到国家和地方政策影响[3]。新的研究最大的贡献是对过去寻求标准"发展模式"的理论思路提出了挑战，各国发展的特殊性表明统一发展路径及依据理论"最优路径"制定的产业就业结构政策可能并不符合一国的实际，需要更多针对个性化国家的理论、经验研究和实际政策。

基于三次产业分类法，我们可以探讨就业结构是否与劳动力需求结构相适应的问题，主要采用结构偏离度来进行观察。结构偏离度指标用于衡量产业结构与就业结构之间存在的不均衡，其公式为：

结构偏离度=1−GDP的产业构成百分比／就业的产业构成百分比

从结构偏离度的计算方法可以看出，结构偏离度的绝对值越小，产业结构与就业结构的偏离幅度就越小，结构越接近均衡；结构偏离度大于零时（正偏离），就业份额大于产业产值份额，产业存在劳动力转出的可能性；结构偏离度小于零时（负偏离），就业份额小于产值份额，产业存在劳动力转入的可能性；结构偏离

[1] 陈凌,张原.中国的产业结构—职业结构变动研究[M].北京:中国劳动社会保障出版社,2008.

[2] C WREN,J TAYLOR.Industrial Restructuring and Regional Policy[J].Oxford Economic Papers,1999,51(3):487-516;ER RISSMAN.Can Sectoral Llabor Reallocation Explain the Jobless Recovery[J].Chicago Fed Letter,2003(12):36-39;JE Zveglich,YVDM RODGERS.Occupational Segregation and the Gender Wage Gap in a Dynamic East Asia Economy[J].Southern Economic Journal.2004,70(4):850-875.

[3] 王爱文,莫荣.中国就业结构问题研究[J].经济研究参考,1995(20):198-205;郭克莎.我国产业结构变动趋势及政策研究[J].管理世界,1999(5):73-83;李仲生.中国产业结构与就业结构的变化[J].人口与经济,2003(2):43-47.

度等于零时,结构处于完全均衡状态,结构偏离度绝对值越大,表明产业结构和就业结构越不对称。

按照这一方法计算中国的三次产业结构偏离度可以发现(图4-15),第一产业结构偏离系数均为负值,且波动幅度较小,劳动转移须加大力度。第二产业偏离系数均为正值,且2006年以后偏离度越来越大,需要吸纳更多的劳动力来使就业结构趋于合理。第三产业偏离系数一直也是正值,2011年趋于0,说明其产业结构和就业结构基本均衡,在吸纳劳动力方面,可以发挥更大的促进作用。

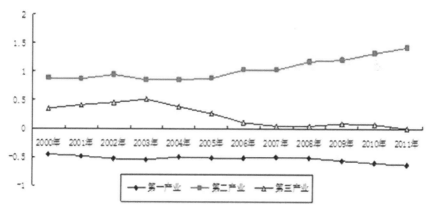

图4-15 中国三次产业结构偏离度状况:2000—2011年[1]

案例思考3:中德的就业偏离状况比较

从表4-7中可以发现,德国第一产业的结构偏离度绝对值是三次产业中最高的,整体呈现下降趋势,第一产业中的就业结构与产业结构的偏离正逐步缩小,但偏离度始终保持正值说明第一产业的就业份额一直大于产值份额,说明从事第一产业的劳动力仍有转出的趋势。第二产业的偏离度在2005年之前也一直为正值,表明不断有劳动力转入第二产业,但其偏离度不断缩小,从1991年的0.11逐渐下降至2005年的0.02,已经基本接近均衡状态,但从2006年开始,第二产业偏离度又开始出现轻微的负偏离,2010年偏离度为-0.06,说明德国第二产业的就业份额小于其产值份额,产业存在劳动力转入的可能性,这一发展过程表明德国制造业在经历去工业化的过程之后开始重新评估产业

---

[1] 中华人民共和国国家统计局.中国三次产业结构偏离度状况:2000—2011年[J].中国统计年鉴.2000—2011.

空心化可能带来的问题,尤其是经过全球经济危机的洗礼之后,德国制造业调整发展步伐,回归其在整体经济中的地位,保持制造业的竞争优势和就业份额对于稳定经济具有重要作用。与第二产业相比,第三产业则呈现几乎相反的趋势,从20世纪90年代初开始,德国第三产就业偏离度一直为负,表明第三产业具有一定的就业吸纳能力,这一状况直维持到2006年,之后则几乎维持在零偏离的状况(图4-16),表明第三产业已经进入稳定发展期,劳动力需求量不会发生重大变化。

表4-7 德国产业就业比重、产业产出比重和就业结构偏离度:1991—2010年[1]

年份	就业产业构成(%)			GDP产业构成(%)			偏离度		
	一产	二产	三产	一产	二产	三产	一产	二产	三产
1991	4.11	40.87	55.03	1.21	36.42	62.37	0.70	0.11	-0.13
1992	3.83	39.98	56.20	1.11	35.30	63.59	0.71	0.12	-0.13
1993	3.53	38.89	57.59	1.05	33.19	65.77	0.70	0.15	-0.14
1994	3.32	37.67	59.01	1.07	32.93	66.00	0.68	0.13	-0.12
1995	3.15	36.34	60.51	1.09	32.35	66.55	0.65	0.11	-0.10
1996	3.01	35.39	61.60	1.14	31.37	67.49	0.62	0.11	-0.10
1997	2.91	34.82	62.27	1.13	31.08	67.79	0.61	0.11	-0.09
1998	2.83	34.53	62.63	1.08	30.94	67.98	0.62	0.10	-0.09
1999	2.85	34.06	63.10	1.06	30.34	68.60	0.63	0.11	-0.09
2000	2.65	33.67	63.69	1.11	30.51	68.38	0.58	0.09	-0.07
2001	2.62	33.06	64.32	1.20	29.85	68.95	0.54	0.10	-0.07
2002	2.52	32.44	65.04	0.99	29.15	69.86	0.61	0.10	-0.07
2003	2.45	31.60	65.95	0.92	29.06	70.03	0.63	0.08	-0.06
2004	2.42	31.00	66.59	1.07	29.18	69.75	0.56	0.06	-0.05
2005	2.36	29.73	67.91	0.80	29.24	69.95	0.66	0.02	-0.03
2006	2.26	29.59	68.16	0.82	30.15	69.03	0.64	-0.02	-0.01
2007	2.25	29.82	67.93	0.87	30.55	68.58	0.61	-0.02	-0.01

[1]CountryData数据库.经济学人信息部(EIU)[EB/OL].(2010-11-25)[2015-09-21]. http://www.eiu.com.

续表

年份	就业产业构成(%)			GDP产业构成(%)			偏离度		
	一产	二产	三产	一产	二产	三产	一产	二产	三产
2008	1.77	29.13	69.10	0.96	30.08	68.96	0.46	-0.03	0.00
2009	1.67	28.60	69.73	0.75	27.78	71.47	0.55	0.03	-0.02
2010	1.63	28.37	70.00	0.80	30.15	69.05	0.51	-0.06	0.01

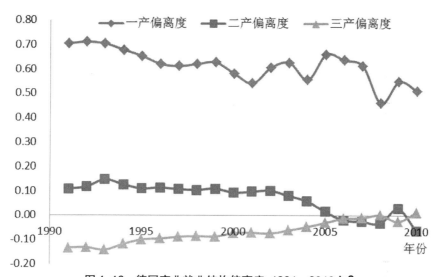

图4-16 德国产业就业结构偏离度：1991—2010年[1]

当然，仅仅观察就业产业结构偏离度也可能遗漏一些重要的变化，比如德国第二产业内部也开始了第三产业化的进程，即在企业内部开辟出了一个从事服务业劳动的部门，而不是将这些工作外包给专门的服务业机构，这个过程可以称之为第二产业内部的三产化；随着信息和网络技术的发展，第二产业内部开始的创新型发展已经开启了新一轮的产业革命——第四次工业革命。这些变化都会导致劳动力需求的悄然改变：首先是分工的细化程度进一步提升，专门型人才的需求增加，专、精、尖型人才更受欢迎；其次是要求传统制造业部门的就业者开始分化，尽管这些劳动者同属制造业大类，但实际从事工作却相去甚远；第三是管理人员的综合能力更受重视，从事服务性工作的制造业劳动者不仅需要了解传统制造业，更需要拥有综合性的知识技能来整合制造业和与之相关的服务业，才

---

[1]CountryData数据库.经济学人信息部(EIU)[EB/OL].(2010-11-25)[2015-09-21]. http://www.eiu.com.

能在不断细化的分工过程中实现整体产业和企业的协调发展;最后是产业和企业顶层设计类人才越来越受重视,尤其是改变生产模式和创新生产方式的人才资源成为"第四次工业革命"不可或缺的生产要素。

阅读上述材料并思考以下问题:

(1)德国和中国劳动力产业结构呈现什么样的历史规律?这说明两国在经济发展阶段上有何差异?

(2)分三次产业来看,中德两国就业需求较大的产业分别是什么,未来会有什么样的发展趋势?对劳动力就业会产生什么影响?

(3)中德两国的基业结构偏离度呈现什么样的异同,什么因素导致了这种差别?在优化就业结构上两国应分别向什么方向努力?两国在政策实践上有什么值得相互借鉴之处?

传统的产业就业结构研究基本都建立在三次产业分类的基础上,因此与就业的职业结构联系并不密切,结合两者的相关的研究也比较薄弱。20世纪80、90年代,基于更新的产业分类法并与职业结构相联系进行的研究开始出现,比较著名的是Singelmann[1]和Castells[2],他们提出的六部门分类法将产业部门重新整合,尤其是对服务业部门的细分对于研究后工业社会的产业和职业就业结构具有重要的意义。Castells采用六部门分类法分析了七大工业国(美国、日本、德国、英国、法国、意大利和加拿大)在1920—1970、1970—1990年间就业结构的演变,总结出各国不同的就业演变规律,还用服务业——工业的就业比率、信息处理——商品处理就业比率等指标描述了各个国家在不同程度上的相同变化趋势;总结了"后工业"服务就业扩张的两种路径:其一是盎格鲁-撒克逊国家模型,劳动力从制造业朝向先进服务业转移,同时维持传统服务业的就业人口,另一种是日本-德国模型,这两个国家都是扩张先进服务业,同时维持制造业的基础,但是将某些服务活动内化于工业部门之中。基于新分类方法所作的研究将就业的产业结构和职业结构两个方面衔接起来,使得理论和经验分析能够容纳更多的有关人力资源质量的因素,为分析知识经济和后工业时代的社会结构提供了相当大的帮助。

三次产业分类方法应用于产业就业结构研究具有其自身无法克服的缺点:

---

[1] J SINGELMANN, HL BROWNING.Industrial Transformation and Occupational Change in the U.S., 1960- 70[J].Social Force, 1980, 59(1): 246- 264; J SINGELMANN.The Sectoral Transformation of the Labor Force in Seven Industrialized Countries, 1920-1970[J].The American Journal of Sociology, 1978, 83(5): 1224-1234.

[2] M CASTELLS, Y AOYAMA.Towards the Informational Society:Employment Structure in G-7 Countries 1920-90[J].International Labor Review,1994(133):5-33.

这种分类法对服务业的分类比较粗糙,因而与职业结构比较细致的分类法的联系并不密切,只能对三大产业间从业人员的职业流动性做出大致的理解,无法对服务业内部的变迁规律进行研究。因此在采用六部门产业分类法研究产业就业结构的变迁规律的同时,将相关结果与三次产业分类法进行比较将提高分析的可靠性。

六部门分类法将国民经济产业分为第一产业、第二产业、生产性服务业、配送性服务业、个人服务业和社会服务业。在这一分类中,产出部门和转换部门与三次产业分类法中一、二产业的差别主要在采掘业的归属上,由于我国采掘业中生产工人、运输工人和有关人员的比重较高,与制造业等工业部门更接近,将它们规为一类与职业就业结构研究的联系更为密切,因此在借鉴六部门分类法服务业分类的同时,仍然保留了原来第一和第二产业的分类方法和名称。生产性服务业的需求主要由企业的产出和投资决定主导,虽然个体消费者也会消费这类服务,但是并不占据主导地位;配送性服务业是指与商品配送、信息流通和人员交通、运输相关的物质和信息流动的服务业,它产生的前提条件是产品已经存在并且需要转换到最终使用的目的地;个人服务业是指需求主要来自个体消费者的服务业;社会服务业则是具有非市场导向属性的服务业所组成的,包括了大部分具有公共消费性质的服务业,因而分类特征之一是主要由政府和非营利性组织提供。分解为四类服务业的方法能够解决传统三次产业分类法中服务业内部异质性较高的问题。两种分类法统计的产业就业构成变迁路径如图4-17和4-18所示。

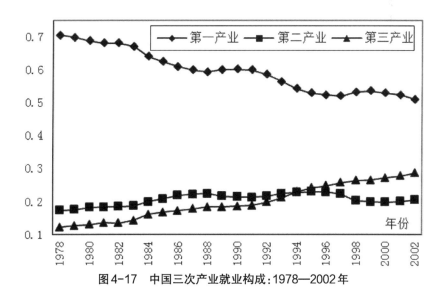

图4-17　中国三次产业就业构成:1978—2002年

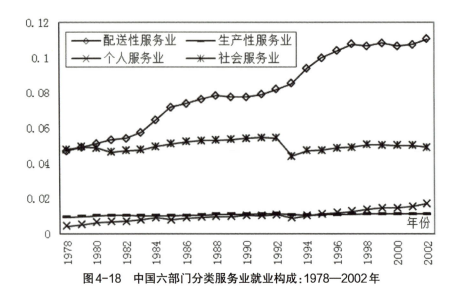

图4-18　中国六部门分类服务业就业构成：1978—2002年

从图4-17中可见，1982－2002年期间，传统三次产业分类法中的第一产业就业人员的比重一直处于下降中，二、三产业上升，并且第三产业的就业比重上升最快，在1994已经超过第二产业[1]。六部门分类法中的第一和第二产业基本规律与传统三次产业分类法的第一、二次产业并没有差异，但是传统三次产业分类法只揭示了第三产业整体的就业规律，与职业就业结构的关系并不密切，而六部门分类法则能够克服这个问题。六部门分类法中的四项服务业都呈现上升趋势，尤其是社会服务业和配送性服务业就业比重迅速上升（图4-18）。配送性服务业包括了批发零售贸易、运输仓储等行业，它的迅速发展与商业和服务业人员的就业比重上升相互匹配；社会服务业由于包括了国家机关、公共管理、社会组织等行业，所以具有大量办事人员的岗位，两者的变动趋势是相互一致的；生产性服务业中包括了科学研究、技术服务、金融保险等需要大量专业技术人员的岗位，而专业技术职业者总量和比重变动较小的状况与生产性服务业比重较低、增长缓慢之间可以相互印证。

---

[1] 我国农业劳动力中有大量从事非农产业，但是由于统计口径的原因，就业分类中仍然统计为第一产业就业人口。一些研究（朱明芬，2004）基于地区抽样调查和国家统计局农调队家计调查资料分析表明，农户家庭劳动力的非农就业率在不同地区差距较大，目前在30%至70%不等，但总的来看数量可观，行业分布多样。本书仍然采用国家统计局公布的数据，但需指出第一产业就业人员比例实际偏高。

4.4.2 工业化与职业教育劳动力需求

对于发展中国家而言,工业化时期是产业结构转换的关键时期,其劳动力需求结构也面临重大转型。工业化进程一般表现为工业占经济总量比重逐步提高、制造业内部的产业结构逐步升级、工业部门就业的劳动人口比例增加、城市化率上升和人均收入增加等(表4-8)。

表4-8 工业化进程阶段划分[1]

基本指标		前工业化阶段	工业化初期	工业化中期	工业化后期	后工业化阶段
人均GDP	1964年美元	100~200	200~400	400~800	800~1500	1500以上
	1996年美元	620~1240	1240~2480	2480~4960	4960~9300	9300以上
	2000年美元	660~1320	1320~2640	2640~5280	5280~9910	9910以上
	2010年美元	827~1655	1655~3310	3310~6620	6620~12412	10200以上
三次产业产值结构		A〉I	A〉20%,A<I	A<20%,I>S	A<10%,I>S	A<10%,I<S
制造业增加值占比		20%以下	20%~40%	40%~50%	50%~60%	60%以上
人口城市化率		30%以下	30%~50%	50%~60%	60%~75%	75%以上
第一产业就业占比		60%以上	45%~60%	30%~45%	10%~30%	10%以下

通过观察不同国家的工业化进程及其产业劳动力需求的变化情况,我们可以总结出一系列规律(表4-9和表4-10)。

---

[1] 魏后凯等.中国西部工业化与软环境建设[M].北京:中国财政经济出版社,2003;郭克莎.中国工业化的进程、问题与出路[J].中国社会科学,2004(1):60-71;陈佳贵,黄群慧,钟宏武.中国地区工业化进程的综合评价和特征分析[J].经济研究,2006(6):4-15,表中A、I和S表示第一、二和三产产值比重。

表4-9 德国、日本不同工业化阶段特征和职业教育发展特征[1]

	指标	前工业化阶段	工业化初期	工业化中期	工业化后期	后工业化阶段
德国	时间段	1850年之前	1850~1873	1874~1914	1915~1967	1967之后
	经济及产业发展特征	准备时期	起飞阶段	关键产业及其核心技术方面据有的优势,创新从核心工业部门扩散到其它生产部门		核心技术创新、高端制造业出口,知识型社会
	职业教育发展阶段	传统学徒制为主的职业教育	传统学徒制,职业补习学校	中高级职业教育扩张,"双元制"教育模式	职业技术教育稳定、制度化、义务化	完整、普及的职业教育体系
	职业教育学生数增长率(%)					
		2.56	4.71	4.00	-0.79	0.40
	职业学生数占比增长率(%)					
		1.67	3.00	3.26	-0.65	0.51
日本	时间段	1890之前	1890~1936	1937~1960	1961~1980	1980之后
	经济及产业发展特征	准备阶段	起飞阶段	加速度和赶超式发展,工业结构重工业化	工业结构知识化,产业结构软化	制造业空心化趋势,知识化和信息化
	职业教育发展阶段	职业教育制度,中级农、商、工业学校	鼓励职业教育、实业学校、青年训练所,一线劳动者职业教育	二年制初级职业教育、职业教育义务化,高中职业科,高等职业教育	改善高中职业教育,科技大学、理科教育、产业教育,专修学校	调整高中职业教育定位,调整和发展更高层次专业性职业教育
	职业教育学生数增长率(%)		8.38	6.64	-0.79	-1.27
	职业学生数占比增长率(%)		7.03	5.42	-0.29	-1.68

---

[1]郭志明.近代德国职业教育发展所揭示的规律及其启示[J].教育理论与实践,1996(3):57-60;裴元伦.200年发展观:欧洲的经历,中国社会科学院学术咨询委员会集刊(第3辑)[M].北京:社会科学文献出版社,2007;孙德岩,赵树仁.日本职业教育一百年[J].教育科学,1986(3):43-46.

　　工业化过程的推进伴随着职业教育总体规模的变动，在前工业化时期，职业教育的规模一般较小；而从工业化初期到中期之前，职业教育规模呈现持续扩大的趋势，德国职业教育学生数的增长率在工业化初期和中期分别达到了4.7%和4.0%，日本则为8.4%和6.6%，而后发国家或地区该增长率则更高，韩国和中国台湾地区在这些阶段均超过10%；职业教育规模的高峰一般出现在工业化中后期，从德国、日本、韩国、中国台湾的数据看，职业教育学生数占总人口比重的峰值平均为3.8%。这些情况都意味着随着工业化进程的推进，市场对于具有专业技能的产业工人的需求会迅速扩张，这促进各国的培训和教育政策发生相应的改变。从职业教育规模的演变态势来看，工业化后期，职业教育一般会调整收缩，德国和日本职业教育学生数及其占总人口的比重均出现了负增长，韩国和中国台湾地区的增长率也明显下降，并在后工业化阶段转为负增长。

表4-10　韩国、中国台湾地区不同工业化阶段特征和职业教育发展特征[1]

	指标	前工业化阶段	工业化初期	工业化中期	工业化后期	后工业化阶段
	时间段	1965之前	1965—1974	1975—1982	1983—2000	2000之后
韩国	经济及产业发展特征	战后经济复苏重建	出口为导向的高增长		结构调整和稳定增长	信息知识型社会
	职业教育发展阶段	初步发展	五年制初级技术学院，职业培训体系确立	国家技术资格考试制度，两年制专科学院	中专、专科学院改称工业学院，最后建立科技学院，确立完整的职业教育体系	
	职业教育学生数增长率(%)		13.90		2.37	-2.26
	职业学生数占比增长率(%)		10.68		1.41	-2.81

　　[1] Chong Jae Lee.The Korean Experience with Technical and Vocational Education[R].Fourth ECA Education Conference, the World Bank and the Ministry of Education and Science of the Republic of Albania, 2007; Younwha Kee,韩国：职业教育培训发展及其体系[R].中华职业教育社——2009中国(长沙)国际职业教育论坛,2010;王学风.台湾发展教育的基本经验[J].江西教育科研,1996(12):57-61.

	指标	前工业化阶段	工业化初期	工业化中期	工业化后期	后工业化阶段
台湾	时间段	1950之前	1950-1965	1966-1975	1975-1996	1996之后
	经济及产业发展特征	农业为主	产业调整为"以农养工"	加速发展外向型工业	自主型技术密集产业,高科技产业	高科技工业出口、知识密集服务业扩张
	职业教育发展阶段	初级农业职业教育	高中阶段的职业教育快速增长	二年制高等职校、五年制专科高职、技术本科	控制专科学校的增长,组建本科技术院校,提升办学层次,内涵发展道路	
	职业教育学生数增长率(%)		15.43	15.39	3.74	-4.76
	职业学生数占比增长率(%)		11.37	12.75	2.35	-5.24

　　发达国家和地区在工业化过程中重视职业教育劳动力的培养,这不仅体现在职业教育规模的扩展上,也体现在其职业教育体系的构建,包括职业教育立法的完善,职业教育层次体系的完整建立,职业教育从产业导向型和需求适应发展到体系化建设,职业教育普及化和义务化,及学校、学制和课程设置的逐步完备。

　　结合发达国家工业化各阶段职业教育的发展历程可以发现(表4-9、表4-10),除了日本通过政府推动的方式,在工业化初期之前就确立比较完善的职业教育制度规范之外,前工业化时期的职业教育体系尚处于发展初期,德国以传统学徒制为主培养职业教育劳动者,台湾和韩国的职业教育以培养初中级农业技术劳动者为主。工业化初期,产业结构转型需要大量职业教育劳动者,但是由于供给相对短缺,这一时期的职业教育体系往往具有产业导向的特征,无论是德国的职业补习学校,还是日本的实业学校、青年训练所,都具有显著的需求适应和短期培训特征,而这一时期的职业教育也主要停留在初、中级阶段。进入工业化中期,中高级职业教育出现扩张趋势,不同层级的职业教育院校发展更加制度化和规范化,以德国"双元制"为代表的职业教育模式,适应劳动力市场需求的技术资格等级考试制度也在这一阶段产生。工业化后期的职业教育制度一般进入完善和调整期,职业教育的制度化、普及化和义务化,职业教育从数量增长转型为质量提升的内涵发展模式。

阅读推荐3：工业化和劳动力需求结构变化

请你查阅这些资料阅读并撰写一篇读后感：

（1）陈玉宇,邢春冰,《农村工业化及人力资本在农村劳动力市场中的角色》,《经济研究》,2004.8。

（2）张原,陈建奇,《工业化进程中的职业教育体系发展的国际经验及对中国的启示》,《中国职业技术教育》,2012.3。

（3）张原,陈建奇,《中国职业教育与人才强国战略的差距：基于工业化进程的评估》,《职业技术教育》,2012.2。

（4）唐斌,黄娟,黄小勇,《工业化进程中产业结构对劳动力就业结构偏离效应的实证研究——以江西为例》,《江西社会科学》,2010.6。

4.4.3　产业政策对劳动力需求的影响

产业政策是政府为改变产业间的资源分配和各种产业中私营企业的某种经营活动而采取的政策[1],当竞争性市场存在的缺陷（即市场的失灵）,自由竞争导致资源分配和收入分配出现问题时,为提高本国经济福利水平,政府可以实施产业政策[2]。产业政策是一国政府为实现某种经济社会目标,对产业活动实施经济干预的政策和措施的总和,因此它具有非常明显的国家特色,反映了一国的经济和制度历史。中国就业管理制度的演变过程伴随了产业、职业就业结构的变迁过程,从就业管理制度变迁历史分析中可以发现,产业政策的变迁几乎贯穿了整个过程,大量就业管理制度的改变源于适应产业结构政策调整的需要,产业结构调整政策直接或通过就业管理政策而间接影响了就业结构的产业变动规律。

表4-11总结了1978年以来我国产业政策调整的阶段和重要政策建议的主要内容。1978年以来经历的五个改革阶段呈现出渐进深入的特征：产业结构调整政策上经历了从无到有,从模糊到明确化过程,可操作性逐步加强;调整方式上经历了从"计划调节为主、市场调节为辅"到主要依靠市场力量,配合国家宏观调控机制的变革;从程度上看则经历了从产业结构转向产业组织及企业所有制为核心的产权机制改革,逐步深入微观主体核心内容改革;从产业政策范围来看,经历了重点关注某些行业到各行业轻重有序、协调发展的过程,从结构转型动力来看,逐步由主要依赖政策强制性变动转向需求诱制性变动。整体来看,这一变动过程是渐进式、阶段性的,重大制度安排发生转变之后,通常会伴随着产业就业结构的较大调整,但从整体来看并不存在重大的跳跃。

---

[1] 伊藤元重.产业政策的经济分析[M].東京:東京大学出版会,1988.

[2] 小宫隆太郎编.日本的产业政策[M]. 黄晓勇等译,北京:国际文化出版公司,1984.

三十多年来,我国的产业结构调整政策取得了一定的效果,主要表现在:首先,延续至改革开放之前的轻、重工业的比例失调得到了改善,基础产业的发展缓解了国民经济发展的瓶颈;其次,农业发展严重滞后的状况得到改善,农村家庭联产承包责任制使得粮食供应得到了保障,并提高了农业从业者的工作积极性,农业、农村经济和农民收入得到了一定程度的提高;第三,高技术工业和第三产业的发展使得产业结构进一步优化。

但是,我国产业政策在制定和实施过程中仍然存在众多问题,不利于产业就业结构的提升:第二产业中部分行业同构和产品同质现象严重,不仅导致社会物质资源的大量浪费,也不利于人力资本的有效利用;一些行业行政壁垒的存在使得企业仍然无法通过市场手段来解决行业进入和退出问题,部分资本密集度较高的国有企业虽然效率较低,但仍然无法退出市场,就业吸纳能力较强的民营中小企业进入困难,导致产业之间劳动力资源转移困难;农业的基础地位仍然薄弱,三农问题依然成为我国经济发展无法逾越的一个瓶颈,农民人均人力资本存量较低,使得职业转换和行业流动能力较弱,阻碍了农村产业就业结构提升;第三产业中新兴行业发展比较缓慢,主要依赖传统服务业提升就业比重,竞争力较弱,尤其和国际同行相比,部分体制改革缓慢的行业就业形势不容乐观。

表4-11　改革开放后产业政策的阶段和主要政策建议:1978—2011年

时间	阶段	重大政策建议	主要内容
1978—1984	放权让利下的制度改革	1978年11月《关于加快农业发展若干问题的决定》;1983年,轻工业发展"六优先"的扶持政策	在农业发展政策方面,缩小工农业产品差价,实行家庭联产承包责任制,调整农业内部结构,大力发展乡镇企业,将各项农业政策的实施和农业发展引入到市场的轨道。在轻工业发展政策方面,执行优先发展轻工业的产业政策,采取优先安排轻纺工业所需的能源和原材料、建设投资的银行贷款、进口用汇、交通运输等特殊措施继续扶持轻工业发展政策,在能源供给、原材料供应、贷款、运输、外汇、技术改造拨款等六个方面优先扶持轻工业。投资倾斜于基础产业的发展政策,将能源、交通、运输、邮电通讯产业作为经济发展的重点,国家预算内投资向基础产业倾斜。以放松价格管制来支持原材料产业发展政策,采取较明确的支持原材料产业发展政策,轻微放松了价格管制,鼓励地方小企业进入原材料领域并不受价格管制

续表

时间	阶段	重大政策建议	主要内容
1985—1988	产业政策制定下的制度变革	1986年《国民经济和社会发展第七个五年计划》	保证农业的发展,改善轻工业、重工业内部的结构;加强能源、原材料工业的发展,适当控制一般加工工业生产的增长;优先发展交通运输和通讯业;发展建筑业;加快第三产业的发展;促进新兴产业的形成,加快用新技术改造传统产业。主要产业政策是通过经济体制改革来调整产业结构:改革农业经济体制,进一步完善和发展各种形式的联产承包责任制;发挥价格政策的调节作用,提倡优质优价,实行政策倾斜,促进消费品工业发展;改革能源投资体制,鼓励地方、部门和企业集资办电;提高机械电子产品的质量和性能,加强科学研究和新产品开发能力,振兴机械电子工业;鼓励多方筹资办交通和通讯事业,适当调整运输价格
1989—1991	承包制安排下的制度变革	1989年3月《国务院关于当前产业政策要点的决定》	针对当时经济中出现的加工产业和基础产业发展失调,一般加工产业和高水平加工产业失衡,地区产业分布不合理,企业组织结构集中程度差和专业化水平低等问题制定措施。再次将农业作为产业扶持的重点,明确限制部分轻工业发展政策,促进机械制造业技术进步的政策,大力支持基础产业和原材料产业发展,对经济效益差,污染严重的小钢铁、小有色金属、小炼油、小建材厂加以限制
1992—1996	要素市场全面启动下的制度变革	1992年6月《国务院关于加快发展第三产业的决定》;1994年3月《90年代国家产业政策纲要》	又一次强调农业发展政策。重点扶持基础工业发展政策,合理引导包括外资在内的社会资金、推进企业经营管理制的转换利,优化产业组织。大力发展第三产业,发展投资少、收效快、就业量大又于经济和人民个活关系密切的行业;发展与科技进步朴关的新兴行业;农业生产的产前、产中、产后的服务行业;对国民经济发展具先导性影响的基础行业。大力扶持支柱产业的发展,以机械电子、石油化、汽车制造和建筑业四大产业为支件产业,推动产业结构升级换代

续表

时间	阶段	重大政策建议	主要内容
1997—2004	产权配置制度改革下的制度变革	1998年及2000年更新《当前国家重点鼓励发展的产业、产品和技术目录》	优先发展:当前和今后一个时期有较大的市场需求,发展前景广阔,有利于开拓国内市场的行业;有较高的技术含量,有利于促进企业设备更新和产业技术进步,提高竞争力的行业;国内存在从研究开发到实现产业化的技术基础,有利于技术创新,能够形成新经济增长点的行业;符合可持续发展战略,有利于节约资源和改善生态环境的行业
2005年至今	新时期	2005年11月《促进产业结构调整暂行规定》;2005年12月《产业结构调整指导目录》;2011年3月《产业结构调整指导目录》	巩固和加强农业基础地位;加强能源、交通、水利和信息等基础设施建设,增强对经济社会发展的保障能力;优化能源结构,构筑稳定、经济、清洁的能源供应体系;以扩大网络为重点,形成便捷、通畅、高效、安全的综合交通运输体系;以振兴装备制造业为重点发展先进制造业,发挥其对经济发展的重要支撑作用;加快发展高技术产业;提高服务业比重,优化服务业结构,促进服务业全面快速发展;大力发展循环经济,建设资源节约和环境友好型社会;优化产业组织结构,调整区域产业布局;提高产业对外开放水平,促进国内产业结构升级

案例思考4:职业教育如何适应产业结构变迁中的劳动力需求变化

发达国家和地区的工业化时间和历程有较大差别,但职业教育发展规模一般都会适应工业化进程要求而发生改变,其发展历程表现为依据工业化不同阶段而经历"增长-扩张-高峰-调整-收缩"的过程。这一规律体现在职业教育和第二产业就业规模之间高度相关性上(图4-19至图4-22)。

德国在工业化后期经历了职业教育规模收缩,但从后工业化时期(20世纪90年代中期)开始,职业教育规模出现了显著的反弹,职业教育学生数占总人口比重由1995年2%上升到2007年2.9%(图4-19)。德国的工业化起步较早,进程表现为工业占经济总量比重逐步提高、制造业内部的产业结构逐步升级,在欧洲工业化各国中，"德国制造"的竞争力一直较强，表现为工业核心技术的不断创新和高端制造业出口份额稳定增长。并且在经历金融危机和欧洲普遍的经济不景气之后，德国进一步明确了保持和提升制造业核心竞争力的政策方针，因此，恢复并保持职业技术人力资本存量成为其后工业化阶段坚持的人才战略。

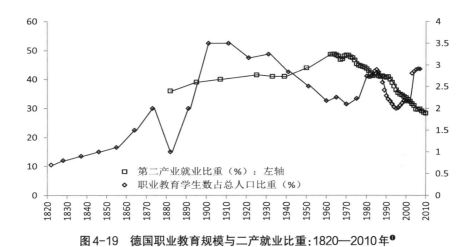

图4-19 德国职业教育规模与二产就业比重：1820—2010年❶

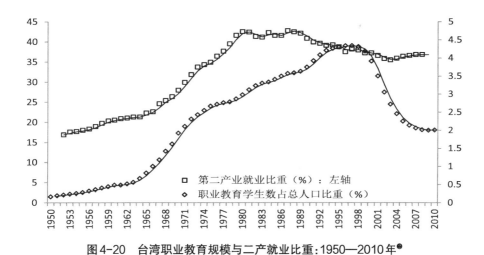

图4-20 台湾职业教育规模与二产就业比重：1950—2010年❷

❶ P LUNDGREEN.Industrialization and the Educational Formation of Manpower in Germany[J].Journal of Social History,1975,9(1):64-80;Bundesministerium für Bildung und Forschung,Basic and Structural Data 1999/2000[R].Federal Ministry of Education and Research,2000.

❷ 台湾"教育部统计处".教育统计指标之国际比较[R]. "教育部",2011.

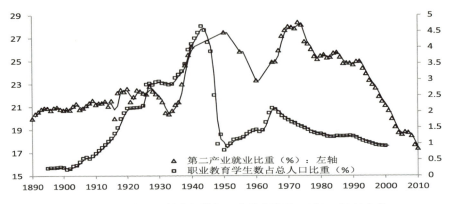

图4-21　日本职业教育规模与二产就业比重：1890—2010年[1]

　　日本与韩国的职业教育发展规模基本与第二产业就业规模同步变动。日本在第二次世界大战前已经进入工业化中期，其职业教育也在20世纪40年代初期达到最大规模，而在第二次世界大战后的恢复性工业化过程中，职业教育又在20世纪60年代中期达到高峰，之后，随着第二产业就业规模的下降，职业教育发展也进入收缩期（图4-21），进入后工业化时期，日本制造业产业的对外转移及本土加工工业的"空心化"趋势进一步加剧了职业技术型人才需求的下降。从韩国的发展规律来看，也基本遵循了第二产业就业与职业教育规模同步变动的规律（图4-22）。

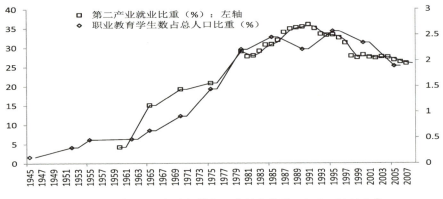

图4-22　韩国职业教育规模与二产就业比重：1945—2010年[2]

　　[1] YOSHIHISA GODO.The Role of Education in the Economic Catch-Up：Comparative Growth Experience from Japan，Korea，Taiwan and the U.S.[R].Meiji Gakuin University working paper，2007；日本统计局.平成17年国势调查最终报告书「日本の人口」上卷[M]. 东京：日本统计局，2011.

　　[2] Ministry of Education & Human Resources Development.Korean Educational Development Institute，Brief Statistics On Korean Education[R].MOE and KEDI，2005.

中国台湾地区的职业教育发展模式在很大程度上借鉴了德国的经验,其发展规律也存在一定的相关性。台湾第二产业就业人员的比重在工业化后期(20世纪80年代末)开始下降,但其职业教育规模的扩张趋势一直维持到后工业化时期(20世纪90年代末)(图4-20),这一阶段恰好是台湾自主型技术密集产业发展和知识密集服务业扩张的时期,这些产业的发展拉动了高端职业技术人才的需求,高等职业教育劳动者数量不断增长。

阅读上述材料并思考以下问题：

(1)观察德、日、韩和中国台湾的职业教育规模和第二产业就业状况,其呈现什么样的历史规律？这说明各国家和地区有何异同？

(2)收集中国职业教育规模和第二产业就业相关数据,与上述国家和地区进行比较,说明中国的规律性和特殊性,思考中国产业转型中的就业需求是否能得到满足,和这些国家的差距在哪里？

(3)针对上述观察到的问题,思考在满足产业劳动力需求方面,有哪些就业政策可以使用？查阅上述国家曾经采用过的政策,对中国的政策实践有什么启示？

4.4.4　产业政策国际化对劳动力需求的影响

随着全球化生产方式的推进,一国劳动力需求总量和结构的变化也开始受到产业国际化的影响,从政策影响上来看,直接表现为一个国家产业政策对内作用弱化、对外作用强化的质变,这种变化体现在几个方面：①政策制定和实施的主体出现二元化,或是仍由一国独立制定,并以一国产业为主要对象,或是由国际区域内若干国家经过协调共同制定,以域内各国产业为共同对象(如欧盟产业政策),但无论哪一种情况,其政策制定基础和政策实施效果的地域空间范围,已超出本国地理边界,外延扩大到与本国产业发展密切相关的国际区域或周边国家。因为政策制定和实施不仅仅要考虑对本国产业调整及预期,还必须顾及国外政府可能做出的反应及调整对本国产业运行和政策实施效果的反向影响。因此,近年来,在全球各区域中各国政府都在进行程度不同的政策协调,以求产业间的相互协调发展。②产业政策国际化转型的目标是,以增强企业的国际竞争力为出发点,使本国产业和企业在全球竞争中处于强势地位,占领全球产业分工中的有利位置和产业链中的高端环节,成为全球竞争中的一流经济强国,谋求最大的国家战略利益。③在政策手段和政策工具的选择上,一般采用法律性手段、诱导性手段等,从横向上为各类企业和产业创造一种公平竞争的政策环境,成为一种"竞争型"产业政策,从而改变过去传统产业政策通常从纵向上采用行政性或其他手段,以单一的产业扶持为主的"倾斜型"产业政策状况。

产业政策国际化的发展趋势对于一国的劳动力需求存在重要的作用,主要体现在对其数量和质量的影响:

(1)国家战略性产业技术政策在国际竞争中处于核心地位,从而使得高端技术性劳动力的需求增加。为了使本国产业和企业具有持续的国际竞争力,战略性产业技术政策已被置于新产业政策中最重要的核心地位,这种产业技术政策主要围绕掌握核心技术为轴心而展开,相应的劳动力政策也会发生调整,主要体现在加强在人力资本投资方面的措施,包括制定吸引全球人才和有效使用各种科技人才的政策;政府采用产业发展基金或企业技术创新基金等形式及相关政策措施,大幅度提高对前沿性、战略性、原创性尖端技术领域的研究和开发投资,提高相关领域的培训开发;政府将采取支持与协调政策促进本国与世界各国科技人员的流动与共享。

(2)产业标准的国际化使得相关行业的劳动力需求向专业化、现代化方向发展。产业标准包括技术标准、环境标准等,产业技术标准是产业全球化竞争中的游戏规则之一,某国企业或企业群体在控制了某产业的技术标准后,就能在很大程度上掌握该产业的节奏和发展方向,从而保持竞争优势。产业技术标准的制定、实施和修改都需要专业领域的研究者和一线劳动者参与,以此具有专业知识、懂得国内外产业标准的人才就成为重要的稀缺资源。产业环境标准也是产业标准的内容之一,是影响环境成本和一国产品的国际竞争力的重要因素,无论是环境标准化制定和竞争,建立产品生产的环境管理体系,按"绿色化"要求对传统产业进行改造,建立、使用和维护循环型经济,都需要大量相关领域的专业劳动者,这些劳动者与传统产业就业者不仅存在技术和知识结构上的差别,更重要的是生产理念上的现代化。

(3)产业预警机制与产业安全保护的前置化,要求劳动力转型升级机制更加完善。传统产业政策体系中往往包含保护性产业政策的内容,通常是采用各种政策工具,保护本国弱势产业,防止这些产业中的劳动者受到国际竞争冲击而发生失业。但是随着经济全球化和WTO基本规则的要求,这些政策工具也随当代产业政策的转型而发生重大变化,从而避免违反国际规则和国际贸易纠纷的发生。当今很多国家通过建立产业预警机制和将产业安全保护工作前置化,比如监测国内外市场的销售、价格、数量等信息,运用技术壁垒、绿色壁垒等工具,建立不违反WTO规则的保护措施;利用本国的驻外机构和跨国公司在国外建立政策预警机制,从而在第一时间把握有关国家的政策变动❶。这种预警机制的建立使得一国能够更加敏锐地获知全球市场的需求,从而及时调整其劳动力要素的配置,因此也对劳动力流动和职业转换机制提出了更高的要求,尤其是在劳动力

---

❶汪斌.经济全球化与当代产业政策的转型——兼论中国产业政策的转型取向[J].学术月刊,2003(3):37-43.

供求信息传递和劳动力职业转换培训方面。

★本章重点：

劳动力需求数量和结构,调节劳动力需求的就业政策类型；

就业岗位促进政策的定义和类型,政府直接提供就业岗位的方式,政府参与提供就业岗位的方式；

所有制改革历史与劳动力需求的关系,非国有部门和国有部门劳动力需求的发展方向；

产业结构调整对劳动力需求的影响,国内产业政策和产业政策国际化对劳动力需求的影响,工业化对劳动力需求结构的影响。

★关键词：

劳动力需求数量	劳动力需求结构
就业弹性系数	就业岗位促进政策
政府直接提供就业岗位	政府参与提供就业岗位
所有制改革	国有部门
非国有部门	产业结构
鲍莫尔-富克斯假说	就业结构偏离度
工业化	产业政策
产业政策国际化	

思考与应用：

请阅读本章所有制改革和产业政策历史演变的相关文件(表4-5"中国所有制改革主要政策文件和要点:1991—2007年"和表4-11"改革开放后产业政策的阶段和主要政策建议:1978—2011年"),请选择你所感兴趣的某一省市(如北京市、浙江省、辽宁省等)或地区(比如东三省老工业基地、长三角地区、珠三角地区等),以相似的方法归纳该地区的政策历史,并跟踪最新进展,思考以下几个问题:

(1)该地区的所有制改革路线或产业政策制定有什么样的历史趋势,总体规律呈现何种特征?

(2)同时期的劳动力市场需求主体和需求量(比如企业类型、产业类型和结构,产业和不同企业的劳动力需求等)呈现什么样的发展规律,寻找尽可能多的历史数据或代表性案例加以佐证。

(3)地区性的政策变化和劳动力市场变化之间存在什么样的相关性,对政策实施前后的劳动力需求变化进行比较,据此客观评价政策有效性。

(4)地方性政策和劳动力需求变化与全国有何差别,为什么会产生差别?对这种差别产生的原因加以分析,提出你认为合适的未来政策建议。

第五章 劳动力市场政策与劳动力供求匹配

5.1 劳动力市场政策总体状况

为了解决劳动力市场供求矛盾的问题,狭义和广义就业政策分别从供给和需求角度给出了自己的解决方案,而对于供求不匹配导致的失业问题,就业政策中的积极劳动力市场政策起到了关键性的作用。其中的工作搜寻和求职者服务政策对于劳动力市场供求信息的畅通、解决信息不完全问题导致的失业问题起到了关键性作用;反就业歧视政策有利于降低就业歧视所产生的结构性失业和就业摩擦;失业或转岗培训政策则为解决岗位适应能力不足导致的结构性失业提供了短期解决方案。

5.1.1 劳动力市场政策含义

劳动力市场政策的主要目标在于实现就业的供需匹配,尤其是其中的积极劳动力市场政策(ALMP)侧重于政府有目的、有选择地干预劳动力供给和需求,为劳动力市场中处于劣势地位的群体创造工作机会,或通过激活计划提升失业者自身的就业和再就业能力,为雇主方提供就业信息和就业服务,以促进失业者重返劳动力市场。

积极劳动力市场政策最初由 OECD 提出,1964 年 OECD 提出"积极的人力政策",主要是通过提高劳动力参与率,增强国家间、地区间及行业间的劳动力流动等方式,达到增加就业人数的目的。到了 20 世纪 70 年代,随着产业结构的调整及受经济不景气等的影响,欧洲的就业状况发生了深刻的变化,劳动力普遍短缺现象逐渐被严重的失业现象所取代,一些经济学家试图将积极劳动力市场政策当作解决高失业问题的政策工具,1973 年后开始使用旨在为促进就业增长和再就业的政策,后来被统称为"积极劳动力市场政策"。OECD 不但界定了积极劳动力市场政策,而且给出了精确的内涵,即积极劳动力市场政策是指旨在帮助失业者重新返回就业岗位或者帮助他们获得更高收入的劳动力市场政策举措,这些举措包括通过工作创造计划、工作津贴等调动劳动供给;运用再培训等措施开发与就业相关的技能;运用就业服务、工作匹配和咨询促进有效的劳动力市场。更为普遍的积极劳动力市场政策还包括:通过公共工程计划、公共服务就业直接创造工作、工作寻找帮助代理、资助失业者群体开办微小企业、对那些雇佣失业个体的厂商提供补贴等。

除了OECD的定义之外,国际劳工组织也对积极劳动力市场政策有所界定。1948年世界人权宣言(The Universal Declaration of Human Rights of 1948)提到了"人人有权工作、自由选择职业、享受公正和合适的工作条件并享受免于失业的保障"。1964年国际劳工大会通过的就业政策公约(Employment Policy Convention)在第一条中预见:"为了促进经济增长和发展,提高生活水平,满足对人力的需求,并解决失业和不充分就业的问题,各会员国作为一项主要目标,应宣布并实行一项积极的政策,其目的在于促进充分的、自由选择的生产性就业"。1994年的费城宣言确认国际劳工组织在世界各国中促进获得充分就业和提高生活水平的纲领的庄严义务,及国际劳工组织章程序言中规定防止失业和提供足够维持生活的工资,它对积极劳动力市场政策做出的定义是:"积极的劳动力市场政策是政府为追求公平和/或效率,有目的的、选择性的干预。政府可以采取间接或直接的措施为那些在就业市场上处于劣势的人提供工作或提升他们的就业能力"。尽管积极劳动力市场政策最初仅被看作是旨在促进充分的、自由选择的生产性就业的政策领域的政策之一,但从近来对激活劳动力市场政策的发展看,逐渐成为体面工作的一个重要元素。比如1999年提出的国际劳工组织的体面工作议程中,积极劳动力市场政策作为体面工作的一部分。在2003年3月由国际劳工组织就业和社会政策委员会提出全球就业议程(GEA)中,积极劳动力市场政策被作为十个核心要素之一。❶

5.1.2 积极劳动力市场政策内容

积极劳动力市场政策有三项基本内容,即为更有效的循环利用现有的技能提供职业介绍、职业指导等就业服务;为增进就业者或潜在就业者的人力资本而提供培训;为扩大就业范围和数量而直接创造就业。通过这些措施的应用,使受失业威胁的低利润企业的劳动者能够转移到高利润企业,促进经济结构的调整;并保证经济结构调整的代价由整个社会而不是由有关劳动者个人来承受;通过完备的集体谈判贯彻团结一致的工资政策,使高利润的企业扩大生产,使低利润

---

❶赵频.积极劳动力市场政策研究综述[J].商业研究,2012(11):48-54.

的企业提高效率,从而促进整个经济结构的调整。积极的劳动力市场政策在不同的国家有不同的表现形式和侧重点,但其主要政策一般有以下几项:

①改善劳动者流动性。通过财政援助改善劳动者的流动性,鼓励在有过剩劳动力的地区创造就业岗位,通常采取迁居津贴,保证正在衰落的地区的劳动者的临时工资,在工资、雇佣上优惠鼓励企业到劳动力过剩地区投资,并把这种财政援助与当地劳动力适应新职业的措施结合起来。②对于一些行业的季节性失业,鼓励这些行业在其低峰时期去完成工作或工程,而不必在高峰时期去挤占拥挤的岗位。③把就业率的降低视为提高劳动者培训水平的一个机会,并为经济复苏后招雇人数的扩大做准备。在经济周期过程中,利用衰退时期提高劳动者的技能和职业资格,发挥培训的"蓄水池"作用,经济一旦恢复后使劳动者增强对劳动力市场的适应性,从而使就业状况在经济周期的变化中呈现良好的循环趋势。④通过各种政策、法律,用强制及非强制的方式维持劳动者与雇用他的雇主之间的契约关系,以维持就业量。⑤增加劳动者的进修与再培训的权利,并使这种权利及劳动者在职业生涯中多次转换职业成为未来经济发展的一种趋势。许多国家从20世纪60年代开始实施衰落部门工人职业上的再适应和区域上的流动性工作。欧洲各国纷纷通过有关法律,使劳动者获得了带薪脱产培训、进修和再培训权,使这种权利成为整个工业化经济的一种基本规则。⑥照顾处境不利的特殊就业群体。这些人包括没有工作经历的年轻人、青年失业者、长期失业者、残疾人、老年人和家庭主妇等。⑦对面临经营困难和濒临破产的企业,采取预算措施来改善企业财务状况,或以贷款来维持企业的正常经济活动,避免过多的失业,维持就业量。⑧对提供新增就业进行援助。扩大公用事业部门就业,对私营部门创造就业机会进行一般性的和地区政策性的财政鼓励,如将对企业的地区就业奖励金与就业的增加数进行挂钩,或对私人投资的资助取决于其提供的就业岗位,通过工资补贴,减少社会开支等鼓励企业招聘失业者,特别是长期失业者。

从中可以看到,积极劳动力市场政策重点在于解决劳动力供求匹配问题,比如政策第1~4条都着力解决地区性、季节性和经济周期波动所带来的就业供给和需求失衡问题,而5~6条则分别针对雇主和雇员进行政策刺激,从而更好地配合供求失衡或匹配困难问题的解决。

5.1.3 积极劳动力市场政策应用

从实际应用来看,欧盟(EU)地区劳动力市场政策总支出分为三大类,9小类,其中第1小类包括为工作搜寻者提供的政府资助的求职者服务和公共就业服务支出;第2~7类包括激活失业者群体和其他目标群体的措施,比如培训、岗位轮换、工作共享、就业优惠、就业支持和康复、直接创造就业机会及启动奖励等措施;第8~9类包括非在职工作收入维护和支持(主要是失业救济金)和提前退休福利。通过比较可以发现,第一大类政策具有市场性就业政策的特征,更多是技术性的,目的主要在于提高劳动力市场的运行效率,提高劳动力的供需匹配程度,本身并不创造就业机会;第二大类政策则具有显著的战略性就业政策特征,主要是基于创业激励、增加工作岗位、提高就业能力从而扩大市场就业吸纳能力;而第三大类政策则属于保护性的就业政策范畴,具有显著的事后救助性质,虽然有助于失业者的暂时脱困,但也有可能带来负面效果,比如财政负担加重和高福利养懒人的问题。

对于这些政策是否能解决就业供需不匹配的问题,研究者们的结论也有所差异。OECD在其就业展望中综述了对积极劳动力市场政策进行的评价,认为随着时间的推移,无论是在OECD国家间还是在一国内,积极劳动力市场政策在目标和影响方面的差距变得越来越大。对一些具体的积极劳动力市场政策项目而言,部分政策确实能帮助大部分失业者重返就业岗位,政府应采用更多更好的评估手段来找出那些真正起作用的政策,及政策在实际上更能帮助哪些群体的失业者实现就业。Bellmann和Jackman[1]运用七个工业化国家的面板数据的分析发现,积极劳动力市场政策能提升商业部门的就业率。Kraft[2]的研究通过比较澳大利亚、德国、英国、瑞典及美国的数据,研究发现消极的劳动力市场政策对就业产生了消极效应,而积极劳动力市场政策则对就业产生了积极效应。Martin和Grubb[3]发现OECD国家积极劳动力市场政策对抵抗长期高失业率和低收入贫困问题有所贡献,许多国家的积极劳动力市场政策能够提升就业率,并给工作搜寻者带来希望,提高了社会福利水平。

在对积极劳动力市场政策进行积极评价的同时,有的学者也提出了相反的结论,认为积极劳动力市场政策作用有限,而且要发挥作用需要一定的条件限制。Tito和Miehael[4]研究了捷克积极劳动力市场政策对工作搜寻过程的影响,结果发现虽然积极劳动力市场政策支出的效果在统计上是显著的,但效果甚微。

[1] L BELLMANN, R JACKMAN.the Impact of Labour Market Policy on Wages, Employment and Labour Market Mismatch[M].in Günther Schmid, Jacqueline O'Reilly, KlausSchmann, ed., International Handbook of Labour Market Policy and Evaluation, Cheltenham: Edward Elgar Publishing Limited, 1996.

[2] KOMELIUS KRAFT.An Evaluation of Active and Passive Labour Market Policy[J].Applied Economics, 1998, 30(6):783-793.

[3] MARTIN J.P., GRUBB D.What Works and for Whom: A Review of OECD Countries'Experiences with Active Labour Market Policies[J].Ssrn Electronic Journal, 2001(4):465-475.

[4] TRITO BOERI, MICHAEL C.BURDA.Active Labor Market Policies, Job Matching and the Czech Miracle[J].European Economic Review, 1996, 40(3):805-817.

Bellmann 和 Jackman❶发现积极劳动力市场政策虽然能提升商业部门的就业率，但政策是否具有成本效益还不确定。Coe 和 Snower❷基于欧洲劳动力市场的刚性，强调劳动力市场政策组合起来使用时比单独使用效果更为显著，局部的劳动力市场改革在降低失业率方面不可能获得显著的成功，而彻底的、多方面的方案才是关键。

积极劳动力市场政策的效果在具体项目上的表现也不一致。Kluve 和 Sehmidt❸对欧洲近 30 年的积极劳动力市场政策效果的研究成果进行比较分析，发现政策干预方式或者目标人群会影响政策效果，培训和求职援助是较为有效的，但年轻失业者很难得到援助。Belot 和 Van Ours❹对 OECD 国家不同积极劳动力市场政策项目进行了实证分析，发现积极劳动力市场政策中的培训项目是降低失业的最有用的手段，公共就业服务项目也起到一定的作用，但补偿性工作机会项目是完全无效的。Michael 等❺分析了积极劳动力市场政策在德国的实施情况，认为对于德国劳工局来说最有效的积极劳动力市场政策项目就是激励策略和培训政策。

5.1.4　中国的积极劳动力市场政策

中国积极劳动力市场政策的起步较晚，到目前为止，主要的发展阶段如下：

（1）劳动力市场政策建立的必要性及积极劳动力市场政策的探索阶段（1995—2002）。我国劳动力市场建立较晚，对于积极劳动力市场政策的研究是从劳动力市场政策的研究起步的。1993 年《中共中央关于建立社会主义市场经济体制若干问题的决定》明确提出国有企业改革的方向是建立"产权清晰、权责明确、政企分开、管理科学"的现代企业制度，要求"改革劳动制度，逐步形成劳动

❶L BELLMANN，R JACKMAN. the Impact of Labour Market Policy on Wages，Employment and Labour Market Mismatch[M].in Günther Schmid，Jacqueline O'Reilly，KlausSchmann，ed.，International Handbook of Labour Market Policy and Evaluation，Cheltenham：Edward Elgar Publishing Limited，1996.

❷DAVID T.COE，DENNIS J.SNOWER.Policy Complementarities：The Case for Fundamental Labor Market Reform[J].International Monetary Fund Staff Papers，1996，44(1)：1-35.

❸KLUVE J.，SCHMIDT C.M.Can Training and Financial Incentives Combat European Unemployment？ A Survey of Recent Evaluation Studies[J].Economic Policy，2002(35)：409-448.

❹MICHELE BELOT，JAN C.VAN OURS.Does the Recent Success of Some OECD Countries in Lowering Their Unemployment Rates Lie in the Clever Design of Their Labor Market Reforms？ [J].Oxford Economic Papers，2004，56(4)：621-642.

❺MICHAEL FERTIG，CHRISTOPH M.SCHMIDT，HILMAR SCHNEIDER.Active Labor Market Policy in Germany – Is There a Successful Policy Strategy？ [J].Regional Science and Urban Economics，2006，36(3)：399-430.

力市场"。1994年7月起施行的《中华人民共和国劳动法》,将劳动合同制推广到包括原固定工在内的所有职工,从而在法律形式上将企业与劳动者之间的劳动关系纳入了劳动合同的法制化轨道。在此之后,研究者开始对劳动力市场政策建立的必要性进行探讨。研究者们指出劳动力市场问题是重大的经济、社会问题,因而劳动力市场政策成为重要的经济政策与社会政策,政府在劳动力市场问题上应加强的责任[1];需要建立适应社会主义市场经济要求的市场就业体制的新架构,要进行实行积极的劳动力市场政策探索,要由过去对失业人员进行失业救济为主的方式,转变为预防失业,并且在失业的情况下具有较强的再就业能力[2]。

(2)积极劳动力市场政策的运用阶段(2002—2007)。中国积极的就业政策制定于2002年,重要的标志是当年9月中央召开的再就业工作会议,下发《关于进一步做好下岗失业人员再就业工作的通知》,推出一系列促进就业再就业的政策,确立了中国积极就业政策的基本框架。此后,学术界围绕积极就业政策及积极劳动力市场政策的运用与完善等进行了深入的研究。这一阶段的相关研究对于深入认识积极就业政策及努力发挥积极就业政策的作用具有积极意义,同时也有必要在构建社会主义和谐社会的背景下在探讨积极就业政策演变的基础上,深入分析积极就业政策存在的缺陷,为实现社会就业比较充分的目标努力健全完善积极就业政策。陈佳贵、王延中[3]在对北京、上海和苏州三个试点城市及其他城市调查积极就业政策实施效果的基础上,指出要认真评估积极就业政策的实施效应并对积极就业政策予以适当调整。刘昕[4]提出我国扩大就业的思路,从微观方面看,是实施积极的劳动力市场政策。刘丹华[5]探讨了积极就业政策在扩大妇女就业方面的积极作用。曾群[6]综合介绍了2000年以来上海实施的"积极劳动力市场政策"或"上海模式",依据自己提出的社会保护政策框架,对照2000年以来上海实施的"积极劳动力市场政策",对上海市在失业者的社会保护方面进行了评价,认为上海市在失业者的社会保护方面已有所突破,但仍存在不足。杨宜勇[7]对我国积极劳动力市场政策进行总体评价,指出目前我国积极劳动力市场政策的特点,即政府对劳动力市场的主动干预、目标人群的排他性、政策投入不足,并提出"十二五"期间应在完善劳动力市场统计数据标准、加强失业预

---

[1] 姚裕群.论政府的劳动力市场政策[J].中国人力资源,1995(6):8-10.

[2] 邹再华.市场经济、市场就业与积极的劳动力市场政策——纪念全国首届职业介绍宣传月活动[J].特区展望,1997(4):15-16.

[3] 陈佳贵,王延中.中国就业岗位开发与创业扶持政策[J].中国工业经济,2003(1):5-13.

[4] 刘昕.对转轨时期中国劳动力市场秩序建设问题的思考[J].财贸经济,2004(1):12-16.

[5] 刘丹华.实施积极的就业政策 促进妇女就业与再就业[J].妇女研究论丛,2005(12):41-42.

[6] 曾群.失业者的社会保护:超越社会保障的一种思路[J].学习与实践,2007(9):107-114.

[7] 杨宜勇.完善劳动力市场的政策着力点[J].中国党政干部论坛,2007(4):14-16.

警机制建设、健全公共就业服务机制、加强人力资本投资及加强劳动力流动等五个方面加强积极的劳动力市场政策的运用。

（3）积极劳动力市场政策的完善和评价阶段（2009年至今）。随着2002年积极就业政策的三年期限，及《国务院关于进一步加强就业再就业工作的通知》下发三年期限的到达，学者们的研究进入第三阶段，多采用计量分析方法对积极劳动力市场政策进行评价。吴要武和蔡昉❶使用66个城市的抽样调查数据，从覆盖范围、瞄准机制和救助成效等方面，评价了两套劳动力市场政策在城镇执行的效果，发现以"再就业中心""失业救济"和"最低生活保障"为内容的消极劳动力市场政策执行效果都差强人意，而政府提供的"职业培训"的积极劳动力市场政策的确能够促进下岗失业者实现再就业，但是只有不足10%的下岗失业者得到了职业培训。张车伟和周闯❷应用微观经济计量方法，计算了中国城镇劳动力市场中女性和男性的劳动参与弹性，提出设计并实施积极的劳动力市场政策，能够有效地促进低收入群体的劳动参与，有助于城镇贫困的削减和收入差距的缩小。

5.2　就业服务政策

就业服务政策是实现劳动力市场匹配的核心政策，其包括的职业中介，劳动力市场信息，劳动力市场调整计划管理和失业补贴管理都是与劳动力供求匹配直接相关的狭义就业政策。中国的就业服务制度建设从20世纪80年代至今，已经历了三个历史阶段，目前正处于就业服务信息化建设阶段，但仍然面临着许多问题需要解决。

5.2.1　就业服务政策梳理

公共就业服务制度是现代国家的一项重要制度。1910年，当时还为内阁大臣的温斯顿·丘吉尔在英国开办了第一家国家职业介绍所，这可以说是公共就业服务机构的最初起源。当时的公共就业服务机构出现的三个主要原因是：首先，劳资双方需要一种彼此都信任的就业服务机构。其次，失业是导致贫困和社会不安定的首要因素，政府必须进行控制。政府通过就业服务机构安置了大量因经济周期和产业结构变化引起的失业人员，有效地缓解了社会矛盾。最后，公共就业服务机构是政府进行失业保险等救助活动的直接管理机构。在这几个因素的推动下，各国的公共就业服务机构逐步建立起来。

---

❶吴要武,蔡昉.中国城镇劳动力市场政策:覆盖、瞄准与成效——以失业严重地区为例[J].中国劳动经济学,2009(1):29-59.

❷张车伟,周闯.中国城镇劳动力市场中劳动参与弹性研究[J].世界经济文汇,2009(5):39-48.

从第二次世界大战后到20世纪70年代,资本主义国家经历了一个前所未有的经济增长期,大部分国家面临的是劳动力短缺而不是失业,这时的公共就业服务机构的作用相对微弱。到20世纪70年代中期以后,资本主义国家普遍出现了"滞胀",失业率急剧上涨,公共就业服务机构被人们重视。近来的公共就业服务由以前消极的提供收入补贴等措施逐步转向更为积极的措施,如确保与失业津贴申领人定期联系并帮助其寻找工作。就业服务制度是保证现代国家社会稳定,解决失业问题,促进就业的重要手段

公共就业服务的主要内容包括:职业中介,劳动力市场信息,劳动力市场调整计划管理和失业补贴管理。职业中介是公共就业服务最传统的服务项目,主要工作是建立雇主和求职者之间的信息联系。显然,这一职能其他私营职业介绍所也能完成,但公共就业服务对保证劳动力市场中最弱势群体的利益有直接的责任。因此,大多数国家都保留了这种公共介入形式。职业中介的一般内容包括登记求职者和岗位空缺,信息披露,建立雇主和求职者的联系,为求职者提供帮助。

劳动力市场信息是指公共就业服务机构在当局、企业行政工会的协助下,尽可能地收集有关整个国内和各产业、行业及地区的就业市场状况,及其可能的发展趋势的信息,并进行分析,使公共当局、有关雇主和普通大众能够迅速、系统地得到这类信息。作为公共就业服务机构,可以定期地对劳动力及雇用单位进行调查得到数据,并对数据进行分析,综合解释和发布。这种职能是私营职业介绍所很难做到的,而当局、大众、雇主又十分需要这些信息以帮助他们进行各自领域中的正确决策。因此,公共就业服务机构对劳动力市场信息分析和发布是非常必要的。

劳动力市场调整计划管理指公共就业服务机构通过各种手段进行干预,来缓解失业或其他劳动力问题给社会造成的深刻的影响。劳动力市场调整计划有不同的目标:调剂劳动力短缺,重新介绍劳动力进入工作环境,克服再就业的社会障碍和教育障碍,克服雇主拒绝弱势群体或长期失业者的障碍等。总之,这些手段的主要目的是提高求职者的就业能力,并帮助他们就业。目前主要使用的调整计划形式有:求职帮助、培训与教育计划、直接创造就业计划等。

失业补贴是指对失业者提供的收入支持,由失业保险和失业救济两种补贴构成。它主要由公共就业服务机构进行管理和发放。失业保险是一种根据个人以前的缴费对损失的收入有权得到补偿的制度;失业救济是给予无收入者的补偿,它基于最低的收入标准,对申请人进行评估后给予补贴。现在,很多国家在以前消极的失业补贴政策中都附加了其他的一些就业政策,如协助领取补贴的人重新就业,对领取补贴的人进行持续资格认证和求职认证等,以保证整个失业

补贴政策不会成为"供养懒人"的政策。❶

5.2.2　中国的就业服务制度

新中国成立后,以职业介绍所为标志的就业服务机构开始孕育,随着改革开放的推进,劳动力市场"三结合"就业方针开始大发展,20世纪90年代初,特别是党的十四大确立了建立社会主义市场经济体制的改革目标以后,公共就业服务体系快速发展,20世纪90年代后期,国家实施再就业工程和两轮积极就业政策,公共就业服务制度不断完善,进入全新发展阶段。其间,几个标志性的阶段和文件见证了我国公共就业服务的发展历程。

（1）1980年"三结合"就业方针的确立,催生了以劳动服务公司为代表的公共就业服务雏形。20世纪70年代末80年代初,大批上山下乡知识青年返城,我国城镇就业压力巨大。1980年,中央召开全国劳动就业会议,确定了"在国家统筹规划和指导下,实行劳动部门介绍就业、自愿组织起来就业和自谋职业相结合"的就业方针,并下达中发[1980]64号文件,首次提出建立劳动服务公司,规定"劳动服务公司担负介绍就业,输送临时工,组织生产、服务,进行职业培训等项任务……有步骤地在城市和就业任务繁重的县城中建立这种组织"。1981年《中共中央关于进一步做好城镇就业工作的通知》中,对"建立和健全劳动服务公司的机构"再次做出规定,进一步明确了机构设立性质,承担的任务和职能等。由此,劳动服务公司从创办集体经济事业开始,逐步承担起组织管理社会劳动力、促进就业的多种职能,成为我国公共就业服务的雏形。

（2）1986年劳动制度改革和出台待业保险规定,公共就业服务形成"四轮驱动"格局。为了深入贯彻"三结合"就业方针,1986年10月,国务院颁布了在全民所有制企业新招工人中实行劳动合同制四项规定,使劳动制度改革从社会劳动力管理深入到企业新增劳动力管理层面。为适应改革需要,同年颁布了《国营企业职工待业保险暂行规定》,在第四章中明确"待业职工和职工待业保险基金的管理,由当地劳动行政主管部门所属的劳动服务公司负责",要求设立专职机构或配备专职管理人员,由此形成了以职业介绍、就业训练、失业保险和生产自救（劳动就业服务企业）四大支柱为主要内容的公共就业服务"四轮驱动"格局。其中,职业介绍是龙头,为就业训练和生产自救提供信息导向,同时促进了人力资源市场的早期培育;就业训练是职业介绍的前提条件,为企业提供合格劳动力,并且在就业高峰时起到缓解就业压力的作用;劳动就业服务企业安置失业人员,为职业介绍提供就业阵地;失业保险在保障国有企业职工失业期间基本生活的同时,又通过以上服务积极促进他们实现再就业。到20世纪80年代后期,

---

❶宋敏,丁宁宁.公共就业服务制度的发展及策略浅议[J].山东经济,2003(7):14-15.

公共就业服务"四轮驱动"格局已经成为深化劳动制度改革和开展就业工作的重要手段。

(3)1992年党的十四大确立社会主义市场经济体制改革目标,公共就业服务快速发展形成体系。20世纪80年代中后期,随着劳动制度改革的不断深化,在国家"大力发展劳务市场和技术市场,促进人才合理流动"的政策引导下,市场机制在城镇新成长劳动力和进城务工农村劳动力就业中逐步取得主导地位。1992年党的十四大提出建立社会主义市场经济体制改革目标,以培育发展人力资源市场为主要标志,公共就业服务在我国快速发展。此前,根据国家清理整顿公司有关规定,县级以上各级劳动部门设置的劳动服务公司重新确定了机构设置,改名称为就业服务局,街道、乡镇劳动服务公司更名为劳动就业服务站。各级就业服务机构适应市场经济体制改革需要,大力兴办职业介绍中心、就业训练中心等服务实体,公共就业服务在体制上有了专门的服务场所和窗口,并配合建立针对失业人员生活保障、职业介绍、组织培训等制度政策,从而使公共就业服务网络初具规模、渐成体系。到1996年,全国已有职业介绍机构3.1万所,其中劳动部门举办的有2.6万所,全国共有890万人次在职业介绍机构的帮助下走上就业岗位,组织425.5万人参加各类就业训练。

(4)1998年国家实施再就业工程和2002年实施积极就业政策,公共就业服务制度更趋完善。20世纪90年代后期,随着国有企业深化改革和经济结构调整,企业职工下岗失业问题日益突出。1998年,党中央、国务院下发《关于切实做好国有企业下岗职工基本生活保障和再就业工作通知》,提出"实行在国家政策指导下,劳动者自主择业、市场调节就业和政府促进就业"的方针,要求建立完善市场就业机制,按照科学化、规范化和现代化要求,加强劳动力市场建设;公共就业服务机构开设下岗职工专门服务窗口,实行免费服务;加强街道就业服务,由专人负责帮助就业难度较大下岗职工实现再就业等。此后,原劳动保障部(现人社部)在全国100个大中城市开展了劳动力市场"三化"建设试点工作,公共就业服务功能不断完善提升。2002年以来,国家先后实施两轮积极就业政策,明确要求各级政府建立公共就业服务制度。各地公共就业服务事业不断发展,目前,全国城市和大部分县都建立了以公共职业介绍机构为窗口的综合性服务场所,99%以上的街道和70%以上的乡镇建立了劳动保障工作机构,95%以上社区聘请了专门工作人员,基本形成市、区县、街道(乡镇)、社区四级公共就业服务网络。全部城镇登记失业人员和国有集体企业下岗职工均享受免费职业介绍服务。同时,职业指导、创业培训、创业项目推介、劳动保障事务代理等就业服务新功能不断拓展,利用现代化手段提供信息服务水平也显著提高。❶

❶李公达.论我国公共就业服务体系建设[J].劳动保障世界,2008(10):40-42.

5.2.3　就业服务信息化建设

随着劳动力市场供给和需求主体的日趋成熟,市场中供需双方的数量也逐渐庞大,与之相关的就业数据也呈现激增的态势。虽然就业服务制度的逐步完善使得各种类型的就业中介组织如雨后春笋般出现,但是单靠过去的手工账册式的管理方法,已经很难处理庞大的供求信息,使求职与招聘双方做到合理配置,因此就业服务信息化建设成为高效实现就业服务工作的基础。

2004年以来,全国各地区加大了对就业服务信息化建设的资金投入力度,为就业服务信息化飞速发展提供了强有力的物质保障,目前就业服务信息化建设成果主要体现在市场信息网络建设和技术人才培育两方面。我国人力资源市场信息网络已经初步形成,信息化网络在一定程度上适应了本地经济发展的现实状况,满足人才招聘与求职就业的需求,体现了自身特色。各地建立了"人力资源市场信息网",内容包含了求职信息、招聘信息、政策法规、办事指南、信息公告、劳务派遣、高校毕业生网络联盟、创业指南等。在信息化建设过程中,涌现了一批技术骨干,锻炼了一批干部,全面提升了就业服务系统干部队伍人员的现代办公操作技能。就业服务机构已经具有了引进人才意识,逐渐引进能够胜任网络化管理技术管理人才。当前就业服务信息管理人员的高学历比例日益增加,这些技术人员已逐渐发展成为具备管理好本地网络的实用型专业人才。

从就业服务信息化建设使得传统的就业服务出现了重大的转变,具体表现在以下几方面:

(1)就业服务实现由单一层次服务向多层次服务转变。各省就业服务机构可以分为四层,即:市、县(区)、乡镇(街道)、社区(村)。目前只有部分就业服务机构实现了就业服务的网络化,就业服务信息建设残缺不全,数据孤岛现象严重,无法将孤立的、呆滞的数据转化为有用的、共享的信息,无法发挥整体合力,不能形成立体交叉、四通八达的高速信息网络系统。通过就业服务统一信息平台建设,实现市到省的联网,同时实现市到社区的四级联网,保障信息网络逐年正常运转,使得信息化平台支持从省到县(区)的大范围、多级化就业服务机构办公,并支持向社区就业服务点延伸,将形成一个多层次、广覆盖的就业服务信息网络。

(2)就业服务实现由单一形式服务向多形式信息服务转变。各人力资源市场安装了触摸屏、LED显示屏、查询机等信息发布设备,提供了形式多样的就业信息服务,但大部分县(区)级人力资源市场还处于表格登记的单一服务形式。通过就业服务信息平台建设,在市、县(区)人力资源市场设置足够的触摸屏、查询机、LED显示屏等信息发布设备,用户还可通过互联网或现场进行自助就业服务,也可通过委托的方式,享用各级就业服务机构提供的就业服务,使用户可根据自己需要方便地选择相应的服务。

（3）就业服务实现由单一功能服务向多功能网络服务转变。人力资源市场信息网络系统平台通过建立求职人员、用人单位、招聘信息、招聘会信息等劳动就业信息资源库，以网络方式提供求职者管理、招聘单位管理、招聘信息管理、匹配管理、招聘会管理、信息发布管理、系统管理等一系列的应用服务，以上应用服务可根据实际需要，进行灵活的选择组合使用，或者进行个性化需求的定制。通过综合性服务，将单一功能服务向多功能网络服务转变，为广大求职者及招聘单位提供更广泛周到的服务。

（4）就业服务实现由单一角色服务向多角色协作服务转变。就业服务工作面向服务对象多，工作任务重，因此，就业服务信息的组织发布，仅仅依靠就业服务机构专职人员是远远满足不了需求的，人力资源市场信息网络系统同步发布招聘信息，求职者只要在网站上免费注册登记，就可以浏览招聘信息并向招聘单位发送简历，招聘单位如果满意，则可发回电子邀请函邀请面试，双方在网上即可完成对接，通过让求职者和用人单位直接使用系统来发布信息、办理业务，提高信息的及时性和有效性，减轻就业服务机构的工作负担，真正实现网上职业介绍。

我国在就业服务信息化建设方面取得了一定的成效，但是与实际市场需求之间还存在一定的差距，具体表现在如下几个方面：

（1）就业服务信息化建设发展和应用步伐不能与快速发展的市场要求相适应。当前，人力资源市场中劳动力供大于求的总量矛盾和技能素质不适应的结构性矛盾给就业服务带来了新的挑战。一是就业对象多元化，要求服务范围进一步扩大。现在我们的服务对象扩展到城镇所有劳动力，比如大学从精英教育变成了平民教育，有些大学生一毕业就面临失业，需要按规定到原户口所在地进行失业登记，享受就业服务。还有包括退役军人安置、农村劳动力转移就业，及一些特殊群体，如残疾人、刑满释放人员、港澳台人员、外国人的就业等。二是供求矛盾复杂化，要求服务功能完善拓展。目前一些地区缺工现象严重，同时大量低技能劳动者求职无门，劳动者技能与岗位需求不适应的矛盾更加尖锐。简单的坐等登记和设摊招聘的服务形式已经不能解决问题，需要不断开拓服务领域，探索新的服务功能。三是用人单位和求职者需求多样化，要求服务更加深入细致。现在企业不仅要求招到人，在用人条件和劳动保障事务经办等方面也有更高的要求。求职者也不仅要求找到工作，对工作的环境、待遇条件、权益维护和职业生涯发展也有更多的期待，这就需要提供更加细致、更加周到、更具针对性的就业服务。就业服务信息化，看起来是一个技术问题，但实际上是和就业政策贯彻落实、就业服务水平提升、就业工作整体发展及人力资源开发战略密切相关的。

（2）就业服务信息化建设发展和应用过程中缺乏统一的建设规划。就业服务信息化的本质是要转变就业服务的传统工作方式，用规范化的管理来代替传统的管理方式，实现就业和再就业的协调发展。例如河北省在就业服务信息化建设初期，由于投资分散，管理机制不健全，再加上由于没有现成的路子可走，再加之上级部门也没有对就业服务信息化工作进行统一规划与统一开发。这样就造成了全省同样功能的软件种类众多，应用系统林立，这不仅造成了就业服务信息化建设投资的浪费，也为下一步与全省联网和信息共享增加了难度。如果目前全省就业服务信息网络建设仍然继续在缺乏统一建设规划的情况下运行，将严重阻碍全省整体的就业服务网络信息化的发展，难以实现"数据集中、服务下延、全省联网、信息共享"的总体规划，也使得我省未来的就业信息化发展方向不明朗。因此，认清形势、立足全局搞建设已迫在眉睫。

（3）缺乏就业服务信息化建设专业技术人才和复合型人才。就业服务信息化工作是一项复合型的、知识与技术密集型工作，它的发展靠的是就业服务信息化工作人员的尽职尽责。他们是就业服务信息化的最终实施者，他们信息化知识和相关业务处理能力的高低很大程度上决定了就业服务信息化水平的高低。作为一个称职的就业服务信息化工作人员，既需要有较高的信息技术水平，还需要有很强的业务处理能力。但我国目前所有高校并没有设置与劳动就业服务直接对口的专业，该部门的工作人员一部分是从劳动就业相关部门转过来的，懂业务但对信息化缺乏了解；另一部分工作人员是由计算机专业或自动化专业转过来的，对信息化比较了解，但不知道把信息化知识如何与劳动就业服务业务紧密结合。由于与之相关的培训在内容和方式等方面的不规范，短期内还难以实现业务与技术上的协调，造成了业务与信息化脱节，一定程度上降低了就业服务信息化的效率。

（4）数据集中程度低，信息共享度差，难以综合利用。就业服务信息网络系统是一个综合性的服务系统，其中的项目几乎没有一项需求是独立的，通常一项业务需求总与其他业务需求有着密切的联系。其中既包括求职、就业、人力资源市场理等业务服务，又包括公众查询、信息发布、政策咨询等公共服务，还包括数据资源的深度挖掘。这都需要对现有的就业服务信息，按照科学合理的方法进行序化、整理和有机集成，以实现有组织的或更为广阔范围内的信息资源的共享、数据的互联互访、管理与技术的匹配，满足各级信息需求部门对信息资源的不同层次的查询。随着就业服务信息网的应用和资源越来越多，信息孤岛现象严重，信息的价值没有得到充分展示，直接影响着工作效率和管理水平的提高[1]。

---

[1]陈淑敏，史慧武，郭献崇.公共就业服务信息化的研究与探索[J].中国商贸，2012（2）：255-256.

新闻链接3：网络招聘推动中高端人才精准匹配❶

近年来互联网的发展让招聘行业进入了新的发展阶段。EnfoDesk 易观智库《中国互联网招聘市场季度监测报告2014年第二季度》数据显示，该季度中国互联网招聘市场规模达8.2亿元。本季度中国互联网招聘市场收入格局中，前程无忧占比39.08%，其次就是智联招聘占比24.94%稳居第二。一个新现象逐渐浮现，在低端市场外，近年来众多网企发力中高端人才市场。近日，智联招聘就正式宣布推出中高端人才招聘产品智联卓聘。

由于老牌招聘网站存在信息庞杂，求职者与招聘方信息不对称，招聘求职效率低等问题，互联网招聘市场急需创新和转型。智联卓聘就是利用智联招聘本身积累的庞大人才信息库，充分发挥自身优势，在提高招聘效率及用户体验方面做出创新与改良，使产品更具层级，专业面对中高端人才。其实，在中高端招聘市场，早已有了猎聘网、举贤网、猎头网、中华猎头网等。

而所谓中高端人才，基本上是职位10万年薪以上、有一定工作经验或技术的这些人。和其他领域相比，中高端求职者他们的需求是比较独特的。他们希望自己的职场价值能够真正被体现，希望工作机会与自己非常匹配，他们更希望机会主动找到他们，而不是自己再去找工作。与传统网站的经营理念不同，传统网站主要以职位为导向。中高端市场则将主要是以人才为导向的招聘。招聘方在网站搜到简历之后，把职位投递给求职者，求职者可以选择接受或者拒绝，这种职位推荐这种网络招聘简历投递反向的思路，让企业或者猎头先一步了解人才的信息，避免人才进行大面积撒网求职。

对于企业来说，最直接的需求就是准确地找到人才；对猎头来说，最重要的就是求职者的信息、接洽的企业，及人才和职位的匹配精准；而对求职者来说，莫过于被赏识，自身价值得到最大肯定。智联招聘CEO郭盛有句话说得好，"如何让我们的用户得到实实在在的价值和满意，满足用户找到合适的位置。我做到了价值最大化，我就是老大。"中高端市场最多的是"人才"，不管是智联卓聘还是其他猎头网站，都应当将服务的重心放在人才上。网站最重要的，是要做到能匹配推荐，精准高效，客观评价。

"我认为，中国招聘行业的下一个十年，一定在职业平台领域。职业经理人、白领的数量会越来越多。"猎聘网CEO戴科彬说，"目前，中国还没有一家大机构在做职场发展，但它一定是一个比招聘更有前途的生意。"从猎聘网现下除了招聘职能外，论坛、问答、交友等社交属性已经显现。这或许能为网站带来一个全

---

❶卜晓婷.网络招聘发力中高端人才 精准匹配推荐成关键[N].通信信息报,2014-09-10(014).

新的发展。

5.3　反就业歧视制度

就业歧视会导致劳动力市场供需结构性矛盾的加剧,因此各国都致力于反就业歧视。就业歧视的类型和方式多种多样,因此就业反歧视的制度体系也覆盖了从反就业歧视立法到反就业歧视诉讼等各个环节。我国的反就业歧视制度建设较为落后,需要社会教育、制度立法、机构建设等多方面推进。

5.3.1　反就业歧视制度内容

西方经济学认为就业歧视与劳动力供给和需求之间有着重要的相关性。一方面,就业歧视来自于厂商的主观偏见和市场垄断等劳动力需求因素,另一方面,则来自于劳动力的供给方属性,比如种族、性别、年龄、身高等个人无法控制的因素和教育、家庭分工等由于社会因素作用在供给方表现出来的差异。反过来歧视也会影响劳动力市场的供求匹配,比如原本适合某类劳动者的岗位会由于就业歧视的存在而发生空缺,而能力足够的劳动者会由于种族、性别等原因而找不到工作,从而造成市场配置效率下降。

歧视现象长期以来在各国普遍存在,甚至成为经济与社会发展的障碍,因此引起了国际社会的广泛关注。西方国家反就业歧视的措施主要包括两个方向:一是减少歧视偏好。通过教育、立法和政府补贴等方式阻止歧视偏好产生,并且鼓励人们不歧视行为,从而改变人们的歧视偏好。二是减少市场缺陷。市场缺陷包括劳动力市场信息、不完全竞争和劳动力非流动性等,这些缺陷产生垄断力量,是构成市场歧视的重要来源。政府在减少市场歧视行为方面起着重要作用,主要是积极使用反垄断法和减少劳动力市场进入障碍。

在制度建设方面,成熟市场经济国家最主要和有效的反就业歧视制度包括三方面的内容:

(1)制定和逐步完善反就业歧视立法。美国早在1864年就制定了旨在反对种族歧视的《民权法案》,1964年对《民权法案》进行了全面的修正,“禁止基于种族、肤色、性别、宗教和地域的歧视”。随后,多部涉及就业歧视问题的具体法律相继问世:《雇用年龄歧视法》《公平就业机会法》《公平工资法》《怀孕歧视法》《恢复就业资格法案》《残障人士法案》等,有一个比较完善的法律体系,根据这些法律,在美国,对年龄、残障、国籍、怀孕、种族、信仰、性别等方面的就业歧视行为,都要受到法律的严惩。英国在反歧视方面也比较先进,它从20世纪70年代开始致力于完善反歧视,包括《性别歧视法》《反性别歧视行动法》《同酬法案》《雇佣权力法案》《1998年人权法案》等,此外,英国还适用欧盟有关就业平等或反就业歧视的法规。为反歧视制定的基本法和各种专门性法律,为反对歧视和反就业歧视提了有力的法律依据和保障。

(2)为了保障法律的实施,设立专门的反就业歧视机构。国外很多国家在20世纪70年代开始纷纷建立促进就业机会平等的机构,其中有完全的政府机构,也有准司法机构,还有政府建立的非政府机构和完全的非政府组织。美国的公平就业委员会就是一个准司法机构。作为一个独立的政府部门,公平就业委员会有权受理劳动者关于就业歧视的投诉,并可以直接开展查证工作。在掌握足够证据后,先是调解涉案各方以求达成和解协议,如果调解失败,便直接向法院起诉,如果法院判定就业歧视成立,就会依法对判罚结果强制执行。

(3)反歧视诉讼。法律规定公民在受到歧视时有权向有关机构提起申诉,直至向法院提起诉讼,这是反就业歧视最有力的措施。这种诉讼不仅公民个人可以提起,有的国家还可以由就业机会平等委员会或非政府组织作为公益诉讼提起。起诉人一旦胜诉,通常会得到较大的赔偿。因为这种赔偿可包括精神补偿、惩罚性赔偿等。通过诉讼反对歧视,保护平等就业权的效果比较明显,也能够使反歧视真正落到实处。

除了国家层面的反歧视政策,国际社会也成立了致力于消除歧视现象的国际组织,制定了一系列关于歧视问题的国际公约。在联合国体系下的机构,国际劳工组织在此方面发挥了重要作用;在国际人权条约下的机构,成立了消除种族歧视委员会和消除对妇女歧视委员会。关于歧视的国际公约主要有《经济、社会和文化权利国际公约》(1966)、《公民和政治权利国际公约》(1966)、《消除一切形式种族歧视国际公约》(1966)、《消除对妇女一切形式歧视公约》(1979)、《男女工人同工同酬公约》(1951)、《就业与职业歧视公约》(1958)等。

5.3.2 中国的就业歧视现象

就业歧视是一个世界性问题,无论在发达国家还是在发展中国家,都不同程度地存在着。我国经济领域中的歧视问题也较普遍地存在,甚至有的还很严重。我国的就业歧视形形色色、五花八门,比如常见的有社会身份歧视、户籍歧视、地域歧视、政府政策歧视、性别歧视、年龄歧视、身高歧视、相貌歧视、方言歧视、学历歧视、经验歧视、残疾歧视、乙肝病毒携带者歧视等。具体而言,对中国劳动力市场配置效率影响较大的歧视类型主要有以下几类:

(1)城乡就业歧视。长期以来,我国劳动就业基本上是根据劳动者户籍身份的不同,采取了不同的或者说是歧视的政策和措施。目前,全国有许多中小城市取消了户籍制度的限制,但是像北京、上海这样的大城市,则继续保留对外来人口的限制。2003年1月5日,国务院办公厅颁布了《关于做好农民进城务工就业管理和服务工作的通知》,各省相继清理歧视性规定和不合理收费,一定程度上抑制了对农民工的歧视,但是歧视并没有消失,如用人单位不与农民工签订劳动合同,拖欠、克扣工资现象普遍,生产条件恶劣,工伤事故不断,不能平等享受医疗、失业、退休等社会保障权利,子女入学困难等。

(2)性别歧视。新中国自成立以来,在消除性别歧视和促进两性平等方面可以说取得了很大的成绩,然而现实中,就业领域内仍存在比较严重的性别歧视。许多用人单位为了回避劳动法所规定的不得解雇怀孕及哺乳期妇女的规定,不愿意雇佣女性,或者在雇佣时对男女求职者采取不平等的标准。在就业市场上,明确限制性别的招聘广告比比皆是。许多单位虽然表面没有对性别作出限制,但是一进入面试程序就"男性优先"。还有某些私营企业在女职工孕期采取"变岗变薪"的方法来侵害女职工的合法权益。在进入劳动力市场之前,人力资本投资存在性别歧视,随着教育年限的增加,女性受教育的比例逐步下降。

(3)年龄歧视。目前,法律只规定了录用人员年龄的上限和下限,而用人单位则可以在这个范围内任意决定招收的年龄段。在招聘中对求职者年龄进行限制的现象已经越来越普遍,甚至很多跟年龄并不相关的岗位,也对年龄予以限制。女性一般要求年龄在20~28岁之间,男性一般都要求在35岁以下。如果年龄在40岁甚至50岁以上,求职时就很少有人问津,以至于难以找到适合自己的工作岗位。

(4)乙肝病毒携带者就业歧视。中国约有1.2亿人是乙肝病毒携带者,占全部人口近十分之一,医学证明除了少数特殊行业外,慢性乙型肝炎病毒携带者可照常参加工作,但是许多单位在录用过程中,通过设置一定的体检标准来限制乙肝病毒携带者的录用。从职业岗位的需求和劳动者自身权益保护的目的出发,进行一定体检项目和标准的设置是必要和合理的。但是从实现该目的采取的手段与目的之间的关联性来看,这些项目和标准设置的合理性受到了质疑和批评。

(5)学历歧视。最近几年,随着求职者整体学历水平的提高,用人单位的条件也水涨船高,一些用人单位一味追求高学历,即使是一些适合大专生的岗位,也非要本科、研究生不可,导致研究生做大专生、本科生就可以做的工作,造成人才浪费现象,同时也产生过度教育问题。

(6)工作经验歧视。许多企业和事业单位要求应聘者须具有一定的从业经验和资历,政府部门在公开招聘干部时也往往要加这些限制条件,这使一些没有工作经验的大学生或无工作经验的求职者望而却步。其实,有些职位对经验的依赖并不多,只要经过短期的接触或培训就可能胜任。

(7)地域歧视。地域歧视表现有:城市人歧视农村人,大城市里的人歧视外地人,经济文化发达地区的人歧视经济文化落后地区的人,此外,还有对某一省籍、某一地区的人的歧视。

案例思考5:歧视与劳动力市场就业困难的关系❶

24岁、27岁、35岁,超过这个年龄的应届本科生、硕士生、博士生原则上将不能由北京市属单位录用落户。这项被称为"北京年龄控制"的规定一经传开,就引发社会热议。北京市人力社保局回应称"原则上要求市属各用人单位对引进落户的应届非北京生源毕业生遵循年龄限制",但"对于此前已与用人单位达成接收意向的2013届毕业生,由用人单位提出申请,仍可按规定引进"。社会舆论仍担忧这会影响公平就业。

2013年全国有699万多名大学毕业生,毕业人数增加和岗位需求趋紧叠加,被称为"史上最难就业季"。但是,在学校、性别、疾患等方面,一些地区和用人单位设置了花样百出的"门槛",引发部分毕业生对就业前景的进一步担忧。

"但凡条件好一点的用人单位,在招聘毕业生时都会设置院校门槛,下限就是'211'高校。"兰州理工大学就业指导服务中心主任李竹梅说。高校毕业人数逐年增多,整体就业形势又不好,在一些高校的就业指导部门负责人看来,"以校选人"的情况,比过去更严重了,许多用人单位招人"优中选优",不怕挑花眼,一个岗位动辄从几十人甚至上百人的简历中挑选,简直就是"海选"。更有甚者,一些用人单位还要查"三代"。不管你已经获得了国内还是国外高校的硕士、博士学位,他看中的依然是本科学历,而且非"985""211"高校不要。

"会计、文秘、教师等岗位,传统上女学生有优势,但现在这些岗位,男生反而比女生更受欢迎。"江西一所大学的就业指导中心主任说,就他们学校而言,保守估计,今年女生就业率要比男生低20个百分点。为了避免"授人以柄",一些用人单位在张贴招生海报时,不强调性别限制,但在实际筛选过程中,往往很多女生的简历被直接"PASS"掉了,特别优秀的女生才会考虑。一些长相、身高、气质稍微逊色的女生,找到理想的工作则更难。在一些大学校园,礼仪培训成了热门活动,为找工作而美容甚至整容,已经不是新闻。

"按照岗位体检要求,我全部达标,但还是被用人单位拒绝了。"一名乙肝病毒携带者抱怨说,一些用人单位置国家政策于不顾,把乙肝病毒携带者直接拒之门外,让他身心俱伤。经过多方努力,我国已经明确禁止就业体检检查乙肝,但违规检查最高仅1000元的罚款,对于用人单位毫无震慑作用。记者了解到,因为担心身体有"瑕疵"而失去宝贵的就业机会,一些高校还催生了"代检族",找体检"枪手"和提供体检"枪手"的广告在校园网上经常可以看到。在现实就业中,一些身体有残疾的毕业生也无法获得与身体健康的同学同等的就业机会。"在'中

---

❶沈洋,王艳明.三大"就业门槛"加剧"史上最难就业季"[N].新华每日电讯,2013-05-06(5).

国梦'里,'保证人民平等参与、平等发展权利'的表述最为震撼,对每个人而言,这是最真切的。"中国人民大学劳动人事学院教授彭剑锋说,北京的"年龄限制"仍是计划经济下的管理思维,指望一纸规定就达到人才年龄结构优化是不现实的。

阅读上述材料并思考以下问题:

(1)材料中涉及哪些就业歧视?查阅相关的法律和政策,说说这些歧视是否在中国的反就业歧视制度中有所涉及,法律和其他制度是否详细界定了这些歧视,如何界定的?

(2)就业歧视与劳动力市场的供需匹配的关系是什么?两者的关系是否具有双向性或相互性?

(3)针对上述观察到的问题,思考在反就业歧视方面,中国现行的政策存在哪些不足?需要在哪些方面对反就业歧视制度进行进一步的完善?

5.3.3　中国的反就业歧视制度

就业歧视行为在我国的大量存在已经成为不争的事实,加强就业歧视制度设计也成为提高劳动力市场配置效率的重要措施。从我国现有禁止就业歧视的法律规范体系来看,《宪法》第42条规定:"中华人民共和国公民有劳动的权利和义务。""国家通过多种途径,创造劳动就业条件,加强劳动保护,改善劳动条件,并在发展生产的基础上,提高劳动报酬和福利待遇。"这不仅规定了公民有劳动的权利,而且为公民实现劳动权提供了必要的保障。为了将宪法规定的公民劳动权具体化,保持公民的合法权益,规范市场经济条件下的劳动关系。

1994年7月5日第八届全国人大常委会第八次会议通过了《中华人民共和国劳动法》,其中涉及禁止就业歧视之法律条款主要有:

(1)禁止就业机会歧视,保障劳动者享有就业平等权和职业选择权。《劳动法》第12条规定:"劳动者就业,不因民族、种族、性别、宗教信仰不同而受歧视。"第13条进一步指出,"妇女享有与男子平等的就业权利。在录用职工时,除国家规定的不适合妇女的工种或者岗位外,不得以性别为由拒绝录用妇女或者提高对妇女的录用标准"。

(2)禁止就业待遇歧视,保障劳动者等量劳动获取等量报酬的权利。《劳动法》第46条明确规定:"工资分配应当遵循按劳分配原则,实行同工同酬。"第48条规定:"国家实行最低工资保障制度。最低工资的具体标准由省、自治区、直辖市人民政府规定,报国务院备案。用人单位支付劳动者的工资不得低于当地最低工资标准。"

(3)禁止就业服务、就业安全歧视,保障劳动者享有参加职业培训、签订有效劳动合同和参加社会保险的权利。《劳动法》第八章对职业培训作了专章规定，"国家通过各种途径，采取各种措施，发展职业培训事业，开发劳动者的职业技能，提高劳动者素质，增强劳动者的就业能力和工作能力"（第66条）。"各级人民政府应当把发展职业培训纳入社会经济发展的规划，鼓励和支持有条件的企业、事业组织、社会团体和个人进行各种形式的职业培训"（第67条）。"用人单位应当建立职业培训制度，""有计划地对劳动者进行职业培训"（第68条）。《劳动法》第三章对禁止就业运行过程的安全歧视进行规定，"建立劳动关系应当订立劳动合同"（第16条）。"订立和变更劳动合同，应当遵循平等自愿、协商一致的原则，不得违反法律、行政法规的规定"（第17条）。《劳动法》第九章用大部分章节对就业中断过程的安全保障——社会保险加以规定，"国家……建立社会保险制度，设立社会保险基金，使劳动者在年老、患病、工伤、失业、生育等情况下获得帮助和补偿"（第70条）。

此外，劳动与社会保障部制定并颁布了《劳动部关于贯彻执行〈中华人民共和国劳动法〉若干问题的意见》《企业经济性裁减人员规定》《违反和解除劳动合同的经济补偿办法》《违反〈劳动法〉有关劳动合同规定的赔偿办法》《工资支付暂行规定》和《违反〈中华人民共和国劳动法〉行政处罚办法》等一系列与《劳动法》相配套的劳动法规和规章，使《劳动法》的各项制度更加具体化和规范化，为有效地禁止、杜绝就业歧视行为和真正实现就业平等提供了法律武器。

但是，目前我国的就业歧视规范尚不完善，比如就业歧视定义不明确，就业歧视规范适用范围不够广（如未包括农民工和非正规就业），就业歧视内容不全，缺少有关法律责任的规定等，因此导致执法和监管缺乏依据。比如从《劳动法》这部对就业歧视问题规定最为详尽的法律来看，就存在诸多问题：①法律适用范围过窄，对于许多从农村进城的打工者来说，《劳动法》似乎并未成为他们的权利保障法，或者是企业主没有法律意识，置《劳动法》于不顾，肆意侵犯劳动者的权益，或者进城务工人员根本不适用《劳动法》。②缺乏救济途径，由于我国当前法律规定的劳动争议受案范围，均以劳动者与用人单位已经订立书面劳动合同或建立事实劳动关系为基本前提，从而未包括就业争议在内。这也就意味着，在现有的法律框架下，歧视问题并不能得到有效的救济。③现有规定过于原则，使得我国劳动立法以地方为主，对外来劳动者权益的保护不足。

对于中国反就业歧视中存在的种种问题，近年来，一些人大代表、政协委员建议出台专门的《反就业歧视法》，来弥补中国反就业歧视制度的缺陷。立法方向可以参考各国现有的反就业歧视法体系，建立包括基本法和配套法在内的反就业歧视制度框架：

（1）在反歧视基本法方面，可以参考美国《民权法案第七章》及后修改的1973年《公平就业机会法》，规定雇主不得基于种族、肤色、宗教、性别、血统而施加歧视,同时规定构成违法歧视的具体行为及法律的适用范围;澳大利亚1997年《反歧视法》,也有相关规定,比如在劳动场所禁止歧视,内容包括种族、肤色、性别、性爱方式偏好、年龄、智力残疾、婚姻状况、家庭责任、怀孕、宗教、政治观点、民族血统或社会出身。所有职工都享有最低工资的保证、同工同酬等保护措施。

(2)在反性别歧视方面,可以参考美国1963年实行的《同酬法》,对于从事技能、责任和体力要求相等并且工作条件相似的工作的男女劳动者,雇主必须支付相等的报酬,实行同工同酬原则,禁止对女性受雇者以性别歧视,《怀孕歧视法》,禁止基于"怀孕、分娩或其他有关医疗情况"的性别歧视,从而扩展了性别歧视的界定,禁止在雇用、晋升、停职或解雇,或其他雇佣条款中对这些情况加以歧视;英国1975年颁布的《性别歧视法》,1970年颁布了《同酬法》,对歧视的种类与范围(包括"直接歧视"和"间接歧视")及法律补救措施作了详细的规定;我国香港特区1996年实施的《性别歧视条例》,规定基于性别、婚姻状况及怀孕的歧视,及性骚扰都属违法,同时设立平等机会委员会,以保证该法的施行。

(3)在反年龄歧视方面,美国1967颁布的《年龄歧视法》可以作为研究蓝本,其规定歧视任何年龄的求职者及雇员都是违法行为,特别保护40岁以上的求职者,1978年该法经美国国会修改后,将年龄保护对象提高到70岁,美国各州和地方性法规也禁止年龄歧视,有些地方性法规将歧视法的保护对象扩展到年轻人,不仅禁止歧视40岁以上的求职者,也不允许歧视17岁以上的青年,招聘要求"成熟的"条件被视为违法行为;欧盟1997年签署的《阿姆斯特丹条约》允许欧盟国家部长有权对就业年龄歧视采取行动。

(4)在反残疾歧视方面,我国香港特区于1996年实施的《残疾歧视条例》;美国1990年通的《残疾人法案》禁止在就业和公共服务、公共与私营交通、公共食宿场所和电信服务领域对残疾人进行歧视;英国1995年通过的《残疾歧视法案》中的相关规定都可以作为重要的借鉴。

另外,在反性倾向歧视、反艾滋病歧视立法方面,英国、美国、澳大利亚、加拿大、香港特区、新西兰和南非等国家和地区都已经出台了不同形式的法律,一些国家则规定在《残疾人歧视法》中,这些都可以成为中国《反就业歧视法》立法的参考。

有些研究者也指出,即使有了健全的法律,在保障法律的实施方面,如果没有专门的反就业歧视机构,也会导致法律形同虚设,因此中国有必要仿效美国,设立一个独立性的保护公平就业机会的委员会,从而对就业歧视的认定或消除歧视提出建议,对求职者或受雇人提出的遭受就业歧视申诉案件进行协商、调解,同时研究并提出公平就业政策建议,协助各企事业单位或有法人资格之雇主或社会团体订立公平就业政策,向各机关团体或民众提供有关就业歧视的咨询服务❶。

5.4 失业或转岗培训政策

失业或转岗培训是就业培训的重要组成部分,其主要目标是通过转换失业或 转岗人员的岗位适应性,从而迅速找到新的工作岗位,因此与一般的岗前培训和在职培训相比,更加注重整体市场的供需匹配。西方国家目前已经形成了比较完善的失业和转岗培训公共服务体系,而对中国而言,这一制度建设起步较晚,还存在多方面的问题需要改进。

5.4.1 培训对就业匹配的作用

有关培训对劳动力市场供求匹配的作用,美国经济学家贝克尔的阐述较为全面❷,人力资本的形成来自于劳动力的投资,其中既包括正规学校教育也包括在职培训、医疗保健、迁移,及收集价格与收入的信息等多种形式。培训清楚地说明了人力资本对收入、就业与其他经济变量的影响,培训可分为一般培训和特殊培训,所谓一般培训,是指雇员接受的这样一种培训,这种培训在雇员离开接受培训的企业到其他的企业工作时,仍然会派上用场。比如,在一家医院接受过培训的医生,在离开这家医院后,其所获得的医学知识和技术在其他医院仍然是有用的。从培训效果看,完全一般性的培训提高了受培训者的边际生产力,这种作用对提供培训的企业和其他企业来说是一样的,即所有企业都可以享受到因培训导致生产率提高带来的好处,劳动力由这种培训带来的收益在所有企业是相等的。而特殊培训则不同,它是针对某一企业和工作的需要提供的,只有员工在提供培训的企业工作时,这种培训带来的知识和技能才会发挥作用,雇员离开本企业而到其他企业就业时,这种培训将会变成无用的,比如在军队中,某些培训就是特殊培训,这些培训在民用部门用处极少,如对宇航员、战斗机驾驶员、导弹操纵员提供的专业性技术培训。特殊培训所带来的劳动生产率的提高在提供培训的企业和其他企业是不同的。在培训是完全特殊的情况下,只有提供特殊培训的企业才能享受由这种培训所导致的劳动生产率提高而带来的收益,其他企业不会享受到特殊培训带来的生产效率。雇员离开本企业到其他企业工作时,其边际生产力会下降至接受特殊培训前的水平,其收入也会低于在提供培训

---

❶ 曾恂.美国反就业歧视立法的启示[J].南方经济,2003(5):73-76.加里 • 贝克尔.人力资本:特别是关于教育的理论与经验分析[M].梁小民译,北京:北京大学出版社,1987.

❷ 加里·贝克尔.人力资本:特别是关于教育的理论与经验分析[M].梁小民译,北京:北京大学出版社,1987.

企业所获得的收入。一般而言,培训不会处于两种极端的情况,通常是既有一般性又有特殊性。

由于不同培训的上述差异,因此接受培训的个体就业选择范围就会存在明显的差异。由一般培训而获得的人力资本适用于所有的企业,因此,劳动者可以在许多不同的企业之间选择,选择不同的企业不会影响这种人力资本作用的发挥。这样,在劳动力市场存在不均衡的情况下,劳动者就会根据自己所掌握的信息,根据自己的喜好和工资等因素来选择就业单位。一般而言,就业的选择范围越宽,劳动者就业的概率越高,其配置越合理。因此,人力资本的一般性程度不同,就业的可能性也是不同的,一般性越强,选择就业单位的范围就较大,就业的概率也越大。实现供求匹配的概率也比较高。如果是以工资为择业标准,那么劳动者就会在自己所掌握的信息中,选择工资水平最高的企业作为工作单位。而特殊培训形成的人力资本就不同了,以完全特殊的培训为例,假设该劳动力只接受了完全特殊的培训,由于这种人力资本只在提供培训的企业发挥作用,因此,劳动者的就业选择只限于提供培训的企业,除非他愿意舍弃这种人力资本带来的收入,或者其他企业的工资水平足以弥补这种人力资本在两个企业之间带来的收入差距,因此实现供求匹配的概率就相对较低。

也可以从雇员和企业的成本—收益角度来分析一般培训和特殊培训对就业的影响。不管是一般培训还是特殊培训,都会提高受培训者的边际生产力,进而提高其收入水平,但是,在雇员变换工作后,二者对雇员和企业的收益影响是不同的,因此,其成本分担也是不同的。如果培训是完全一般性的,那么就是雇员而不是企业来支付完全一般性培训的费用,因为,在一个竞争的劳动力市场上,任何一个企业所支付的工资率都是由其他企业的边际生产力所决定的。由于完全一般性培训在许多企业中都是同样适用的,因此这些企业的边际产品会按照同样的幅度增加,这样,企业支付的工资率也会随之提高,提供这种培训的企业得不到任何收益。特殊培训的情况正好相反,完全特殊培训的费用是由企业来支付。

从收益角度看,雇员离开提供特殊培训的企业而到其他企业后,他所受的特殊培训将不再发生作用,工资水平也会低于原来的企业,因此,主要是雇员所在企业享受了培训的好处。如果培训同时具有一般性和特殊性的成分,那么,企业支付的费用的多少与一般性培训部分的重要性是反方向变动,或者说与培训的特殊性是同方向变动的关系。

从企业解雇冗员的角度看,在由于经济波动、市场变化而引起企业经营状况变糟、需要解雇部分员工时,它会首先考虑解雇受过一般培训的雇员,直到解雇完接受一般培训的雇员后,它才会解雇受过特殊培训的雇员。因为企业支付的是特殊培训费用而不是一般培训费用,如果解雇受过特殊培训的雇员,对企业来说是一笔资本损失。因此,从成本—收益的角度上讲,人力资本特殊性强的劳动者失业的可能性较小,这在一定程度上减轻了由于就业选择范围小而对其就业带来的负面影响。但是,一旦这些劳动者失业,再就业的难度就比人力资本一般性强的劳动力大多了。一些老工业基地的下岗职工再就业难,就与这些职工的人力资本的特殊性有关。因为,在计划经济体制下,这些职工的人力资本的形成具有很强的特殊性,他们基本上是按照职业甚至岗位培养出来的,一旦原有企业破产或转产,这些职工的人力资本就失去了发挥作用的场所,因此,如果这些职工不接受新的培训,再就业就较难。❶

5.4.2　失业和转岗培训政策梳理

第二次世界大战后,世界各国失业问题普遍较为严重,失业培训作为促进就业的重要手段,开始受到西方国家的重视,在实践中逐步形成了较为完整的培训政策体系,从法律、资金、组织和管理方面对失业培训制度进行了不断完善。

(1)健全的法律和法规,保障失业培训的功能性和强制性。发达国家在再就业培训方面的法律体系已较为成熟与完善,例如,美国联邦政府制定了《劳动力开发法》《职业教育法》等一系列培训法律作为指导,各个州也针对具体情况与培训的实际需要,制定了自己的相关法律法规。20世纪60年代,韩国就已经通过颁布十多部相关的职业培训法律法规确立了自己的职业培训制度。法律对于培训经费的来源、培训的具体实施办法及考核办法都做了明确的规定。为了对再就业培训进行常态管理,2001年韩国政府又颁布了《终身学习法》,将再就业培训纳入职业教育管理体系。

(2)拓展培训资金来源,保证失业培训工作的展开。充足的资金是做好培训工作的必要经济保障,德国政府在再就业培训资金的筹集上采取"谁受益谁支付"的原则,培训企业和受训者均可得到政府的补贴,同时作为受益者他们也是培训经费的分担者,德国的培训经费主要包括:失业保险金、各级政府补助、培训者自己或家庭的收入、欧洲社会基金、捐款、税收及其他收入。这种方式既能有效地保障再就业培训工作的顺利进行,同时也体现了社会保障权利与义务对等的原则。

(3)在培训组织方面,鼓励企业参与再就业培训,从而使得培训更加具有实用性。国外通过各种政策鼓励企业促进失业人员再就业的措施主要有:①直接鼓励企业积极参与培训,如德国在制定培训政策时会听取企业界的建议,使培训项目更好地接近于社会经济发展和市场需要,从而切实有效地帮助失业者在培训后找到匹配的工作,也真正为企业所用;鼓励企业直接参与培训还表现在鼓励

---

❶田永坡.人力资本一般性和专有性对大学生就业的影响[J].北京师范大学学报,2004(3):105-110.

企业先招人后培训政府来买单,如英国的很多培训都采取失业者先以合同或学徒制形式去企业中进行实践,然后由政府为参与的企业提供财政补助的形式。②对接收失业人员的企业政府给予一定的奖励,如日本政府使用专项基金来奖励吸收剩余劳动力的企业,并且如需重新进行培训政府承担所有费用。③通过鼓励和发展中小企业,创造就业岗位,从而间接促进就业,英国解决再就业的一个重要办法就是创造岗位,因此政府鼓励企业自我雇佣,也鼓励失业人员自己创业。

(4)以学员分类的方式开展培训,保证培训的针对性和有效性。对不同的失业人员进行分类培训是指根据失业人员自身的年龄、性别、学历、工作经验及兴趣爱好等特点,对其进行不同类别的培训,如德国除了传统的培训外还针对不同的失业者例如青年失业者、女性失业者和大龄失业者展开不同的培训,对于就业特殊困难的失业者不仅提供普通的职业培训,还为他们提供语言培训、社会能力培训等特色培训项目;韩国也非常重视对社会弱势群体的就业培训工作,根据移民、残疾人、女性及年轻失业者的不同特点开发了不同的培训内容和方式,例如,韩国针对青少年开展"优先选定职种训练",针对妇女、农渔民开展"雇佣促进训练"。

(5)采取多种形式的课程和培训方法,帮助学员实现终生学习。根据课程的需要及失业者的实际情况采取不同的培训方法,有助于培训人员更好地接受知识。如英国的失业者可依据自身情况选择全日制学校培训、计算机辅助的远程教育、基于岗位或工作场所的学习、在培训师的帮助下独立学习等不同形式的培训;在培训过程中,通常采用个别教学为主,班级和小组教学为辅的形式,结合培训的具体内容开展讲座、演示、实践操作、讨论、模拟、个案分析等形式的教学,并且多数的培训课程都是以模块化的方式来设计执行,所谓模块化方式就是把培训内容分割成若干不同单元,让受训者根据自己以往的学习和工作经历来选择其中的某些单元进行学习,不需要全部学习或从头开始按顺序学习,这样失业者就可以随时开始或停止自己的学习。

(6)就业培训提供机制多样化,保障培训供给与市场需求相适应。在公共就业服务发展的初期,政府将其作为公共服务的一项重要职责,政府部门组织的公共培训机构是培训提供的主题,社会组织或私人组织的培训机构较少。公共就业培训服务的提供机制是政府垄断培训市场,政府既是培训服务的出资者,又是服务的生产者,培训对象则被动地接受服务。这种模式尤其难以克服的问题包括两类:首先,随着就业弱势群体的增加,公共就业培训机构逐渐难以满足迅速增长的公共培训需求;其次,完全公共培训项目的灵活性较低,往往无法随着市场需求的改变而及时调整,因此限制了其在劳动力供需匹配中的作用。因此,各国逐步形成了一种由公共就业培训机构主导,职业技术学校、私人培训机构、企业办培训中心多元参与的培训提供机制。

互动讨论3:哪种就业培训提供机制更适应中国? ❶

表5-1总结了政府垄断提供模式、指派式公私混合提供模式、准市场模式和凭单模式四类公共,就业培训提供机制在培训经费来源、培训机构角色、提供者、生产者、购买者、合同关系、竞争性、可选择性、市场化程度等多个维度上的差别,请仔细阅读该表,分小组讨论对于中国的现状,选择哪种培训机制更能解决目前的供求匹配问题,原因是什么?

(1)政府角色。在传统机制中,政府是公共就业培训服务的组织者、提供者、生产者。在新机制中,就业培训服务的提供者与生产者相分离,政府采取合同招标等方式把生产者角色交由公共培训机构、私人和非政府的培训机构履行,政府自身成为服务的购买者与监管者。

(2)培训机构角色。在传统机制中,公共培训机构几乎是就业培训服务的唯一提供者。而在准市场机制中,公共培训机构不再是唯一提供者或垄断者,一些具有培训资质、得到政府认证的私人培训机构和非政府性培训机构参与到培训服务的竞争中来,公共培训机构需要通过市场竞争与私人和非政府培训组织一起提供服务。

表5-1 不同公共培训提供机制的比较

内容比较	传统机制		新机制	
	政府垄断提供模式	指派式公私混合提供模式	准市场模式	凭单式模式
培训经费来源	公共财政	公共财政	公共财政	公共财政
公共培训机构角色	强	强	弱	弱
提供者(委托者)	政府	政府	政府	政府
生产者(代理者)	公共培训机构	公、私培训机构	公、私培训机构	公、私培训机构
服务购买者	政府	政府	政府	政府、培训对象
(准)合同关系	无	无	有	有
培训机构间竞争性	无	弱	强	强
消费者的选择权	无	弱	强	强
服务提供战略	公共机构垄断	公共机构主导	公、私合作	公、私合作
市场化程度	无	低	高	高
相对服务质量	比较低	一般	高	高

---

❶ 阳盛益,蔡旭昶,郁建兴.政府购买就业培训服务的准市场机制及其应用[J].浙江大学学报,2010(6):73-81.

（3）培训对象角色。在传统机制中，消费者是被动的培训接受者，没有选择权。在准市场机制中，尤其是凭单式机制中，消费者被赋予了较大的选择权，可以手持培训券自行选择培训机构。消费者在一定程度上可以看做是培训服务的购买者，具有购买选择权，而且这种选择会对培训市场主体产生压力，进而推动培训机构之间的竞争，促使各培训机构高效、高质量地提供服务。

（4）（准）合同关系。在政府垄断提供机制中，政府与就业培训机构是上下级关系，不存在什么合同。在指派式公私混合提供机制中，所有非政府的培训机构都是政府指定的，也没有合同关系。在准市场机制中，政府要公开招标，条件具备的各类培训机构都可参与竞标来取得培训任务，政府与竞标成功者签署合同，确定当年培训任务，这样政府与培训机构就形成了（准）合同关系，政府成为培训服务的委托者，培训机构成为代理者，合同成为政府新的政策工具。

（5）竞争性与市场化程度。在传统机制中，公共培训机构几乎是唯一的培训机构，任务是分配式的、指令式的，因此不存在竞争性，市场化程度几乎为零。在准市场机制中，由于培训机构的多元化，政府采取招投标形式，各培训机构必须符合资质，必须参与竞争才能获得培训资格。况且，由于其客户具有选择权，要想赢得更多客户，培训机构之间的竞争不可避免。

（6）服务提供战略。在政府垄断提供机制中，由于非政府组织和私人组织的缺乏，不存在公共部门与私人部门或非政府组织之间的合作关系。在指派式公私混合提供机制中，非政府的培训机构只是作为培训的补充力量，缺乏稳定性，难以形成合作战略。在准市场机制中，政府部门与公共培训机构不仅适度分离，而且允许非政府、私人培训机构参与，成为与公共培训机构并重的主体，政府在服务提供战略中建立起公私合作伙伴关系，非政府、私人培训机构不仅是政府购买培训服务中的参与者，而且也是政府的合作者，肩负着共同完成培训任务的使命。

（7）服务质量。相比于传统机制，准市场机制强调竞争，定期的竞争性招标迫使各培训机构不断提高质量来维持已有的培训份额和赢得更多的培训份额。相应地，就业培训服务的质量和顾客满意度会更高。

5.4.3 中国的公共就业培训制度

我国再就业培训政策是在国有企业改革"下岗失业"和"农村劳动力转移"这两个时代背景中逐步形成和完善的，因此目前的公共培训制度也主要由下岗失业人员再就业培训政策和农村转移劳动力培训政策所组成。

20世纪90年代末，随着我国劳动就业制度改革的深入及国企改革的进行，我国的失业问题开始凸显,并且随着城市化过程的不断加快,大量农村剩余劳动力也开始向城市转移。在这种情况下,公共就业培训逐渐成为下岗失业人员、农村剩余劳动力及其他社会弱势群体转换职业技能,实现人岗匹配,实现就业的重要手段。从20世纪90年代起,中国政府日益重视公共就业培训,1998年,国务院下发《关于切实做好国有企业下岗职工基本生活保障和再就业工作的通知》,提出要"根据下岗职工特点和社会需要,突出培训的实用性和有效性,提高下岗职工的再就业能力""对为下岗职工提供再就业培训的,可给予一定的补贴"。由此,针对下岗职工的公共就业培训开始形成政策系列。2002年,国务院下发《中共中央国务院关于进一步做好下岗失业人员再就业工作的通知》,提出要"根据劳动力市场变化和产业结构调整的需要,大力加强职业教育和再就业培训,各地要充分利用全社会现有的教育资源,组织开展多层次、多形式的再就业培训,提高下岗失业人员的就业能力",并指出"对城镇就业转失业人员和国有企业下岗职工提供免费再就业培训,所需经费主要由地方财政承担,中央财政对困难地方给予适当补助",进一步扩大了我国公共就业培训的对象范围,并对公共就业培训的经费来源做了相应规定。之后,国务院各有关部门又下发了一系列配套文件,构筑起下岗失业人员就业培训制度的基本框架。

2003年,农业部、人社部、教育部、财政部、科技部和建设部等六部委发布《2003—2010年全国农民工培训规划》,对农村剩余劳动力培训进行整体规划。2004年,农业部、人社部、教育部、财政部、科技部和建设部等六部委依据该规划,启动"农村劳动力转移培训阳光工程",培训对象主要是农村剩余劳动力,其目的是提高农村劳动力素质和就业技能,迅速实现农村剩余劳动力的转移。在培训经费上以政府公共财政经费为支持,为处于经济不利地位的农村剩余劳动力增加社会发展能力与机会,提供条件与帮助。随着"阳光工程"的推进,农村剩余劳动力也被纳入我国公共就业培训的对象范围之内。

2005年,劳动保障部(现人社部)下发了《关于进一步做好职业培训工作的意见》,分别提出了针对下岗失业职工与农村劳动者的技能再就业计划、能力促创业计划和农村劳动力技能就业计划。其中技能再就业计划,提出要在5年内对2000万名下岗失业人员开展职业技能培训,培训合格率达到90%以上,培训后再就业率达到60%以上,并要求要切实落实职业培训和技能鉴定经费补贴政策,完善经费补贴与培训质量和促进就业效果挂钩的机制和办法。能力促创业计划提出5年内要对200万城乡劳动者开展创业培训,培训合格率达到80%以上,推广创业培训等行之有效的培训模式,加快创业培训教师培养,提高培训质量,为创业者提供培训资金等一条龙服务。农村劳动力技能就业计划提出要在5年内对4000万名进城务工的农村劳动者开展职业培训,加大培训政策和资金的支持力度,实行便于进城务工的农村劳动者参加培训和实现就业的经费补贴办法,对进城登记求职的农村劳动者提供免费的职业指导等服务。由此,我国公共就业培训的项目进一步得到丰富。

我国目前的事业或转岗培训政策已经形成了基本框架,但是也存在诸多问题,比如培训制度相关法规不完善;就业培训制度模式单一且政府主导的管理模式效率不高,不利于市场主体作用发挥;政策不配套,管理体制混乱;就业培训制度培训对象范围过窄,只重培训数量,忽视培训质量等。对此,未来政策应该在以下方面进行完善:

(1)完善培训立法。我国的失业和转岗培训虽然开展较早,并且出台了许多相关的政策,采取了一些有针对性的措施,但相关立法却很不健全,这也是导致培训客观效果不佳的一个重要原因。比如,我国与再就业培训有关的法律规定主要包含在《宪法》和《劳动法》中,这些规定都比较原则和抽象,缺乏实质性的内容和可操作化的程序,虽然由十届全国人大常委会第二十九次会议于2007年8月30日通过,并于2008年1月1日起正式施行的《中华人民共和国就业促进法》在第五章对职业教育和培训作了专章规定,但其中专门涉及再就业培训的内容依然很少,并不能够完全克服我国再就业培训立法存在的缺陷与不足。因此,需要学习和借鉴西方发达国家在培训立法方面的成功做法和有益经验,健全和完善有关的法律制度。

(2)规范培训管理。在《就业促进法》出台之前,并没有一部专门的法律对失业或转岗培训机构及其职责作出明确、完备和周密的规定,《就业促进法》颁布后,也只是在第五章第四十五条至四十九条笼统规定由县级以上人民政府负责职业技能培训的各方面工作,对再就业培训的专门管理机构并没有进一步作出具体的规定。由于职责权限不明确,各级政府对失业和转岗培训缺乏统一和有效的管理,严重影响了再就业培训工作的切实开展。未来需要对培训的各类管理机构及其职责权限作出明确、具体和完备的规定,确立专门机构及其职责权限范围,明确各自的法律责任和义务。

(3)采取多样化的培训机制。我国当前公共就业培训采用的政府购买培训成果和政府主导的管理方式,由于政府机构效率较低和劳动力市场不规范,使得政府在公共就业培训中的决策,与实际市场需求不匹配。公共就业培训虽然由政府组织并出资,是政府提供的一项公共就业服务,但其最终目的是促进有效就业,因此应当充分发挥市场机制与企业在公共就业培训中的积极作用。对此,可以借鉴公共和私人培训合作模式,将企业及其他社会力量引入公共就业培训的制度模式及管理中来,充分发挥供求机制、竞争机制和价格机制的作用,激发企业及其他社会力量在公共就业培训中的积极性,从而低成本、高效益地促进就业困难群体就业,同时推进公共就业培训制度模式与管理方式的变革与完善。

(4)创新培训内容和方式。由于国家未就公共就业培训内容制定相关标准,各地缺乏统一的协调与管理,缺乏市场调查的基础,造成许多公共就业培训相关课程设置与劳动力市场要求不符,存在一定的盲目性和重复性,公共就业的培训方式也较为单一。对此,政府应当结合我国劳动力市场供求变化,参照我国职业资格证书体系设立公共就业培训内容的相关标准与补贴标准,增加公共就业培训内容的规范性、实用性、激励性与市场性。在培训方式方面,应当从"教学为中心"向"由受训者为中心"转变,使公共就业培训适应于不同受训者的工作变动和个人素质基础,提高培训内容的丰富性与培训方式的个性化。

★ 本章重点:

劳动力市场政策含义,积极劳动力市场政策的内容和应用,中国积极劳动力市场政策的发展历史;

就业服务政策的内容,中国就业服务制度的发展历史和制度框架,就业服务信息化建设的发展方向;

反就业歧视制度的内容,国际组织和西方国家的制度设计,中国就业歧视的类型,反就业歧视制度的内容、缺陷和发展方向;

培训的分类和与失业之间的关系,失业培训的政策的内容,中国失业培训政策的内容、缺陷和发展方向。

★ 关键词:

劳动力市场政策	积极劳动力市场政策
公共就业服务	职业中介
劳动力市场信息	劳动力市场调整计划管理
失业补贴	就业服务信息化建设
反就业歧视制度	城乡就业歧视
性别歧视	年龄歧视
一般培训	特殊培训
失业培训	

思考与应用:

我国北京、上海、珠海、武汉、江西等省市已为下岗失业人员的求职登记、职

业指导、职业介绍、培训申请、鉴定申报、档案管理、社会保险关系接续等实行
"一站式服务",并及时向社会公开发布劳动市场供求信息,其工作模式如图5-1
所示。

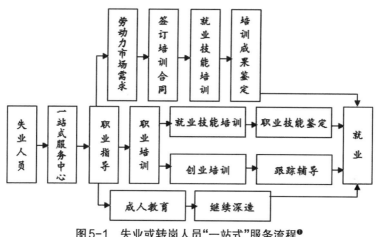

图5-1　失业或转岗人员"一站式"服务流程❶

请选择上述一个或几个地区,搜集相关政策资料或实地考察具体做法,思考
以下几个问题:

(1)"一站式"服务的基本流程是什么样的,它涉及积极劳动力市场政策的哪
些方面?

(2)就业服务、失业或转岗培训在"一站式"服务中处于什么位置,发挥了哪
些作用? 根据你的观察,这些政策是否能够发挥有效作用? 分析是什么因素阻
碍了制度的有效性?

(3)如果由你来设计就业服务政策、失业和转岗培训政策,你会如何安排两
者的关系和设计"一站式"服务流程,是否需要及如何将其他劳动力市场政策与
之相结合?

❶谢小青,赵曼.我国再就业培训的现状及对策[J].湖北社会科学,2005(8):78-80.

第六章 从关注数量到兼顾质量的就业政策

6.1 就业质量的含义与相关政策

传统就业政策关注的重点在于就业数量,也就是着力控制失业率,而就业质量的规定则基本穿插分布于各类就业政策中,并没有形成系统的体系,或者说对于就业质量相关政策的系统化梳理较为薄弱,加之多年来中国劳动力市场供大于求一直是常态,防止失业率上升成为主要矛盾,政策和现实两方面共同助推了就业政策"重数量,轻质量"的状况。然而,随着近年来劳动力市场供求力量发生改变,就业者需求也从满足基本生存需要向更高层次迈进,就业政策也需要发生相应的转变,更加关注劳动者的就业质量。

6.1.1 就业质量的含义

20世纪70年代开始,西方发达经济体的劳动力市场日趋成熟,经过多次经济周期洗礼后的市场经济体对于失业问题的理解也更加深刻,治理失业问题的政策日趋成熟。美国、欧盟成员方的就业政策制定者,开始探讨超越单纯数量意义的就业概念,关注劳动者从职位中所获得的全面的效用和价值,这就是就业质量概念的最初来源。

就业质量概念也有狭义和广义之分,前者指包括工作满意度、经济回报、非经济回报、技能和培训、职业发展机会、工作内容、工作匹配程度等在内的劳动者内在就业质量,主要从劳动者自身角度定义就业质量;而广义的就业质量包括性别平等、工作健康和安全、工作生活平衡、社会对话、非歧视、劳动力市场中介等在内的劳动力市场外部就业质量,主要从劳动者所处的劳动力市场整体环境定义就业质量。人们往往在微观层面上使用狭义就业质量概念,从个体劳动者的角度看,就业质量包括了一切与劳动者个人工作状况相关的要素,如劳动者的工资报酬、工作时间、工作环境、社会保障等均应包含其中。而当谈到某个范围如国家、地区或行业的就业质量时，人们往往在宏观层面使用广义就业政策概念，指的就是该范围内劳动者整体的工作状况的优劣程度，如社会保险参保率、劳动合同签约率、平均工资等。无论从狭义还是广义的角度来看就业质量，改善劳动者的就业状态已经成为发达经济体及国际组织高度关注的领域。

就业质量的概念也可以从"体面劳动"的角度加以理解。1999年6月，国际劳工组织新任局长索马维亚在第87届国际劳工大会上首次提出了"体面的劳动"新概念，所谓"体面的劳动"，意味着生产性的劳动，包括劳动者的权利得到保护、有足够的收入、充分的社会保护和足够的工作岗位，为了保证"体面劳动"这一战略目标的实现，必须从整体上平衡而统一地推进"促进工作中的权利""就业""社会保护""社会对话"等四个目标。这一概念的提出，就是想通过促进就业、加强社会保障、维护劳动者基本权益，及开展政府、企业组织和工会三方的协商对话，来保证广大劳动者在自由、公正、安全和有尊严的条件下工作，"体面劳动"的概念，更多地聚焦于劳动者在工作中应该享有的基本权利和机会。

当然，本书所指的就业质量与"体面劳动"之间仍然存在差别。国际劳工组织编制了一套衡量各国"体面劳动"的主要指标体系，内容有就业机会、不可接受的工作、足够的收入和生产性的工作、工作的稳定性、社会公平待遇、劳动安全、社会保障、工作与家庭生活、社会对话与劳动关系、经济和社会因素。在一级指标体系之下还有分指标，比如，就业机会指标之下还包含了六项分指标：劳动力参与率、就业人口与总人口的比例、失业率、青年失业率、非农就业中有薪就业比例、非农就业中妇女就业比例。显然，这些指标是衡量就业数量的，并不属于本书所指的就业质量，另外，"经济和社会因素"也不属于本书所指的就业质量，而其余九项内容都能够反映就业质量。可见，"体面劳动"虽然同时包含了就业数量和就业质量两方面的内容，但较为偏重就业质量。

国际劳工组织提出"体面劳动"概念是为了应对全球化给劳动领域带来的挑战：富人成为全球化的受益者，财富分配严重两极分化；失业工人大量增加；社会保障不足、劳动条件恶化；相当多的工人陷于贫困之中。发展中国家中，约60%的劳动者在缺乏工作安全性、低收入，缺少社会福利、发展机会、教育和培训的非正规部门中就业。中国改革开放30多年间，虽然我国经济总体水平不断上升，但和劳动者福祉密切相关的就业质量却并没有显著提高，工资增长停滞、工资拖欠、超长加班、强迫劳动、劳动条件恶劣、劳动保护不力、工伤与职业病频发、劳动合同不规范、社会保险参保率低等都是低就业质量在我国劳动力市场存在的表现。普通劳动者没有能够充分分享经济增长的益处，反而不断扩大他们在生命、时间、健康、个人发展和家庭幸福上的牺牲❶。

---

❶曾湘泉.深化对就业质量问题的理论探讨和政策研究[J].人力资源社会保障(浙江),2013(2):14-16.

6.1.2 就业质量与就业数量的关系

就业质量与就业数量的关系相辅相成,一方面,就业供求总量和结构不匹配等就业数量问题在所有就业问题中起着决定性作用,既是造成就业质量问题的根本原因,也是解决就业质量问题的关键。另一方面,就业质量问题如果不能及时得到妥善解决,演变为就业领域的突出问题,也将直接制约就业数量的扩大,影响着就业问题的全面解决。

一些人认为,当劳动力市场出现供给过剩时,需要集中力量于扩大就业数量、降低失业率,可以暂时放弃就业质量,如果强调提高就业质量,会影响用人单位的用工积极性,不利于扩大就业。实际上,这种思路是较为短视和片面的,就业质量不仅关系到劳动者的权益保护,也联系着用人单位的长期利益,会直接影响到充分就业的实现。企业改善就业环境、提高就业质量投入,能增强企业凝聚力,提高就业的稳定性,降低招工和培训成本,提高企业的经济效益,从而扩大生产规模和用工数量。反之,就业质量低下会降低就业的稳定性,工人跳槽频繁导致摩擦性失业增加,而在岗职工则由于工作满意度低下而影响工作积极性,降低企业的效益,最终降低企业生产规模和用工数量。

近年来,随着中国劳动力市场供求状况的逐步改变,就业质量影响就业数量的问题也越来越突出。2004年以来,福建、广东、北京等地的民营企业相继出现了招工难的情况,依据劳动和社会保障部(现人社部)2004年的专题调查报告,中国东南沿海加工制造业聚集地区企业的农民工缺工率已经达到了10%左右[1],集中在商业服务、服装加工、饮食加工、机械加工业的熟练工和简单劳动岗位,由于大量民企给这些岗位提供的工资太低、劳动环境太差、劳动强度大、时间长、不签合同、不上保险,吓跑了大量农民工,就业数量受到了严重的影响。与此同时,由于技术工人待遇不高,技术工人供需不匹配的现象也十分突出,劳动密集型企业内具有一定工作经验的技术工尤其短缺,其中高级技师、技师、高级工的应聘人数与企业需求数量之比在2004年分别为1:2.1、1:1.8及1:1.5,而在制造业发达地区,这一问题更为严峻,平均供求比不足1:5[2]。下岗职工再就业是党和政府高度重视的一项工作,但许多下岗职工宁可在家也不愿去给私企打工,主要原因还是由于私企提供的岗位就业质量太差。大学生就业难,也是近年来一个突出的问题,多数学生把就业的注意力集中在机关、事业单位、国企、外企,却不愿到急

[1] 劳动和社会保障部课题组.关于民工短缺的调查报告[EB/OL].(2004-09-14)[2016-01-09]. http://news.xinhuanet.com/zhengfu/2004-09/14/content_1979817.htm;劳动和社会保障部课题组. 关于技术工人短缺的调研报告[J].中国劳动保障,2004(10):28-29.

[2] 张原,陈凌,陈建奇."民工荒"与"技工荒"并存的理论解释及证据——基于投资结构与就业均衡视角的研究[J].财经研究,2008(4):117-126.

需人才的私企里就业,这其中固然有大学生本身的就业观念问题,但多数私企工资低、工作稳定性差、缺少职业前景却是不争的事实,私企只有不断提高其就业质量,才能提高其就业吸引力,充分发挥其吸纳就业的主渠道作用,这也充分说明就业质量会显著影响就业数量。从农民工、技术工人、下岗职工和大学生就业的例子中,我们都能看到就业质量在整体就业问题的解决中处于相当重要的地位,忽视了就业质量,不但使劳动者的权益受到侵害,企业的长期利益得不到保障,同时也会影响到就业数量的扩大。

6.1.3　提升就业质量的相关政策

提升就业质量的政策包括主要政策和协调政策两大类,主要政策是实现就业质量提升的关键,其范围涵盖个体、组织、劳动力市场三个层面,主要内容包括:收入分配、劳动法律法规、教育制度和培训制度、劳动力市场建设、社会保障体系等,是一项复杂的系统工程。就业质量的提升不仅需要政府从政策和行政层面常抓不懈,也需要政府、企业界和劳动者达成共识,更需要理论界深入开展对就业质量问题的理论探讨和政策研究。这样才可能保证就业质量提升成为劳动者分享经济增长成果的基础,使就业质量提升成为经济发展的助推器,也使得提升就业质量的政策不受经济波动的影响和阻碍。

协调政策是与就业质量提升相关,但这些政策并不直接与个体、组织或劳动力市场相关,主要包括产业政策、教育政策、进出口政策、金融财税政策等。提升就业质量的政策要与我国整体劳动力市场发展目标相一致,也要与这些政策相互配合,形成合力,共同发挥作用。就业质量可以为判断劳动力市场发展及整个经济和社会发展提供标准,也可以为我国对外进出口争端解决提供依据。因此,借助现代劳动力市场政策评估工具,加强对已有的产业政策、教育政策及其他相关政策的效果评估是当前和今后一段时间就业质量研究的重要方向❶。

6.2　就业质量的内容和测量

就业质量研究的是就业活动中,劳动者与生产资料结合并获得收益情况的优劣程度。构成这种优劣程度的因素是多方面的,因此,就业质量的内容也是多方面的,对这些内容进行定义、归纳和分类,将其赋予可测量的尺度则是量化考察就业质量的依据,是制定有效就业质量相关政策的基础。

❶曾湘泉.深化对就业质量问题的理论探讨和政策研究[J].人力资源社会保障(浙江),2013(2):14-16.

6.2.1 就业质量的内容

对于就业质量应该包含哪些内容,一些研究者设计了对各个劳动者群体具有一定普适性的就业质量评价指标体系,在评价要素的选择和各指标的权重分配上大同小异,共同的特点是涵盖了影响劳动者个体就业状况的主要要素,同时给予劳动报酬以相对较大权重。也有部分研究专门针对高校毕业生群体,对毕业生就业质量的衡量指标和评价体系进行了初步研究❶。综合已有的文献,目前比较一致的看法是认为就业质量的内容主要包含如下基本因素:

(1)工作的性质,即劳动者是否是自由、自愿选择就业。国际劳工组织在《工作中基本原则和权利宣言》中确立了两种非自由、自愿就业的形式:强迫劳动和童工劳动。强迫劳动指任何以惩罚相威胁、强迫任何人从事的非本人志愿的一切工作或服务或作为偿债方法的工作或服务。童工劳动指未达到劳动年龄的儿童的有薪就业。目前,我国的《劳动法》中虽然没有明确规定不得强迫劳动,但我国早已建立社会主义制度,根据《中华人民共和国宪法》《未成年人权益保障法》及我国政府所批准的国际劳工组织《准予就业最低年龄公约》《禁止或立即行动消除最恶劣形式童工劳动公约》,中国对于童工劳动和强迫劳动的反对态度是非常明确的。近年来,在我国强迫劳动和童工劳动又有沉渣泛起之势,有些私营企业主为赚取高额利润,采取高压手段强迫劳动者恶劣的劳动条件下从事劳动,还有交纳押金、扣身份证、为降低成本大量使用未成年人劳动等现象,这些已成为影响我国就业质量的恶疾,消除各种隐蔽形式的强迫劳动和童工劳动,是当前提升就业质量不容忽视的问题。

新闻链接4:强迫劳动罪在办理系列黑砖窑案中首显威❷

近年来,一些地方砖窑主拐骗、强迫农民工及未成年人当苦工的"黑砖窑"事件时有发生。刑法修正案(八)规定强迫劳动罪,可谓对此类事件"量身打造"。5月1日起施行的刑法修正案(八)对强迫职工劳动罪作出重大修改,规定只要以暴力、威胁或者限制人身自由的方法强迫他人劳动,均可以强迫劳动罪追究刑事责任。《法制日报》记者在调查中了解到,云南省马龙县司法机关近日以强迫劳动罪办理了系列"黑砖窑"强迫智力障碍者人员劳动案件。强迫劳动罪在实

❶杨河清,李佳.大学毕业生就业质量评价指标体系的建立与应用[J].中国人才,2007(15):28-29;杨河清,李佳.大学毕业生就业质量的实证分析[J].中国劳动,2007(12):26-28;程惠娜,丁扬.大学毕业生就业问题研究:基于就业质量的探析[J].农村经济与科技,2007(8):4-5;于仁财,张哲,李海军等.高校毕业生就业质量评判方法的探讨[J].辽宁教育研究,2007(12):115-117.

❷卢杰.强迫劳动罪在办理系列黑砖窑案中首显威[N].法制日报,2011-10-24(5).

践中开始"发威"。

5月中旬,马龙县人民检察院就犯罪嫌疑人杜潘志涉嫌强迫劳动罪一案,向马龙县人民法院依法提起公诉。5月27日,马龙县法院以强迫劳动罪,判处杜潘志有期徒刑7个月,并处罚金3000元。这是刑法修正案(八)及罪名补充规定。此后,马龙县检察院又审查起诉了数起类似案件。截至目前,该院已经办理此类案件4件9人。另外还有两起案件尚在公安机关侦查之中。与此前媒体曝光的"黑砖窑"事件一致,上述几起案件均为不法砖窑主花钱从人贩子手中购得一定数量的智力障碍者人员,以殴打、限制人身自由的方式强迫其劳动。"这些智力障碍者人员多被人贩子从外地拐到马龙。花上几百元钱,砖窑主就可买到一个几乎是'零成本'的劳动力。他们只给智力障碍者人员发很少一点工资,甚至不发。砖场一般雇有专门人员,对智力障碍者人员严加看管,防止他们逃掉。"马龙县人民检察院公诉科科长高龙告诉《法制日报》记者。高龙介绍,公安机关移送杜潘志一案时,使用的罪名还是原来的"强迫职工劳动罪",恰好赶上刑法修正案(八)施行,马龙县检察院就以强迫劳动罪向法院提起了公诉。

"劳动是个很宽泛的概念,对'强迫劳动'的定义也应当适度扩大。"浙江省舟山市定海区人民检察院检察委员会专职委员邵海凤介绍,国际劳工组织将"强迫或强制劳动"界定为:以任何惩罚相威胁,强迫任何人从事的非本人自愿的一切劳动或服务。该定义具有广泛的影响力,至今仍为国际劳工组织、国际社会及各国所引用。刑法修正案(八)关于强迫劳动罪的修改扩大了该罪的主体范围,拓宽了适用领域。在客观方面,新规定补充了认定"强迫"的行为手段,新增了协助型犯罪。"这样的规定已基本实现与国际劳工标准的对接,更符合打击当前劳动生产领域日益增多的强迫劳动犯罪之需要,具有积极的理论和实践意义。"

(2)聘用条件,指工作的特征和工作所给予的各种待遇。包括:①工作时间。工作时间是指劳动者根据国家法律的规定,在一个昼夜或一周之内从事本职工作的时间。我国《劳动法》规定,国家实行劳动者每日工作时间不超过8小时,平均每周工作时间不超过40小时,应保证劳动者每周至少休息一天。1995年重新修订的《国务院关于职工工作时间的规定》中对标准工作时间重新进行了规定,规定职工每日工作8小时。《劳动法》还规定,用人单位延长工作时间每日不得超过3小时,每月不得超过36小时,延长工时需按规定支付加班费。法律对劳动者工作时间的限制,目的是为了保护劳动者的身体健康。②劳动报酬。获得报酬是劳动者参加劳动的基本目的,就业质量的核心问题就是劳动者的收入水平,劳动报酬是衡量就业质量的重要因素。劳动报酬主要包括工资、奖金、福利。我国法律规定,用人单位必须按时、足额、以货币形式发放劳动者的工资,劳动者的工资不得低于当地最低工资标准。③工作稳定性。工作对于劳动者具有非常重要的意义,不仅是人们获得收入维持生活的基本来源,也是人们融入社会的基本方式,保持职业稳定是劳动者的基本需求之一,丧失工作对于绝大多数以工资为生的劳动者来说是一件非常严重的事。所以,工作的稳定性是就业质量的重要内容。保持工作的相对稳定性,无论对于劳动者个人还是用人单位都是有意义的。衡量工作的稳定性可以从工作期长短、就业周期、临时工比例、未来工作稳定性预期几个方面综合考虑。④职工培训。职工培训是指在职职工为了更新文化知识和提高劳动技能而接受的一种培训。职工培训应成为用人单位的一项经常性的工作,必须制度化。我国《劳动法》规定:"用人单位应当建立职业培训制度,按照国家规定提取和使用职业培训经费,根据本单位实际,有计划地对劳动者进行职业培训","从事技术工种的劳动者,上岗前必须经过培训"。知识和技能是个人拥有的、用以获取报酬的资源,能够在工作中通过培训使知识和技能得到提高,使其拥有的资源保值、增值,从而在劳动力市场的竞争中不被淘汰,并获得相应较好的收入,是高质量就业的重要标志。在我国,尤其受过较高教育的人群如大学生中,已经普遍地把能否及时地得到技能培训,是否有进一步发展的可能当作衡量就业质量的重要标志之一。

(3)工作环境,包括工作的物理环境和工作的心理环境,工作环境说明工作的外部环境特征。工作物理环境包括工作的物理条件和工作的安全条件,温度、湿度、照明度、噪音、震动、异味、粉尘、污染、污秽、高空、野外等都属于物理条件;工作的危险性、事故频率、事故对人体的危害程度、易患的职业病和患病率及危害程度等属于工作安全条件。工作的心理环境主要指企业的声望、职业的声望、工作的孤独感、社会的认同等。

互动讨论4:蓝领工人的职业声望为何不高? ❶

不久前,中共中央办公厅、国务院办公厅印发了《关于进一步加强高技能人才工作的意见》提出将采取九大措施培养高技能人才。据了解,这是新中国成立以来,党中央、国务院首次就加强高技能人才工作做出安排部署。

一段时间以来,一种"怪"现象正在引起人们的关注:一方面是大学生就业难,许多大学生期望月薪跌破千元甚至不惜零工资求职;另一方面则是"技工荒",诸如《月薪六千难觅高级技工》《蓝领待遇直追本科生》的报道不时见诸报端。为什么在行情看涨的今天,高技能工人依然有着巨大的短缺?是什么在阻碍着人们成为一名工人?

---

❶宗青.蓝领工人的职业声望为何高不起来[N].经理日报,2006-07-13(A03).

一位老工人说:从前,技术工人通过一步步努力,可以当班长、当车间主任、当厂长,甚至当上国家领导人。现在已经很难再有这种情况了。有关调查统计显示:影响蓝领工人职业声望的因素主要有:工作条件差,又脏又累;职业上升空间不足;"重脑力、轻体力"的传统;下岗机会大,工作不稳定;容易被看作是"农民工";技术容易过时,职业适应性差;劳动没什么技术含量。收入显然不是唯一的原因,甚至可能不是最重要的原因。

近日,中国青年报社会调查中心与新浪新闻中心联合开展的一项调查显示,38.8%的人认为,收入低是人们不愿意当蓝领的主要原因,21.8%的人认为"职业声望低"才是主因,另外有37.6%的人则认为,蓝领短缺的现实是由这两个因素同时造成的。某汽车生产企业的一名管理人员告诉记者,在他们单位,确实有不少技术工人的收入比他高,但抛开能否胜任的因素,他并不愿意和工人们交换岗位,管理人员比工人"更体面一些"。工作是否体面,或者说职业声望高还是低,正在深刻地影响着人们的职业选择。而影响蓝领工人职业声望的因素之一,66.9%的人认为是工作环境。今天,蓝领工人的工作环境已经有了不少改善,甚至不少人只需要在仪表前操作。但是大多数蓝领工人的工作环境依然艰苦,远没有"一杯茶,一台电脑"的白领工作来得悠闲。58.8%的参与调查者认为,影响蓝领工人职业声望的因素还在于"职业上升空间不足"。57.1%的人认为,传统观念也是影响蓝领工人职业声望的因素之一。"劳心者治人,劳力者治于人"的舆论氛围和固有观念,深刻地影响了一代又一代人。39.9%的受访者认为,影响蓝领工人职业声望的因素还在于"工作不稳定,下岗概率大"。随着国有企业改革的深化和机关事业单位机构的精简,及上亿名农民工和每年上百万名大学毕业生的出现,蓝领工人平均受教育程度相对较低,参与就业竞争的能力较弱,随时面临下岗失业的压力。中华全国总工会与国家统计局在2005年合作进行的一次全国职工队伍状况调查显示,工作稳定性最受蓝领工人关注。正是受这些因素影响,很多家长都希望孩子"能上普通高中就不会上职业技术学校"。

(4)社会保障。社会保障体系主要包括社会保险、社会救济、社会福利、优抚安置四项内容,其中的社会保险对保障劳动者的就业质量影响最大。社会保险是国家依法对遭遇劳动风险的职业劳动者提供一定物质补偿和帮助的社会保障法律制度。通过社会保险的风险分散功能,为遭遇生、老、病、死、残、失业等劳动风险的劳动者及其家属提供物质帮助,保障其基本生活水平,以维护社会公平和社会秩序安定。目前,我国法定的社会保险有五种:养老保险、失业保险、医疗保险、工伤保险、生育保险。反映社会保险水平的因素主要是社会保险的覆盖率和待遇水平,特别是覆盖率。只要参保,职工的权益就能得到保障。因此,用参保率来衡量社会保险程度,是便于测量也比较直观的。

(5)劳动关系,主要是指劳动者与用人单位之间在实现劳动过程中发生的社会关系,主要包括:是否依法签订、履行劳动合同;劳资双方是否平等;劳动者是否有表达自己意见的渠道;劳动者是否能参与与自己有关问题的决策,民主权利能否得到保障;工会组织能否发挥保障劳动者权益的作用;有无各种歧视等。

6.2.2 就业质量测量指标体系的建立和运用

就业质量的内容包括上述多方面,然而要明确评估劳动力市场的就业质量,仅依赖就业质量的内容定义远远不够,这与就业数量的情况是类似的:就业数量可以用失业率、求人倍率、各种结构性失业率等指标来进行明确的分析,而仅凭"失业"的定义却无法实现这种量化研究。

在如何评价就业质量问题上,李金林等[1]指出就业质量应包括就业层次(客观性指标)和毕业生的主体指标(如满意程度等)两大方面的内容;周平[2]指出就业质量应从三个方面的指标加以体现,即就业人员的质量、就业岗位的质量和就业工作的质量;秦建国[3]提出就业质量指标体系的建构应当从4个角度入手:就业前的主客观前提指标、就业岗位质量指标、就业满意度指标和就业宏观表现指标。从测量指数的角度来看,已有的研究主要从两个层面展开:一是从就业者层面,对农民工、女性、大学生等群体的就业质量进行研究,李军峰[4]提出了一个包括就业稳定指数、工作质量指数、劳资关系指数、福利和社会保障指数、职业发展指数五方面内容的指标体系,测评比较男女两性的就业质量。张抗私[5]、柯宇等[6]提出了指标体系,对大学生的就业质量进行了测量。二是从地区层面,提出了评价不同地区就业质量差异的指标体系。赖德胜等[7]建构了包括就业环境、就业能力、就业状况、劳动者报酬、社会保护、劳动关系等六个维度的指标体系,对30个省市的就业质量进行了测算和比较。

可见,与就业数量相比,就业质量所包含的要素更为复杂,因此建立就业质量指标就需要考虑全方位、多层次的内容,及不同指标在就业质量总体评价中的权重,从而构成相应的指标体系。构建就业质量测量指标体系包括以下步骤:

[1]李金林,姚莉,应飚.高校就业质量评价体系初探[J].山西财经大学学报(高等教育版),2002(3):18-19.

[2]周平.浅谈提高我国的就业质量问题[J].中国就业,2005(3):21-22.

[3]秦建国.大学生就业质量评价体系探析[J].改革与战略,2007(1):150-153.

[4]李军峰.就业质量的性别比较分析[J].市场与人口分析,2003(6):1-7.

[5]张抗私,盈帅.性别如何影响就业质量?——基于女大学生就业评价指标体系的经验研究[J].财经问题研究,2012(3):83-90.

[6]柯羽.高校毕业生就业质量评价指标体系的构建[J].中国高教研究,2007(7):82-84.

[7]赖德胜等.中国各地区就业质量测算与评价[J].经济理论与经济管理,2011(11):88-99.

（1）依据就业质量内容的几大方面，确定就业质量评价指标体系的构成。

第一大类为工作性质，包括强迫劳动、未成年劳动两方面；第二大类为聘用条件，其下又包含工作时间、劳动报酬、工作稳定性、职工培训四个要素；第三大类为工作环境，分为物理环境、安全环境、心理环境三个要素；第四大类社会保障，分为养老保险、医疗保险、工伤保险、失业保险、生育保险五个要素；第五大类为劳动关系，包括劳动合同、民主管理、工会组织、平等协商和集体合同、社会对话五个要素。

（2）在明确就业质量的一级、二级指标后，为每一个评价要素规定统一的衡量标准。衡量标准就如同一把尺子，可以量出某个地区、行业或企业在相应要素上得分的量值，并进而得出就业质量整体的总量值。具体做法是：①把就业质量评价指标体系的每个评价要素划分为3~5个等级；②对每一等级的标准性进行有效说明；③确定总分值，然后根据每个评价要素在总体系中的重要程度（权重）所对应的分值，赋予各层次相应的分数，从而制定出评价标准❶。对于权重如何确定的问题，目前可以采用的方法较多，Delph法、主成分分析法、层次分析法等都可以使用，其中层次分析法既集中了专家的意见和看法，又利用相应的数学工具对专家的意见进行处理，因而具有较强的客观性。因此，对其进行基本介绍，其步骤如下：

首先，构造判断矩阵，选取若干有关方面的专家利用对各指标的相对重要性进行判断，取判断值的平均值后构造一个判断矩阵B（表6-1）。

表6-1　判断矩阵表

指标	C1	C2	…	Cn
C1	B11	B12	…	B1n
C2	B12	B22	…	B2n
…	…	…	…	…
Cn	Bn1	Bn2	…	Bnn

注：其中各元素B_{ij}表示横行指标C_i对各列指标C_j的相对重要程度的两两比较值，用1、2……9或其倒数表示。

其次，计算各指标权重，对判断矩阵B求最大正特征根，通过求解BW可获得排序值，归一化后得到各指标的权重。求解W中，可以采用简单实用的方根法：

①分别计算判断矩阵B每一行元素的乘积$M_1 = \prod_{j=1}^{n} B_{ij}(i = 1, 2, \cdots n)$；

---

❶刘素华.建立我国就业质量量化评价体系的步骤与方法[J].人口与经济,2005(6):34-38.

②分别计算各行 M_i 的 n 次方根 $W_i=(M_i)^{1/n}$；

③对向量 $W_i=(W_1,W_2,\cdots W_n)^T$ 做归一化处理,计算 $W_i=\sum_{i=1}^{n}M_i$,该值即为各指标的权重。

最后,对判断矩阵进行一致性检验。使用层次分析法计算评价指标的权重一致性检验即专家在判断指标的重要性时,各判断之间的思维逻辑应协调一致,不能出现矛盾的结果。如果判断矩阵通不过一致性检验,应将有关结果反馈给专家,对判断矩阵进行修正,直到通过一致性检验为止[1]。经过以上步骤,就可获得就业质量各级评价指标的权重。

表6-2和6-3列举了上述就业质量指标的衡量标准。从中可以发现,不同就业质量要素的等级划分和赋值方式存在显著差异,比如工作时间被划分为工作时间不超过40小时、介于41~49小时和50小时以上三等,分别赋值为50、30和20;而各类保险则都以参保率为依据分为5等,分别赋予50~10或40~10的分值。这些划分和赋值的具体方案都来自于对指标特性的把握和现实劳动力市场中所对应的就业质量实际状况的调查,因此在建立就业质量指标衡量标准的过程中,需要进行大量的指标特征分析、社会调查、专家调研和研究讨论,从而形成统一明确、符合现实的结论。

表6-2　就业质量评价指标体系衡量标准(一)[2]

要素	等级	赋值
工作时间:指劳动者在一昼夜或一周之内从事本职工作的时间	劳动者平均每周工作时间不超过40小时	50分
	劳动者平均每周工作时间介于41~49小时	30分
	劳动者平均每周工作时间50小时以上	20分
劳动报酬:劳动报酬包括工资、奖金和福利。为计算方便,我们把总收入作为衡量标准,在此基础上,可根据奖金和福利情况酌情加减分	职工平均工资高于当地平均工资,并能按时足额发放	100分
	职工平均工资介于当地平均工资与最低工资,并按时足额发放	70分
	职工平均工资低于当地最低工资标准,但能按时发放	40分
	不能按时发放及拖欠工资的	20分
	拖欠工资1年以上的	0分

---

[1] 柯羽.高校毕业生就业质量评价指标体系的构建[J].中国高教研究,2007(7):82-84.

[2] 刘素华.建立我国就业质量量化评价体系的步骤与方法[J].人口与经济,2005(6):34-38.

要素	等级	赋值
工作稳定性:工作稳定性反映劳动者能否获得用人单位连续、稳定的雇用	签3年以上(含无固定期限)劳动合同者达职工总数60%以上	40分
	签1-3年劳动合同者达职工总数60%以上	25分
	签1年以下劳动合同者占职工总数60%以上,或随意解雇员工	25分
职工培训:指员工是否能获得知识和技能的培训	有人员培训规划,能为60%以上员工提供培训机会	40分
	有培训规划,但只有少数骨干员工能够得到培训	25分
	没有培训规划,员工几乎享受不到培训	10分
物理环境(含劳动保护):指温度、湿度、照明度、噪音、震动,异味、粉尘、污染、污秽、高空、野外等环境状况,以及环境对人体的危害程度和劳动保护状况	环境不会对人体健康造成任何危害和威胁	100分
	环境可能对人体健康构成一定威胁,但危害程度较低或可能性较小,并有劳动保护措施	60分
	环境对人体健康构成严重威胁或可能性较大,有劳动保护措施	40分
	环境对人体健康构成严重威胁或可能性较大,且无劳动保护措施	0分
安全环境(含安全生产):指工作的危险性、事故频率、事故对人体的危害程度。可通过安全生产措施的投入、事故发生率及危害程度衡量	有安全生产经费投入和措施,又未发生安全生产事故的	100分
	有安全生产经费投入和措施,但发生了一般安全生产事故的	75分
	有安全生产经费投入和措施,但发生了重大安全生产事故的	50分
	没有安全生产投入与措施,发生了一般安全生产事故的	20分
	没有安全生产投入与措施,发生了重大安全生产事故的	0分
心理环境:主要指企业、职业的声望、工作的孤独感、社会认同。可通过社会调查的方式获取相应的信息	企业或职业声望好,社会认同度高	40分
	企业或职业声望,社会认同度一般	25分
	企业或职业声望,社会认同度较差	15分

表6-3　就业质量评价指标体系衡量标准（二）[●]

要素	等级	赋值
养老保险：以某范围内职工参保率来衡量，即（参保人数/应参保人数）×100%	参保率为100% 参保率为80%以上 参保率达60%以上 参保率达40%以上 参保率低于40%	50分 40分 30分 20分 10分
医疗保险：计算方法同养老保险	参保率为100% 参保率为80%以上 参保率达60%以上 参保率达40%以上 参保率低于40%	50分 40分 30分 20分 10分
工伤保险：计算方法同养老保险	参保率为100% 参保率为80%以上 参保率达60%以上 参保率达40%以上 参保率低于40%	50分 40分 30分 20分 10分
失业保险：计算方法同养老保险	参保率为100% 参保率为80%以上 参保率达60%以上 参保率达40%以上 参保率低于40%	40分 35分 25分 15分 10分
生育保险：（女职工参保人数/女职工应参保人数）×100%	参保率为100% 参保率为80%以上 参保率达60%以上 参保率达40%以上 参保率低于40%	40分 35分 25分 15分 10分

[●]刘素华.建立我国就业质量量化评价体系的步骤与方法[J].人口与经济,2005(6):34-38.

续表

要素	等级	赋值
劳动合同:指用人单位与劳动者是否依法签订书面劳动合同。可通过劳动合同签订率来测量,并根据合同签订的合法性、规范性酌情增减分数。合同签订率为:(签合同人数/应签合同人数)×100%	参保率为100% 参保率为80%以上 参保率达60%以上 参保率达40%以上 参保率低于40%	100分 80分 60分 40分 20分
民主管理:指劳动者能否参与有关重大决策。可通过职代会制度是否建立及充分发挥作用来衡量	已建立职代会,并定期召开会议,行使职权 未建立职代会,但有其他民主管理形式 没有建立任何民主管理制度	50分 35分 0分
工会组织:包括是否组建工会、会员覆盖率及工会能否充分发挥作用。覆盖率为:(入会人数/全部职工数)×100%	加入工会职工占全部职工总数的80%~100% 加入工会职工占全部职工总数的60%~80% 加入工会职工占全部职工总数的40%~60% 加入工会职工占全部职工总数的40%以下	60分 45分 30分 20分
平等协商和集体合同指能否通过企业与劳动者之间的平等协商机制签订集体劳动合同,更有效地维护劳动者的就业质量	适用于地区或行业的标准: 经平等协商签集体合同职工占全部职工总数80%~100% 经平等协商签集体合同职工占全部职工总数60%~80% 经平等协商签集体合同职工占全部职工总数40%~60% 经平等协商签集体合同职工占全部职工总数40%以下 对企业的标准: 已经平等协商签集体合同 已签集体合同,但并未经过充分的协商 未建立平等协商和集体合同制度	 50分 35分 25分 15分 50分 30分 0分

续表

要素	等级	赋值
社会对话:指是否建立"三方机制"并充分发挥作用。	已建立三方对话机制,并能定期召开会议,就劳动政策和企业重大问题进行平等对话	40分
	已建立三方对话机制,但不能定期召开会议,或会议内容仅限于信息沟通	25分
	未建立三方对话机制	0分

（3）制定评分表,在建立和评价要素和评分标准的基础上,就可以制定出就业质量的量化评分表,如表6-4所示。

表6-4 就业质量评价评分表[❶]

地区(行业、企业)名称

序号	评价要素	权重和分值		等级及对应分值					累计分值
		%	分值	1	2	3	4	5	
1	工作时间	5	50	50	30	20			
2	劳动报酬	10	100	100	70	40	20	0	
3	工作稳定性	4	40	25	15				
4	职工培训	4	40	25	10				
5	物理环境	10	100	100	60	40	0		
6	安全环境	10	100	100	100	75	50	0	
7	心理环境	4	40	40	25	15			
8	养老保险	5	50	50	40	30	20	10	
9	医疗保险	5	50	50	40	30	20	10	
10	工伤保险	5	50	50	40	30	20	10	
11	失业保险	4	40	40	35	25	15	10	
12	生育保险	4	40	40	35	25	15	10	
13	劳动合同	10	100	100	80	60	40	20	
14	民主管理	5	50	50	35	0			
15	工会组织	6	60	60	45	30	20		
16	平等协商和集体合同	5	50	50	30	0			

[❶]数据来源:依据表6-1和6-2汇总。

续表

序号	评价要素	权重和分值		等级及对应分值					累计分值
		%	分值	1	2	3	4	5	
17	社会对话	4	40	25	0				
	合计	100	1000						

以详细标准为依据,就可以按评分表对不同地区、行业、部门的就业质量进行打分评价。比如A地区有甲、乙两个行业,甲行业中有企业1和企业2,乙行业有企业3、企业4,那么就可以先对四家企业的就业质量进行评分,而后统计出两个行业和A地区总体的就业质量状况,如表6-5所示。

表6-5 A地区就业质量评价评分表

序号	评价要素	权重	企业 1	企业 2	行业 甲	企业 3	企业 4	行业 乙	地区 A
		%	打分	打分	平均值	打分	打分	平均值	平均值
1	工作时间	5	30	20	25	50	30	40	32.5
2	劳动报酬	10	70	40	55	70	70	70	62.5
3	工作稳定性	4	15	15	15	25	15	20	17.5
4	职工培训	4	10	10	10	25	10	17.5	13.75
5	物理环境	10	60	40	50	100	60	80	65
6	安全环境	10	100	50	75	100	100	100	87.5
7	心理环境	4	40	15	27.5	40	40	40	33.75
8	养老保险	5	50	30	40	40	30	35	37.5
9	医疗保险	5	50	20	35	40	20	30	32.5
10	工伤保险	5	40	35	37.5	40	35	37.5	37.5
11	失业保险	4	35	25	30	40	40	40	35
12	生育保险	4	35	15	25	35	35	35	30
13	劳动合同	10	80	20	50	80	80	80	65
14	民主管理	5	50	35	42.5	60	50	55	48.75

续表

序号	评价要素	权重	企业1	企业2	行业甲	企业3	企业4	行业乙	地区A
		%	打分	打分	平均值	打分	打分	平均值	平均值
15	工会组织	6	60	20	40	50	60	55	47.5
16	平等协商和集体合同	5	50	30	40	50	50	50	45
17	社会对话	4	25	25	25	25	25	25	25
	加权平均值		545	289	417	616	499	558	487

（表头说明："地区(行业、企业)名称"）

　　从中可以发现,整体就业质量最好的是企业3,最差的是企业2;两个行业相比,乙行业的就业质量高于甲行业的就业质量,A地区的整体就业质量得分为487分。当然,在企业、行业和地区较多的情况下,还可以利用统计图表的方式使得结果更加一目了然,如图6-1和6-2所示,从而可以更加详尽地比较不同企业、行业在不同就业质量要素方面的差距,给出需要改进的方向;而地区和行业整体的就业质量评价也可以以不同统计图表的形式来呈现,从而便于比较地区、行业差距,找出更有针对性的原因,有效指导地区就业质量政策、行业转型政策等相关政策的制定。

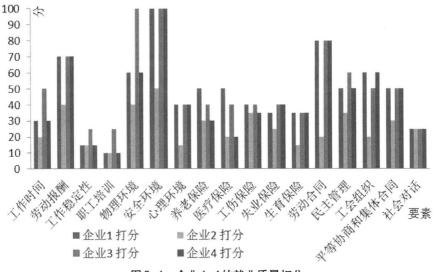

图6-1　企业1-4的就业质量打分

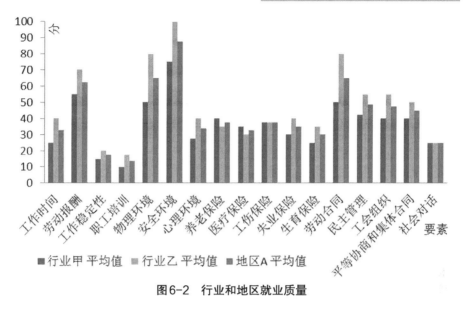

图6-2 行业和地区就业质量

（4）撰写就业质量评估和比较分析报告。就业质量评估报告应该对就业质量评估的调查方式、对象、时间等进行详细描述，准确统计就业质量各方面的表现，采用纵向历史和横向地区、产业、企业等比较方式判断评估对象就业质量所处的位置，总结就业质量造成的影响，寻找就业质量问题的深层次原因，有针对性地提出改善就业质量的政策建议。与失业率等就业数量指标类似，就业质量评估最好也能定时开展，由专门机构负责撰写专业报告，并定期向社会发布，当然，由于就业质量问题相对复杂，开展评估所需耗费的人力、物力和财力也较大，因此系统性的指数和评估报告的发布频率会比较低，不可能和失业率指标那样以季度甚至月度的频率发布，但是非常有必要形成连续性的年度报告❶。

6.2.3 影响就业质量的因素

就业质量是一个相对独立同时又受到各方面因素影响的变量。哪些因素影响着就业质量的水平，它们对就业质量产生影响的机理如何，是就业质量研究中的一个重要问题。现有文献对就业质量的影响因素研究主要集中在全球化、劳动关系、劳动者个体因素、毕业生所在学校的特征等方面❷。

（1）宏观层面的影响因素：全球化，刘素华❸探讨了全球化对我国就业质量的

❶关于中国劳动力市场就业质量的研究报告可参考：赖德胜.2011中国劳动力市场报告/包容性增长背景下的就业质量[M].北京：北京师范大学出版社，2011.

❷国福丽.国内就业质量研究述评：涵义、量化评价及影响因素[J].中国集体经济，2008（8）：28-29.

❸刘素华，韩春民，王龙.全球化对我国就业质量的影响机理及走势透析[J].人口与经济，2007（2）：30-34.

影响机理,指出全球化通过强化资本、弱化劳动,使传统的劳资力量对比的平衡格局被打破,导致劳动者的就业质量下降。

(2)中观层面的影响因素:劳动关系、学校特征,张桂宁[1]从劳动者、资方及政府的协调作用方面论证了劳资关系对就业质量的影响。实际上,劳资关系到底是就业质量的一个影响因素,还是就业质量内容的一个构成要素,仍然有待商榷。周少斌[2]从高职院校的综合实力和影响力、专业设置状况、专业人才培养特色、高职毕业生的综合素质、工学结合紧密程度、就业指导和服务的有效性等方面对影响高职毕业生就业质量的校方因素进行了分析。

(3)劳动者个体层面的影响因素:社会资本、性别、家庭背景、人力资本、就业能力,叶金珠[3]探讨了劳动者个体所拥有的社会资本对就业质量的影响,得出的结论基本是正向相关的。李军峰[4]利用相关的调查数据,从多个维度对我国男女职工的就业质量作了定量比较,得出了女性职工的就业质量低于男性的结论,并指出这种差别是由男女教育程度的差别、社会性别观念的影响、劳动力市场中的性别歧视 等多种因 素引起。李颖等[5]探讨了个体本身的就业能力对就业质量的影响。

(4)企业或工作场所特征影响因素:企业或工作场所的特征,劳动者与生产资料相结合的就业行为必然发生在企业或工作场所内部,因此,企业或工作场所的某些特征必然对就业质量的好坏产生直接影响。例如,企业所属行业性质的不同、劳动保护和安全生产投资的力度不同必然意味着工作场所的物理环境存在差别,因而对劳动者的身心健康产生影响;工作场所的软环境如企业的文化价值观、人力资源管理理念、薪酬策略等影响着劳动者的收入或报酬水平、工作稳定性、民主参与乃至职业发展前景。因此,这些因素都应该纳入到就业质量的影响因素体系来加以考虑[6]。

6.3 重点人群的就业质量和就业政策

就业质量的研究最终需要落实到现实劳动力市场的不同群体中,在容易产

---

[1]张桂宁.论劳资关系对就业质量的影响[J].广西民族大学学报(哲学社会科学版),2007(7):127-129.

[2]周少斌.影响高职毕业生就业质量的因素分析[J].职业教育研究,2008(2):64-65.

[3]叶金珠.社会资本对就业质量的影响——对杭州市1227名城市居民的调查与分析[D].武汉:华中科技大学,2006.

[4]李军峰.就业质量的性别比较分析[J].市场与人口分析,2003(6):1-7.

[5]李颖,刘善仕,翁赛珠.大学生就业能力对就业质量的影响[J].高教探索,2005(2):91-93.

[6]国福丽.国内就业质量研究述评:涵义、量化评价及影响因素[J].中国集体经济,2008(8):28-29.

生就业质量问题的非正规就业群体、农民工就业群体和大学生就业群体中,就业
质量问题的表现会有各自的特征,了解这些特征和差异,对于制定具有针对性的
就业政策具有重要意义。

6.3.1　非正规就业群体

国际劳动组织把非正规部门定义为"发展中国家城市地区那些低收入、低报
酬、无结构的很小的生产和服务单位"。"非正规就业"在劳动时间、收入报酬、工
作场地、保险福利、劳动关系等一个或几个方面不同于建立在工业化和现代企业
制度基础上的、传统的主流就业方式的各种就业形式。"非正规就业者"也是一个
复杂的群体,判断一个人的就业是否为非正规就业时,首先应确定他所在的部门
是否为非正规部门,就业于非正规部门的就业者均可视为非正规就业者;就业于
正规部门的劳动者,以雇佣双方之间是否存在正式和稳定的劳动关系,其就业条
件是否符合劳动法和相关法律的规定作为判断该劳动者的就业形态是否为非正
规就业的标准,因此,非正规就业者由非正规部门的全部就业者和正规部门中的
非正规就业者构成❶。

非正规就业者的就业质量可以从以下七个方面与正规就业者进行比较:

(1)就业渠道的对比。劳动力市场服务应该提供各种就业机会,帮助寻找工
作岗位的人自愿选择全日制或非全日制的工作。但是对于大多数非正规就业者
来说,他们选择非正规就业实属"无奈"。他们有的是因为改制被国有企业、集体
企业排挤出来而灵活就业的,有的是因为农村出现剩余劳动力而转移到城市寻
找就业机会的。我国劳动力市场的体制性分割,使他们无法进入正规劳动力市
场,只能进入非正规劳动力市场。一旦有机会进入城市正规工作单位就业,他们
会毫不犹豫地放弃灵活就业岗位。

(2)收入的对比。个体工商户和其他自营劳动者及微型企业的所有者是典
型的非正规就业群体,他们提供了适合市场需求的商品和服务,因此其中的部分
人员获得了较高的收入,其收入不仅高于其他非正规就业者,甚至高于许多正规
就业者。至于其他的非正规就业者,如农民工、家庭服务人员、大部分自营就业
者,及学徒工等,他们的收入就普遍低于正规就业者,他们属于社会中的低收入
群体。在对正规就业者与非正规就业者的收入进行比较时,有一个特别值得注
意的现象,就是正规就业者中拖欠工资的现象较少,但在非正规就业者中,这却
是一个非常严重的问题,这一现象主要发生在"三资"企业和个体私营企业。所
以,在不排除一部分非正规就业者能获得较高收入的前提下,总体看来,非正规
就业者的收入仍然处于较低水平,尤其是企业中大量的非正规就业者及个体和

❶多丽梅.我国非正规就业者的就业质量分析[J].经济视角,2007(10):47-49.

小型私营企业中的雇工、从事小本经营的个体就业者及家政服务人员,是非正规就业者中的低收入群体。

(3)就业稳定性的对比。就业稳定性可以用一个人将一项工作保持6个月以上的可能性来衡量。非正规就业者中包括很多临时工、钟点工和零工,由于他们的职业特点和生存的需要,他们时刻都在找工作中度过,其就业稳定性极差。还有一些个体经营的非正规就业者,尤其是那些从事小规模经营的,往往根据市场上商品需求的变化而快速地改变经营项目,以适应市场需求。而正规就业者都签有正规的劳动合同,受法律保护,他们不会为就业的稳定性而烦恼。另外,因为非正规就业者区别于正规就业者的关键便是其缺乏正式和稳定的劳动关系。所以,非正规就业者的稳定性低于正规就业者是不言而喻的。

(4)就业环境的对比。正规就业部门一般能够做到避免恶劣的工作环境,保证就业人员能够安全劳动,防止工伤事故和职业病。而非正规就业群体多从事"苦、脏、累、险"的工作,经常面临突出的职业安全和健康风险的问题。这些特别集中在建筑行业、采矿行业等。

(5)社会保障的对比。我国现阶段的社会保障制度的保障对象范围仍然很窄,只覆盖了国家正规单位的正规就业人员,而一大部分非正规就业者,包括农民工、城镇下岗临时工及其他非正规就业者的社会保障利益仍未落实。在非正规部门,生存环境恶劣,就业者处于"低技能、低收入、高风险"的境地,缺乏必要的社会保障制度。而在正规部门存在劳动力市场缺乏流动性,正规部门的正规就业和非正规部门就业之间存在较大的鸿沟,在法律保护、社会保障等方面,对非正规就业有明显歧视。虽然这种状况随着保障制度的改革、保障体系的逐步社会化有所缓解,但是非正规就业者的保障还是远远不如正规就业者,甚至可以认为非正规就业者几乎没有社会保障。据不完全统计,全国以个人身份参加养老保险的人员有1400多万,非正规就业人员仅占其中的28%;全国以个人身份参加基本医疗保险的人员有400多万,非正规就业人员仅占其中的10%❶。

(6)职业发展的对比。职业发展是就业质量中一个非常重要的方面。目前的工作和收入反映了现时期的生活,而职业发展和职业前景则预示着日后随着环境的变化保证生活和发展的能力。工作既是人们获得收入、保证生存的一个手段,也是人们实现自身价值的一个重要途径,而是否具有发展的潜力是实现个人价值的重要前提,因此,职业发展是就业质量的重要测度。参加培训或进修,及用于学习的时间都是影响职业发展的因素。一般情况下,能够参加培训或进修对职业发展非常有利。正规就业者为寻求个人发展机会,经常参加各种培训和进修,且费用由单位支付。而非正规就业者,由于就业条件和环境的限制,很少有这样的机会,即便偶尔有也会因高额的费用而放弃,因为这是由他们自己承

---

❶金喜在,吕红.灵活就业与实现"体面劳动"[J].中共中央党校学报,2008(2):66-69.

担的。另外,由于非正规就业者工作时间较长,没有充分时间用于学习,而有时间学习的,有的因为受教育程度低,苦于从何学起、如何学而没有真正落实。这些因素都导致了非正规就业者的职业发展机会要少于正规就业者。

(7)劳动关系的对比。正规就业部门基本能够按照我国就业法律规定的内容建立就业者表达意见和参与集体决策的机会,给予劳动者一定的民主权利。而非正规就业者所在的非正规劳动市场,劳动力供给往往大于需求,竞争激烈,能够得到一份工作非常不易,大多数劳资关系以口头形式约定,不签订正式劳动合同;相当多的用工单位和个人未执行当地政府规定的最低工资标准,随意拖欠和克扣灵活就业者的工资报酬,而法律援助机制和法律纠纷处理机制不健全,政府行政管理部门和劳动执法部门不能有效地保护灵活就业者的合法权益;与职工民主相关的制度建设则更为落后,根本谈不上参与集体决策,维护自身的合法权益。

6.3.2　农民工就业群体

20世纪80年代以来,伴随中国工业化、城市化步伐的加快,户籍制度、粮食征收制度、用工制度等的改革,农村剩余劳动力大量涌入城市,一个新型社会群体——农民工随之兴起。他们广泛分布在国民经济的各个行业,为农村发展、城市繁荣和国家现代化建设发挥着越来越大的作用。然而,中国社会在享用农民工群体提供廉价劳动力的同时,往往忽视了这一群体就业质量低下的事实。在对农民工的就业质量研究方面,程蹊和尹宁波[1]认为,劳动力市场供过于求、多元劳动力市场仍未改善、农民工自身受教育水平低等是农民工就业质量低的主要原因。赵立新[2]指出农民工由乡村迁移到城市,因为脱离其熟悉的社会生活环境,导致其社会资本缺失成为常态,在就业环境没有改善的情况下,社会资本存量明显下降,必将影响到农民工的就业质量。彭国胜[3]认为青年农民工在社会职业地位等级上处于较低层次、人力资本偏低、社会制度缺陷等是导致他们就业质量偏低的重要原因。俞玲[4]认为农民工工资具有增长显著但总体不高、时间密集、不稳定等特点,人力资本贫乏和就业中不公平对待是其收入不高的重要诱因,这进一步会影响该群体的就业质量。唐美玲[5]发现,较之城市青年,青年农民工在工作特征、工作保证、职业发展等方面处于不利地位,这使其就业质量明显低于城市青年群体。石丹淅等[6]的研究发现,新生代农民工的就业质量不高,职业类型、工会、工资水

[1]程蹊,尹宁波.浅析农民工的就业质量与权益保护[J].农业经济,2003(11):37-38.

[2]赵立新.从社会资本视角透视城市农民工就业[J].兰州学刊,2005(5):258-260.

[3]彭国胜.青年农民工的就业质量与阶层认同——基于长沙市的实证调查[J].青年研究,2008(1):18-26.

[4]俞玲.农民工低收入的经济学解析[J].经济论坛,2012(1):104-106.

[5]唐美玲.青年农民工的就业质量:与城市青年的比较[J].中州学刊,2013(1):77-81.

[6]石丹淅,赖德胜,李宏兵.新生代农民工就业质量及其影响因素研究[J].经济经纬,2014(5):31-36.

平、工作强度、加班情况、培训状况等是影响就业质量不高的主要因素。

总结研究者们的结论,农民工就业质量存在的问题主要包括以下几个方面:

(1)就业报酬偏低,就业福利缺失。2009年,我国外出农民工的月平均收入仅为1417元,绝大多数以受雇形式从业的农民工月平均收入只有1389元,自营人员收入水平稍高,达1837元。据《2010年中国统计年鉴》,城镇单位就业人员月平均工资为2687元,高出农民工的平均收入水平1270元。农民工就业基本福利缺失,在基本工资水平仍然较低的现状下,农民工福利问题长久以来都未被纳入用工单位的考虑范围,目前农民工的就业福利主要体现在单位提供临时性住房或住房补贴上。

(2)就业物理环境恶劣,心理环境满意度低。由于自身人力资本和社会资本的缺乏,农民工通常在建筑业、制造业等劳动密集型产业从事体力劳动,这些行业大多属于高危行业,工作条件较为恶劣,职业病和工伤事故发生率高,而多数用人单位在需要职业保护的岗位上没有为农民工提供相应的保护措施。分析农民工的就业环境不仅要考虑硬件条件,还必须考虑农民工群体的心理因素。农民工群体的心理问题长期以来都被社会和学界所忽视,引发了诸多社会问题。农民工不稳定的心理状态是引发劳资冲突和社会治安问题的一大主要原因。农民工大多就业于工作强度较大的岗位,超过三分之一的新生代农民工感到了较大的工作压力;在工作与生活的协调性方面,新生代农民工的幸福感也不高。

(3)劳动时间偏长,职业稳定性差。从国家统计局2009年发布的调查数据来看,以受雇形式从业的外出农民工平均每个月的工作时间为26天,每周工作时间为58.4小时。我国《劳动法》规定,国家实行劳动者每日工作时间不超过8小时,每周工作时间不超过44小时的工时制度,而每周工作时间多于44小时的农民工比例高达89.8%。在农民工集中就业的几个主要行业中,农民工的平均劳动时间都远远超出了国家规定标准。从工作稳定性来看,农民工与用人单位签订劳动合同一直面临短期化的问题,这种一年一签的做法使农民工时常处于就业和失业的交替中,与农民工的愿景相比,其职业流动的现实状况并不理想。

(4)职业教育与在职培训缺失,缺乏就业竞争力。农民工本身的受教育程度偏低,新生代农民工的受教育程度相对传统农民工有所提高,但是整体低于社会平均水平。在就业后,雇主对其进行的职业培训又呈现短时、单一的状况,有的甚至没有任何培训,缺乏专业技能大大限制了农民工就业的行业选择和岗位流动,影响其就业质量的提高。

(5)社会保障体系不完善。根据《2009年农民工监测调查报告》,农民工外出就业时雇主或单位缴纳了养老保险、工伤保险、医疗保险、失业保险和生育保险的比例分别为7.6%、21.8%、12.2%、3.9%和2.3%。在具有高度危险性的建筑行业,用人单位为农民工缴纳了工伤保险的比例仅为15.6%,远远达不到《工伤保险条例》规定的标准。在新生代农民工中,多数人在农村都没有土地,也没有务农经验,传统的养老模式已经不能满足他们的需求。如果这种现状得不到改善,农民工的社会保障涉及的就不仅是就业问题,可能会引发更多的社会问题。

(6)缺乏稳定合法的劳动关系,劳动权益未能得到充分保障。农民工进城务工大多以受雇形式从业,但只有半数农民工与雇主或用人单位签订了劳动合同,不合法的劳资关系在建筑行业最为突出。在没有签订劳动合同的前提下,农民工在劳资关系中本身就处于弱势,双方协商解决问题从根本上就是不平等的。如果农民工自身的维权意识得不到提高,那么这种不对等的劳动关系将会大大降低农民工群体的就业质量[1]。

6.3.3 大学生就业群体

目前以大学毕业生为研究对象,结合大学生的特点构建相关就业指标体系的研究已形成了一定的规模和体系,观察大学生就业质量的视角也各不相同,并且得出相应的结论:

(1)从工作满意度角度,秦建国[2]认为大学生的就业质量是其所能获得的工作优劣及工作固有特征满足大学生要求的程度。李斌[3]基于就业满意度,建立了就业质量评价体系,旨在通过提高专业对口性、工作稳定性、劳动关系、职业发展前景、福利和社会保障来提高毕业生就业满意度,实现更高质量的就业[4]。

(2)从毕业生素质角度,曾向昌[5]根据ISO9000标准从"质量"的定义拓展、应用到毕业生就业质量方面,认为大学生就业质量是大学毕业生即将从事的工作与自身所学专业、学历水平及就读院校的培养目标相适应,并且工作符合本人的就业愿望。李颖等[6]从影响大学生就业的工资福利、工作兴趣、工作环境、工作地点等因素出发,调查得出毕业生就业能力与就业质量呈现正相关。柯羽[7]的研究中发现大学生非专业素质对大学生就业质量的提升有重要影响,高校对于大学生的培养不应局限于专业能力。陈鋆和谢义忠[8]的研究发现,大学生就业能力感

[1] 张鹏,何祖润.我国农民工就业质量存在的问题与对策研究[J].云南行政学院学报,2014(2):115-117.

[2] 秦建国.大学生就业质量评价体系探析[J].改革与战略,2007(1):150-153.

[3] 李斌.试谈基于就业满意度的大学生就业质量评价体系[J].燕山大学学报(哲学社会科学版),2009(3):140-142.

[4] 杨益成.大学生就业质量研究综述[J].当代经济,2014(11):94-96.

[5] 曾向昌.构建大学生就业质量系统的探讨[J].广东工业大学学报(社会科学版),2009(3):18-21.

[6] 李颖,刘善仕,翁赛珠.大学生就业能力对就业质量的影响[J].高教探索,2005(3):91-93.

[7] 柯羽.非专业素质对大学生就业质量的影响——基于浙江省本科毕业生调查数据的实证分析[J].中国青年研究,2010(7):98-100.

[8] 陈鋆,谢义忠.就业能力感知、社会网络特征对大学毕业生就业质量的影响[J].高教探索,2014(7):140-149.

知能力、社会网络特征等对大学毕业生就业质量有重要的影响。

（3）从就业方式和渠道角度，代锋、吴克明❶认为大学生就业质量是大学生通过合理均衡的行业或地域流动，凭借人力资源市场或人才中介组织平台，在自由、安全、公平和具备人格尊严的条件下获得适宜和灵活的、可持续发展的就业机会，从而与生产资料结合并就此获得收入和发展的优化程度。黄敬宝❷认为人力资本和社会资本是提升大学生就业质量的双轮驱动力，社会资本的影响具有两面性，政府要完善劳动力市场，以改善大学生就业质量。徐莉和郭砚君❸也认为通过培育大学生的社会资本，能够达到改善就业质量的目的。

阅读推荐4：大学生就业质量评价指标

请你查阅这些资料阅读并撰写一篇读后感：

（1）杨河清，李佳，《大学毕业生就业质量评价指标体系的建立与应用》，《中国人才》，2007.8.

（2）杨河清，李佳，《大学毕业生就业质量的实证分析》，《中国劳动》，2007.12。

（3）柯羽，《基于主成分分析的浙江省大学毕业生就业质量综合评价》，《中国高教研究》，2010.4。

（4）柯羽，《浙江省大学毕业生就业质量现状调查》，《统计科学与实践》，2010.4。

（5）伍亚华，王永斌，石亚中，《基于层次分析法的大学毕业生就业质量评价模型》，《蚌埠学院学报》，2014.4。

6.4 就业质量相关政策的效果评估和发展方向

6.4.1 平衡推进就业数量和就业质量政策

就业数量和就业质量，两者相辅相成，比如从非正规就业群体的角度来看，其人力资本投资收益率并不显著低于正规就业者，一定阶段内，市场发育会带来非正规化就业，尽管其就业质量相对正规就业而言较低，但非正规化就业发展可

---

❶代锋，吴克明.社会资本对大学生就业质量的利弊影响探析[J].教育科学，2009(3):62-66.

❷黄敬宝.人力资本、社会资本对大学生就业质量的影响[J].北京社会科学，2012(6):52-58.

❸徐莉，郭砚君.大学生就业质量与社会资本关系研究——以武汉高校为例[J].中南民族大学学报(人文社会科学版)，2010(9):85-88.

能并不会导致劳动力资源配置的损失,反而有利于就业问题的解决,保持经济长期快速增长和提高发展水平,而这又是进一步提高就业质量最有效的手段。因此平衡有效的政策应该在控制失业率的同时,不断适时提升就业质量,其关键在把握好时间和程度。在经济下行期,将就业数量问题提升至政策优先目标,在尽量保持就业质量不下滑的前提下,提升就业数量;而在经济繁荣稳定期,则将就业质量放到更优先的位置,让就业者分享经济增长的红利。

另外,就业政策应当对渗透于人们观念中并作用于社会生活的某些关于就业质量和就业数量的认识误区予以甄别,并引起足够的重视,比如强调打破过去的铁饭碗、终身制,增强工作中的危机感等,并不意味着对于就业质量可以不重视;职业稳定并不等同于过去的国有企业就业模式,在非国有部门日益扩大的背景下,过去的铁饭碗越来越少,但这并不意味着高就业质量的岗位也越来越少,在就业质量政策推行恰当的情况下,非国有部门的岗位同样可以有较高的就业质量;中小企业是吸纳就业的主力军,这并不意味着其所提供的岗位数量众多而质量低下,就业政策应当对于这些易发生就业质量问题的企业和行业进行特别关注,帮助其实现就业质量的提升。

6.4.2　劳动法规制定执行方式与体面劳动的实现

就业质量的实现与劳动就业相关制度的建设密不可分。从历史来看,1998年,中国政府鼓励劳动者采取多种形式的就业,包括灵活就业(非正规就业)以缓解严重的就业压力。鼓励灵活就业的效果是显著的,非正规就业的比重迅速提高。2002年以来,经济增长迅速,就业压力缓解,2006年以后,政府部门一面声称"就业压力仍然巨大",一面悄然转变鼓励灵活就业的政策,开始出台一系列提高劳动力市场安全性的政策、措施甚至法律法规。2007年,中央政府出台了《劳动合同法》和《劳动争议调解仲裁法》,它们分别于2008年1月1日和5月1日开始实施,这是比连续提高最低工资标准更明确的信号:政府希望通过相关立法,保护劳动者的合法权益,构建和发展和谐稳定的劳动关系,解决劳动力市场非正规化问题。而在2008年经济危机的冲击之下,就业数量问题又开始凸显其重要性,对于劳动法是否应该严格执行的问题,政策执行者又经历了一次艰难的抉择。

由此可见,政策对于就业质量问题的关注具有一定的阶段性。就业数量和就业质量之间的平衡问题一直是就业政策把握的难点。在发展水平处于较低阶段时,鼓励劳动力市场发育,提高市场灵活性,非正规化是有效率的;当发展水平提高后,劳动者的知识技能提高伴随着就业安全性提高,降低非正规化也是有效率的。提高发展水平是个渐进的自然过程,没有必要在那些发展水平较低的城市强制促进正规化;那些发展水平相对高的城市,已经开始快速走向正规化,也不需要政府干预。因此,走向体面就业可以作为一个发展方向,但未必适合作为短期的政策目标❶。

★ 本章重点:

就业质量的概念,狭义、广义就业质量概念,就业数量和质量的关系;
就业质量政策的内容和发展方向;
就业质量的内容,就业质量测量指标体系的构建合运用;
就业质量问题在不同就业群体的表现和相应的就业政策。

★ 关键词:

狭义就业质量　　　　　　　广义就业质量
体面劳动　　　　　　　　　就业质量政策
就业质量主要政策　　　　　就业质量协调政策
就业质量内容　　　　　　　就业质量测量指标
就业质量一级指标　　　　　就业质量二级指标
就业质量评价要素　　　　　就业质量评价评分表
工作性质　　　　　　　　　聘用条件
工作环境　　　　　　　　　社会保障
劳动关系

思考与应用:

请阅读以下案例"无奈的非正规就业"❷,查阅相关资料,回答问题(1)~(3)。

我国的非正规就业的基本特点为:就业与社会保障体系之间几乎没有联系,国家的社会保障、福利、保险等制度没有或很少被遵守;基本报酬形式一般为计时工资;劳动报酬只能达到地区最低工资水平;老板与雇工的关系极为松散,没有劳动合同或虽有劳动合同而实际上难以执行;劳动收入是税收监管重点。从当前我国现实看,多数中小私营企业都属于这种所谓的就业的

❶吴要武.非正规就业者的未来[J].经济研究,2009(7):91-106.
❷史淑桃.大学生就业质量下滑背后[J].中国远程教育,2004(11):62-65.

非正规部门。

众所周知,几年前我国的大学毕业生还只有小部分到"三资企业"和规模较大的私营企业工作。但近几年来,这个人数却逐步增加。重庆市的大学毕业生,2003~非公有制企业就业的人数超过到国营企业就业的人数,大约高出5%,2004年又高出了13%。江西省教育厅统计显示,2003年专科高职和中专毕业生,到非国有单位就业的人数占同层次毕业生总数的70%以上。根据国家统计年鉴的报告,我国各地区大学毕业生2003年非正规就业率在3%~7%,有些省份为5.7%,有个别地区的地方医学院的毕业生,其非正规就业率达到了18%。

如果说毕业生在非正规部门的就业增加,非常典型地反映了毕业生就业质量的下降;那么,毕业生在非国有部门的迅猛增加,也在一定程度上说明了毕业生就业质量的下滑。这是因为,在我国现有的制度背景中,在国家机关、事业单位及国有大型企业中工作,不仅稳定、地位高,而且还可以享受到各种社会福利,有着较为可靠的社会保障。因此毕业生家长及大学生本人,也乐意到国有企事业单位和政府机关工作。中国教育报调查显示,62%的学生希望到国家机关和事业单位工作,只有6%的学生愿意到民营和乡镇企业工作。调查数字说明,有相当一部分学生是在不能进入国家机关、事业单位和大型国有企业的情况下,无奈地选择了非公有制单位,这就是所谓的"实在不行到私营"。

(1)非正规部门与正规部门的就业质量差距在那些方面,为什么将非正规部门就业比重的增加视为大学生就业质量下降的标志之一?

(2)结合劳动力市场存在大学生就业困难的背景下,如何平衡就业质量与就业数量之间的关系。

(3)如果让你动手写一份"大学生就业质量报告",你会如何展开研究,请写下你的研究计划,报告提纲,并参考本章内容提出适合分析大学生就业质量的指标体系。

第七章 从僵化到灵活安全化的就业政策

7.1 就业灵活安全化的含义

在第六章的分析中我们已经看到,就业数量和就业质量之间有着重要的相关性,而政策在平衡两者关系和优先性之间起着关键作用,而本章对于灵活安全性问题的讨论是对这一问题的延续和深化。对于两大问题之间的关系,可以用图7-1来表示。

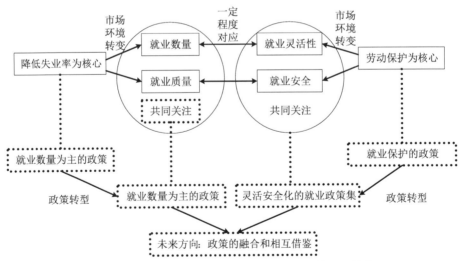

图7-1 就业数量、就业质量,就业灵活性、安全性问题的关系

就业数量为主的政策以关注降低失业率为核心,就业保护的政策则以劳动保护为核心,两者在一定历史时期都存在实际价值,比如前者往往运用在市场性原因导致失业率过高时。然而随着市场环境的转变,这两种单一性的政策都开始显现其不足,比如在经济不景气的情况下,过度保护的就业政策不利于失业问题的解决,因此政策转型成为必然。以关注就业数量为主的政策需要转变为同时关注数量和质量、平衡就业数量和质量的政策集;而以就业保护为主的政策则需要转型为灵活安全化的就业政策集。在新的政策集中可以发现,就业数量和就业灵活性之间存在一定的对应关系,后者的目标旨在扩大就业数量,但其含义要比第六章所讲的就业数量更广;就业质量和就业安全性之间也存在着重要的相关性,就业安全性较高的岗位通常就业质量较好,但就业安全性的含义也较就业质量更加丰富。

7.1.1 劳动力市场灵活性

是否要对市场进行管制,一直是经济学讨论的热点问题。1979年法国劳动力市场对临时就业管制的放松,这一政策变化更是引发了国外有关劳动力市场灵活性的讨论。关于劳动力市场灵活性的定义,虽然不同的学者存在不同的表述,但是其核心思想是消除对劳动力市场的管制❶。由于劳动力市场灵活性涉及的具体内容十分广泛,因此学者们也对劳动力市场的灵活性分类进行了讨论,但是已有的研究还没有一致的结论,国外学者对劳动力市场灵活性的划分存在一定的差异,表7-1总结了其中几篇比较具有代表性的文献对于劳动力市场灵活性的理解,其表述维度包括数量灵活性、功能灵活性、工资灵活性、距离灵活性等,虽然研究者们的提法不同,但是各维度之间具有大体的一致性。

表7-1 动力市场灵活性的分类及其定义的文献汇总

	外部数量灵活性	内部数量灵活性	功能灵活性	财务/工资灵活性	
Atkinson (1984)	该灵活性可以通过雇佣临时岗位劳动者或固定期限劳动合同劳动者或通过宽松的雇佣和解雇规章或劳动保护立法等方式达到	内部数量灵活性可以通过调整工作时间达到。包括兼职、灵活的工作时间或轮班(夜间轮班和周末轮班)、加班等	功能灵活性或组织灵活性是指雇员能够被转移到公司内不同机构和工作上的范围。功能灵活性需要在管理和培训劳动者上下功夫	是指工资水平不由集体决定并且不同劳动者的工资间存在很多的不同。该灵活性使得工资和其他雇佣成本反映出劳动力的供需	

❶博斯沃思.劳动力市场经济学[M].北京:中国经济出版社,2003;孔德威.西方国家劳动力市场灵活化改革的理论分析[J].商业研究,2006(19):144-147.

	数量灵活性	时间灵活性	功能灵活性	薪资灵活性	距离灵活性
Peter Reilly (2001)	企业通过劳动力投入数量的调整来适应外部社会经济的变化,其中包括对企业外聘人员的调整,企业内部人员工作时间的调整等	企业通过改变工作时间计划,实行弹性工时、定期契约和部分工时等方式,对人力资源进行重新配置	企业在不增加人员的情况下,通过变革工作组织方式,成立工作团队和对员工进行多项技能培训,提高企业内部现有人员配置效率	企业通过数量或功能的灵活化等,调整员工薪资水平或福利待遇,以适应企业外部环境的变化。	改变固有的工作场所观念,通过多种方式使劳工在家或其它企业以外的场所为企业工作,如雇员在正常工作地点外的工作,如把工作带回家做
Bosworth (2003)	雇佣合同灵活性 传统全日制雇佣合同的减少及非正规就业合同的增加	工作时间灵活性 传统的标准工作时间的减少,合同工时、报酬工时与工作工时之间差异的增加等	工作构成灵活性 由单一技术分工性工作向复合型技术分工性工作的转化,以及团队工作组织形式的增加等	工资灵活性 工资决定的分散化及经济成果有关的多样化的工资率等	
OECD (1999)	外部数量灵活性 雇主灵活解雇、雇用工人的能力。在实际运用中,外部数量灵活性是通过雇主使用各种就业契约,如非全时工作契约、固定期限契约、临时契约等,对劳动力要素数量进行调整来实现的	内部数量灵活性 雇主在不变更企业原有劳动力数量的情形下,改变工时长短及其分配方式的一种能力。一般适用于对工时灵活性的需求,如轮班工作、季节性劳动力需求、周末/假日加班、超时工作等	功能灵活性 雇主在企业内部对工人工作任务、工作部门、工作内容进行灵活调配的一种能力。它通常表现为雇员经过企业培训、深造或某些激励后,能够胜任更多的工作岗位	工资灵活性 雇主根据市场及竞争变化状况,适时调整雇员工资或福利水平的能力。通常雇主更倾向于根据个人表现而非集体协议制定的工资标准来决定雇员的工资水平	外部化灵活性 雇主将工作任务外包或转包给与本企业无任何就业契约关系,只有商业性契约关系的外部工人或企业的能力。如转包合同,任务转包给自雇人员,但并不与之签订就业契约

国内学者也对劳动力市场分类进行了一定的讨论。丁纯[1]认为劳动力市场的灵活性包括生产活动灵活性、劳动力成本灵活性和供给方灵活性三部分。这三部分并未从根本上突破上述文献中对于功能灵活性、工资灵活性与数量灵活性的界定。曾湘泉和汪雯[2]则对劳动力市场灵活性中最为重要的一方面——就业灵活性的内涵进行阐述,认为这一概念在国际上大多与非全日制就业和非正规部门或非正规经济就业的定义相关。依据中国的实际情况,劳动和社会保障部(现人社部)劳动科学研究所课题组在2002年撰写的《我国灵活就业问题研究报告》中将灵活就业定义为:在劳动时间、收入报酬、工作场地、社会保险、劳动关系等方面不同于建立在工业化和现代工厂适度基础上的、传统的主流就业方式的各种就业形式的总称。吕红[3]将灵活就业大致分为三类:第一类是在劳动标准方面、生产的组织和管理方面及在劳动关系协调运作方面达不到一般企业标准的用工和就业形式,主要是指小型企业、微型企业和家庭作坊式的就业者,及虽为大中型企业雇用,但在劳动条件、工资和保险福利待遇及就业稳定性方面有别于正式职工的各类灵活多样就业形式的人员,包括临时工、季节工、承包工、小时工、派遣工等;第二类是由科技、新兴产业的发展及现代企业组织管理和经营方式的进一步变革引起的就业方式的变革而产生的灵活多样就业形式,主要是发达国家广泛流行的非全日制就业、阶段性就业、远程就业、兼职就业、产品直销员、保险推销员等;第三类是独立于单位就业之外的就业形式,包括自雇型就业、自主就业和临时就业者等。

从上述研究来看,国外对于劳动力市场灵活性的研究更早,对其概念的内涵与外延的界定更加系统和全面。国内学者部分地沿用了国外的界定方式并结合中国劳动力市场的实际情况作了进一步阐释。

从实际应用来看,目前我国劳动关系领域将非正规部门就业称之为灵活就业,主要是指在正规形式就业之外的其他就业形式。它主要包括以下三种类型:第一类是边缘状态的就业形式,主要是指小型企业、微型企业和家庭作坊式单位的就业者,及虽为大中型企业雇用,但在劳动条件、工资和保险福利待遇及就业稳定性方面有别于固定职工的各类灵活多样就业形式人员,包括临时工、季节工、承包工、小时工、派遣工等;第二类是现代灵活就业形式,主要是指由于科技和新兴产业的发展,及现代企业组织管理和经营方式的进一步变革引起的就业方式的变革而产生的灵活多样就业形式,如目前发达国家广泛流行的非全日制就业、阶段性就业、远程就业、兼职就业、产品直销员、保险推销员等;第三类是独立于单位就业之外的就业形式,包括自雇型就业,自主就业即自由职业者如律

[1]丁纯.欧盟劳动力市场的困境、成因与改革[J].国际经济评论,2006(6):61-64.

[2]曾湘泉,汪雯.灵活就业的理论,实践及发展思路[J].中国社会保障,2003(6):62-63.

[3]吕红.转型期中国灵活就业及其制度创新问题研究[D].长春:东北师范大学,2008.

师、作家、自由撰稿人、翻译工作者、中介服务工作等,临时就业如家庭小时工、街头小贩、待命就业人员和其他类型的打零工者。

7.1.2 劳动力市场安全性

劳动者在劳动力市场的境况,关系着众多劳动者及其家庭的权益,因此劳动力市场安全性问题一直受到关注,尤其是部分国家进行了劳动力市场灵活性改革以来,劳动力市场安全性的问题也成为研究的热点。

与劳动力市场灵活性相似,劳动力市场安全性也是一个多维的概念。Witlhagen[1]对劳动力市场的安全性进行了讨论和界定,这一界定也是我们所知的对劳动力市场安全性内涵和分类较为全面、深刻和清晰的阐述。Witlhagen将劳动力市场安全性分为四种类型:第一,工作岗位安全性(job security),是指雇员能够就职于同一企业或雇主,就任于同一工作岗位,并保持其工作任期持续性的安全程度;第二,就业安全性(employment security),是指雇员在职业生涯中,能够持续保持就业状态的安全程度,这一安全性主要强调的是雇员就业能力的安全性,雇员在多个雇主、多种岗位中保持就业的一种状态;第三,收入安全性(income security),是指雇员在遭遇失业、疾病或意外事故时,能够通过公共转移收入体制(如失业救济金和现金救助体制),保持稳定可靠收入的安全性;第四,组合安全性(combination security),是指雇员通过退休计划、产假、志愿无偿工作等方式,能够把工作与个人生活有机地结合在一起的可能性。

国内学者的讨论对这一概念的理解大多没有突破Witlhagen的安全性分类。如孙乐[2]指出安全性是指面对市场灵活性的变化,劳动者在劳动市场就业时,能够得到相关保障,包括体面的工资、良好的工作环境、免受不公平待遇和歧视等,及在其失业后能够尽快返回到劳动力市场当中去的各种保障措施。孔德威等[3]的研究也沿用了Witlhagen的界定方式。

7.1.3 劳动力市场灵活安全化

灵活性和安全性都是劳动力市场的重要问题,并且彼此存在一定的联系,因此有学者把这两者结合起来,提出了"灵活安全性"的概念,这一词的英文为"flexicurity",是由英文当中的灵活性——flexibility和安全性——security组合在一起

[1] T WITLHAGEN.Balancing Flexibility and Security in European Labour Market.Paper for the Conference Recent Developments in European Industrial Relations,7 October [C].The Hague,2004.

[2] 孙乐.中国劳动力市场灵活性与安全性平衡探讨[J].人口与经济,2010(5):40-45.

[3] 孔德威,张坤,刘瑛.灵活化时代劳动就业的安全性分析[J].经济论坛,2009(10):29-31.

形成的一个合成词。对于灵活安全性的基本内涵,Wilthagen & Rogowski[1]认为,劳动力市场的灵活安全性代表着一种新的政策战略,既能够促进劳动力市场工作组织安排与劳动关系灵活性,又能够增强劳动力市场中弱势群体与边缘化群体就业安全和社会安全,或简单地讲,是在保障工作、就业、收入与组合安全性的同时,实现劳动力市场数量(内部和外部)灵活化、功能灵活化与工资灵活化的一种政策战略。与单纯的灵活性与安全性政策战略相比,这种新的政策战略具有三个明显的特点,即同步性、协调性与弱势群体性。

在国外研究的基础上,国内学者也对灵活安全性进行了讨论和介绍。杨伟国、唐穗[2]认为对于灵活安全性的定义有两个维度,从政策战略的角度来说,灵活安全性政策试图同时达到两方面平衡的战略,一方面增强劳动力市场、工作组织及劳动关系上的灵活性,另一方面增强保障性,包括就业保障和社会保障,尤其是对于弱势群体的保障。孔德威[3]基于其多年的研究认为灵活安全性劳动就业政策最基本的特征是对于灵活性与安全性的平衡。但是,由于灵活性与安全性都是一种多维的概念,各自都包含着多种含义,在理论上它们之间具有多种不同的组合,实践中各国为实现这两者之间的平衡所采取的政策措施也不完全相同,因此,各国灵活安全性政策的基本特征也有所差异。

Wilthagen & Velzen[4]给出了灵活性与安全性的交互图表,并根据各国政策制定的关注点进行了归类,概括出了不同国家劳动力市场的特征(表7-2)。

表7-2　各国灵活性与安全性情况

灵活性、安全性	工作安全性	就业安全性	收入安全性	组合安全性
外部数量灵活性	西班牙	荷兰和丹麦	中东欧	
内部数量灵活性	德国	荷兰		
功能灵活性	德国	日本	德国	丹麦
工资灵活性				

[1] T WILTHAGEN,R ROGOWSKI.The Legal Regulation of Transitional Labour Markets[M],in Schmid G,Gazier B ed.The Dynamics of Full Employment:Social Integration through Transitional Labour Markets,Cheltenham:Edward Elgar,2002.

[2] 杨伟国,唐穗.欧洲灵活保障模式:起源、实践与绩效[J].欧洲研究,2008(3):87-98.

[3] 孔德威.西方国家劳动力市场灵活化改革的理论分析[J].商业研究,2006(19):144-147.

[4] T WILTHAGEN,M.VELZEN,The Road towards Adaptability,Flexibility and Security,Paper presented at the European Commission/DG Employment Theematic Review Seminar on Increasing Adaptability for Workers and Enterprises[C],Brussels,2004.

实现灵活安全性的途径主要有两种：一是整个劳动力队伍的灵活化和大部分拥有标准劳动合同的雇员的灵活化。这种灵活化可以两种方式实施，或者通过新的工作组织方式，或者通过更为多样化的工作时间安排，灵活化的同时应当确保就业的安全性。二是指在保持非标准劳动合同（兼职就业、不同形式的短期工作和固定期限就业）签订的灵活性的同时，确保这些雇员权利的规范化，给兼职工等灵活用工者与全职工在获取贷款、接受教育培训、退休金的发放等方面相同的权利。

关于灵活安全性的准则含义，社会非政府组织（NGOs）在奥地利菲拉赫召开的就业与社会事物非正式会议（Informal meeting on Employment & Social Affairs），提出了劳动力市场灵活安全性应遵循的十项准则：灵活安全性旨在创造出更多更好的工作岗位，增强社会凝聚力，与贫困和社会排斥做斗争；灵活安全性应当建立在民主协议机制之上；灵活安全性既是雇主的灵活性也是雇员的灵活性；灵活安全性是一个社会整合机制；灵活安全性必须建立在机会均等、男女平等的基础之上；灵活安全性应在现有的劳动立法框架下进行；灵活安全性应确保灵活就业人员享有充分养老金的权利；灵活安全性需要依靠激活性政策的支撑；灵活安全性应使收入安全性得到充分的保证；灵活安全性要求对教育进行持续投资，倡导终身学习理念。欧盟2005与2006年度的"联合就业报告"将劳动力市场灵活安全性准则概括为了四点：就业契约的安排既要满足雇主的灵活性，也要满足雇员的灵活性；在劳动力市场的转换中，即在工作之间的转换，及从失业和非生产性活动向就业的转换中，应当充分发挥积极劳动力市场政策的作用；建立与完善终身学习制度，这有助于提高雇员的就业能力，从而帮助他们应对快速的变革、失业陷阱和向新工作的转换；维持现代社会保障制度，因为安全性是灵活化的前提，并且现代社会保障制度也能够通过向失业者提供充足的收入保证，促进劳动力市场的流动性与转换。

7.1.4 劳动力市场灵活性和安全性交易曲线

随着劳动力市场灵活安全性概念的演进，对于该议题的理论研究也从宏观和抽象的描述性分析提升至模型化分析两者之间的等价代偿关系（compensatory equivalence），包括劳动力市场灵活安全性交易矩阵、指标矩阵和无差异曲线。

Wilthagen & Tros[1]提出的交易矩阵将劳动力市场的数量、功能和工资灵活性和工作、就业、收入和组合安全性相结合，用于分析各国和各类劳动力市场的多维结构，但由于该模型以描述和分类研究为主，因此无法有效说明灵活性和安全

---

[1] T WILTHAGEN, F.TROS.The Concept of "Flexicuriy" : A New Approach to Regulating Employment and Labor Market.[J].Transfer,2004(10):166-186.

性之间的代偿关系。Spether❶提出的灵活安全性指标矩阵则以ILO❷和OECD❸指标体系为基础,依据就业保护立法严格程度、社会保护水平和失业率三项核心指标的交叉组合矩阵来研究不同国家的劳动力市场,这一模式也被许多研究者沿用和扩展❹,但它同样难以揭示定位较为含糊的政策制度。鉴于矩阵静态分析模式的不足之处,Tangian❺提出以无差异曲线方法研究不同国家就业保护立法严格程度和社会安全性综合指标之间的关系,以此分析灵活性和安全性之间的代偿关系。

　　基于上述研究,本书提供了分析中国劳动力市场的灵活性和安全性的理论模型——制度约束下的劳动力市场灵活性和安全性交易曲线,如图7-2所示。

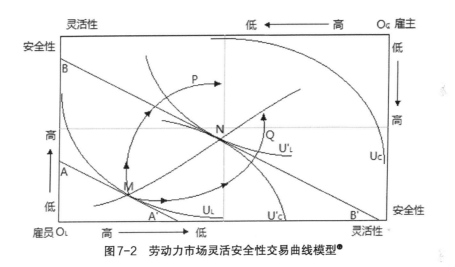

图7-2　劳动力市场灵活安全性交易曲线模型❻

❶S SPETHER.What are the Ingredients of'Good' Flexicurity Arrangements? Some Ideas for Identifying Factors that Market for Success,Manuscript Paper Distributed at the First Meeting of the Flexicurity Research Network[C],Copenhagen,2006.

❷P AUER. Protected Mobility for Employment and Decent Work:Labor Market Security in a Globalized World[J]. Journal of Industrial Relations,2006,48(1):21-40.

❸OECD.ECD Employment Outlook[M].Paris:OECD Publication,2004.

❹ O BLANCHARD.European Unemployment:The Evolution of Facts and Ideas[J].Economic Policy,2006, 21(45):5－59;丁纯.欧盟劳动力市场的困境、成因与改革[J].国际经济评论,2006(6):61-64;张车伟.中国30年经济增长与就业:构建灵活安全的劳动力市场[J].中国工业经济,2009(1):18-28;孔德威,张坤,刘瑛.灵活化时代劳动就业的安全性分析[J].经济论坛,2009(10):29-31;刘瑛.灵活化时代劳动就业的安全性分析[J].经济论坛,2009(10):29-31.

❺A TANGIAN.European Flexibility:Concepts,Methodology and Policies[J].Transfer 2007.13(13):551-573.

❻张原,沈琴琴.平衡中国劳动力市场的灵活安全性——理论指标、实证研究及政策选择[J].经济评论, 2012(4):53-67.

　　雇员对于劳动力市场的灵活性和安全性偏好不同于雇主,一般来说,雇员更倾向于稳定安全的工作类型,因此可以假定雇员更加偏好安全性较高和灵活性较低的组合,其效用函数通过U_L、U'_L等无差异曲线组来表示,在同一条无差异曲线上,不同的安全性和灵活性组合具有相同的效用,所以我们可以知道在U_L曲线上任一点表示的灵活安全组合所带来的效用应该是相同的;而不同的无差异曲线表示不同的效用水平,离原点O_L越远的点效用水平越高,因此对于雇员来说,U_L的整体效用水平高于U'_L。

　　雇主对于劳动力市场灵活安全性的偏好同样可以用类似的方式加以刻画,一般来说雇主更偏好灵活的工作安排,在企业效益好的时候多雇佣员工,而在效益差时减少雇佣量,或者改变雇佣模式;而对于安全性的考虑则需要受到其投入成本的制约。因此我们可以假定雇主更加偏好灵活性较高而安全性较低的组合,其无差异曲线为U_c、U'_c等,在同一条无差异曲线上,不同的安全性和灵活性组合具有相同的效用,;而不同的无差异曲线表示不同的效用水平,离原点O_c越远的点效用水平越高,因此对于雇主来说,U_c的整体效用水平高于U'_c。

　　图中的AA'线为预算线,表示有限的社会资源用于实现安全性、灵活性需要面临的成本约束,主要指劳动力市场灵活安全性制度构建、运行和改革的成本,因而此处将预算线称为"制度预算线",其中安全性包括实现就业安全性需要的积极就业和就业培训政策,工作安全性所需要的劳动立法和执法,及收入安全性所需的最低工资制度和失业保险制度等;灵活性包括实现数量灵活性所需的劳动力流动政策改革和企业人力资源管理制度改革,功能灵活性所需的培训制度建设、工时制度和非正规就业立法建设,工资灵活性所要求的工资制度改革和工资集体协商制度建设,及外部化灵活性所涉及的劳务派遣、业务外包等劳动用工制度改革。由于社会资源的有限性、制度改革的优先度和迫切性存在差异,因此实现灵活性和安全性的社会成本投入也需权衡和分配。

　　当劳动力市场安全性和灵活性制度建设的投入较低时,尽管劳动者可能有更高的安全性和较低的灵活性要求,比如健全的社会保障制度和打破不合理的临时工制度和劳务派遣用工方式,但是由于制度预算线的位置较低,因此能够实现的均衡水平也较低,比如图中M点所表示的安全性和灵活性水平,而N等较低灵活性和较高安全性的状态则受制于制度约束而无法达到。劳动力市场的灵活安全性水平将随着制度预算线位置的上升而提高,其变动路径可能遵循类似MP的状态,即与安全性相关的制度建设或改革相对灵活性相关的制度较快;而反之则表现为MQ的路径;或采用相对均衡的方式,即沿着类似于MN的路径变化。

　　如果用埃奇沃思盒状图将雇员和雇主相结合进行分析则可以发现,两者的偏好在没有预算约束的情况下,一般会达成自然均衡N,此时雇主的工资支出、安全、社会保障投入和对于招聘、解雇的权衡,及雇员对就业、工作、收入的安全性要求和职业稳定、工作流动的权衡,将会达到一致。然而,由于劳动力市场的灵活安全性不仅取决于雇员和雇主达成的协议,也在很大程度上受到国家立法和政策制度的影响,尤其是在劳资双方共决机制较为欠缺,而政府干预能力又较强的状况下,国家作为第三方对于制度预算线的作用将会对最终结果产生重要影响,均衡的实现将不仅仅受到劳资双方能够左右的灵活安全性制度的影响,比如法律允许框架内的企业劳动力管理制度和劳动者就业和择业行为等,而且更重要地取决于劳动力市场的重大制度安排,比如劳动立法、社会保障制度、最低工资制度、劳动力流动、户籍政策和国有企业用工制度等。因此,很有可能出现的情况是,尽管均衡点N对于雇员和雇主而言均为帕累托最优点,但是由于劳资双方和政府的制度影响力存在差异,将使其无法达到,任何对N点的偏移都至少损害了一方的利益。因此,对于政府而言,寻找并使得劳动力市场灵活安全性的制度设计接近帕累托最优点,应是其政策选择的主要方向。

7.2　劳动力市场灵活性、安全性指标

劳动力市场灵活性与安全性是一个多维和开放的概念框架,因而真正研究某一个劳动力市场的灵活安全性时,需要构建一个指标体系去测量劳动力市场的整体灵活性与安全性,并进行定量化的评价。但需要注意的是,对灵活性与安全性各个维度的重要性进行客观的判断存在一定的困难,因为不同的劳动力市场主体存在不同的个人价值判断,如雇主和劳动者对同一状态的判断必然存在差异,具体到不同的雇主个体也存在差异。测量的角度方面,由于劳动力市场涉及政府、企业、劳动者三方行为主体,而三者在劳动力市场中的利益和诉求存在差异,例如,一般企业更关注劳动力市场的灵活性;劳动者更关注劳动力市场的安全性;而政府关注灵活性与安全性的平衡,因此,在衡量、评估劳动市场灵活性与安全性的程度时,既需要从宏观社会经济层面进行测量,也需要对微观个体层面进行测量;既包括客观数据,也需要结合主观感受来进行综合评价。

7.2.1　灵活性指标及其测量

劳动力市场灵活性包括外部数量灵活性、内部数量灵活性、功能灵活性、财务或工资灵活性和距离灵活性五个维度,因此相应的测量指标也包含五个方面,也就是劳动力市场灵活性一级指标。

（1）外部数量灵活性（external numerical flexibility）,是指雇主根据外部社会经济的变化调整劳动力雇用数量的能力。从企业的维度它反映了雇主雇用或解雇工人的难易程度。从劳动者的角度看,它表现出劳动者在雇主间的流动性。

（2）内部数量灵活性（internal quantity flexibility），也可称为工作时间灵活性，即雇主在不改变原有劳动力数量的情形下，通过调整工作时间达到调整劳动投入量的可能性。具体方式包括兼职、轮班和加班等。

（3）功能灵活性（function flexibility），也可称为组织灵活性，是指雇员能够及时被转移到组织内不同机构和岗位的可能性。功能灵活性更多地表现为企业的内部制度安排，特别需要在加强管理和劳动者培训方面下功夫。同时，企业也可以通过外部机构来实现功能灵活性。

（4）财务或工资灵活性（financial or wage flexibility），是指雇主根据劳动力市场等企业外部环境及企业经营状况的变化，及时调整雇员工资或福利水平的能力。工资灵活性能力受到工资刚性、国家相关政策、集体谈判力量及企业薪酬制度等多方面因素的影响。

（5）距离灵活性（distance flexibility），也可称为位置灵活性，即雇主可通过改变工作场所，使员工在企业工作场所外部为企业工作，如在家办公或远程办公等。

在每个一级指标之下，又可以建立相应的二级指标，这些指标的衡量标准和涉及的问题如表7-3所示。

表7-3　劳动力市场灵活性指标体系❶

指标		对象	涉及的问题	度量或单位
外部数量灵活性	解雇成本或离职难度	员工	您辞职的过程是否繁琐	1.非常繁琐→5.非常简单
		员工	您辞职时能否得到相应的补偿	0、1变量
		企业	本企业在解雇时必须通知工会吗	0、1变量
		企业	本企业在解雇前必须获得工会的允许吗	0、1变量
	就业期	员工	工作以来平均每次工作的时间长度是	年
		员工	您已在本单位工作了几个月	月
	劳动合同期限	员工	您目前与单位签订劳动合同的期限	年
		企业	企业的合同期限员工状况是什么	复合变量
		企业	贵单位员工劳动合同的平均期限为多长	年

❶张原,沈琴琴.平衡中国劳动力市场的灵活安全性——理论指标、实证研究及政策选择[J].经济评论,2012(4):53-67.

续表

指标	对象	涉及的问题	度量或单位
一定程度对应	职位空缺填补率	企业	贵单位招聘普通员工的周期一般要多长	1.随时→6.半年以上
		企业	贵单位招聘管理层员工的周期一般要多长	1.随时→6.半年以上
		企业	您的企业是否有一些岗位长期找不到合适员工	1.有→3.没有
	自愿离职率	员工	您之前更换工作是自己主动辞职吗	0、1变量
		企业	2010年本单位自动离职人数占离职人员比重是	%
	非自愿离职率	员工	您之前更换工作是被老板辞退吗	0、1变量
		员工	您是否有下岗或失业的经历	0、1变量
		企业	2010年本单位解雇人数占离职人员比重是	%
	灵活就业比重	员工	您工作的性质是全日制工作吗	0、1变量
		企业	非正式员工占所有员工的比重是	%
	使用实习生的比重	员工	您工作的性质是学生工/实习员工吗	0、1变量
内部数量灵活性	员工平均每周工作时间	员工	您平均每周的工作时间大约是几个小时	小时
	实行特殊工时制员工的比重	员工	您是否从事以下特殊工时工作	0、1变量
	是否实行弹性工时安排	员工	您所在单位是否有弹性工时制的安排	0、1变量
		员工	您的上下班时间固定吗	1.固定→4.完全自由
		企业	贵单位是否有弹性工时制的安排	0、1变量
		企业	贵单位上下班时间固定吗	1.固定→4.完全自由
功能灵活性	是否有工作轮换安排	员工	您工作后是否有过岗位轮换	1.没有→3.不同工种间轮换
		员工	您岗位轮换的频率是什么样的	1.6个月以下→6.从不轮换
		员工	您是否参加过更换岗位进行的技能培训	0、1变量
	是否允许内部兼职	员工	您所在的单位是否允许员工在单位内部身兼多职	1.完全允许→4.管理层允许
		企业	贵单位是否允许您在单位内部身兼多职	1.完全允许→4.管理层允许

续表

	指标	对象	涉及的问题	度量或单位
工资灵活性	员工薪酬、福利成本/业务收入	企业	公司上一年度的薪酬、福利总成本占业务收入比重是	%
	非工资劳动成本/员工薪酬	员工	您的薪酬结构状况如何:福利比重是	%
	固定工资/员工薪酬	员工	您的薪酬结构状况如何:基本工资比重是	%
		企业	公司员工基本工资约占员工工资收入的比重是	%
	最低工资/平均工资	员工	您平均每月从本单位获得的全部货币收入是多少	%
	集体谈判覆盖率	员工	您所在单位是否开展了工资集体协商	0、1变量
		企业	贵单位是否开展了工资集体协商	0、1变量
		企业	工资集体协商在以下哪些方面真正体现了劳动关系双方协商谈判的原则	个数
	工会会员密度	员工	您所在单位有工会组织吗	0、1变量
		员工	您是工会会员吗	0、1变量
		企业	贵单位是否成立工会组织	0、1变量
		企业	如果成立了工会,工会会员占员工的比重是	%
外部化灵活性	远程办公	员工	您能否把单位的工作带回家或到其他场所完成	1.能→3.不能
	劳务派遣员工占员工比重	员工	您工作的性质是劳务派遣工吗	0、1变量
		企业	非正式员工占所有员工的比重是	%
	是否实行业务外包	企业	贵单位是否使用业务外包	0、1变量

7.2.2 安全性指标及其测量

劳动力市场安全性包括工作岗位安全性、就业安全性、收入安全性和组合安

全性四个维度,因此相应的测量指标也包含四个方面,也即劳动力市场安全性一级指标:

(1)工作岗位安全性(job security),是指雇员能够就职于同一企业或雇主,就任于同一工作岗位,并保持其工作任期持续性的安全程度。岗位安全性一般与一国的就业保护法规,如解雇保护的严格性密切相关。随着社会经济结构的不断调整,劳动就业日趋灵活化,传统的强调工作岗位安全性的做法正在逐渐转变为强调提升劳动者的就业能力的安全性。

(2)就业安全性(employment security),是指雇员在职业生涯中能够持续保持就业状态的安全程度。就业安全性主要强调雇员就业能力的安全性,即雇员在职业生涯中能较好地应对劳动力市场的变化,可在多个雇主、多种岗位中保有持续性就业的一种状态。实现就业安全性的前提条件是工作要求与个人素质相匹配。它同就业的整体环境、积极劳动力市场、培训和教育政策所起的作用密切相关,也是积极劳动力市场培训、教育等政策之所以倡导终生学习理念的原因,它已经成为现代劳动力市场发展的基本原则和理念。

(3)收入安全性(income security),是指雇员在遭遇失业、疾病或意外事故时,能够通过公共转移收入体制,如失业救济金和现金救助体制,保持稳定可靠收入的安全性。

(4)组合安全性(combination security),是指雇员通过退休计划、产假、志愿无偿工作等方式,能够把工作与个人生活有机地结合在一起的可能性。

在每个安全性一级指标之下,又可以建立相应的二级指标,这些指标的衡量标准和涉及的问题如表7-4所示。

表7-4 劳动力市场安全性指标体系❶

	指标	对象	涉及的问题	度量或单位
工作岗位安全性	就业期	员工	工作以来平均每次工作的时间长度是?	年
		员工	您已在本单位工作了几个月?	月
	劳动合同期限	员工	您目前与单位签订劳动合同的期限?	年
	自愿性离职率	员工	您之前更换工作是自己主动辞职吗?	0、1变量
		企业	本单位自动离职人数占离职人员比重是?	%
工作岗位安全性	非自愿性离职率	员工	您之前更换工作是被老板辞退吗?	0、1变量
		员工	您是否有下岗或失业的经历?	0、1变量
		企业	2010年本单位解雇人数占离职人员比重是?	%
	被外来劳动力和先进设备替代的可能	员工	您觉得自己的工作是否有可能被他人替代?	1.很可能→4.不可能

❶张原,沈琴琴.平衡中国劳动力市场的灵活安全性——理论指标、实证研究及政策选择[J].经济评论,2012(4):53-67.

指标		对象	涉及的问题	度量或单位
就业安全性	受教育程度	员工	您受教育的程度是什么	年
	成年人教育和培训项目的参与率	员工	您是否参加过技能培训	0、1变量
		员工	您参加过什么类型的技能培训	个数
		企业	企业对不能胜任工作的员工进行培训或换岗吗	0、1变量
		企业	企业2010年度平均每个员工花费的培训成本	元
	失业者参与的就业扶持政策的程度	员工	您参加过下岗再就业技能培训吗	0、1变量
	劳动力市场政策的普及和参与人数	员工	您觉得自己了解最新的劳动力市场的政策吗	1.非常了解→4.一无所知
		员工	您参加过下岗再就业技能培训吗	0、1变量
	失业6个月以上仍未找到工作或仍未受到积极措施帮助者所占比重	员工	您最近一次失业或下岗的时间在6个月以上吗	0、1变量
收入安全性	失业保险	员工	单位是否为您缴纳失业保险金	0、1变量
		企业	公司是否为员工缴纳失业保险金	0、1变量
	医疗保险	员工	单位是否为您缴纳医疗保险金	0、1变量
		企业	公司是否为员工缴纳医疗保险金	0、1变量
	生育保险	员工	单位是否为您缴纳生育保险金	0、1变量
		企业	公司是否为员工缴纳生育保险金	0、1变量
	工伤保险	员工	单位是否为您缴纳工伤保险金	0、1变量
		企业	公司是否为员工缴纳工伤保险金	0、1变量
	收入稳定状况	员工	您每个月的工资收入是否稳定	1.很稳定→3.波动大
		员工	您是否遭遇过工资拖欠	1.经常→3.未遭遇
	贫困风险率	员工	您的家庭人均收入是多少	元
		员工	家庭儿童抚养比(计算)	比例
		员工	家庭老人抚养比(计算)	比例
		员工	家庭总抚养比(计算)	比例
		员工	您所有收入相加是否高于当地最低工资标准	1.高于→3.低于

	指标	对象	涉及的问题	度量或单位
组合安全性	带薪休假	员工	您是否有带薪休假的经历	0、1变量
	产假	员工	您的单位是否有产假	0、1变量
	法定节假日休假	员工	您所在单位的节假日状况	1.有→4.基本没有

互动讨论5:如何获得劳动力市场灵活性和安全性的数据?

在上述内容中,我们已经看到了劳动力市场灵活性和安全性的测量指标体系,那么,如何才能获得实际数据来真正评价某一个市场的灵活安全性状态呢?请列举尽可能多的方法。

可以采用的方法有很多种,归纳起来有两类:第一是直接的方法,即通过田野调查(问卷、访谈、现场观察等方式)获得原始数据,这种方法需要借助于有效的问卷和访谈设计,对于社会调查研究方法需要有较好的把握;第二是间接的方法,及通过搜集已有统计资料和已有文献研究中有关的数据来获得相关数据,这种方法需要阅读和整理大量文献,并且需要掌握较好的数据挖掘能力。以上两个例子是田野调查就业灵性、安全性的《员工调查问卷》和《企业调查问卷》,请观察其中关注的问题,并讨论其对应了哪些灵活性和安全性指标,如果要你设计问题来获取其他的指标,你会怎样设计?

例1:灵活性和安全性调查问卷——《员工调查问卷》(截取)

```
员工个人就业和收入情况
1.  您在进入本公司前的工作经验:
    A. 应届毕业生,无工作经验  B. 有工作经验(参加工作时间_____年____月)
2.  您到本单位前换过_____次工作?(如没换过工作,请填0,并跳到C7题)。
3.  您之前更换工作的主要原因是什么?
    A. 被老板辞退  B. 自己主动辞职  C. 企业倒闭或工程到期
4.  你辞职的过程是否繁琐?
    A. 非常繁琐  B. 繁琐  C. 一般  D. 简单  E. 非常简单
5.  您辞职时能否得到相应的补偿?
    A. 不能  B. 按工作年限得到补偿  C. 按工资比例得到补偿  D. 按其他方式得到补偿
    (请在此处写出补偿方式及大约的补偿金额:_____)
6.  您是否有下岗或失业的经历?
     A. 有   B. 没有
7.  您最近一次下岗的时间大约有多长?
    A.1个月以内  B.1-3个月  C.3-6个月  D.6-9个月  E.9-12个月  F.1年以上
8.  您是否患过职业病?
    A. 是    B. 否
9.  您所在的岗位是否容易出现工伤事故?
    A. 是    B. 否
10. 您觉得自己的工作是否有可能被他人替代?
    A. 很可能,工作没有技术含量,能干的人太多了
    B. 有可能,但是短期内不太会
    C. 不太可能,工作有一定的技术含量,别人不太容易学
    D. 不可能,只有我掌握了这份工作的要领
    ……
```

例2：灵活性和安全性调查问卷——《企业调查问卷》（截取）

```
D  员工就业稳定情况
D1. 贵单位员工劳动合同的平均期限为：
     A.≤1年  B. 1年—2年  C.2年—3年  D.3年—4年  E.4年以上
D2. 过去12个月里本单位自动离职的人数约_____人，解雇人数约_____人，合同
     期满解除合同_____人。
D3. 本企业的解雇原因有哪些？请在符合本企业的解雇原因选项上划勾。
     企业经济原因：
     A.企业经济状况下滑  B.企业结构转型  C.企业减员增效（经济状况尚好）
     员工原因：
     D.个人绩效不良无法胜任工作  E.个人违反法律或规章制度
     F.其他原因（请填写）
     企业最主要的解雇原因是：_____；员工原因所占比例：_____%。
     有些企业写解雇原因是直接从上面选项选，有些则自己填写
D4. 本企业在解雇时必须通知工会吗？
     A.是  B.否
D5. 本企业在解雇前必须获得工会的允许吗？
     A.是  B.否
D6. 本企业对不能胜任工作的员工进行培训或换岗吗？
     A.是  B.否
D7. 原企业下岗失业人员是否具有招聘录用的优先权利？
     A.是  B.否
D8. 企业最近三年平均人均职业安全卫生投入_____元。
D9. 企业最近三年有无发生工伤事故？
     A.有  B.无
     注意，若选1，则每年平均发生工伤事故_____次。
D10. 您认为2008年《劳动合同法》实施无固定期限用工后对员工稳定就业是否有影响？
     A.有  B.无
     ……
```

7.2.3 灵活性和安全性的劳动力市场影响

对于失业率与灵活安全性之间的关系，主要通过下岗失业经历、长期失业经历与灵活性和安全性各项指标之间的关系来体现。从下岗失业经历来看，年龄较高、未婚和城镇户籍人员更容易经历下岗失业，从事金融证券等垄断行业的较不易失业，而从事零售、批发业和交通、物流等竞争性行业的个体则容易失业。从长期失业的状况来看，年龄较大的个体更易遭遇长期失业，从事金融证券业、房地产、汽车制造业、建筑业和商业服务、咨询业的个体较容易避免长期失业。

1. 灵活性与失业率

劳动合同期限越长和全日制工作的个体越不容易发生失业，但是长期合同并不能有效避免长期下岗或失业，外部数量灵活性与失业率具有正相关性；从事特殊工时制的个体容易失业，但是对于避免长期失业具有一定的正面作用，上下班时间固定的员工不易失业，内部数量灵活性与失业率具有正相关性；有岗位轮换安排的员工不容易失业，而允许单位内部兼职的员工则比较容易失业，这表明功能灵活性与失业率之间的关系并不确定；工会组织覆盖率与下岗失业之间具有正向关系，工会组织可能对工资变动具有一定的制约作用，而工资调整越不灵活，失业率将越高，但工会组织和工会会员身份对于避免长期失业具有显著的正

向作用,表明工资灵活性与长期和短期失业率之间具有不同的关系;能将工作带回家或其他场所完成的个体不易失业,而劳务派遣工则更容易失业,表明外部化灵活性与失业率之间的关系也不明确。

2. 安全性与失业率

从安全性各项指标来看,工作月数与下岗失业之间的相关性不显著,但工作时间越长的个体长期失业的可能性越小,工作替代性与下岗失业之间的相关性不显著,但个体从事替代性较高的工作,其发生长期失业的概率也越大,这表明工作岗位安全性与长期失业率之间具有显著的负向关系;受教育程度、参加技能培训的状况及劳动者对于劳动力市场政策的了解程度与下岗失业之间的相关性不显著,参加过的技能培训类型较多对于避免长期失业具有一定的正面作用,表明就业安全性与失业率之间的关系较小;获得失业保险、医疗保险、生育保险的个体不容易下岗失业,遭遇工资拖欠较少的员工也不易失业,失业保险金与长期失业之间具有正向关系,这表明失业保险在保障失业者收入安全的同时,也可能在一定程度上降低失业者继续寻找工作的积极性,这一表明,整体上收入安全性与失业之间存在负相关性,但在长期失业上具有一定的不确定性;组合安全性与失业率之间的关系也不显著,但有带薪休假经历和单位节假日保障较好的员工更易产生长期失业,产生这一状况的原因可能是组合安全性较高的企业多为国有企业,而国企下岗失业人员中较多成为长期失业个体。

3. 灵活性与就业质量

灵活性与就业质量之间的关系可以归纳为表7-5,一般就业期较长、劳动合同期限较长的劳动者就业灵活性较低,因此外部数量灵活性与工作稳定性之间的关系为负向;员工平均每周工作时间的变化较大意味着灵活性较高,但这是否与超时工作之间的关系并不确定,因此内部数量灵活性与就业质量之间的关系并不确定;员工薪酬、福利成本占业务收入的比重、最低工资占平均工资的比重与就业质量之间没有直接关系,工资灵活并不意味着工资越高或者越低,其与就业安全性之间的关系也不确定,集体谈判覆盖率较高、工会会员密度较高的企业调整工资的灵活性较差,但工会组织,平等协商和集体合同,民主管理和社会对话等制度的建立却是有助于就业质量提高的,因此从这个意义来看,工资灵活性与就业质量之间也存在负相关关系。整体而言,就业灵活性可能会降低就业质量,但是由于目前关于就业灵活性的指数化研究细致程度要高于就业质量,对于功能灵活性和外部化灵活性与就业质量的关系,就业质量研究没有给予足够的关注度,建立相应的就业质量指标,因此还不能给出有效的判断。

表7-5　就业质量与灵活性之间的关系

	就业灵活性指标	就业质量指标	关系
外部数量灵活性	解雇成本或离职难度		
	就业期	工作稳定性	-
	劳动合同期限	劳动合同	-
	职位空缺填补率		
	自愿离职率		
	非自愿离职率		
	灵活就业比重		
	使用实习生的比重		
内部数量灵活性	员工平均每周工作时间	工作时间	o
	实行特殊工时制员工的比重		
	是否实行弹性工时安排		
功能灵活性	是否有工作轮换安排		
	是否允许内部兼职		
工资灵活性	员工薪酬、福利成本/业务收入	劳动报酬	o
	非工资劳动成本/员工薪酬		
	固定工资/员工薪酬		
	最低工资/平均工资	劳动报酬	o
	集体谈判覆盖率	平等协商和集体合同,社会对话	-
	工会会员密度	工会组织,民主管理	-
外部化灵活性	远程办公		
	劳务派遣员工占员工比重		
	是否实行业务外包		

说明:+表示就业质量与灵活性指标之间正相关,-表示负相关,o表示关系不确定。

4. 安全性与就业质量

安全性与就业质量之间的关系可以归纳为表7-6,从中同样可以发现,目前关于就业安全性的指数化研究比就业质量的研究更为细致。一般就业期较长、劳动合同期限较长的劳动者就业安全性较高,因此工作岗位安全性与就业质量之间的关系为正向;员工教育和培训项目的参与率较高意味着就业安全性较高,因此就业安全性与就业质量之间的关系也是正向的;各项保险的参与率越高,其收入安全性和就业质量也越高;对于组合安全性与就业质量的关系,尽管就业质量研究没有建立相应的就业质量指标,但是能够大致判断休假制度执行较好的企业其就业质量较高,因此两者之间应该是正向关系,整体而言,增加就业安全性能够提升就业质量。

表7-6　就业质量与安全性性之间的关系

	就业安全性指标	就业质量指标	关系
工作岗位安全性	就业期	工作稳定性	+
	劳动合同期限	劳动合同	+
	自愿性离职率		
	非自愿性离职率		
	被外来劳动力和先进设备替代的可能		
就业安全性	受教育程度		
	成年人教育和培训项目的参与率	职工培训	+
	失业者参与的就业扶持政策的程度		
	劳动力市场政策的普及和参与人数		
	失业6个月以上仍未找到工作或仍未受到积极措施帮助者所占比重		
收入安全性	失业保险	失业保险	+
	医疗保险	医疗保险	+
	生育保险	生育保险	+
	工伤保险	工伤保险	+
	收入稳定状况		
	贫困风险率		
组合安全性	带薪休假		
	产假		
	法定节假日休假		

说明:+表示就业质量与安全性指标之间正相关,-表示负相关,o表示关系不确定。

阅读推荐5:中国劳动力市场灵活性安全性的市场绩效[1]

在实证研究中发现,个人货币收入、家庭人均月收入、个人收入高于当地最

---

[1]张原,沈琴琴.平衡中国劳动力市场的灵活安全性——理论指标、实证研究及政策选择[J].经济评论,2012(4):53-67.

低工资标准与大部分的灵活性之间存在负相关性，而与大部分安全性正相关，因而从提高工资水平和降低贫困率的角度出发，员工更倾向于较低灵活性和较高安全性的政策安排，因此基本能够描述出相对清晰的雇员偏好，其形态类似于图7-2中的U_L、U'_L等无差异曲线。利润总额占销售额比重、自动离职人员占所有员工比重、人均销售额与大部分的灵活性指标之间正相关，因而从提高利润率、劳动生产率和降低员工流失率的角度来看，企业更倾向于较高灵活性的制度安排，但是对于安全性政策，除了人员流失率之外，企业从其它两项绩效出发的选择并不像员工那样明确，就业安全性不利于企业提高利润率，工作岗位安全性不利于提高劳动生产率，而保障收入安全性和组合安全性反而有助于提高利润率和劳动生产率，因而企业更倾向于较高的灵活性和局部安全性并存的制度安排，雇主偏好也较难清晰地描绘成模型中的U_C、U'_C等曲线，但从灵活安全性的局部指标组合来看，仍然存在类似的无差异曲线。失业率、工伤和事故死亡率与灵活性、安全性之间的关系也较为复杂，除了工资灵活性之外，灵活性和安全性较高均不利于降低下岗失业，但其对于长期失业的影响则相反，工资灵活不利于长期失业的缓解，而其它的灵活性和安全性较高有助于降低长期失业；局部的灵活和安全性有助于降低职业病发病率，安全性有利于降低工伤事故，而除了功能灵活性之外，大部分的灵活性提高都不利于降低工伤事故，因而政府降低失业率、工伤和事故死亡率从而改善宏观经济绩效、劳动关系绩效的灵活安全性选择也需要从更为具体的制度层次着手。

上述研究结论不仅有助于判断中国灵活安全模式的最优点，也对有效实现劳动力市场灵活安全性给出了相关的政策启示：

首先，劳动力市场的收入安全性和/或组合安全性对于降低失业率、工伤和事故死亡率、贫困率，提高工资水平都存在益处，同时能帮助提高企业利润率和劳动生产率，降低人员流失率，因此无论从国家宏观经济绩效、劳动关系绩效，还是劳资双方各自绩效出发，均应进一步提高收入安全性和组合安全性，未来国家宏观层面和企业微观层面的收入安全和组合安全性政策可进一步延伸。

其次，除了上述两项安全性及雇主方对于人员流失率的考虑之外，劳资双方对于其它安全性及灵活性的主张基本呈现相反的取向，比如劳动者提高工资水平和降低贫困率要求较低的灵活性和较高的安全性，而企业提高利润率和劳动生产率则要求较高的灵活性和较低的安全性，因而这种情况下较优的灵活安全模式应基于劳资双方谈判基础而形成，国家劳动力市场政策则应以此为基础进行调整。

第三，对于企业而言，某些灵活安全性状态的选择可能造成不同绩效目标之间的相互冲突,比如外部数量灵活性的提升虽然有助于提高利润率和劳动生产率,但是却不利于降低人员流失率,外部化灵活性和就业安全性同样存在类似的问题,因此企业的绩效目标优先度及各方所面临的内外部劳动力市场供求状况对于其选择最优的灵活安全模式至关重要,随着劳动力市场供大于求的状态逐渐消退,人力资源要素对于企业利润和劳动生产率的提高将日益重要,因此降低人员流失率,保持职工队伍稳定的重要性可能增加,与其相关的灵活安全性选择也会相对优先。

最后,对于国家而言,优化灵活安全性的宏观政策较为复杂,但并非无规律可循,整体而言需要处理两方面的关系,第一是劳资双方绩效目标和宏观绩效目标之间的关系,比如降低失业率和改善劳资关系的政策取向要求其提高就业安全性、降低外部化灵活性,雇员无疑会赞成这一政策取向,但雇主出于企业绩效的考虑则会有不同的态度,降低长期下岗失业状况和职业病发生率的政策取向要求其提高劳动市场的内外部数量灵活性,而此时雇员和雇主的态度又将相反;第二需要处理灵活安全性政策调整本身所带来的相互矛盾或抵消作用,比如内、外部数量灵活性和工资灵活性对于短期和中长期的失业状况具有不同的作用,等,因此国家的灵活安全政策选择应遵循稳定性和动态变化并存的原则,其"稳定锚"应为劳资双方共同达成的灵活安全模式基本状态,而其变化则应基于劳动力市场总体供求特征和宏观经济总体目标取向而进行相机抉择,从而避免政策僵化和大幅波动的产生。

表7-7　中国劳动力市场灵活安全性与各项市场绩效指标的相关关系

绩效指标 / 灵活安全性指标	失业率		工资水平	贫困率		利润率	人员流失率	劳动生产率	工伤和事故死亡率	
	下岗失业经历	最近一次下岗时间在6个月以上	个人货币收入对数值	家庭人均月收入对数值	个人收入相加后高于当地最低工资标准	税前利润总额占销售额比重	2010年自动离职人数占所有员工的比重	人均销售额	罹患职业病	出现工伤事故
外部数量灵活性	+	-	-		-	+	+	+		0
内部数量灵活性	+	-	-	0		0	-	0		+

续表

绩效指标＼灵活安全性指标	失业率		工资水平	贫困率		利润率	人员流失率	劳动生产率	工伤和事故死亡率	
	下岗失业经历	最近一次下岗时间在6个月以上	个人货币收入对数值	家庭人均月收入对数值	个人收入相加后高于当地最低工资标准	税前利润总额占销售额比重	2010年自动离职人数占所有员工的比重	人均销售额	罹患职业病	出现工伤事故
功能灵活性	0	0	0	-	0	+	-	+	+	-
工资灵活性	-	+	0	0	-	+	0	0	0	+
外部化灵活性	0	0	0	0	0	0	+		+	0
工作岗位安全性	0	-	+	+	+	0				
就业安全性	0		+	+	+	+	-		0	0
收入安全性	-	0	+	+	+	+	-	+	-	-
组合安全性	0	0	+	+		+	-		-	
研究方法	回归	回归	回归	回归	回归	相关性	相关性	相关性	回归	回归

说明:+表示两者正相关,-表示两者负相关,o表示两者的相关性不显著或不确定。

7.2.4　灵活性和安全性影响因素

影响就业灵活性和安全性的因素既有制度性的,也有市场性的,前者主要包括就业保护立法和其他劳动力市场政策,后者主要包括生产技术进步和市场分割。

1. 就业保护立法

就业保护立法的任务在于为有工作的和没有工作的人创造更多的收入和就业保障,因此被认为对劳动力市场灵活性和安全性有重要的影响。长期以来,欧洲完善的就业保护立法及持续疲软的劳动力市场等现象,推动了经济学家对就业保护法规及其引致的解雇成本、用工形式的变化、对劳动者的实质性保护等问题的探讨。

部分学者认为就业保护立法可以增强劳动力市场灵活性。如 Piore 和 Akerlof认为严格的就业保护立法可以促进内部劳动力市场用工的灵活性和功能的灵活性的观点。部分国家就业保护立法措施,如使职工知晓裁员并给予他们寻找新工作的时间,甚至强制性地要求雇主尽可能地提供内部的工作安置的机会,在面临失业时能够促进劳动者顺利地实现再就业,促进劳动生产率的改善,提高内部劳动力市场的灵活性及加快市场的调整速度❶。更严格的就业保护立法一般会使用人单位裁员的时间更长、成本更高。企业管理层因此必须寻求其他的解决办法来代替裁员,比如在企业改组、技术升级、改善市场营销策略等过程中,通过更好的人力资源规划和更有效的激励机制来增强人力资源的功能灵活性。

也有学者认为就业保护立法降低了劳动力市场安全性。如Lazear❷认为经济补偿金无助于就业问题的解决,反而增加了失业率,经济补偿金条款的改变对法国、意大利、葡萄牙的失业上升做出了良好的解释。桑德林·卡则斯与伊莲娜·纳斯波洛娃❸认为,当政府实施更严格的就业保护立法的时候,因为解雇职工时必须要支付离职金,履行有利于被解雇职工的其他一些义务,这会使企业在做出正规雇用决策时更加谨慎,这样就提高了社会的失业水平。最新的关于荷兰大学生灵活就业问题的研究也提供了类似的证据,在劳动力市场中雇主处于主导地位,为了规避高额的失业补偿金,使解雇成本最小化,雇主倾向于与雇员签订临时的、短期的劳动合同,这使得最近几年的大学毕业生就业更为短期化,和长期合同雇员相比,他们的工资较低与工作条件更差❹。

2. 劳动力市场政策

劳动力市场政策也被认为是影响劳动力市场灵活性和安全性的重要因素。David Card等❺对美国、加拿大、法国劳动力市场政策中的最低工资立法、集体谈判覆盖率、工会会员率和失业保险制度等方面作了详细的比较,发现在对低收入

❶B DOERINGER, MICHAEL J.PIORE.Internal Labor Market s and Manpower Analysis[J].Journal of Economic Literature, 1972, 10(2): 503-504.

❷EDWARD P.LAZEAR.Job Security Provisions and Employment Job Security Provisions and Employment [J].The Quarterly Journal of Economics, 1990, 105 (3): 699-726.

❸桑德林, 纳斯波洛娃. 转型中的劳动力市场: 平衡灵活性与安全性—中东欧经验[M].北京: 劳动社会保障出版社, 2005.

❹FRANK CORVERS, ROB EUWALS, ANDRIES DE GRIP.Flexibility of the Labor Market[J].De Economist, 2012, 160(2): 83-87.

❺DAVID CARD, FRANCIS KRAMARZ, THOMAS LEMIEUX.Changes in the Relative Structure of Wages and Employment: A Comparison of the United States, Canada, and France[J].The Canadian Journal of Economics, 1999, 32(4): 843-877.

工人的保护方面法国的政策性因素发挥的作用最强、加拿大次之、美国最弱,认为较强的就业保护政策使得法国和加拿大的工资调整缺乏弹性,在面临市场需求振荡时,对失业的冲击比较大,而由于较为灵活的工资调整政策,美国在宏观需求不足时,通过降低工资率的方式抑制了失业率的提高。

在工会制度对劳动力市场的影响方面,Bertola[1]认为在应对经济冲击中,工会在决定工资报酬方面扮演了极其重要的角色,工会可能通过设定最低工资标准,对提高工资和改良工资结构进行谈判,影响着工资谈判的全过程。比如,在各项谈判中,提高工资的谈判占据着优先地位,它能产生增加工资的压力,并导致更高的均衡失业水平。工会保护的目的是改善工会会员的就业条件,增强工人讨价还价的能力。然而过于强大的工会造成了工资的刚性,在技术结构变革时仍然保持低技术工人的实际工资不变,造成了劳动力市场僵化。因此,削弱工会的影响是减少劳动力市场僵化的重大举措[2]。

在最低工资制度对劳动力市场的影响方面,很多学者的结论是负面的。如Sandrine Cazes & Alena Nesporova[3]在对转型国家的劳动力市场灵活性问题研究时,指出最低工资制度在那些国家没有发挥重要的经济或社会作用,因为最低工资标准和工人的实际获得最低工资的比例在大多数转型国家都很低。国内学者也认为,实行最低工资制度的目的是保障劳动者的基本收入权益,提高劳动者的收入安全性,但事实上国内很多用人单位可能把最低工资标准当成正常的工资水平,既不违法又节省成本。结果,最低工资制度不但没有起到很好保护灵活就业人员的作用,反而成为剥削劳动者的合法依据[4]。

3. 技术进步变迁

技术进步对劳动力市场灵活性和安全性方面影响的研究也受到了学者的关注。翁杰等[5]认为技术进步的加快,尤其是信息技术的快速发展,导致了就业稳定性和工作稳定性的下降,灵活性增加。这种作用机制主要通过三种方式表现出来:第一,技术进步扩大了对高技能人才的需求,降低了对低技能劳动力的雇

[1]G BERTOLA.Job Security,Employment and Wages[J].European Economic Review,1990,34(4):851-879.
[2]侯冰然.英国劳动力市场的灵活化改革及其启示[D],石家庄:河北师范大学,2008.
[3] SANDRINE CAZES,ALENA NESPOROVA.Labour Markets in Transition:Balancing Flexibility and Security in Central and Eastern Europe[M].Geneva:International Labour Office,2003.
[4]劳动保障部劳动科学研究所课题组.政策调整:适应劳动力市场灵活性[J],中国劳动,2005(11):11-15.
[5]翁杰,周必彧,韩翼祥.中国大学毕业生就业稳定性的变迁——基于浙江省的实证研究[J].中国人口科学,2008(2):33-41.

佣,使低技能劳动者面临更多的失业冲击。第二,技术进步改变了企业的组织形式。信息技术的发展和应用破坏了企业高度层级化的组织结构和严格分工的工作结构,增加了工作的灵活稳定性;第三,技术进步改变了人们一定要到公司或者企业工作的传统模式,因为信息技术和互联网技术使人们在家里就能够完成以前必须在公司才能完成的工作,原来那种面对面的雇佣关系被一种看似不十分明确的新型雇佣关系代替,进一步降低了劳动力市场中的就业稳定性和安全性。

对于第一种方式,美国经济学家达龙·阿塞莫格鲁与翁杰持相同的观点,Daron Acemoglu[1]强调了技术进步对不同劳动者群体的就业冲击是不同的,不能一概而论。理由是技术进步扩大了对高技能人才的需求,降低了对低技能劳动力的雇佣,结果提升了高技能劳动力的劳动参与率和收入水平,而使得很多低技能劳动力经历了长时间的失业。

孔德威等[2]认为技术进步对劳动力市场会产出两种效应,一方面,信息通信技术和全球化的迅猛发展要求生产及劳动力市场具有高度的灵活化;另一方面,知识作为一种重要的生产要素在生产中的作用日益增强,这不仅提高了人力资本投资的回报率,而且增强了企业专用性人力资本的重要性。这两种不同的效应对就业稳定性的净影响具有不确定性。信息通信技术和全球化的发展可能会降低就业的稳定性,而企业专用性人力资本重要性的增强则将提高长期性就业的稳定性。

4. 劳动力市场分割

劳动力市场的灵活性和安全性问题可能因为劳动力市场的分割,使得不同劳动力市场中的灵活性和安全性情况存在明显的差异。美国经济学家Peter Doeringer & Michael Piore[3]较早地提出了劳动力市场分割理论,将劳动力市场分为一级劳动力市场和二级劳动力市场,一级市场工资福利待遇高,工作条件好,就业安全性高,二级市场的工资福利低,工作条件差,就业安全性低。基于这一理论,国内学者对我国劳动力市场分割的形式和影响进行了深入的探讨。在分割

---

[1]DARON ACEMOGLU.Technical Change,Inequality,and the Labor Market[J].Journal of Economic Literature,2002,40(1):7-72.

[2]孔德威,刘艳丽,冀恩科.灵活化时代的就业稳定性分析[J].生产力研究,2007(4):56-57.

[3]PETER B.DOERINGER,MICHAEL J.PIORE.Internal Labor Markets and Manpower Analysis[J].Industrial and Labor Relations Review,1972(1):344.

形式方面,主要表现为城乡分割、行业分割、地区分割和单位分割[1]。其中,城乡分割是中国所特有的,表现为户籍和以户籍为标志的一系列制度安排所形成的分割。这种分割的结果是全方位的,包括城乡劳动力在行业、职业获得机会上的差异,在工资报酬水平及决定机制上的差异,在社会保障和福利享有水平上的差异等[2]。

在城市劳动力市场内部又存在明显的体制内劳动力市场和体制外劳动力市场的分割,体制内劳动力市场的供给者则主要是有城市户口的劳动者和大中专应届毕业生[3]。体制外劳动者一般只能在体制外劳动力市场流动,只有当体制内劳动力市场的容量迅速扩张,劳动力供给明显不足,体制外的劳动者才有机会向体制内劳动力市场流动。但是,体制外的劳动者即使有机会进入体制内劳动力市场,也不能享有同等劳动得到同等报酬的权利,充其量是在体制内劳动力市场就业的临时工,而临时工与正式工,即使是劳动素质与劳动能力相当,劳动报酬的差别也是很大的。显然,就业的安全性与所处的细分劳动力市场密切相关[4]。在体制内劳动力市场,国家对于金融、铁路、教育、电信等行业实行严格的控制,使得这些行业成为其他形式资本不可进入的区域,这些行业的劳动者工作十分稳定,基本没有失业的压力,企业解雇这些员工可能要付出高额的成本,导致企业不愿从外部劳动力市场寻求新的劳动力,劳动力流动性很小[5]。而在以农民工为主体的体制外劳动力市场,受到城市和用人单位的排斥,就业身份的障碍导致农民工在某些岗位上没有任何机会[6]。这种分割对劳动力市场的供求、不同就业群体的就业机会与工资差异将产生重要影响,进而导致不同市场间工资决定机制的不同,并派生出效率的损失与公平的代价[7]。

❶赖德胜.分割的劳动力市场理论述评[J].经济学动态,1996(11):65-67;许经勇,曾芬钰.竞争性的劳动力市场与劳动力市场分割[J].东北财经大学学报,2000(5):3-7;张展新.劳动力市场的产业分割与劳动人口流动[J].中国人口科学,2004(4):45-52.

❷钱雪亚,张昭时,姚先国.城镇劳动力市场城乡分割的程度与特征:基于浙江数据的经验研究[J].统计研究,2009(12):23-32.

❸赖德胜.分割的劳动力市场理论述评[J].经济学动态,1996(11):65-67.

❹许经勇.体制转型中二元劳动力市场的理性思考[J].广东社会科学,2007(11):5-10.

❺孙乐.中国劳动力市场灵活性与安全性平衡探讨[J].人口与经济,2010(5):40-45.

❻陈宪,黄健柏.劳动力市场分割对农民工就业影响的机理分析[J].生产力研究,2009(10):33-35.

❼晋利珍.劳动力市场行业分割在中国的验证[J].人口与经济,2009(9):35-40.

7.3 平衡就业灵活安全性的政策取向

了解了灵活性、安全性的含义,及如何建立灵活性、安全性指标来观察劳动力市场状态之后,我们不妨重新回顾一下图7-1。如果将该图所示的内容联系到中国和欧洲的实际劳动力市场环境中,我们可以发现,由于两个市场环境的起点不同,中国正在关注的政策路径对应着图的左边,正如第六章所示,中国的就业政策正在从单纯关注就业数量走向就业数量和质量并重;而欧洲则更像是图的右边,20世纪80年代以来,欧洲各国普遍面临严峻的失业问题和日益沉重的社会保障负担,一些经济学家和政策制定者认为就业制度原因造成的劳动力市场僵化是始作俑者,因此主张进行灵活化改革以恢复市场供求活力。无论是哪种方向的发展路径,都会存在一定程度的反对声音,比如站在劳工立场上的研究者认为灵活化改革有悖于社会公正与国际劳工组织倡导的"体面劳动"理念,不利于劳动力市场的稳定性和安全性;而注重充分就业为目标的政策倡导者则认为过分强调就业质量会在一定程度上损害就业数量的提高,拖累宏观经济目标的实现。因此,寻找一个政策集合来实现最佳的劳动力市场绩效,成为各国梦寐以求的目标,实际上我们也看到,对于上述两种政策转型的探讨尽管方向相对,却是殊途同归的——都希望寻找一条有利于平衡就业数量、质量和灵活性、安全性的政策路径,而如何实现这一平衡,避免矫枉过正,都是非常值得研究的问题。

7.3.1 制度范围内及其执行过程中的相机抉择

中国经济转型过程中面临的就业问题十分严峻,国有企业改革造成的下岗职工再就业、农村劳动力的转移及高校毕业生的就业,一直是近年来劳动力市场着力解决的问题。然而,尽管面临就业压力,我国劳动力市场法制建设和劳动者权益保护政策却持续推进,1995年和2008年实施的《劳动法》和《劳动合同法》,及2011年颁布实施的《社会保险法》构成了规范我国劳动力市场的主要法律体系,虽然目前的发展水平远未企及欧洲发达国家,但基本制度框架已经形成。从长远来看,中国在设计劳动力市场制度时,应如何在灵活性和安全性之间平衡投入更多的关注,从而避免欧洲国家类似的困境。尤其是当前中国劳动力市场供求关系出现新趋势,劳动年龄人口基数逐步下降,劳动力市场供大于求的态势渐行渐远,农村富余劳动力的转移也将面临转折,一系列新情况的产生进一步要求制度设计与之相适应。

2008年我国实施了《劳动合同法》,这一法律加强了对就业的保护,降低了劳动力市场的灵活性,在一定程度上保护了劳动者的权益,但是也引发了社会各界的争议。李晓丹[1]选取了英国、美国、德国、丹麦、荷兰、印度、俄罗斯、巴西、日本和韩国,运用OECD就业保护立法严格程度测量指标体系与我国进行了对比研究,发现我国在正规就业、临时雇佣、集体裁员三个分项指标上均处于较高的水平,在各国家中都排在前三位,西方发达国家目前在就业保护法律方面,已经趋向于"灵活化"。面对《劳动合同法》引发的各种争议,及其实际上执行的力度有限等问题,考虑到部分国家在推动劳动力灵活化的大背景,我国的劳动立法需要思考如何确定灵活化水平的问题,在必要时对相关制度及其执行方式进行一定范围内的调整,建立适时合理的相机决策机制。

7.3.2 政府、雇主和劳动者责任的平衡

很多国家在发展推动动力市场灵活化的同时,也在编制社会保护网。实行劳动力市场灵活化改革的很多欧洲国家,本来就是社会保障水平较高的国家,因此劳动者即使在面临劳动力市场灵活化带来失业风险时,依然有较高程度的安全性保障。但是,高福利模式在给劳动者带来安全性的同时,也对经济发展和政府财政压力带来了巨大的影响。例如,2009年以来发生的欧洲债务危机不但对欧洲各国经济产生了巨大的冲击,也对全球经济产生了负面影响。关于欧洲债务危机产生的原因,有不同的解释,而其中重要的原因是欧洲的高福利制度使得政府频频发债,财政负担沉重,应对危机的能力减弱[2]。从2008到2010年,爱尔兰和希腊GDP都出现了负增长,而西班牙近两年也出现了负增长,这些国家的社会福利支出并没有因此减少,导致其财政赤字猛增。2010年希腊财政赤字占GDP比重达到了10.4%,而爱尔兰这一比重更是高达32.4%。在自身经济增长动力有限的情况下,增税将进一步打压经济,增加未来风险,而削减赤字必须降低本国福利水平,这对长期以来被高福利保障的国家来说,可能导致政治危机[3]。

早在20世纪80年代,由福利制度所引发的种种危机就已经使国际范围内开始对福利国家制度提出质疑,部分工业化国家的社会保障模式也发生了

[1] 李晓丹.就业保护立法严格性的跨国比较[D].北京:中国人民大学,2011.
[2] 王蒙.欧债危机对我国的启示[J].合作经济与科技,2012(2):23-25.
[3] 王军强.欧债危机对中国经济的影响及启示[J].现代商业,2012(2):154-155.

变化❶。我们可以看到一些较为成功的案例,英国在1997年上台的以布莱尔为代表的工党政府以一种全新的理念即"第三条道路"来改革福利制度,旨在用一种更为积极的社会保障政策来代替消极的福利给付,这种被称为从福利到工作的政策,或是工作福利政策成为积极的劳动力市场政策的一部分。这一新取向波及了世界上欧洲、美洲绝大部分发达国家,改革措施涵盖了公共援助(福利)、失业津贴和残疾待遇等一系列领域❷。但是,部分国家最终还是陷入高福利所带来的债务危机,因为高福利制度一旦形成,就会有路径依赖,一些国家政党领导人出于选票考虑,迟迟未能采取改革措施,结果背的债务越来越重。

因此,在这种背景下,强调政府、雇主和劳动者责任的平衡十分重要。劳动力市场政策制定更注重调整国家、个人之间的责权关系。在政府方面,强调政府在就业方面的责任,如加强公共就业服务体系的建设,加强对失业人员的培训,营造良好的创业环境,以创业带动就业等。在劳动者方面,强调个人的责任,促使人们自食其力,通过附加各种条件限制,避免政策享受者的道德风险问题。20世纪90年代以来,各国纷纷实行积极的劳动力市场政策,一方面,各种社会福利中日益增加与寻找工作等相关的限制性规定,在这些消极政策中体现积极因素;另一方面是加强就业服务,促进创办企业和雇用补贴的计划,创造就业机会,向劳动者和失业人员提供各种培训,提高劳动者的就业能力。例如,德国在政策设计上变革社会救助和失业保险条例,提高求职人员的就业积极性;荷兰也提高对失业者领取失业金的资格要求,政府规定所有申请失业资助金者,除了具有年龄在5岁以上孩子的单亲家庭,其他失业者必须接受政府提供的有偿工作积极劳动力市场政策实现就业抑制就业创造。在积极的就业政策中,培训是各国投入资源最多的政策项目之一,因为培训在提升劳动者就业安全性方面具有重要意义,更为重要的是它体现了从消极的"输血"到积极"造血"的转变,促使劳动者实现真正意义的自立,体现着劳动者的政府责任和个人责任的统一。

---

❶GILBERT NEIL, REBECCA VAN VOORHIS.Changing Patterns of Social Protection[M].New Brunswick:Transaction Publishers,2003.

❷沈琴琴,杨伟国.全球视野下的劳动力市场政策[M].北京:中国劳动社会保障出版社,2008.

7.3.3 从岗位安全性转向就业安全性

经济的全球化,使得原有的劳动力市场刚性制度模式对就业和经济发展都产生了一定的负面影响。面对经济增长和就业等方面的压力,劳动力市场的灵活化成为政府、资本和工会之间新的力量平衡下的一种选择,部分国家开始放松对劳动力市场的管制,促进了劳动力市场的灵活化。德国的"哈茨改革"就是劳动市场灵活化改革的典型代表之一,经历了一系列的改革,德国劳动力市场开始由僵化向灵活转变,改革在一定程度上也促进了劳动力市场绩效的改善;近年来,法国也开始减少对劳动力市场的干预,逐步增强劳动力市场的灵活性;荷兰、丹麦等国家更是大力促进劳动力市场灵活性,发展其"灵活保障模式"。

在劳动力市场灵活性的各个维度上,各国存在一定的差异。在外部灵活性方面,各国主要是放松对正规就业的保护,鼓励和发展灵活性就业,如德国的改革就放宽了解雇保护;在内部灵活性方面,某些国家也采取了一些措施,如荷兰将注意力由原来倡导的外在的灵活性向内在的灵活机制转移,企业可对长期雇员实行灵活的工作时间表;三是工资灵活性方面,主要是部分国家工会力量的下降,劳动工资集体谈判对工资的影响在弱化,工会组织也日益理性地面对严峻的就业形势,在劳资谈判中必要时妥协让步,避免或减少冲突,这些变化也增强了工资的灵活性。例如,近年来法国的集体谈判正在逐步分散化,特别是向企业一级分散已经成为趋势❶。

与劳动力市场灵活化和"从福利到工作"的改革相联系,积极的劳动力市场政策受到了普遍的关注,并成为世界各国劳动力市场政策的主流。积极的劳动力市场政策是相对于消极劳动力市场政策而言的。传统的就业保护立法、高福利政策都与消极的劳动力市场政策密切相连,如限制解雇必然增加企业的雇佣成本,从而减少工作岗位,与失业或寻找工作期间提供补偿收入相关的政策,也会在一定程度上降低失业人员重返就业的积极性,而积极劳动力市场政策则抑制对政府津贴的消极依赖,放松对劳动力的管制,减轻企业负担,改善企业环境,激活企业家精神,从而促进就业。积极的劳动力市场努力帮助劳动者实现岗位安全性向就业安全性的转变。岗位安全性强调的是在同一企业或雇主,就任于同一工作岗位的安全,即我们常说的"铁饭碗",在各国劳动力市场化改革过程中,这些"铁饭碗"慢慢被打破。就业安全性与岗位安全性是一个相关的概念,但强调的重点存在着根本的区别。就业安全性则强调劳动者的就业能力的提升,

---

❶沈琴琴,杨伟国.全球视野下的劳动力市场政策[M].北京:中国劳动社会保障出版社,2008.

劳动者可以在不同的雇主和岗位中转换,即使失业也能迅速重新找到工作就业。积极劳动力市场政策成为劳动力市场灵活化和"从福利到工作"的改革的必要的配套和支持。

★本章重点:

就业灵活性的概念,就业安全性概念,就业灵活安全性的含义;

就业灵活性的含义,测量和指标,就业安全性的含义,测量和指标;

就业数量、质量与就业灵活性、安全性之间的关系;

就业灵活性、安全性的市场影响,影响就业灵活性和安全性的因素;

就业灵活性、安全性的相关制度。

★关键词:

就业灵活性	外部数量灵活性
内部数量灵活性	功能灵活性
工资灵活性	外部化灵活性
就业安全性	工作岗位安全性
组合安全性	收入安全性
劳动力市场灵活安全性	劳动力市场灵活安全性交易曲线

思考与应用:

请阅读以下案例"临时雇佣成欧企新宠"❶,查阅相关资料,回答问题(1)~(3)。

在传统的欧洲人眼中,拥有一份全职工作是确保生活稳定的基本前提。但是,面临欧洲劳动力市场的僵化结构,企业雇主不得已而采取的应对之策却催生了欧洲劳动力市场的新趋势——兼职和临时工作如今已经成为整个欧洲新增就业的最主要来源。目前在欧洲,拥有九名以上员工的公司要想裁减人员需要经过相当复杂的程序,成本不菲。因此,寻找一种灵活的雇佣关系成为许多企业面临的课题,而雇佣兼职和临时员工正是这些企业眼下所能找到的最简单的解决办法。

❶陶冶.就业制度僵化,临时雇佣成欧企新宠[N].金融时报,2006-05-12(004).

作为世界上最大的临时员工职介公司,万宝盛华在法国有1130个办事处,每年安置临时就业岗位200万个。与其竞争者一样,万宝盛华认为这一市场大有可为。该公司总裁雷莫尼尔表示,如果今年法国、荷兰等主要经济体能达到2%的经济增幅,则这种临时劳动力市场将有望实现5%的增长。经合组织提供的数据也有力支持了雷莫尼尔的看法。近十多年以来,美国的兼职就业比例稳定在13%左右。相比之下,欧洲兼职就业人数则急剧上升。

事实上在兼职和临时就业的问题上,欧洲较十几年前相比最大的变化不只体现在数字上,也体现在雇主的态度上。多年来,欧洲大陆一向推行刚性就业法规,导致欧洲企业在雇佣和解雇员工的问题上比美国企业面临更多困难。企业管理者认为改善欧洲失业状况的最大障碍就是僵化的劳工法规,这些法规使得企业几乎无法在业绩下降时裁减员工。作为对僵化劳工法规的反击,越来越多的企业开始选择雇佣兼职和临时员工,以此来寻求相对灵活的用人环境。与此同时,很多企业通过短期劳动合同雇佣退休的老员工,这样企业的永久合同员工规模就可以逐渐缩小,而临时员工队伍可以逐渐扩大。比如荷兰为鼓励兼职,政府和工会承诺向兼职就业者提供与全职就业者相当的福利待遇。在这种激励措施之下,荷兰兼职数占总就业人数的比例从28%上升到了36%,其中,绝大部分兼职就业者为妇女。荷兰目前的失业率为4.5%,为欧洲最低。与此同时,在德国、英国、爱尔兰、西班牙和挪威,兼职就业人数也占到了总就业人数的1/5以上。在法国,临时员工的工资和福利通常与全职员工相当,但是没有就业保障。不过这些员工可以因此获得一种名为"不稳定就业"的奖金,从而使得他们的总收入甚至比全职员工还多出10%。

不过,也有人认为这样一种劳动力市场的重新洗牌会带来一些负面效应,即形成一种双层经济,一层是老员工拥有终身就业岗位;另一层是新一代员工平均最少每年一次的频繁跳槽。经合组织资深劳工专家 Raymond Torres 认为,解决欧洲年轻人失业问题的最根本途径仍然是整体放松就业管制。他说,最好的办法就是改革永久性劳动合同。尽管目前一些政府放松了对临时就业的限制,但是针对永久性岗位的僵化就业法规仍然使得人们一旦失业就很难找到工作,同样刚刚毕业的社会新人也将成为这些法规的最终受害者。

(1)欧洲企业的新雇佣趋势是什么,为什么会产生这样的趋势?

(2)灵活化的雇佣模式与传统模式有什么样的区别,它的利弊分别体现在哪里,对这种雇佣模式应该采取什么样的态度?

（3）搜集中国劳动力市场灵活就业的历史数据和相关案例，比较分析中欧灵活化就业模式和就业的区别和联系，结合本章内容思考在就业灵活化的大背景下如何通过相关就业政策来保障劳动者的就业安全性？

第八章 不同群体的失业问题和就业政策选择

8.1 国有企业下岗失业群体和再就业政策

国有企业改革带来的下岗职工就业问题是20世纪90年代以来中国城镇劳动力市场面临的主要问题,我国下岗再就业政策经历了企业安置、再就业工程、再就业服务中心和市场配置机制四个阶段,目前已经与整体城镇就业政策并轨。但目前下岗职工再就业仍然存在诸多困难,既有来自国家政策、社区服务方面的缺陷,也有来自下岗职工自身的问题,因此需要政府和社会共同完善就业政策,才能保障国有企业下岗职工的遗留问题。

8.1.1 国企改革和下岗职工就业问题

中国的国有企业改革主要包括两个方面:一是改变企业形态,主要是指企业法律性质的变化,即按照相关法律法规改变国企资本组织关系、治理结构;二是改变企业股权结构,即改变企业股权比例或引入新股东,包括出售部分或全部国有股权。这两个方面密切联系,企业法律性质的变化往往是企业股权变化的前提,反过来,企业股权的变化又会对企业的法律性质有着决定性的影响。国企改制在内容上是非常广泛的,它既与国家的经济体制的转轨联系在一起,也是一项现代企业制度创新。具体地说,国企改制包括企业内部制度的广泛变革,其核心是把国企从计划经济体制下的政府部门附属物改制为独立自主的市场竞争和经营主体。从企业的外部关系看,国企改制是要把行政调拨等配置社会资源的方式改制为通过市场竞争机制优化资源配置的方式。从企业的类型看,是要把企业从原先的"大而全、小而全"的封闭性组织改制为高度专业化、开放性的法人组织。最为重要的是,要把企业从国家作为单一投资主体和经营主体的工厂改制为投资主体多元化、经营管理民主化、企业行为合理化和风险分散化的公司,即把国企从不承担任何经济责任的单位式企业改制为权利与责任共存、权利与义务均衡的法人。

从1978年之后，国企改革先后经历了双轨制时期的"企业经营制度改革"和市场经济时期的"企业产权制度改革"两个阶段。在第一阶段先后经历了"放权让利""利改税"和出台"改革整体设计方案"三个步骤；在第二阶段则深入到了所有制结构的变革，在表现形式上就是一场"公司化改造"运动。国企制度改革反映了市场经济发展的历程，也符合市场经济发展的内在逻辑，体现出了一个从企业行为的调整，到企业目标的改变，再到企业制度的变革这样一个逐步深入的过程。到1995年，中央政府宣布国企改革要通过改革、改组、改造和加强管理，使大多数国有大中型亏损企业摆脱困境，走一条"减员增效、下岗分流、规范破产、鼓励兼并"的路子。随着这一进程的推进，大批国企工人下岗也就在所难免。1997年之后，各地开始探索包括整体或部分出售国企股份等形式在内的改制。改制最先从乡镇集体企业和县、市属小型国企开始，到1998年中期，全国已有70%的小型国企放开。而自2000年开始，为了实现国企产权改革的目标，开展了"产权置换"和"职工身份置换"相结合的所谓"双重置换"改革，并迅速地从县、市属国企向省属乃至央企推进，相当一部分原国有、集体大中型企业改制转变为多元投资主体结构的混合型经济组织，不少国企成为国有资产不控股企业或国有资产完全退出的非公有制企业。至此，国企所有制结构发生了巨大变化，国有资本的有序退出，改变了国企的所有制结构，尤其是中小型国企变成了合资企业，从而脱离了国家所有制。

与此同时，国企的治理结构也发生了变化，金融机构开始介入对国有资产的管理。由于企业的性质、产权结构和治理结构决定了企业的劳动关系。因此到十五大以后，随着产权制度改革的推进，改制企业或者破产企业普遍出现了企业与大批职工解除劳动关系的情况。在那些国有资本退出的企业中，对离退休年龄不到5年的职工实行了可以办理内部退养手续的做法，即每月发放一定的基本生活费，企业继续代缴养老、医疗等保险，直到退休。对其他固定工则采取了职工身份置换的办法，通过向职工发放一定的经济补偿金，解除原劳动关系。同时，也鼓励职工买断工龄，自己向社保机构续缴余下的养老保险等费用，另谋出路，或与改制后的企业重新签订劳动合同，一种与市场经济的逻辑相适应的劳动关系逐步形成。❶

在这一过程中，一个特殊的失业群体——国企下岗职工浮出水面，20世纪90年代初期，国家对当时的国有企业下岗称为"停薪留职"，有的地方叫"厂内待业"，有的叫"放长假""两不找"等；20世纪90年代中后期，下岗职工问题作为一种社会经济现象开始突显，并且引起社会各方面普通的广泛关注。下岗职工本

---

❶周春梅.论国有企业改制中劳动关系的调适[J].江苏社会科学,2010(6):62-66.

质上就是失业群体,但又和一般意义上的失业群体有一定的差别,失业人员与下岗职工的主要区别是:失业人员已于企业解除劳动关系,档案已转入户口所在街道、镇劳动部门,而下岗职工虽然无业,但未和原企业解除劳动关系,档案关系仍在原企业。

国企改革后,下岗职工规模庞大,从数量来看,1998年以来全国累计有国有企业下岗职工近2700万人,国有企业从业人员从7100万减少到5000万,尽管有很多企业下岗人员实现了再就业,但越来越多的下岗人员无法实现再就业,解决其就业和生活困难几乎成为城镇劳动力市场的核心问题。

8.1.2 下岗再就业政策变迁

20世纪90年代以来,中国就业管理政策最重要的一次实践为政府再就业工程,虽然工程的主要目的是针对产业结构、企业制度大调整而产生的下岗失业状况,但是实践过程中所取得的经验和教训对于进一步完善我国的就业管理具有重要的意义。从主要实践内容来看,包括工作方案目标制定,间接调控的配套政策的拟定和实施,及工作机构和服务机构的建立三大类工作。

20世纪90年代末开始的再就业工程,分别就未来20年全国就业增长速度、就业结构变动及城镇失业率等给予预测,并提出再就业阶段性安置的预测及建议。当时的目标是国有企业职工占城镇劳动力比重由55%下降到30%,城镇集体企业从业人员达到40%,私营企业和个体从业人员达到20%,其他所有制单位从业人员达到10%;另外,农村非农产业从业人员占农村劳动力比重将达到35%,其中乡镇企业职工占15%,个体从业人员占15%,私营企业职工占5%。从城镇失业率的预测及建议来看,依据近10年改革实践的状况、充分就业阶段性目标量化的范围,及在体制转轨时期社会公众对失业的承受能力,需将城镇失业率控制在不超过3%-3.5%,中长期内其上限可升至4%-5%。一方面国民经济增长速度要保持一定的高增长以提供就业机会,另一方面还要大力开辟再就业新渠道。从再就业阶段性安置的预测及建议来看,用15时间基本解决企业下岗职工再就业问题,第一阶段从现在起至2000年,坚持以企业内部开发利用为主,社会调剂开发为辅;第二阶段从2000年至2005年,坚持企业内部与社会开发利用并重;第三阶段从2006年至2010年,逐步实现社会开发利用为主,企业内部开发利用为辅。通过采取劳务输出、启动停产企业、社区服务、下岗培训、增加适合40、50人员的就业岗位并对这类职业和产业部门提供就业优惠政策。

从实际政策推进过程来看,我国下岗再就业政策经历了企业安置→再就业工程→再就业服务中心→市场配置机制四个阶段:

(1)改革之初,国有企业安置了我国大多数的职工就业。即使在改革过程中,尽管国有企业和集体企业的生产增加额和从业人数一直呈下降趋势,但国有企业和集体企业所安置的就业人数无论从绝对数上,还是从相对数上均领先于其他所有制企业(表8-1)。

表8-1 国有企业和其他所有之企业职工人数:1992—1997年❶

年份	企业职工人数	国有企业职工人数	国有企业职工增加额	国有企业职工占总职工%	集体企业就业人数	集体企业增加额	集体企业职工人数占总职工%	其他企业就业人数	其他企业职工增加数	其他企业职工占总职工%
1992	11108.6	7643.4		68.81	3465.2		31.19			
1993	11436.0	7642.3	-1.1	66.83	3258.9	-206.3	28.50	534.9		4.68
1994	11371.3	7544.7	-97.6	66.35	3080.4	-178.5	27.09	746.2	211.3	6.56
1995	11364.6	7544.1	-0.6	66.38	2944.7	-135.7	25.91	875.8	129.6	7.71
1996	11172.1	7404.3	-139.8	66.27	2827.9	-116.8	25.31	939.9	64.1	8.41
1997	10887.3	7131.3	-273.2	65.50	2672.5	-155.4	24.55	1083.7	143.8	9.95

然而,单纯的"一元化"安置模式仍然无法解决国有企业冗员即隐性失业问题,国企的劳动力过剩严重制约了企业利润最大化目标的实现。按照资本结构规律和企业组织规律,当劳动者的劳动质量低下时,必须从劳动岗位上剥离下来,但在中国的国有企业中,存在着一部分劳动素质已经不能够再适应工作需求的工人,按照当时法律规定的劳动关系,国有企业无法剥离这种劳动力,导致了国有企业冗员的形成。在国企中,职工是以"主人翁"的身份出现的,"主人翁"失业显然是一个不应该也不可以发生的现象,因此,即使事实上处于无事可做的境地,国有企业职工也不能够脱离企业另谋出路,国企安置失业成为当时解决就业问题的唯一出路。

(2)随着改革进程的深化,国有企业下岗职工的就业政策进入"再就业工程"时代。20世纪90年代中期之后,国有企业下岗职工的规模迅速扩大,成为城镇失业的主力军(图8-1),国有和城镇集体经济单位的下岗职工从1996年的不足1000万猛增至2000年的突破2000万,两者相加占到了失业人数的90%。

---

❶ 中华人民共和国国家统计局.国有企业和其他所有之企业职工人数:1992—1997年[J].中国统计年鉴.1992—1997.

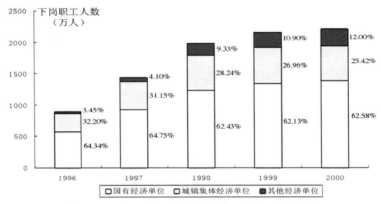

图8-1　下岗职工的所有制构成:1996—2000 年❶

面对严峻的形势,政府推出了国有企业下岗职工再就业工程,标志着这项工程的两个文件为《财政部国家税务总局关于下岗失业人员再就业有关税收政策问题的通知》《国务院关于进一步加强就业再就业工作的通知》。所谓再就业工程就是指在企业改革深化、技术进步、经济调整和劳动合同终止等过程中为解决企业下岗职工和失业职工再就业而开展的一项社会系统工程。再就业工程的主要目标是通过多种渠道帮助失业人员和企业富余职工再就业。当时主要措施包括以下几类:

①根据经济和社会发展目标,开发就业岗位。一是围绕大力扶持和发展支柱产业,扩大吸纳就业的能力。二是以发展旅游业、商贸流通业、交通运输业等为支柱,大力发展第三产业,增加就业岗位。三是推动非公有经济快速发展,拓宽就业渠道。要认真贯彻灵活应用已出台的各项优惠政策,继续发展集体、私营与个体经济。四是发展社区服务,帮助失业和下岗职工就业。五是组织实施以工代赈项目,为失业和下岗职工提供短期就业机会。

②扩大再就业基金,拓宽征收渠道。多渠道筹集资金的方式包括:中央和地方各级政府列入财政预算,每年拨出专项资金;从当年收缴的失业保险中划拨部分生产自救费;计划、经贸部门和企业主管部门安排一部分资金;破产企业资产变现中按国务院规定拨付职工安置费;高消费行业征收部分费用;向外来劳动力征收就业调剂金;社会捐助资金。再就业基金主要用于:企业创办生产自救型企业的部分启动资金;行业再就业服务中心按规定批准发放的费用;下岗职工转岗培训费;银行支持再就业的贷款贴息;借给特困职工自谋职业的扶持金;按规定批准的其它再就业费用。

③建立再就业服务中心,并完善、规范其职能。依托行业资产经营公司,全

❶中华人民共和国国家统计局.下岗职工的所有制构成:1996—2000 年[J].中国统计年鉴.1996—2000.

面建立"再就业服务中心"。以行业资产经营公司为主体,由政府、社会、企业共同出资,对下岗职工实行委托管理。组织指导托管人员进行培训教育、职业介绍、生产自救、劳务输出,帮助其实现再就业。

④加快发展劳动力市场,强化再就业服务功能。一是要建立用工信息网络。各用工单位要及时向城市就业服务中心(代行政府职能)通报用工需求情况,由其汇总各类用工信息并及时向各职业介绍机构发布。二是做好基础工作,进一步摸清底数,做到下岗职工的下岗原因清、家庭状况清、个人特长清、求职意向清,从而有针对性地做好解困和再就业工作。三是根据劳动力市场需求信息,由劳动部门统一组织协调各级职业培训中心、技工学校、职业学院、社会力量办学等开展职业技能培训工作。

⑤健全社会保障制度,保证下岗职工基本生活。一是要加强养老保险个人账户的管理;二是要进一步扩大养老保险和失业保险基金的社会覆盖面;三是要把解困和再就业工作紧密结合起来,积极探索开发性解困,将一时的救助转为经常性解困。

(3)以再就业服务中心为依托,解决国有企业下岗职工就业和其它遗留问题。进入21世纪后,随着大规模国有企业改革过程逐渐结束,全国和各地区每年新增的国有企业下岗职工人数也逐年减少(表8-2)。国有企业下岗职工的再就业工作主要转入再就业服务中心。

按照国家就业政策的规定,凡是有下岗职工的国有企业都必须建立再就业服务中心。建立再就业服务中心由企业主管部门认定,并报当地政府解困再就业工作领导小组办公室备案。再就业服务中心的业务工作按所在企业的隶属关系,接受当地政府解困再就业办公室和企业主管部门再就业服务指导中心的指导。进入再就业服务中心的下岗职工全部实现再就业,或与中心签订的基本生活保障和再就业协议期满,全部终止、解除协议后,经企业主管部门同意,再就业服务中心随即撤销,并报当地政府解困再就业办公室备案。中心的文书档案及有关资料登记造册后,移交企业或企业主管部门保管。

表8-2　各地区国有企业、国有联营企业、国有独资公司下岗职工人数:2001—2005年[❶]

地区	2001	2002	2003	2004	2005	地区	2001	2002	2003	2004	2005
全国	515.4	409.9	260.2	153.0	60.6	河南	25.9	25.0	17.5	8.4	1.5
北京	1.6					湖北	48.1	46.7	32.2	11.7	5.5
天津	7.1	8.0				湖南	49.1	42.1	19.5	19.5	

❶中华人民共和国国家统计局.各地区国有企业、国有联营企业、国有独资公司下岗职工人数:2001—2005年[J].中国统计年鉴.2001—2005.

地区	2001	2002	2003	2004	2005	地区	2001	2002	2003	2004	2005
河北	23.6	26.8	25.7	22.5	18.7	广东	4.3	0.5			
山西	18.0	19.2	19.5	12.8	7.0	广西	10.9	5.3	1.2	0.2	0.1
内蒙古	7.9	2.5	2.0	0.7		海南	2.0	0.8	0.3		
辽宁	37.0	7.4				重庆	13.0	11.3	0.9	1.0	1.0
吉林	27.4	19.3	6.7	5.0		四川	36.3	31.3	13.6	8.8	2.6
黑龙江	49.1	44.2	34.1	11.5		贵州	9.1	9.6	8.8	7.9	2.7
上海	0.5					云南	5.4	3.6	2.5	0.8	
江苏	8.4	1.9	0.5	0.3		西藏					
浙江	1.3	0.3				陕西	29.8	29.2	24.9	9.1	
安徽	16.4	7.1	3.1			甘肃	16.6	15.0	11.4	9.6	6.4
福建	1.2					青海	6.6	5.3	3.4	2.0	0.8
江西	34.4	30.1	23.7	15.4	10.5	宁夏	4.0	2.7	1.8	1.6	1.6
山东	4.9	1.7				新疆	15.1	13.0	7.0	4.2	2.2

再就业服务中心的主要工作职责是：①受企业法定代表人委托，与进入再就业服务中心的下岗职工签订协议，代办《国有企业职工下岗证》和有关手续；②对进入再就业服务中心的下岗职工进行登记建档，并负责其日常管理和思想政治工作；③编制基本生活保障和再就业经费开支计划，衔接落实并按规定使用和管理各项资金；④为下岗职工发放基本生活费，切实保障其基本生活；⑤按有关规定代下岗职工缴纳养老、医疗、失业等社会保险费；⑥制定并组织实施下岗职工职业指导、再就业培训、再就业服务等工作计划，促进下岗职工尽快实现再就业；⑦负责本企业下岗职工基本生活保障和再就业统计工作，按规定报送统计报表和有关资料；⑧完成政府解困再就业办公室和企业主管部门再就业服务指导中心交办的其它工作。

（4）社会化解决下岗职工的再就业问题。随着下岗职工基本生活保障制度向失业保险制度并轨，曾经为下岗职工再就业和社会保障做出过贡献的再就业服务中心在2005年关闭，完成了其历史使命。下岗职工有的自谋职业，有的被新企业录用，或在原企业重新上岗、从事社区公益性岗位和灵活就业等，国家也开始通过统一的城镇就业政策施行相应的就业扶持政策。

8.1.3 下岗职工再就业政策取向

从20世纪90年代至今,中国的下岗再就业政策已经历了20多年的时间,但从实践过程来看,目前仍然存在各种问题,主要表现为三方面:

(1)在政策法规及社会保障体系方面,我国虽然颁布了《劳动法》及相关的法律规章,但健全的劳动监察机制尚有待完善。失业保障机制、医疗与其他社会保障机制也很不完善,因此失业者的承受力较小,失业率的上升和一部分失业者失业时间偏长必然会影响失业者的心态、社会的稳定。建立和完善各种社会保障制度,便可加大失业的社会承受力,因此需要尽快完善基本养老保险、失业保险、医疗保险、工伤保险、生育保险等社会保险制度,逐步形成完善的社会保险体系,依法扩大社会保险实施范围,尽快实现基本养老保险、失业保险、医疗保险等社会覆盖所有用人单位和劳动者,为下岗人员到个体、私营经济单位实现再就业解决后顾之忧。

(2)在社区服务方面,当前社区对下岗失业人员的援助仍有以下几点不足和缺陷:①部门之间难以协调,由于条块分割的存在,各部门之间缺乏协调配合,以至于国家对于下岗失业人员的优惠政策在社区层面上难以得到体现,严重限制了社区援助的效率。②重"输血"、轻"造血",社区对于下岗失业人员的援助大部分仍停留在给予即时性的帮助,重视解决下岗失业人员眼下的困难,而忽视从长远考虑下岗失业人员摆脱困境的能力的援助。③忽视对下岗失业人员的心理援助,下岗职工心理预期偏高、对再就业单位性质的选择局限性,是下岗失业人员摆脱当前困境最为关键的环节,而当前社区在这方面缺乏对下岗失业人员的心理疏导,更多重视的是对于下岗失业人员的物质援助。

(3)在下岗职工主观方面,由于知识、技能、受教育水平有限,就业观念和就业心态又存在偏差,因此造成就业困难长期存在。随着科学技术的进步和形势的变化,知识在工作、生活领域的重要性日益突出,而下岗人员的文化程度反映出他们对知识的掌握程度显然已滞后于社会发展的需要,职业技术水平不高,技能单一,难以适应用人单位的需要是下岗失业人员在再就业过程中遇到较多的一个问题。部分人员就业观念较为陈旧,一部分下岗职工仍然希望回到原单位或到国有单位、集体企业就业,他们认为到这类单位工作稳定,收入固定,就业观念陈旧局限了他们再就业。部分人员缺乏就业信心,在下岗失业后放弃再找工作的人员中,有很多人却是因为在寻找工作时屡试屡败而缺乏信心;不少用人单位在招聘人员时,不顾岗位的实际需要,盲目追求低年龄、高学历,将下岗失业人员排除在外,给失业人员再就业造成了很大的心理压力。

针对当前仍然存在的问题,下岗职工再就业政策的未来应包括以下两个方面:

（1）从政府的角度来看：①加强劳动力市场建设，提供低成本、制度化的就业渠道。劳动力市场在下岗职工再就业中还未发挥足够的力量，政府应加强统筹规划和法制建设，推动劳动力市场的规范发展，为下岗职工提供成本更低的、制度化的就业渠道。政府要完善政策指导下的市场就业制度，形成用人单位和劳动者双向选择，合理流动的机制和规则，并引导和规范用人单位的用工行为，同时要加强对劳动力市场秩序的整顿，取缔非法劳务市场，确保正规劳动力市场对资源的配置效率，提高下岗职工对通过劳动力市场求职的信心。②加强对非法和违规用工的监管。大量的非法用工是影响再就业的主要因素。我国虽然颁布了《劳动法》及相关的法律规章，但健全的劳动监察机制尚有待完善。法律法规的颁发与真正落实之间还有着不小的差距。因此，加强劳动监察，严厉打击非法和违规用工行为，将有利于全社会建立良好的用工环境，保障下岗职工实现长期、稳定的就业。③完善社会保障体系建设。需要建立一个健全的社会保障制度，这是确保统一劳动力市场不断发展的重要基础，也是创造公平竞争环境，推进积极就业政策的维系机制。社会保障机制应该增进必要的适应性和有效性，如调整社会保险的经办方式，以适应灵活就业的方式；全面推进工伤保险制度，解除劳动者的职业伤害风险等。④加强劳动就业培训和创业教育。政府组织下岗失业人员进行劳动就业培训的目的是希望通过培训促进劳动者改善素质结构和提高素质水平，最终实现高质量就业和稳定就业，健全和完善对下岗人员培训服务。

（2）从社会的角度来看：①加强社区服务组织建设，社区是下岗失业人员生活和活动最为频繁的空间，因此，社区也最了解和最熟悉下岗失业人员的情况和困境。与其他几种对下岗失业人员援助的途径相比，社区具有区位便利、情感熟悉及援助信息准确的优势。能否快速、有效地为下岗失业人员提供就业与再就业的机会，是下岗失业人员能否摆脱困境的最为关键的一步。社区就业就是把扩大就业与社区服务结合起来，发动和组织社会力量开展社会化服务，为社区居民提供服务和方便的活动。②发展非正规就业，非正规就业主要包括私营、个体经济中的从业人员及正规部门中的临时工。非正规就业在满足社会经济发展的需要、提供就业机会、增加收入、提高资源的利用率等方面具有十分重要的意义，不仅吸收了大量被拒于正规部门之外的人员，而且成为农村剩余劳动力转移和城市下岗职工再就业的必由之路。健全非正规就业的劳动和社会保障体系，在非正规就业领域几乎没有社会福利的情况下，劳动和社会保障制度应尽快向非正规领域延伸，以解决非正规就业人员的后顾之忧。❶

❶朱曦青，袁玲.长沙市下岗职工再就业障碍与途径分析[J].合作经济与科技，2014(10)：47-49.

新闻链接5:减税举措激发下岗失业群体创业意愿❶

2014年4月16日召开的国务院常务会议决定,为进一步促进高校毕业生、下岗失业人员、残疾人等重点群体创业就业,扶持小微企业发展,将2013年底到期的支持和促进重点群体创业就业税收政策,延长至2016年12月31日,并提出四项举措对这一政策加以完善。

财政部、国家税务总局于2010年四季度印发的《关于支持和促进就业有关税收政策的通知》,其中明确提出,2011年1月1日至2013年12月31日期间,我国对持《就业失业登记证》人员从事个体经营的,按每户每年8000元为限额依次扣减其当年实际应缴纳的营业税、城市维护建设税、教育费附加和个人所得税;对商贸企业、服务型企业、劳动就业服务企业中的加工型企业和街道社区具有加工性质的小型企业实体,招用登记失业一年以上人员,按实际招用人数予以定额依次扣减营业税、城市维护建设税、教育费附加和企业所得税优惠。不过,该政策限定了享受优惠的行业和人员有诸多限制,如登记失业人员从事个体经营的行业明确不包括建筑业、娱乐业及销售不动产、转让土地使用权、广告业、房屋中介、桑拿、按摩、网吧、氧吧等;对登记失业人员限定为国有企业下岗失业人员、国有企业关闭破产需要安置的人员、国有企业所办集体企业下岗职工及享受低保且失业1年以上城镇其他登记失业人员。

对此,此次国务院常务会议明确提出四项完善举措,一是取消享受优惠政策的行业和人员范围限制。凡招用登记失业一年以上人员,均可享受税收优惠;二是提高征税扣除额上限。对从事个体经营或企业吸纳就业的,除国家给予定额税收扣减外,地方政府还可按规定再给予比过去更大的税收优惠;三是增加扣减税费种类,把地方教育附加纳入减税范围;四是简化程序,将税收优惠政策管理由审批改为备案,努力营造更好的创业就业环境。

中国社科院财经战略研究院税收研究室主任张斌分析指出,新促进创业就业政策明确所有行业雇用失业一年以上人员均可享税收优惠,对于失业人群和企业经营者都是利好消息,而提高征税扣除额上限及将地方教育费附加纳入减税范围等举措,则释放出更大力度减税的积极信号。财政部财科所副所长白景明指出,从刚刚出台的扶持小微企业发展的一系列税收新政策,到此次调整完善促进创业就业的税收政策,税收优惠政策更大力度向保就业倾斜。当前我国正在着力清理规范各项税收优惠政策,但并非简单减少优惠政策,而是调整税收政

---

❶韩洁.促就业国务院再出减税新举 创业就业税收政策延长三年[EB/OL].(2014-04-16)[2015-11-14],http://business.sohu.com/20140416/n398355529.shtml.

策的着力点,使之更好托底社会政策,其中一个重要的着力点就是促进就业。未来要提高经济增长质量,一个重要的任务就是寻求高就业的增长,无疑对下一步财税调控政策提出了更高要求。

8.2 青年失业群体和就业扶持政策

青年失业问题是全球性的问题,青年失业群体既包括城市的、农村的,也包括大学生青年失业群体,这些群体之间具有一定的交叉性,其失业问题有共同之处,也有显著差异,因此,在治理青年失业群体的政策选择上,也形成了不同的方式。大学生就业政策是青年就业政策的典型代表,从20世纪90年代开始,我国大学毕业生就业政策经历了较大规模的改革,目前已经建立了比较完整的大学生就业政策体系,但也存在诸多问题需要解决,而英、美、日等发达国家的青年就业政策为我国提供了重要的启示。

8.2.1 青年失业群体类型和演变

失业青年主要指年龄在15~24周岁之间,有劳动能力,有工作意愿,在一定的时间内没有工作或没有找到工作的人群,其中15~20岁被视为青少年,20~24岁为青年成人。青年失业是国际社会长期关注的问题之一。近年来由于结构改革、技术进步和全球化对世界经济所造成的影响严重阻碍了青年的就业,使全球范围内的青年失业问题更加突出。在中国,就业问题已经成为一个困扰我国发展的严重社会问题。

1978年的改革开放政策使得中国在各个方面和领域发生了翻天覆地的变化,而对于青年的就业形势也不例外。改革开放将我国青年就业的形势笼统地划分为前后两个阶段,分别是传统计划经济时期的青年就业形势和市场经济时期青年就业形势。在这两个时期当中,政府就劳动力资源的配置方面起着两种截然不同的作用。在计划经济时期,所有的生产和生活资源都由国家把持,政府通过计划指标来调拨资源,当然其中包括了重要的劳动力资源,但这一切也无法避免在计划经济时期巨大的隐形青年失业群体的存在。随着改革开放政策的实行,市场经济已经在中国开始逐渐形成,政府也已从劳动力资源配置的主导地位慢慢隐退到宏观调控的地位,从而可以进一步发挥市场机制在劳动力资源配置中的作用。在这种市场机制逐渐主导劳动力市场的背景下,我国的青年失业群体也出现了新的发展和变化。这些青年失业群体和计划经济时期青年失业群体相比,在失业群体内部的区分上大致延续了户籍和学历这样的划分界限,并且也更多地呈现出了改革后青年失业群体的新特点。从户籍和所接受的教育程度即学历两个维度，可以将我国青年失业群体划分为四个小的失业群体：一是接受过初中等教育的拥有城镇户籍的青年失业群体；二是接受过初中等教育的拥有农村户籍的青年失业群体；三是接受过高等教育的拥有城镇户籍的青年失业群体；四是接受过高等教育的拥有农村户籍的青年失业群体，或来自农村生源地的接受过高等教育的青年失业群体。后两个接受过高等教育的青年失业群体可以统称为大学生青年失业群体，户籍的概念相对于这两个青年失业群体而言没有多少影响。因为这两个群体在接受高等教育期间，其户籍大多都已签到所在学校的城市中，即使毕业以后根据国家的政策规定其户籍仍然可以在学校保留两年，直到工作后签入工作所在地。由此，可以将我国青年失业群体简单地合并归类为三大群体，即城镇青年失业群体，农村青年失业群体及大学生青年失业群体。

1. 城镇青年失业群体

2004年，清华大学社会学教授孙立平在《关注"新失业群体"》中首次提出了"新失业群体"这个概念，对于当时的城镇青年失业群体有了一个概念上的界定。孙立平提出的"新失业群体"是相对于曾经在国有或集体企业工作后下岗的"老失业群体"而言的。故"新失业群体"是指那些"在初中、高中甚至更低学历毕业或肄业后处于失业状态的、没有国有或集体企业工作经历的、拥有城镇户籍的年轻人"[1]。在改革开放政策实行前的传统计划经济时期，我国政府基于意识形态的考虑，认为社会主义中国不存在失业问题，而只有待业问题，政府可以通过就业指标来实现全面就业。在高度集中的计划经济时期，政府控制了几乎所有的经济和社会资源，特别是对于劳动力资源的配置。计划经济体制使得政府对于城镇青年劳动力实行统包统配，如对不再升学的初、高中毕业生都包干安置。对于富余的城镇青年劳动力，国家则将他们输送到农村地区来解决城镇的就业压力，从而使得表面良好的青年就业情形之下隐藏了严重的隐形失业。

然而，随着20世纪80年代开始的改革在各领域的推进，特别是城市的国有企业和集体企业的改革，大批国有和集体企业的员工都陆续地"下岗"失业。这些"下岗"失业群体便是改革所付出的代价，而他们付出的更大代价可能还是子女的就业问题。先前的"铁饭碗"的就业保障已经不能再传递给子女，所以包括这些"下岗"失业群体的子女在内的绝大多数城镇青年，必须在新兴的劳动力市场中依靠自己的能力寻找工作，这就必然会使得一部分的城镇青年因为工作能力缺陷等多种原因而处于失业状态。对于这个"新失业群体"即城镇青年失业群体，应当突出三点：首先，这一群体只接受了以升学为目的的初等和中等的应试教育，并没有掌握到什么技能；其次，这一青年失业群体没有他们父母那一辈的

[1] 孙立平.关注"新失业群体"[J].今日中国:中文版,2005(7):63-64.

在国有或集体企业工作的经历,社会阅历缺乏并且价值观也比较混乱;最后,这一群体多出生于20世纪80年代,绝大多数是独生子女,拥有城市户籍,并且生活和工作能力普遍较弱。对于这一部分城镇青年失业群体的总体规模当时还没有一个准确的数字,但至少有两点是可以大致判断的:一是在一些地方城镇青年失业群体的绝对人数,已经超过了国有或集体企业失业下岗人员的人数,而且这个数字还在不断增长之中;二是随着时间的推移,这个群体将会成为我国失业群体的主要组成部分。

2. 农村青年失业群体

农村青年失业群体可以界定为:年龄在15~24周岁之间,拥有农村户籍,在接受了中低等教育后处于失业状态的年轻人。需要强调的是农村青年失业群体不仅仅局限于农村区域,恰恰相反,这一群体的绝大多数生活在城市。因为那些进城务工的农村青年即青年农民工处于失业状态时,也应当划分到农村青年失业群体当中,成为这一失业群体的主要来源。其实早在改革前的计划经济时期,我国农村就已出现了富余的劳动力,主要以农村青壮年为主,而且在"上山下乡"的政策号召下,成批的城市知识青年也被迁移到了农村,更使得当时农村地区集聚了大量的青年剩余劳动力,这些都是隐形的农村青年失业群体。随着改革后对于城乡流动管制的松懈,农村劳动力开始在地区和城乡间流动的逐渐频繁,进城务工经商的农村劳动者的队伍也日益壮大,从而解决了改革初期我国农村青年剩余劳动力的就业问题。这也就是我国在20世纪80年代初的第一代农民工。如今,在城市中又出现新一代的农民工即农民工二代青年群体,他们和他们第一代农民工的父辈有着迥异的就业观念和不同的就业环境,无论是对城市文化的接受程度或对自己的角色定位都有所不同,他们逐渐脱离老一辈农民工亦工亦农的角色而转变为产业工人的主体,在城市打工具有了经济性和生活性的双重目的。之所以青年农民工成为农村青年失业群体的主要来源,是因为中国农村在改革后的巨大发展变化,现在中国大多数的村落已经沦为了"老人村""儿童村",众多的农村青壮劳动力都涌入了城市,加入到了农民工的打工队伍当中。所以农村青年失业群体多以失业青年农民工为主。

青年农民工是一个处境十分尴尬的青年群体,生活在城市,消费在城市,然而却拥有着农村户籍。这些青年农民工大多是出生在农村,但也有少部分是出生在城市的第一代农民工的子女,虽然是拥有农村户籍但却并没有多少务农的经历,只接受初中等应试教育,没有掌握一门劳动技能。这些持有农村户籍的青年劳动者和城镇青年相比,虽然整体失业率较低,但在就业结构、就业质量和就业稳定性方面都处于弱势地位,所以很容易就失去现有的职位❶。这些青年农民

---

❶毕先萍.青年农民工就业特征[J].当代青年研究,2006(3):47-50.

工由于中国城乡二元结构的体制所限,难以获得平等的劳动就业机会,即使找到了工作,其劳动报酬也得不到全面的保障,一旦失业还享受不了社会福利保障而陷入到了政府服务的真空之中。由于教育程度所限,这些青年农民工在城市只能在次级劳动力市场或某些非正规部门寻求低薪、简单和体力性的工作(如建筑、运输、服务业),而这些工作因受到国家政策和经济发展的影响会有很大的波动,非常不稳定,如2009年的全球金融危机就出现了大批的农民工失业。由于新一代的农村青年大多没有什么务农经历和务农常识,所以一旦失业,他们也很难回到农村继续他们祖辈的生活方式。所以,这些失业的农村青年就只能挣扎在城市和农村的夹缝中,处于一种既非城市又非农村的边缘状态。

3. 大学生青年失业群体

虽然近些年来有众多学者对大学生失业群体进行了多角度研究,但仍然没有一个明确的"学生青年失业群体"概念,所以据现有的文献只能模糊地勾画出这一群体轮廓,即:大学生失业群体是指自我国首届高校扩招的大学生及此后历届的大学生,毕业后未正式就业,仍然处于失业或准失业状态的群体。这一失业群体并没有严格的户籍之分,拥有城镇户籍和农村户籍的失业大学毕业生都属于这一群体。改革开放30多年间,大学毕业生的就业情形发生了巨大的变化。直到20世纪90年代末,在国家就业分配保障和就业市场供小于求的背景下,大学生群体的就业十分顺利。然而在进入21世纪后,随着改革稳步持续进行的同时,我国失业青年的人数不仅逐渐增长,而且青年失业现象向高学历蔓延的趋势也越来越明显,特别是2003年首届高校扩招的大学毕业生与下岗再就业职工和民工潮一起汇集在劳动力市场中,造成了我国就业压力的空前增大。2002年中国劳动统计年鉴数据表明,在2001年城镇失业人员中"毕业后未找到工作"者占总体失业人员的20.4%,其中以高中及以上毕业生为主,达到70%,大学毕业生竟占43.7%[1]。在我国高等学校不断扩大招生规模的背景下,我国大学生就业难的问题在2003年以后逐年增加,直到2009年的金融危机才将七八年来积累的未就业大学生和当年应届的毕业生的严峻的就业状况集中呈现出来。这一迅速扩大的"高知失业群体"现象,和20世纪的大学生就业情况形成了巨大的反差。

与前两个青年失业群体相比,大学生青年失业群体最大的优势在于接受了高等教育。然而高学历并没能让这些大学毕业生全部如期找到工作,这其中的原因是多方面的。但最主要的原因是由于扩招后的大学毕业生涌入劳动力市场,超出了市场对于大学生的需求,出现了大学生人力资源的供求矛盾。这些昔日的"天之骄子"在面对残酷的市场竞争法则时,无疑在思想观念上会出现落差,特别是那些被劳动力市场"淘汰"后处于失业的大学毕业生就更不能接受现实。

---

❶ 吴森富.青年失业现象、原因及其对策分析[J].青年研究,2003(1):29-35.

更重要的一点是,这些处于失业或"准失业"状态的大学毕业生们,没有任何的社会保障,处在"制度真空"之中,这就进一步恶化了他们失业后的生活处境。作为改革30多年间出现的特殊青年失业群体,大学生失业群体还具有其他方面的同质性,如大多数是独生子女,并且接受的是脱离市场需求的应试教育及就业观念的滞后等。

8.2.2　青年失业群体的异同比较

上述青年失业群体并不是泾渭分明、相互分割的群体,三者间都有相互重叠的部分,群体间有共同点又有差异。

(1)从共同点来看:①在年龄上,这三类失业群体都出生于20世纪80年代之后,都是伴随着中国改革开放成长起来的一代。他们脑海中储存着中国社会改变、转型、发展的完整的"社会记忆"。并且这些群体大多都是最初的一代独生子女,时代和社会的巨变对于他们的价值观念、行为方式和生活意识都留下了很深的印记。②在市场竞争力上,由于这三个群体从小到大都是接受了以升学为目的的应试教育,没有得到过任何的职业技能训练,这使得他们在如今的劳动力就业市场中并没有什么优势可言。③在失业期限上,这三类青年失业群体的失业现象在本质上是过渡性的、暂时的。当完成从学校到工作的过渡,随着年龄的增长和工作阅历的增多,失业率将会逐年递减。在制度保障上。这三个群体都从来没有得到过如他们父辈那样来自国家政府的制度性保护,无论是农村的合作社制度还是城市的单位制度。改革开放后出生的他们,在成年时的就业直接面对的就是市场经济的社会,一旦失业,这三类青年群体就都处于"制度真空"的状态当中,社会保障制度没有惠及这些青年失业群体,政府也没有出台针对他们的政策倾斜和优惠措施,这些使得他们的生活压力更加严峻。

(2)从不同方面来看:①教育程度存在区别,虽然这三个群体从小到大接受的都是以升学为目的的应试教育,但三者之间还是有受教育的程度即学历的不同。城镇青年失业群体和农村青年失业群体,这两部分的青年失业群体普遍只接受了初级或中等的教育,初中或高中一毕业就直接到社会上去寻找工作;而相对的大学生青年失业群体则都接受过高等学校的三年或四年的专业教育,甚至研究生教育。②从户籍区别来看,中国的二元社会结构主要是通过城乡不同的户籍制度体现出来的,而这一点在我们讨论的三个青年失业群体中也有所验证。城镇青年失业群体多拥有城镇户籍,农村青年失业群体拥有的是农村的户籍,而大学生青年失业群体却没有这样的硬性规定,事实上他们已经拥有了城市的户籍。③失业性质的区别,城镇青年失业群体、农村青年失业群体和大学生青年失业群体,三者在失业性质上有所不同。大学生和城镇失业青年中有相当一部分并非找不到工作,而是由于他们的就业期望高于现实而造成的主动或自愿

失业,而农村青年更多的是被迫失业。❶

8.2.3　中国大学生就业政策变迁

中国的青年失业群体类型主要分为以上几个类型,但是对于这些群体,国家并不是都建立了具有针对性的政策体系,比如城镇和农村青年失业群体的就业政策基本都包含在城镇就业政策和农民工就业政策中,或者具有高度的政策重叠性。而具有较明显政策界限的则是大学生就业政策,从新中国成立以来,大学生青年群体的就业政策大致经历了以下几个阶段:

1. 统包统分阶段

从建国初期一直延续到20世纪80年代中期,大学生就业以政府编制计划与高校实施计划相结合。作为国家培养的高级专门人才的大学生,在当时属于一种稀缺社会资源,为更好地发挥这一稀缺社会资源在国家经济建设中的作用,中央提出了"统一计划、集中使用、重点配备"和"在适应国家建设需要的基础上贯彻学用一致的原则"等一系列毕业生分配的方针政策,并在此基础上确定了"地方分配、中央调剂"的分配原则,这一阶段的毕业生分配制度是我国计划经济体制的产物。

这种与计划经济体制相适应的大学生就业政策在计划经济时代也曾起过积极的作用。一方面,它既保证了国家对各种专业人才的急需,又为边远地区、艰苦行业输送了大批建设人才;另一方面,还保障了大学生的就业,解除了家长和学生的后顾之忧。但是,在计划经济向市场经济转变的过程中,其弊端也逐渐显露出来。一是国家包得过多、统得过死,难免使学生产生毕业就能端上"铁饭碗"的想法,极大地限制了个人的积极性和创造性,减弱了竞争意识和观念;二是过分强调了政府意志,忽略了毕业生自我表现的发展需要;三是致使企业在吸纳人才时养成了"等、靠、要"的惰性心理,束缚了企业用人机制的完善;四是造成高校缺乏就业市场的反馈信息,难以依据社会需要的变化及时、有效地调整人才培养目标、培养规格,失去了主动适应经济建设和社会发展的动力和活力。

2. 由供需见面逐步向双向选择的过渡阶段

从20世纪80年代中期到90年代末,我国大学生就业政策开始由供需见面逐渐步入了双向选择的过渡阶段。这一阶段是以通过"供需见面"落实"切块计划",逐步向毕业生与用人单位"双向选择"过渡为主要特征的。随着改革开放的深入,单纯的统一分配制度不能满足经济与社会发展对人才的多方面需求,以往分配制度的不足日益明显。1985年,我国政府颁布了《中共中央关于教育体制改革的决定》,其重大举措之一就是提出对国家招生计划内的学生实行"在国家计

---

❶张守列.近30年中国青年失业群体分类比较[J].中国青年研究,2010(11):28-31.

划指导下,由本人选报志愿、学校推荐、用人单位择优录用"的分配制度。这是对以往毕业生分配制度的突破,为日后进一步深化改革并逐步过渡到"自主择业"的毕业生就业制度奠定了基础。此后,国家改变了过去由少数人编制分配计划的办法,采取主管部门和高校上下结合的编制分配计划办法,并在落实计划的办法上,实行"供需见面",使分配计划尽可能科学、合理、符合实际。同时,还在少数学校中进行了一定范围内的"双向选择"试点工作。1989年3月,国务院批转了原国家教委(现教育部)提出的《高等学校毕业生分配制度改革方案》,其中明确提出了在过渡阶段实行以学校为主导向社会推荐就业,毕业生和用人单位在一定范围内双向选择的办法。1993年2月,中共中央国务院颁布的《中国教育改革和发展纲要》再次明确了毕业生就业制度改革的目标:改革高等学校毕业生"统包统分"和"包当干部"的就业制度,实行少数毕业生(师范学科、艰苦行业和边远地区毕业生)由国家安排就业,大部分实行在国家方针政策指导下,通过人才市场,采取"自主择业"的就业方法。1994年,《国务院关于〈中国教育改革与发展纲要〉的实施意见》又进一步明确规定了招生和毕业生就业制度的改革措施,即高等学校逐步实行"并轨"招生,学生"缴费上学,毕业后自主择业"。1995年,原国家教委(现教育部)出台的《关于1995年进行普通高等学校招生和毕业生就业制度改革的意见》,其中要求中央部门所属普通高校"并轨"后所招学生毕业时,原则上在本系统、本行业范围内自主择业,在条件成熟后逐步过渡到大多数毕业生自主择业,并在2000年基本实现大学生就业制度改革。

过渡阶段的大学生就业政策在一定程度上缓解了"统包统配"就业制度与社会发展的矛盾,使毕业生和用人单位拥有了一定的自主权,为社会主义市场经济体制的不断完善注入了一点新的活力。但是,这毕竟只是我国大学生就业政策改革的过渡阶段,随着社会主义市场经济的深入发展,这一政策改革也全面铺开。

3. 以市场为导向的自主择业阶段

20世纪90年代末至今是我国大学生就业政策以市场为导向的自主择业阶段,其总体特点是大学生就业政策与市场经济发展密切相关。我们以2002年为界,可将这一阶段的就业政策划分为前后两个时期:

(1)以毕业生自主就业为主要特征的自主择业时期。1999年,经国务院批准,教育部颁布了《面向21世纪教育振兴行动计划》。按照这一文件规定,从2000年起,我国要建立比较完善的毕业生就业制度,并同时取消了向毕业生发放"派遣证"的做法,将此做法改为向毕业生发放"就业报到证"。同年6月召开的全国教育工作会议也指出,我们建立的毕业生就业制度应当是一个不包分配、竞争上岗、择优录用的用人制度。这标志着我国大学生就业制度结束了"计划、分配、派遣"的历史,转向了以市场为其导向。从总体上说,这一时期的就业政策国家所倡导的是大学毕业生自主就业,这既使得用人单位有了用人选择权,也使得高校能根据毕业生的就业调查和反馈,及时、准确地掌握市场信息,根据经济建设和社会发展的需要找准服务方向,制定出更为合理的人才培养目标、培养规格,进而有效地解决了以往统包统配方式中存在的种种弊端。但是,我们还应看到,由于高等教育大众化教育政策的实施及毕业生就业观念的偏差、用人单位人才高消费惯性与就业制度配套的制度尚不完善等因素的影响,以毕业生自主就业为主要特征的自主择业政策在实施过程中还遭遇到了严峻的挑战,这就为国家日后调整大学生就业政策提供了现实基础。

(2)以毕业生创业为主要特征的自主择业时期。鼓励大学毕业生自主创业是我国大学生就业政策以市场为导向的自主择业阶段的又一个时期。在高等教育走向大众化和知识经济时代来临的背景下,引导大学毕业生自主创业、科技创业和艰苦创业是世界高等教育发展的一个大趋势。联合国教科文组织1998年10月在巴黎召开的世界高等教育会议上发表的《21世纪的高等教育的展望与行动宣言》指出,"毕业生将愈来愈不再仅仅是求职者,而首先将成为工作岗位创造者。"有专家预言,我国劳动力资源过剩将成为21世纪必须面对的一个社会问题。在我国高等教育实践领域,如何解决扩招后大学生就业问题已成为摆在我国各级政府和高等院校面前一个较为棘手的社会问题。在这一背景下,我国政府出台了一系列鼓励大学毕业生自主创业的就业政策。2002年《国务院办公厅转发教育部等部门〈关于进一步深化普通高等学校毕业生就业制度改革有关问题意见〉的通知》规定,从事个体经营和自由职业的大学生要按当地政府的规定,到社会保险经办机构办理社会保险登记,交纳社会保险费;鼓励和支持大学生自主创业,工商和税收部门要简化审批手续,积极给予支持。人事部(现人社部)下发通知要求,各级人事部门要进一步拓宽渠道,制定政策,切实解决非公有制单位接收毕业生遇到的各种问题,支持和帮助非公有制单位接收所需的毕业生。要协助到非公有制单位就业和自主创业的高校毕业生办理报到、落户手续,提供相关的人事代理服务,解除其后顾之忧。国务院还下发通知,对于大学生从事个体经营的,除国家限制的行业外,自工商部门批准其经营之日起1年内免交登记类和管理类的各项行政事业性收费;有条件的地区由地方政府确定,在现有渠道中为大学生提供创业小额贷款和担保。另外,为了鼓励大学生自主创业和灵活就业,激发个人的积极性创造性,开拓出更新更广的就业领域,劳动与社会保障部还应该开展多种形式创业培训;并发出《关于城镇灵活就业人员参加基本医疗保险的指导意见》,以确保大学生在选择灵活就业的同时,没有后顾之忧。❶

---

❶周建民,陈令霞.浅析我国大学生就业政策的历史演变[J].辽宁工学院学报,2005(2):103-106.

知识链接6：国家层面的有关大学生就业政策的文件有哪些？

表8-3总结了20世纪90年代以来国家层面有关大学生就业政策的主要政策文件，从中可以观察到我国大学生就业政策的演变过程。

表8-3　中国大学生就业主要政策文件：1993—2014年

时间	部委	文件	编号
1993.2	中共中央、国务院	中国教育改革和发展纲要	中发[1993]3号
1993.11	国家教委（现教育部）	关于做好1994年全国普通高等学校毕业生就业工作的通知	教学[1993]10号
1994.4	国家教委（现教育部）	关于进一步改革普通高等学校招生和毕业生就业制度的试点意见	教学[1994]39号
1994.7	国务院	国务院关于《中国教育改革和发展纲要》的实施意见	国发[1994]39号
1994.11	国家教委（现教育部）	关于做好1995年全国普通高校毕业生和毕业研究生就业工作的通知	教学[1994]19号
1994.12	中共中央组织部、人事部（现人社部）	关于中央国家机关从1995年应届高校毕业生中选拔优秀学生赴西藏锻炼的通知	人调发〔1994]13号
1995.3	人事部（现人社部）	关于做好1995年全国高等学校毕业生接收工作的通知	人调发[1995]21号
1993.3	国家教委（现教育部）	关于1995年进行普通高等学校招生和毕业生就业制度改革的意见	教学{1995]8号
1995.7	中共中央组织部、人事部（现人社部）	关于中央国家机关从1995年应届高校毕业生中选择学生赴西藏锻炼管理工作有关问题的通知	人调发[1995]73号
1995.11	国家教委（现教育部）	关于做好1996年全国普通高等学校毕业生就业工作的意见	教学[1995]19号
1996.1	人事部（现人社部）	人事部关于印发《国家不包分配大专以上毕业生择业暂行办法》的通知	人发[1996]5号
1996.2	人事部（现人社部）	人事部关于做好1996年全国高校毕业生接收工作的通知	人发[1996]15号

时间	部委	文件	编号
1996.4	国家教委 （现教育部）	关于继续做好1996年高校毕业生和毕业研究生就业工作的通知	教学[1996]10号
1996.5	国务院办公厅	关于做好1996年高校毕业生和毕业研究生就业工作的通知	国办发明电[1996]8号
1997.1	公安部、人事部 （现人社部）、国家 粮食储备局	高等学校毕业生就业后调整办法	人发[1997]7号
1997.1	国家教委 （现教育部）	关于做好1997年全国普通高等学校毕业生就业工作的通知	教学[1997]2号
1997.2	人事部 （现人社部）	人事部关于做好1997年全国高校毕业生接收工作的通知	人发[1997]16号
1997.3	国家教委 （现教育部）	普通高等学校毕业生就业工作暂行规定	教学[1997]6号
1997.4	国家教委 （现教育部）	国家教委关于进一步加强高等学校毕业生教育和管理工作的意见	教政[1997]5号
1997.12	国家教委 （现教育部）	关于做好1998年普通高校毕业生就业工作的通知	教学[1997]18号
1998.2	人事部 （现人社部）	关于做好1998年全国高等学校毕业生接收工作的通知	人发[1998]12号
1998.4	国家教委 （现教育部）	关于加强专业结构调整力度,尽快缓解部分科类本专科毕业生供求矛盾的通知	教高[1995]1号
1998.5	国务院	关于做好1998年普通高等学校毕业生就业工作的通知	国发[1998]16号
1998.7	国家发展计划委员会、教育部	关于对普通高校毕业生收费有关政策问题的通知	国发[1995]16号
1998.12	教育部	面向21世纪教育振兴行动计划	
1999.1	教育部	关于做好1999年普通高等学校毕业生就业工作的通知	教学[1999]2号
1999.1	国务院	国务院批准教育部《面向21世纪教育振兴行动计划》	国发[1999]4号

时间	部委	文件	编号
1999.1	人事部（现人社部部）办公厅	关于做好1999年全国高等学校毕业生接收工作的通知	人办发[1999]11号
1999.5	国务院办公厅	国务院办公厅转发教育部等部门《关于进一步做好1999年普通高等学校毕业生就业工作的意见》	国办发[1999]50号
1999.6	中央组织部、人事部（现人社部部）中央机构编制委员会办公室、财政部	关于选拔高校毕业生到农村基层工作有关问题的通知	人发[1999]67
1999.6	国家计委、教育部	关于制止向普通高校毕业生乱收费的通知	计价检[1999]738号
2000.1	教育部	关于做好2000年全国普通高等学校毕业生就业工作的通知	教学[2000]1号
2000.1	人事部（现人社部部）	人事部（现人社部部）关于做好2000年全国普通高等学校毕业生接收工作的通知	人发[2000]12号
2000.4	教育部	教育部关于今年高等职业学校毕业生就业有关问题的通知	教学司[2000]42号
2001.1	教育部	关于做好2001年全国普通高等学校毕业生就业工作的通知	教学[2001]2号
2001.3	人事部（现人社部部）	关于做好2001年全国普通高等学校毕业生接收工作的通知	人发[2001]23号
2002.3	国务院办公厅	国务院批转教育部等四部委《关于进一步深化普通高等学校毕业生就业制度改革有关问题的意见》	国办发[2002]19号
2002.4	人事部（现人社部部）办公厅	关于做好2002年全国普通高等学校毕业生接收工作的通知	人办发[2002]34号
2002.6	中共中央组织部、人事部（现人社部部）、中央机构编制委员会办公室、财政部	关于做好选拔到农村基层工作的高校毕业生管理使用工作有关问题的通知	人发[2002]60号

续表

时间	部委	文件	编号
2002.9	教育部等	关于切实做好普通高等学校毕业生就业工作的通知	教学[2002]16号
2002.12	教育部	关于进一步加强普通高等学校毕业生就业指导服务机构及队伍建设的几点意见	教学[2002]15号
2003.1	人事部（现人社部部）	关于做好2003年全国普通高等学校毕业生就业接收工作的通知	人发[2003]10号
2003.3	共青团中央、教育部	关于进一步做好促进高校毕业生就业工作的意见	中青联发[2003]20号
2003.4	教育部	部关于进一步深化教育改革,促进高校毕业生就业工作的若干意见	教学[2003]6号
2003.5	国务院办公厅	关于做好2003年普通高等学校毕业生就业工作的通知	国办发[2003]49号
2003.6	共青团中央	关于实施大学生志愿服务西部计划的通知	中青联发[2003]26号
2003.6	劳动和社会保障部（现人社部部）	关于贯彻落实国务院办公厅关于做好2003年普通高等学校毕业生就业工作的通知若干问题的意见	劳社部发[2003]14号
2003.7	中组部、人事部、共青团中央、中央编办、教育部	关于选拔高校毕业生到西部基层工作的通知	国人部发[2003]6号
2003.7	中共中央组织部、人事部（现人社部部）、教育部、中央机构编制委员会办公室	关于按照党管人才要求进一步做好高校毕业生就业工作的通知	组通字[2003]25号
2003	国家发展改革委	关于鼓励中小企业聘用高校毕业生搞好就业工作的通知	发改企业[2003]209号
2004.2	人事部（现人社部部）	关于印发《关于加快发展人才市场的意见》的通知	国人部发[2004]12号
2004.3	教育部	教育部关于做好2004年全国普通高等学校毕业生教育工作的通知	教社政[2004]2号

时间	部委	文件	编号
2004.4	共青团中央、教育部、财政部、人事部(现人社部部)	关于做好2004年大学生志愿服务西部计划工作的通知	中青联发[2004]16号
2004.4	国务院	关于同意建立高校毕业生就业工作部际联席会议制度的批复	国函[2004]26号
2004.4	国务院办公厅(现教育部)	关于进一步做好2004年普通高等学校毕业生就业工作的通知	国办发[2004]35号
2004.4	劳动和社会保障部(现人社部部)	关于进一步做好2004年高校毕业生就业有关工作的通知	劳社部发[2004]14号
2005.3	教育部办公厅	关于做好2005年普通高校毕业生就业重点工作的通知	教学厅[2005]4号
2005.6	中共中央办公厅、国务院办公厅	关于引导和鼓励高校毕业生面向基层就业的通知	中办发[2005]18号
2005.7	中组部、教育部、人事部	关于贯彻落实中共中央办公厅国务院办公厅《关于引导和鼓励高校毕业生面向基层就业的意见》的通知	中组发[2005]5号
2005.7	劳动和社会保障部(现人社部部)	关于贯彻落实中共中央办公厅国务院办公厅引导鼓励高校毕业生面向基层就业意见的通知	劳社部发[2005]21号
2006	中组部等14部门	关于切实做好2006年普通高等学校毕业生就业工作的通知	教学[2006]8号
2006.1	财政部、发改委	关于对从事个体经营的下岗失业人员和高校毕业生实行收费优惠政策的通知	财综[2006]7号
2006.2	中组部、人事部(现人社部部)、教育部、财政部、农业部、卫生部、国务院、扶贫办、共青团中央	关于开展组织高校毕业生到农村基层从事支教、支农、支医和扶贫工作的通知	国人部发[2006]16号

续表

时间	部委	文件	编号
2006.2	人事部(现人社部部)、教育部、财政部、劳动和社会保障部(现人社部部)、国资委、国防科工委	关于建立高校毕业生就业见习制度的通知	国人部发[2006]17号
2006.4	人事部(现人社部部)办公厅	关于印发《2006年高校毕业"三支一扶"计划实施方案》的通知	国人厅发[2006]38号
2006.6	劳动和社会保障部(现人社部部)	关于进一步做好2006年高校毕业生就业有关工作的通知	劳社厅发[2006]17号
2006.1	人事部(现人社部部)办公厅	关于实施"千家高校毕业生就业见习示范基地建设计划"的通知	国人厅发[2006]62号
2006.9	财政部、教育部	高等学校毕业生国家助学贷款代偿资助暂行办法	财教[2006]33号
2007.4	人事部(现人社部部)办公厅	关于印发《2007年高校毕业"三支一扶"计划实施方案》的通知	国人厅发[2007]37号
2007.4	劳动和社会保障部(现人社部部)	关于做好2007年高校毕业生就业有关工作的通知	劳社部发[2007]13号
2007.4	国务院办公厅	关于切实做好2007年普通高等学校毕业生就业工作的通知	国办发[2007]26号
2007.8	人事部(现人社部部)	关于进一步发挥政府人事部门职能作用促进高校毕业生就业的通知	国人部发[2007]107号
2007.8		中华人民共和国就业促进法	
2007.11	教育部、人事部(现人社部部)、劳动保障部(现人社部部)	关于积极做好2008年普通高等学校毕业生就业工作的通知	教学[2007]24号
2007.12	教育部办公厅	教育部办公厅关于印发《大学生职业发展与就业指导课程教学要求》的通知	教高厅[2007]7号

续表

时间	部委	文件	编号
2009.2	教育部	教育部关于加快高等职业教育改革 促进高等职业院校毕业生就业的通知	教高[2009]3 号
2009.3	教育部、商务部	关于加强服务外包人才培养促进高校毕业生就业工作的若干意见	教高[2009]5 号
2009.6	教育部办公厅 公安部办公厅	关于普通高等学校毕业生应征入伍服义务兵役办理就业手续的通知	教学厅[2009]5 号
2009.6	教育部办公厅	关于当前做好高校困难毕业生就业帮扶工作的通知	教学厅[2009]7 号
2010.11	教育部	关于做好2011年全国普通高等学校毕业生就业工作的通知	教学[2010]11 号
2010.12	教育部办公厅	关于使用"全国大学生就业信息服务一体化系统"的通知	教学厅函[2010]30 号
2011.11	教育部	关于做好2012年全国普通高等学校毕业生就业工作的通知	教学[2011]12 号
2012.11	教育部	关于做好2013年全国普通高等学校毕业生就业工作的通知	教学[2012]11 号
2013.5	教育部	关于贯彻落实《国务院办公厅关于做好2013年全国普通高等学校毕业生就业工作的通知》的通知	教学[2013]4 号
2013.12	教育部	关于做好2014年全国普通高等学校毕业生就业工作的通知	教学[2013]14 号
2014.7	教育部办公厅	关于做好2014年离校未就业高校毕业生就业服务工作的通知	教学厅[2014]3 号

改革开放30多年间,我国大学生就业政策经历了重大的变革,现在已经形成了多元化的政策格局,促进大学毕业生就业的政策手段也丰富多样,归纳起来可以分成以下几种类型:

(1)市场规制政策。毕业生就业市场是在国家有关方针政策的指导下,运用市场机制和必要的客观调控手段,通过双向选择、自主择业等途径,优化毕业生人才资源配置的一种方式。广义地讲,就业市场是利用市场规律调节高等学校毕业生人才供求的一种机制,它由毕业生、用人单位及其服务机构、交流洽谈场所、社会保障制度等组成。狭义上来讲,是指毕业生供求双方直接进行见面洽谈、相互选择的场所,即人才交流会、招聘洽谈会等。毕业生就业市场是如此的重要,国家自然需要出台一系列政策法规来维护和支持。从总的情况来看,毕业生就业市场是随着社会主义市场经济体制的建立和劳动人事制度的改革而发展起来的,因此社会主义市场经济的法律规章和劳动人事制度改革的精神都适用于毕业生就业市场。就业市场规制政策从性质上大致可以分成三个层次:①人民代表大会制定的法律法规和国务院根据法律制定的一些规定。最重要的有《劳动法》《合同法》《公司法》《职业介绍暂行规定》《人事争议处理暂行规定》《人才市场管理暂行规定》等。②国务院各部门在遵守法律的情况下制定的部门规章、重要通知等。如《普通高等学校毕业生就业工作暂行规定》《高等学校毕业生就业后调整办法》《国务院办公厅转发教育部等部门关于进一步深化普通高等学校毕业生就业制度改革有关问题意见的通知》《国务院办公厅关于做好2003年普通高等学校毕业生就业工作的通知》等。③各地区或者各学校出台的地方性政策规定。如《北京市劳动力市场管理条例》《北京市劳动合同规定》《北京市人才市场管理条例》《北京市人才信息网络市场管理办法》《北京市人才招聘洽谈会管理办法》《北京市人才中介服务机构管理办法》等。

(2)就业准入政策。就业准入政策是指大学生就业获准进入某些地区、专业、职业等的相关政策。高等学校毕业生是我们国家和社会的宝贵财富,我们高校毕业生就业的方针原则中规定毕业生要贯彻统筹安排,合理使用,加强重点,兼顾一般和面向基层,充实生产、科研、教育第一线的方针。在保证国家需要的前提下,贯彻学以致用,人尽其才的原则。而且国家教委(现教育部)直属高校的研究生面向全国就业;国务院其他部委学校的毕业生主要面向本系统、本行业就业;省属学校或地方学校在地方就业。具体而言:①地区准入政策。每个地区都会有进入本地区就业的用人指标,相应的会出台一些具体的进人政策,特别是北京、上海等大城市,每年都会出台接收普通高等学校非本地生源毕业生有关问题的通知和政策。从发展趋势来说,该类政策会逐渐萎缩,但在一个特殊的历史时期,在一定的地区和一定的时间段,该类政策的存在具有一定的合理性。②职业就业准入政策。职业方面的就业准入是指根据《中华人民共和国劳动法》和《中华人民共和国职业教育法》的有关规定,对从事技术复杂、通用性广、涉及国家财产、人民生命安全和消费者利益的职业的劳动者,必须经过培训,并取得职业资格证书后,方可就业上岗。实行就业准入的职业范围由劳动和社会保障部(现人社部)确定并向社会发布。

(3)招考录用政策。招考录用政策主要指在选拔毕业生的过程中的一系列关于招考上的规定,是国家在大学毕业生人口上所制定的一系列限制性原则和措施。在招考国家公务员层面主要是公务员招考的相关制度,在企事业单位录用大学生方面主要表现为政府和企业制定的在招考程序上的一系列规范。关于国家公务员招考录用的一系列政策就是典型调查的招考录用政策。

(4)权利维护政策。权利维护政策是指在就业过程中对就业者本人和就业单位权利维护的一系列原则、规范。对于就业者本人,主要是维护其平等的就业权,对于用人单位主要是保护用人单位的一系列利益,权利维护政策有利于就业过程的规范化和秩序化。权利维护政策最主要的是对毕业生的保护政策。毕业生作为毕业生就业的一个重要主体,在就业过程中享有多方面的权益,根据目前就业规范的有关规定,毕业生主要获取信息权、接受就业指导权、被推荐权、选择单位权、公平待遇权、违约及求偿权等。

(5)宏观调控政策。宏观调控政策最主要的是指政府为了促进我国人才结构的平衡而出台的一系列关于大学生到基层、到中小城市企业、到农村、到西部等地区去就业的鼓励性措施。比如鼓励和支持高校毕业生到农村基层支教、支农、支医、扶贫等工作,经过两三年锻炼,根据工作需要从中选拔优秀人员到县、乡(镇)机关和学校或企业、事业单位担任领导工作,或充实到基层金融、工商、税务、审计、公安、司法、质检等部门。中共中央组织部、人事部(现人社部)、团中央、中央机构编制办公室、教育部联合发布的《2003年关于选拔高校毕业生到西部基层工作的通知》,团中央、教育部、财政部和人事部(现人社部)《关于实施大学生志愿服务西部计划的通知》,北京市《关于鼓励高校毕业生到农村基层工作的通知》等政策都属于政府宏观调控政策。

(6)创业扶持政策。创业扶持政策是积极劳动政策体系中最直接、最积极的政策,也是现阶段效果比较显著、作用比较持久的措施。我国非国有经济的迅速崛起和第三产业的飞速发展,为毕业生提供了宽广的发展空间。随着高等教育从精英化向大众化转变,大学生的就业观念也需要发生转变,自主创业、先就业后择业应该成为新的发展途径。我国人事部(现人社部)规定,为适应多种所有制经济的发展,各级人事部门鼓励毕业生多种渠道、多种形式就业,支持毕业生自主创业。各级人事部门已经出台各种政策和措施积极为自主创业的毕业生提供所需的社会化服务,解除其后顾之忧。近几年来,国内对大学生创业的态度非常积极,政府出台了一系列大学生创业优惠政策。比如"教育部关于贯彻落实中共中央、国务院《关于加强技术创新,发展高科技,实现产业化的决定》的若干意见",政策规定:大学生、研究生(包括硕士、博士研究生)可以休学保留学籍创办高新技术企业。此前,北京市曾提出,大学在校生可享受"弹性学制",允许大学生在规定时间内完成学业。他们既可提前毕业,也可先工作再完成学业。2003年,国务院办公厅发布了《国务院办公厅关于做好2003年普通高等学校毕业生就业工作的通知》,规定对从事个体经营的高校毕业生实行免交登记类和管理类行政事业性收费政策。为切实落实该文件精神,鼓励高校毕业生自主创业和灵活就业,财政部国家发展改革委发出了《关于切实落实2003年普通高等学校毕业生从事个体经营有关收费优惠政策的通知》。除了国家法律和政策方针以外,地方和高校也出台了一些创业扶持政策。

(7)社会保障政策。2003年是扩招学生第一年开始就业,就业形势十分严峻,相当一部分学生没有落实工作单位,甚至没有工作,即面临"毕业即失业"的尴尬境地。相应地,国家除了一系列促进就业的政策外,还出台了一些有关的社会保障政策,以解除在就业上困难群体的大学生的后顾之忧,更好的支持和服务大学毕业生就业。劳动保障部门关于大学生社会保障的相关政策主要有以下的内容:将高校毕业生就业工作纳入当地就业工作整体规划,在宏观调控和增加就业岗位等方面进行统筹安排;积极组织实施"毕业生职业资格培训工程"和多种形式的创业培训,为毕业生自主就业创造条件;发挥公共职业介绍机构的作用,加强职业指导和就业信息服务,为高校毕业生择业提供更多帮助;加强失业登记和组织管理,对未就业和生活困难的高校毕业生,在失业、求职期间给予生活和就业方面的帮助;加强劳动力市场的管理,为高校毕业生就业创造良好的环境。

(8)派遣接收政策。派遣与接受政策指在大学毕业生离开学校到就业单位报到过程中国家所制定的一系列原则。派遣和接受政策的完善有利于大学毕业生就业的最终实现,并进一步明确相关责任的主体,落实各项工作。调配派遣对象为:国家计划招收的非在职毕业研究生(博士研究生、硕士研究生、研究生班、结业研究生、肄业研究生);国家计划招收的普通高等学校毕业生和结业生;国家计划招收的普通中等专业学校毕业生及国家计划招收的为地方培养的军队院校毕业生。地方主管毕业生调配部门和高等学校按照国家下达的就业计划派遣毕业生。派遣毕业生统一使用《全国普通高等学校毕业生就业派遣报到证》和《全国毕业研究生派遣报到证》,报到证由国家教委(现教育部)授权地方主管毕业生就业调配部门审核签发。学校要根据毕业生就业计划、协议,结合毕业生的具体情况,认真拟定毕业生派遣方案。派遣方案经上级毕业生分配部门批准后才能实施。

(9)指导服务政策。就业指导也可称"择业指导"或"职业指导",它是为求职者选择职业、准备就业及在职业中求进步、求发展而提供知识、经验和技能的指导。通俗地讲,它是给求职者传递信息,帮助求职择业,为其与职业结合牵线搭桥当"红娘"。就业指导有狭义和广义之分。狭义的就业指导是给求职择业的劳动者传递就业信息,帮助其求职和择业,为其与职业的结合牵线搭桥。广义的就业指导就是为劳动者选择职业、准备就业及在职业中求发展、求进步等提供知识、经验和技能。它包括预测就业市场,汇集、传递就业信息,培养劳动技能,组织劳动力市场,及推荐介绍和组织招聘等与就业有关的综合性社会咨询服务活动。在我国,就业指导还应包括就业政策导向和与之相适应的思想工作,就业指导的目的是使无业者有业,有业者敬业,敬业者乐业,乐业者创业。在《普通高等学校毕业生就业工作暂行规定》中明文规定高等学校的主要职责:第五条,开展毕业教育和就业指导工作,在第四章更是提出了具体的要求。目前有的省市还出台了相关政策,对高校的就业指导服务课程、服务场地、服务经费上都提出了具体要求,使大学生就业指导有了行政资源上的充分保障。

此外,还有人事代理制度,特殊毕业生就业政策,大学生入伍当兵的有关规定等。[1]

8.2.4 青年失业群体就业政策取向

对于青年失业群体的就业问题,公共政策取向可以归纳为三大类:需求促进措施、供给促进措施与供求匹配促进措施。需求促进措施的关键在于鼓励创业精神,创造新的工作岗位;供给促进措施的核心在于提供市场激励,鼓励大学生从事特定的职业,改进教育培训体系,提升大学生的就业能力;而供求匹配促进措施重点关注大学职业指导体系的完善。

1. 需求促进政策

美国是鼓励创业精神的典型代表,根据2002年哈佛大学的LaPorta与Shleifer、耶鲁大学的Lopez de Silanes等研究者对85个国家和地区成立新公司所需步骤的情况所作的系统统计表明,在美国,从公司注册到开业所需要经过的审批步骤为4步,从开始申请注册到开业新公司所需要等待7天,而为完成公司注册和各种审批步骤所需支付的官方费用仅相当于人均年薪的1%,成立新公司的注册资金底线在美国是零;而且美国风险投资行业发达,为创业者解决了资金短缺的"瓶颈",美国在企业创立上各种限制措施是非常少[2]。此外,在美国,创业教育已经有20多年的历史,有些学校甚至以专注创业领域的研究和教学,作为学校的策略重心及竞争优势。著名的哈佛商学院甚至将必修的"一般管理学"改为"创业精神管理学",加州大学洛杉矶分校的创业相关课程更已经高达24门,其他如芝加哥大学、麻省理工学院、斯坦福大学等著名大学,目前都倾力专注于此领域,以求在新经济的趋势里站稳脚跟[3]。创业激励与创业教育的有机结合不仅可以创造更多的就业机会,而且也鼓励更多的大学生加入了创业者的行列。

在创造工作岗位方面,日本的政策措施最为突出。日本劳动省为有效遏制日益恶化的就业形势于1994年启动一项"全面就业支持计划(TESP)",期望能创造大约100万个工作岗位,该计划旨在协助企业努力维持就业,鼓励失业者重新

---

[1] 吴庆.演变、定位和类型——中国大学生就业政策分析[J].当代青年研究,2005(2):7-13.

[2] 杨伟国,王飞.国外促进政策对中国的借鉴[J].中国人口科学,2004(4):65-71.

[3] 于海蛟.创业教育——推动未来中国大学生创业的基石[C].中国首届大学生就业与创业论坛获奖论文,2003.

就业并创造新的工作岗位❶。1999年,日本政府启动《第九个基本就业计划》,其4个核心目标之一是创造工作和提供稳定就业,以应对经济与产业结构的变化。该计划高度重视工作创造与就业稳定。就业政策重点已经从传统的提供就业维持转向解决劳动力市场的匹配错位及创造新的工作岗位。2002年日本的失业率达到历史最高点5.4%,但日本劳动研究所认为到目前为止的解决失业的政府政策都集中在给予现有企业进行补贴以鼓励他们雇用失业工人。而新措施的目标是通过促进新企业的创立而创造新的工作岗位,其核心包括降低总体失业人数的补贴、改进特定地区就业形势的补贴及阻止因坏账引起的失业增加的紧急补贴❷。

2. 供给促进政策

在大学毕业生的供给促进方面,美国的就业激励措施最为完善,而加拿大的就业能力提升措施更具特色。美国联邦政府为了鼓励大学毕业生到特定的地区或从事特定的职业,采取了许多激励措施,其中最为常见的做法是免除学生的贷款义务。美国政府贷款大体有两类:联邦家庭教育直接贷款(FFE Plus)与联邦帕金斯贷款(FPL)。就FFE Plus而言,除了借款者完全和永久性残疾或死亡等原因之外,对于连续5年在指定的小学或中学作为全职教师从事低收入家庭学生的教学服务工作的大学生,可以享受贷款免除的政策,最高免除额可达完成5年教学工作后未偿总额中的五千美元。就联邦帕金斯贷款而言,在就业方面的条件是:在指定的小学或中学作为全职教师从事低收入家庭学生的教学服务工作;全职特殊教育教师(包括在公立或其他非盈利的小学或初中从事残疾儿童教学);从事残疾人早期干预服务的全职注册专业职业;在教师短缺地区全职从事数学、科学、外语、双语教育或其他领域的全职教师;作为全职雇员在公共或非盈利的儿童/家庭服务机构为来自低收入社区的高风险儿童及其家庭提供服务;全职护士或医疗技术人员;全职的法律执行官员或教养官员;在创业启蒙项目(HSP)下的教育机构作为全职成员。在以上条件下,大学生最高可以免除100%的贷款。此外,如果大学毕业生成为美国志愿服务队(VISTA)或和平军志愿者(Peace Corps),最高可免贷款70%。如果毕业生参加美国军队并在敌对或高危险地区的服役,最高可免贷款50%。除了联邦政府的贷款减免政策之外,各州还有不同的政策规定❸。

在加拿大,大学与学院协会要求大学、政府与私人部门共同合作致力于大学生就业能力的提升。大学应该在所有的学科领域持续提供高质量的课程计划,

❶Japan Institute of Labor.Total Employment Support Program[J].Japan Labour Bulletin,1994,33(5):1-15.

❷Japan Institute of Labor.Government Promotes Start-ups to Create New Jobs[J].Japan Labour Bulletin,2003.42(4):1-10.

❸ OOFS Aid,Washington,DC.Rpaying Your Student Loan 2003-2004[C].Federal Student Aid Information Center,2003.

以发展劳动力市场所需要的毕业生综合技能;大学应该与公共及私人部门合作,理解劳动力市场需求并将其融入大学课程规划与开发之中;大学应该确保市场了解毕业生的技能,既包括专业技术技能,也包括有效适应变化需求的技能;大学应该咨询产业、政府及行业委员会以确保将准确可靠的劳动力市场信息传递给学生,从而便于学生的职业决策过程。政府应该提供核心资助以使大学能继续开发所有学科领域毕业生所需要的技能组合;应该协助建立行业委员会,这些委员会提供并与大学、学生、雇主分享准确可靠的劳动力市场信息。私人部门应该与教育界合作确保大学能了解他们的需求;应该坚定地承诺实施技能培训与开发,特别是通过内部技能培训为员工发展提供更大支持❶。

3. 供求匹配促进政策

劳动力市场的效率损失主要源于信息不对称与对信息的有效运用,大学生就业匹配措施的核心就在于向大学生提供就业信息并根据这些信息接受职业指导,进行有效的职业决策。英国的高等职业服务被公认为是全球的领导者,对许多国家的影响很大,特别是澳大利亚与新西兰,最近,欧盟成员方和中东欧国家开始为大学生提供职业指导和信息服务并寻求英国的帮助❷。在英国,国家并没有立法要求大学提供职业信息、建议与指导,但大多数大学均设立了专职的职业服务部门,提供大量的职业服务。除了帮助毕业生找工作,还为那些难以进入劳动力市场的毕业生提供特别服务。他们帮助学生开发职业管理技巧,提供建议,甚至在学生毕业两年之后还为他们提供这些服务。为适应新形势的变化,英国职业指导服务的变革战略是将职业指导融入大学课程设计之中并广泛使用需要解释技术。

牛津大学是英国大学职业服务的杰出代表。牛津大学职业服务处的设立旨在为本校学生提供平等、充分的信息与指导服务,以帮助学生进行职业决策。这些服务与指导包括:专门设立信息室,提供广泛的职业信息资源;提供所有空缺职位信息并能有效搜索;每周发送电子简报;每周编印空缺职位快讯《桥》并寄送给每一位最终使用者;保证学生获得接受过专业训练的职员的指导和信息咨询,这些职员包括12位职业顾问和4位信息职员;设计一系列的活动与交流会帮助学生进行职业选择,提供机会;与雇主共同合作为学生举办演示会。不仅如此,大学还从需求角度为雇主提供服务,让雇主免费为牛津大学学生做职位空缺广告;精通行业的职业顾问为雇主招聘提供专业建议;邀请雇主参加职业服务处组织的活动与招聘会;邀请雇主参加职业服务处举办的"招聘者"培训活动。最引

---

❶ Advanced Skills for the Knowledge Economy[C].Association of Universities and Colleges of Canada, 2003.

❷ VAL BUTEHER.Careers Advisory Serviees in the UK: International Perspeetive[C].National Institute for Career's Edueation and Counselling,2002.

人注目的是,牛津大学职业服务不仅为现在的毕业生提供服务,而且也为所有在校学生服务,还为毕业4年之内的毕业生服务。

在日本,由于持续下降的大学生初次就业率,政府采取了许多专门针对毕业生的措施,主要是促进就业匹配:①对新毕业生的就业支持措施。针对新大学毕业生,公共就业保障办公室根据毕业生的特定需求提供就业信息、就业咨询与配置服务。针对尚未找到工作的毕业生,要求在就业保障办公室登记,为他们提供就业咨询与就业信息,提供与寻找工作有关的课程,以外包的方式由公司和指定学校提供职业培训。②对就业不稳定青年的就业支持措施。1997年以来,毕业后没有找到全职就业、长期从事部分时间工作及失业的青年人大幅增加,因此,各地就业保障办公室开始在城市地区实施提供个性化就业服务政策,主要包括资质评估、职业咨询、就业指导、信息提供及开发劳动力需求。③启蒙青年人的工作意识。青年高失业率及不稳定就业的加剧与青年对工作意识的了解不充分密切相关。为此,政府支持实施在校学生的就业指导与实习政策。④公共职业培训。日本的公共人力资源开发机构为各类人员提供公共职业培训,对学校毕业生(不只是大学毕业生)的培训期限通常为1~2年。⑤就业机会的男女平等。保证公司对《平等就业机会法》的了解,特别强调对女学生招聘的平等机会及纠正歧视性的招聘实践,为女大学生举办研讨会,发放招聘指导手册,帮助她们选择适合自己能力和资质的工作❶。

大学生就业是经济增长的重要促进因素,国外除了"普适性"的政策之外,也积极采取专门针对大学生的"特殊性"的就业促进政策措施。最为重要的是,这些政策在实际解决大学生就业的过程中发挥了积极作用。中国也可以从国外大学生就业政策中寻求借鉴,在中国制定大学生就业政策时,刺激创业精神、提供就业激励、改进教育体系、完善职业指导等方面的政策不仅对大学生就业而且对整个劳动力市场乃至整个经济都将产生积极的效应❷。

8.3　农民工就业问题和就业保护

农民工群体是我国市场经济发展、工业化和城市化过程中出现的重要劳动群体,农民工的类型多样,代际差别显著。我国对农民工的就业政策经历了四个历史阶段,政策变化呈现出放松化、市场化和一体化的过程,但是目前农民工就业中仍然存在着就业歧视、社会保障和就业权益维护方面的问题,需要通过制度

---

❶ KAZUSHI NISHIDA.Youth Employment Measures in Japan[R].International Affairs Division, Ministry of Health,Labour and Welfare,Japan,2002.

❷杨伟,国王飞.大学生就业:国外促进政策及对中国的借鉴[J].中国人口科学,2004(4):65-71.

改革来加以解决。

8.3.1　农民工群体类型

　　尽管农民工劳动者群体数量庞大，但是目前学术界对其界定仍然存在争议。《现代汉语新词语词典》对农民工的定义是："指常年或大部分时间在城镇地区或乡村社区的国营或集体等企事业单位从事第二、第三非农产业活动，但户口在农村，原则上家中还有承包地，不吃国家供应的平价粮，不享受城镇居民的各种补贴和福利待遇的农村劳动力。简言之，就是亦工亦农或亦商亦农的农村劳动力。"《人口科学大辞典》的说法则更为简单："指从农村招入城市的临时工、合同工等。"目前，普遍认同观点是，农民工是身在城市从事非农业工作的农业户口的工人。农民工有广义和狭义之分：广义的农民工包括两部分人，一部分是在本地乡镇企业就业的离土不离乡的农村劳动力，一部分是外出进入城镇从事二、三产业的离土又离乡的农村劳动力；狭义的农民工主要是指后一部分人。

　　农民工群体的类型可以从多个角度进行分类。①从经济实力角度来进行划分，第一类是经过打拼已经在城市立稳足跟，能够与普通市民一样分享城市文明的少数人，他们与市民的差别可能仅仅是名义上户籍的区别；第二类是位于城市社会和工作劳动社区的底层，以临时打工谋生为特征的农民工，这是农民工的主体部分；第三类是从城市中返乡的农民工，他们一部分成为农村中的现代农民或者回乡创业者，而另一部分则是被迫离开城市回乡，如果有机会的话还会进城打工，前者可以被认为是农村中的稳定人群，而后者就是潜在的农民工。②从农民工的生存状态进行划分则包括进城农民工、乡镇企业职工和失地农民三部分，这三部分人的就业、生存状态及其对城乡经济发展的影响不同。③从农民工成长的时代划分，改革开放以后出生的年纪轻的农民工和计划经济时代成长起来的年纪大的农民工，不论在成长的社会环境还是家庭环境方面都有很大的不同，这在很大程度上决定了这两部分亚群体在文化、观念和行为上都有着明显的差别，基于这一考虑，可以把这两部分农民工分别称之为第一代农民工和第二代农民工。第一代农民工即是传统意义上的农民工，他们当中很多人在20世纪90年代开始走出农业和农村，而第二代农民工是在20世纪80年代以后出生的，这一时期广大农村地区已经实行比较严格的计划生育政策，农村家庭迅速核心化和小型化，农村家庭每户一般只承包耕种少量耕地，他们从中小学毕业或辍学后不是像他们的父辈一样从事农田耕种劳动，而是直接转入浩浩荡荡进城"民工潮"大军之中❶。

---

❶刘传江.农民工劳动供给行为变迁及其市场效应[J].学习与实践,2006(2):30-35.

互动讨论6：第一代和第二代农民工的差别会给就业政策带来什么影响？ ❶

我国市场经济条件下的民工潮从20世纪80年代后期开始出现,至今已经有20余年。农村流动人口已经出现代际分化,新生代农民工和第一代农民工在就业状况上出现了一些明显不同的群体特征,这些特征又直接或间接地影响着他们的就业决策。

研究发现,两代农民工的代际差异主要表现在:①在社会经济特征方面。第一代农民工的已婚比例远高于第二代农民工,新一代农民工中出现晚婚化的明显趋势;第二代农民工文化程度明显高于第一代农民工,且第二代农民工受过职业教育或大专以上高等教育的比例有了明显提高,意味着第二代农民工学历水平向高等文凭发展的趋势已经显现。②在就业领域方面。第二代农民工就业随着社会发展的需要相应拓宽了就业选择范围,第二代农民工的兼业人数要比第一代有所增加,且第二代农民工对于职业声望和社会地位的需求和重视比第一代有所提高。③在工资及待遇方面。第二代农民工相对于第一代而言,收入水平有所提高,单位提供住宿的情况在两代间存有明显差异,第二代农民工由单位提供社会保障的情况相比第一代没有明显改善。④在流动机和就业渠道方面。第二代农民工中单纯为了赚钱而从农村流动到城市就业的比例要比第一代农民工有所减少,而为了自己喜欢或学习锻炼而外出就业的比例有所上升。两代农民工就业渠道的差异不是非常明显,但第二代农民工对于网络媒体这一就业渠道的使用率要高于第一代农民工。⑤在未来就业预期方面。第一代农民工在短时间内想更换工作的比例很少,而打算在目前岗位上持续工作下去的比例较大。相反,第二代农民工希望在一年内更换工作的比例很高。第二代农民工选择将来在农业领域就业的比例很低,倾向于在服务业就业的比例却比第一代有所上升。两代农民工对于未来务工的工资预期都比较高。表8-5还总结了两代农民工在就业困难和就业政策需求上的差别。

表8-4　第一代和第二代农民工在就业困难和就业政策需求上的差别比较

就业困难类型	第一代	第二代	政策需求类型	第一代	第二代
缺乏一定的职业技能	42.0	46.1	提供各种就业信息	38.4	38.2
缺少就业渠道和信息	27.5	39.2	解决城镇户口问题	24.5	26.5

❶ 黄祖辉,刘雅萍.农民工就业代际差异研究——基于杭州市浙江籍农民工就业状况调查[J].农业经济问题,2008(10):51-59.

续表

就业困难类型	第一代	第二代	政策需求类型	第一代	第二代
在外就业受人歧视	8.2	4.9	建立最低工资制度	29.0	40.2
外出就业收入太低	23.9	43.1	解决社会保障问题	40.8	22.5
外出就业工作不稳定	21.1	33.3	提供就业技能培训	26.9	43.1
外出就业生活开支太大	20.5	38.2	提供廉租居住房屋	27.2	28.4
外出就业子女教育没人管	15.4	12.7	解决子女就学问题	26.3	30.4
外出就业医疗和养老没保障	22.4	12.7	建立劳工维权组织	18.4	22.5

阅读上述材料,结合自身观察,讨论第一代和第二代农民工在劳动力供给特征上有什么异同?这种异同会对相关就业政策变迁产生什么样的影响?

8.3.2 农民工就业问题

与其他就业群体不同,农民工的就业困难并不主要集中在失业问题上,而更多地表现为就业歧视、就业安全、社会保障等问题,主要体现在以下几个方面:

(1)在城乡分割的就业制度下,农民工在就业、社会保障等方面往往与城市工人存在差异。二元结构的户籍、社会保障、劳动就业等制度带来的"制度排斥"使农民工陷入"边缘"困境,他们既融入不了城市,又不愿意退回农村,成为"边缘人",处于社会就业、社会保障、社会归属的边缘困境中。由城乡户籍分割体制产生的两栖型城市化格局,使农民工在城镇就业处于要素禀赋与制度禀赋双重弱势地位。在新生代农民工中,更多地表现为就业感受中的"相对剥夺感",而由此产生的择业行为上的"用脚投票"则是形成劳动密集型产业"用工荒"的重要原因❶。传统城乡分割的二元制度是阻碍农民工就业发展的主要原因。

(2)农民工就业能力相对较低,人力资本投资不足,教育培训缺失,导致结构性就业矛盾突出。就业能力是指通过在劳动力市场内的充分流动和可持续的就业实现自我潜能的能力,包括获取职业的能力及获得职位提升的能力。农民工就业能力的提升受个体自身、个人环境及制度政策等多重因素制约,由于人力资本投资不足,缺乏职业培训、职业指导、继续教育,农民工的就业发展能力提升乏力。这种能力提升困境最终导致农民工较低技术含量的劳动不能满足对于技能条件要求较高的工作岗位的需求,"用工荒"往往表现为针对特定技能、较高受教育程度的农民工的结构性短缺。另外,除了培训缺失之外,传统的培训教育主要针对职业技术知识,而对于新生代农民工就业心理与健康的培训较少。

(3)农民工就业信息获取渠道存在断裂,就业歧视严重,就业途径受限。与

❶ 刘传江.新生代农民工的特点、挑战与市民化[J].人口研究,2010(2):34-39.

城市劳动力相比,农民工就业机会相对不公:①从就业途径获取方面看,社会资本中的家庭、家族网络、扩展的关系网络在农民工求职中占主导地位,但是仅仅依靠社会关系网并不能完全解决问题,依然有大量农民工的工作得不到落实。②在就业信息获取方面,农民工在就业信息获取渠道中存在"断裂现象",即乡村社会信息系统与城市信息系统之间的断裂、农民工的社会关系网络与城市关系网络之间的断裂、农民工管理组织和大众媒介信息传播之间的断裂,这使得新生代农民工处"弱信息"地位。③从就业歧视方面来看,由于户籍制度所确立的等级观念、身份观念,已逐步演变成对农民工等边缘社会群体的歧视,从而导致其不能获得同市民一样的就业机会。

案例思考6:为什么"民工荒"和"技工荒"并存? ●

近年来,"民工荒"和"技工荒"两种劳动力供求失衡现象同时出现,成为困扰我国劳动力市场健康发展的重大障碍。依据劳动和社会保障部(现人社部)2004年的专题调查报告,东南沿海加工制造业聚集地区企业的农民工缺工率已经达到了10%左右;与此同时,技术工人供给不足的现象也十分突出,劳动密集型企业内具有一定工作经验的技术工尤其短缺;其中高级技师、技师、高级工的应聘人数与企业需求数量之比在2004年分别为1:2.1、1:1.8及1:1.5,而在制造业发达地区,这一问题更为严峻,平均供求比不足1:5。"民工荒"和"技工荒"问题已经成为学术界关注的热点。

关于"民工荒"问题,从劳动力供给角度进行的研究认为其产生主要是由于农村劳动力不断向工业部门转移,农村廉价劳动力的存量逐步下降,导致供给的相对下降,同时,农业和农村其他收入的增加导致民工机会成本的提高,从而造成外出务工人员下降;而从劳动力需求角度进行的研究则认为东部沿海地区劳动密集型制造业依靠低成本非技术劳动力进行生产的模式是造成民工短缺的主要原因,并且由于企业技术改造和产业升级缓慢,资本无法顺利替代劳动进行生产,从而加剧了"民工荒"问题。对于"技工荒"问题,相关研究较多从技术工人供给角度进行分析,教育投资理论认为我国高校技能型人才培养不足,人才素质和市场需求脱节是造成技术工人短缺的主要原因;而从企业内部人才培养角度进行的研究则认为员工技能培训投入的严重不足造成了技工短缺;技工收入和地位偏低,抑制了人们参与职业培训的积极性,从而导致技工供给不足。

上述研究从各自角度单独探讨了"民工荒"或"技工荒"的问题,但并没有得

●张原,陈凌,陈建奇."民工荒"与"技工荒"并存的理论解释及证据——基于投资结构与就业均衡视角的研究[J].财经研究,2008(4):117-126.

出"民工荒"或者"技工荒"一致的解释;现有相关研究较多侧重于某一方面进行研究,但中国的现实状况是"两荒"并存,并且"两荒"并存不是"民工荒"与"技工荒"的简单加总,必须将两者相结合才能给出更客观的解释。

中国投资结构失衡是造成劳动力市场扭曲的重要原因,即投资结构非均衡发展造成了我国现阶段"民工荒"和"技工荒"两种现象并存,并且这种双重短缺的状况会随着外部劳动力市场供给转型而显得日益突出。从长远来看,随着农村剩余劳动力的逐渐转移,我国低技能劳动力数量供给不再像"民工潮"时期那样丰富,企业单纯依靠进城农民工数量增加来满足非技术劳动力短缺的用工模式不再可行。而在技术劳动力方面,由于目前我国高等教育对技能型人才的培养仍处于起步阶段,高等教育毕业者与企业真正所需的技术劳动力差距较大,因而企业完全依赖外部劳动力市场供给,单纯通过技术劳动力数量增加来提高技术劳动力供给的策略也存在较大障碍。无论是非技术工人还是高素质劳动力,"只使用,不培养"的劳动力使用和人力资源管理模式已经无法适应未来发展的需要。

阅读上述材料并思考以下问题:

(1)材料中反映了中国劳动力市场中的哪两类就业矛盾?两类就业矛盾分别表现为何种形式,有什么异同?

(2)为什么会同时出现技能型劳动力和非技能型劳动力供求矛盾,从短期和长期来看,导致这一矛盾的主要原因是什么,尝试从投资结构(物质资本投资和人力资本投资)视角加以理论化的解释?

(3)针对两类群体的就业矛盾,中国现行的就业政策可以在那些方面加以调整,存在哪些不足?在长期和短期中制度调整的步伐因如何展开?尝试设计一个调整路线图。

8.3.3　农民工就业政策变迁

改革开放以来农民进城就业政策演变大致可以为四个阶段,即禁止农民进城就业阶段(1978—1983年),允许农民进城就业阶段(1984—1988年),控制和规范农民进城就业阶段(1989—1999年),引导农民进城就业阶段(2000年至今)。在这一过程中,农民就业政策的演变具有以下四个特点:

(1)转型期农民进城就业政策表现为松紧交替,总体而言经历了一个"由堵到疏",逐步放松的过程。改革开放之初,随着农村微观经营机制改革,大量农村剩余劳动力被释放出来,但如何配置他们,如何实现合理有序的转移,才能既发挥我国廉价劳动力优势又不会给经济社会带来太多的负面影响,是国家要考虑的现实问题。始于20世纪70年代末的农村经济体制改革释放出大量的农村剩余劳动力,为解决这庞大的剩余劳动力的就业问题,政府开始鼓励发展社队企业(即后来的乡镇企业),允许农民"离土不离乡",就近解决就业。而此时,由于城市经济体制改革尚未启动,加之返城的城市"上山下乡"青年就业压力加大,所以,政府出台了一系列政策限制农民进城就业。到20世纪80年代中期,随着城市经济体制改革的启动和城市私营企业、外商投资企业的发展,对劳动力的需求增加,国家开始允许农民进城就业。这一阶段,由于对农民进城就业这一新出现的现象和农民工这一特殊群体缺乏足够的认识和了解,加之政策对现实反应的滞后性,国家对农民进城就业基本没有太多的规范和限制。而进入20世纪90年代后,伴随着"民工潮"涌动,农民工这一特殊群体已引起社会各界的关注。这一时期,中央和各级地方政府出台了一系列规范农民进城就业的政策,这些政策主要是以规范之名行限制之实。进入21世纪后,虽然国家也出台了一系列政策对农民在城市就业进行规范,但这些政策规范和20世纪90年代的规范有很大区别,之前的规范主要在于限制农民进入城市劳动力市场,限制农民工在城市劳动力市场的劳动力主体地位,21世纪之后的规范则主要在于取消对他们进入城市劳动力市场的限制,增加他们在城市劳动力市场中享受的公共就业服务,逐步保障他们在城市就业的劳动权益。

(2)农民进城就业政策演变体现了劳动力市场由分割向构建一体化劳动力市场的转变。20世纪后20多年,由于对农民进城就业的意义和重要性认识不足,农民进城就业政策制定基本服从于城市劳动力市场的需要,存在重城市轻农村、先城市后农村、先市民后农民的倾向,对农民进入城市劳动力市场设定诸多限制,相关政策对农民工和本地市民在就业、社会保险等方面存在诸多区别。这在很大程度上加剧了城市劳动力市场中农民工和本地城镇居民的二元分割。进入21世纪后,中央政策逐步取消了对农民进城就业的诸多限制,使农民工和本地城镇居民在就业获得等方面逐步趋于一致,对农民工就业的政策歧视逐步取消,由于政策分割造成的农民工和城镇居民在劳动力市场中的分割开始逐步弥合。但由于农民工和城镇居民在人力资本方面存在的差异,及政策变迁的路径依赖,这种弥合将是一个漫长的过程。

(3)农民进城就业经历了政府主导到劳动力市场主导的过程。进入21世纪后,国家出台了一系列政策对农民进城就业进行规范,主要是通过逐步完善劳动力市场及相关制度,充分发挥劳动力市场的积极作用,达到合理调配劳动力的功能。劳动力市场也伴随着农村剩余劳动力的释放,伴随着乡镇企业的兴起和城市非公有经济的出现及城市公有制企业的改革,逐渐完善,逐渐在劳动力资源配置,特别是农民进城就业中发挥着越来越重要的作用。

(4)农民工的劳动力市场主体地位逐步得到认可。从改革之初限制农民进城就业到20世纪80年代中期允许农民自带口粮进城务工经商,到20世纪90年代中期进城就业需有就业证卡,并有一系列行业职业工种限制等,再到进入21世纪后取消各种限制,农民可以自由进入城市劳动力市场就业,30多年间,国家的农民进城就业政策实际是逐步承认农民的劳动力市场主体地位,但由于转型期的长期性,政策的逐步完善将是一个漫长的过程,而现实的改善相对于政策而言,更具有一定的滞后性。政策转型存在的不足主要是农民进城就业政策缺乏长远规划,更多的是被动解决现实中出现的问题,缺乏对农民进城就业的整体认识。❶

8.3.4　农民工就业政策取向

　　针对农民工就业中出现的问题,和农民工就业政策中存在的不足之处,我国农民工就业政策的取向应包括以下几个方面:

　　(1)建立城乡一体化的劳动力市场。户籍制度的改革可以根据当地财政承受能力和城市容纳能力逐步进行,从开放地区方面,可以考虑依照"小城镇—县城—县级市—地级市—副省级城市—省会城市—直辖市"的梯度逐步向农民工开放户籍。在户籍开放对象方面,可以考虑依照"职业资格证书和技术等级—社会保险缴纳情况—城市务工和居住年限—文化水平—固定工作单位和住所—土地多少"等因素逐步开放。在使用社会失业率取代城镇失业率的过程中,纳入失业管理的人口可以呈梯队扩展:首先是城镇失业人员,然后依次是失地农民、失去工作的农民工及农村其它富余劳动力。失地农民纳入失业管理的范围可以依据失地的数量或比例从多到少逐渐纳入;失去工作的农民工可以根据从事非农工作的年限从高到低逐渐纳入失业管理范围,并由其自行选择纳入失业管理还是返乡务农;在条件具备的情况下,还可以根据每年劳动收入与当地最低收入线的比例等办法将农村其它富余劳动力逐步纳入失业管理范围。

　　(2)建立统一协调社会保险制度。农民工纳入到统一的社会保障体系中,并区分不同的缴费层次,由农民工根据自己的条件和意愿进行选择。在社会保险体系方面,需要建立能够在不同区域接续、在不同身份间转换的社会保险体系。可以在农民工社会保障制度设计上实行分层分类保障,根据农民工的分层和社会保险不同险种的特点进行区别对待。比如可以将稳定就业的农民工纳入现行制度,参加城镇养老、医疗、失业、工伤等社会保险;不稳定就业的农民工则采取过渡性的办法。在实际操作中,可以首先将非农工作时间最长的一批农民工转

---

❶田松青.转型期农民工就业政策演变的特点及其成因探析[J].中国特色社会主义研究,2010(12):44-47.

入城镇职工社会保险体系,再根据社保基金的支付能力,逐步缩短对工作时间的限制,最终建立和完善以职业分群为基础的城乡社会保障体系,并尽快实现社会保险的省级以上政府统筹。

(3)提高就业服务覆盖面,促进劳动力转移。劳动力培训服务和信息服务更能从根本上解决农民工转移和收入等问题。劳动力培训中,以输出地为主进行的培训对于培训者和被培训者而言培训成本都相对低廉,但输入地为主进行的培训更能贴近需求、更先进和具有规模效应。另外,企业主导的培训相对来说比政府主导的培训更具有优势,更具监督动力、更有针对性、培训质量更高。但无论企业主导还是政府主导,只要委托第三方进行培训,就需要处理"委托—代理"问题。在信息服务中,除了鼓励和规范社会中介提供的信息服务外,政府还需要努力增强公共信息服务对农民工就业的实质影响力,改变多数农民工主要通过个人信息渠道获取就业信息的状况。为了增进就业服务中的竞争性,需要政府充分引入市场机制,把所有能够由第三方供给的就业服务都外包出去,政府在其中主要履行其必不可少的监督责任,并在需要促进公平和扶持弱势群体的领域履行责任。在服务外包的过程中需要加强对服务供给者的选择,制作一系列的服务标准与规范,签订服务协议,对外包的服务进行监督、考核、评价与奖惩。另外,无论是农民工子弟的就学还是农民工家庭的住房和基本医疗卫生及计划生育等服务,都需要改革财政体制和增强地方政府的财政实力作为支撑。

(4)改善农民工就业福利、保护农民工劳动权益。在法律框架内解决农民工的劳动合同签订、最低工资、劳动时间限定、工资支付保障依据、缴纳社会保险等基本权益的保障,并在此基础上通过工资指导价位、行业用工成本信息、不同企业的工资信息及实施工资集体协商制度等途径来提升农民工工资。现阶段农民工的合法权益保障主要集中在劳动报酬、社会保险及劳动合同解除等方面。由于劳动争议案件处理对于维护目前尚处于相对弱势状态下的农民工劳动权益保护起了相当重要的作用,因此在政府提高处理劳动争议案件能力的同时,也需要提升社会自身的争议调解能力。❶

8.4 弱势群体就业问题和帮扶政策

弱势群体是一个十分广泛的概念,既包括了国有企业下岗职工、农民工、部分大学生就业弱势群体等上述各小节中提到过的人群,也包括残疾人、女性就业群体等处于市场弱势地位的就业者。本小节将分析弱势群体整体的就业问题及

---

❶ 黄红华.统筹城乡就业的政策工具研究[J].浙江工商大学学报,2012(1):71-78.

其变迁过程,讨论其就业政策的未来取向。

8.4.1 弱势群体类型

就业弱势群体其概念及对象在国内学术界有多种表述与指定,中华人民共和国《就业促进法》把就业弱势群体定义为就业困难人员,是指因身体状况、技能水平、家庭因素、失去土地等原因难以实现就业,及连续失业一定时间仍未能实现就业的人员。劳动与社会保障部指定弱势就业群体不等于弱势群体,把弱势群体界定为下岗职工"体制外"人、进城农民工、早退休"体制内"人。弱势群体在收入状况、财产状况、消费状况、医疗保健状况等各方面都处于一种非常窘迫的生活状态中,普遍表现为收入低下、债务问题突出、高恩格尔系数、低消费和低营养标准。而一些研究认为就业弱势群体是指在求职和就业中容易或已经遭遇挫折和困难的人群,主要包括下岗职工和失业人员,同时也包括城镇隐性失业人员、临时工、农民工,及农村中大量存在的剩余劳动力,甚至女性就业者也是就业中的弱势群体[1]。就业弱势群体与一般老、弱、病、残、妇女、儿童等弱势群体不同,就业弱势群体是指那些由于职业技能差、文化水平低,虽然都在积极寻找工作,但很难找到合适工作,即使就业也基本属于临时就业或弹性就业,就业质量低下,享受不到各种保险和有关福利待遇的人员,下岗失业人员与进城农民工是就业弱势群体的主要组成者[2]。就业弱势群体就业愿望迫切,但难以通过市场实现就业,由于就业过程的不平等和歧视,这一就业群体在求职和就业中容易遭遇挫折和困难,且仅仅依靠自身力量很难改变这种状况[3]。就业弱势群体是在劳动力市场中容易和已经遭遇挫折和困难的人群,而且这种困难和挫折单靠自身力量难以改变。

具体而言,我国的就业弱势群体主要包括:①在国企改革中下岗的年长劳动力群体,他们中多数人知识和技术严重老化,加上年龄偏大,再就业十分困难。②残疾人群体,由于存在生理疾患,他们往往不能与常人平等地享有就业权利;③低学历群体,他们科学文化素质较低,普遍缺乏就业的人力资本,也缺乏不断学习,提升人力资本的能力和条件;④女性就业群体,女性就业歧视是一个世界性的普遍现象,我国也存在这样的问题,包括下岗失业妇女、协议保留社会保险后处于失业状态的妇女,自己或家人有残疾、患重病、已离异的贫困单身母亲、农村学历低、能力差的劳动适龄妇女等都属于就业弱势群体。⑤大学生弱势群体或高校毕业生弱势群体,高校毕业生"弱势"群体是指家庭经济困难、学习能力困

[1] 侯志阳.转型期就业弱势群体的困境与出路[J].山东工商学院学报,2003(5):17-20.

[2] 刘军.城市新弱势群体的就业与税收政策[J].税务研究,2005(2):3-7.

[3] 汤建光,李江,庄士诚.就业弱势群体就业问题探索[J].当代财经,2006(11):16-19.

难、身体残疾、存在心理问题的毕业生群体。另外,从某种意义上讲,进城务工的农民工也是就业弱势群体,农民工群体是在中国城乡二元经济结构和户籍制度的双重束缚下形成的一种就业弱势群体。一般说来,农民工进城后并不能真正融入城市主流社会,他们不容易进入正规就业体系,城市社会对他们"经济吸纳,社会拒入",使他们成为城镇就业体系中的边缘群体。❶

从不同类型的失业弱势群体特征可以发现,他们往往是由于社会结构急剧变迁、社会关系失调及自然和个人原因所导致的失去工作岗位、生活出现障碍的困难人群。对于绝大多数的社会成员来说,就业是他们收入的唯一来源,失业或下岗就必然意味着收入的减少,甚至失去收入来源。从实际情况来看,失业弱势群体的经济收入低于社会人均收入水平,甚至徘徊于贫困线边缘。经济上的低收入也造成了失业弱势群体的生活脆弱性,一旦遭遇疾病或遇到其他灾害,他们很难具有足够的承受能力❷。失业弱势群体的本质特征在于其求职的困难性,进而表现为经济上的低收入性、生活的贫困性和生活质量的低层次性。政治上的低影响力决定了失业弱势群体无法通过自身的力量直接影响公共决策,使社会政策的制定有利于自身的利益,而心理上的高敏感性则决定了失业弱势群体蓄积一定程度的相对剥夺感和不满情绪,容易成为引发种种社会风险的高危人群。

8.4.2　弱势群体就业问题

弱势群体的就业问题主要包括以下几个方面:

(1)劳动力供需结构失衡,劳动力市场竞争加剧。低技能劳动力过剩是我国就业市场的基本特征,在这一背景下,强势群体的就业都存在一定的缺口,更不用说就业弱势群体了。因此,就业弱势群体就业难的局面将持续相当长的时间。在传统体制下,农村剩余劳动力以隐性失业的形式被束缚在土地上,实行家庭联产承包责任制后,隐性失业的矛盾暴露出来了,表现为农村劳动力大量剩余。农村剩余劳动力不能就地消化,必然要异地转移,而异地转移的主要去向是城镇,这又增加了城镇的就业压力。在城镇职工再就业困难的情况下,城市只能消化一部分农村剩余劳动力,另一部分剩余劳动力找不到工作就有可能成为就业弱势群体。在劳动力供大于求的情况下,用人单位可能在利益推动下,利用就业选择权力不对称与就业信息的不对称,使性别歧视以某些潜在的形式存在,增大女性弱势群体的失业数量及问题的复杂性。

---

❶李炯,肖飞.就业弱势群体就业困境与促进政策研究综述[J].当代社科视野,2008(3):43-48.

❷高晓霞,钱再见.论风险社会视域下的失业弱势群体及其风险管理机制建构[J].南京工业大学学报,2006(12):55-60.

（2）经济体制与经济增长方式转型，资本替代劳动的效应强化。随着经济体制由计划经济向市场经济的转变，企业和劳动者在市场上主体地位的确立，对原来的安置就业模式提出了挑战。企业出于效益和效率的需要，势必对自身的就业存量进行必要的调整，"下岗分流，减员增效"成为必然选择。企业往往更愿意雇佣素质和技能水平高，工作经验丰富的高"技价比"劳动者，那些素质、技能水平低，缺乏工作经验的求职者自然会受到劳动力市场的排斥。因此，就业弱势群体的存在从本质上而言是市场竞争的结果，市场制度本身无法解决就业弱势群体的就业问题，反而会不断地制造就业弱势群体。在经济增长方式从粗放型向集约型的转变中，企业不再单纯通过增加劳动力和其他生产要素来扩大生产，他们希望采用先进技术提高劳动生产率，减少对劳动力的需求，降低工资成本。弱势群体的劳动生产率低于社会平均水平，吸纳他们将导致整个企业劳动生产率水平的下降，追求经济效益的企业处于机会成本考虑不愿意录用弱势群体。

（3）人力资本存量不足及结构不合理，就业弱势群体的素质缺陷被放大。由于全社会资本的稀缺性，有限的资本在竞争中被配置给发展前途较好的"强势群体"，而整个弱势群体的人力资本投入显然不足，他们的体质、智力、知识、技能及潜能没得到充分的开发，教育、培训工作滞后，成为制约下岗、失业人员再就业的一大瓶颈，下岗、失业人员的素质多难以达到雇主家庭及企业的要求。随着大学生毕业分配制度的改革和高等教育由精英化向大众化转变，大学生就业方式由统包统分转变为自主择业，大学生非正规就业群体随之出现。由于我国高等教育方式存在缺陷，片面强调学生在大学阶段的主要任务是系统地掌握各学科的理论知识，缺少必要的动手操作能力的训练，导致大学生成为就业市场中的弱者。高校培养的毕业生在学科、层次、素质方面与社会经济发展所需人才的专业、层次、素质方面发生了严重错位，也造成了毕业生在就业市场求职中处于弱势。

（4）劳动力市场不完善，就业扩大存在诸多体制性障碍。目前我国劳动力市场的信息网络尚未覆盖到每个社区，信息网络的作用尚未发挥，职业指导功能弱化，未真正发挥就业指导作用，劳动力市场专业化服务人才缺乏，服务水平、服务质量难以达到要求，直接影响了弱势群体的就业成功概率。就业市场的不规范、凭关系、走后门等不公平现象也严重影响了就业的公平性。在一些垄断性行业与基层部门，没有一定的关系很难进入。由于自己与外界的联系有限，获取信息比较困难，没有一定的社会资本、社会支持网络关系，则无法很好收集、筛选信息，弱势群体在就业时普遍感到缺少及时有效、真实可靠的需求信息。在不规范、不成熟的劳动就业制度下，甚至有些就业信息是虚假的，这些都在很大程度

上加剧了弱势群体的就业困难。❶

8.4.3　弱势群体就业变迁

现阶段我国转型期的弱势群体是随着社会结构的重大调整及经济体制转轨出现的,是计划经济条件下的就业体制在转轨过程中的反映,同时也反映了弱势群体相关制度建设的滞后性。

(1)体制改革直接导致就业弱势群体的形成。在计划经济体制下,劳动力的配置完全是政府行为,实行的是统包统配,城镇劳动力供给都由政府安排就业。由于传统体制的保护,国有企业职工长期缺乏竞争和失业压力,因此没有动力进行教育培训等人力资本投资,因此往往技术陈旧,更新缓慢,在企业中沉淀下来。国有企业缓解失业压力、避免失业公开化的制度安排是以损失经济效率为代价的,因此不能持久,一旦出现外部竞争压力,就很可能产生失业显性化。20世纪80年代开始的国企改革使得企业中剩余劳动力被大量释放,而这部分人员在年龄、工资水平、文化素质、技能水平和工作态度等方面都处于弱势地位,其市场就业的弱势地位也很难改变。

(2)产业结构调整推动了弱势群体的扩大。随着中国产业结构的重大调整、产业技术的进步,原有计划经济体制下重复建设所造成的地区间产业结构同化问题也逐渐暴露,在纠正和调整重复建设的过程中,一些缺乏竞争力的企业被市场淘汰,从而引发这些企业职工的失业,而其技能又无法很快适应新型产业的竞争环境,因此很容易成为就业弱势群体。并且随着产业结构从劳动密集型转向资本密集型,就业结构也会产生重大转型,出现新的就业弱势群体。

(3)社会分化导致弱势群体的就业困难加深。所有制改革的发展对弱势群体的影响主要表现在下岗职工的增加,但是其他就业弱势群体则并不与国有企业改革直接挂钩,但是在改革过程中我们也能看到这些群体的就业困难加剧,这主要来自社会分化带来的就业竞争地位下降。社会分化是在社会变迁过程中原有社会全体发生变化的一种状态,包括产生一个或若干个新的群体,原有社会群体功能变化,社会地位、价值观念差距加深。改革开放之后,中国经历的正是这样一个社会分化加剧的过程。在计划经济下,由于"平均分配制度"在一定程度上抑制了竞争能力强的个体,保护了弱者,因此就业弱势群体的问题不会非常突出。而当经济突破所有制的单一化,社会财富分配差异化之后,弱势群体由于其自然和生理原因所带来的竞争力低下问题就变得十分突出,从而使其就业问题更加显著。❷

❶ 李炯,肖飞.就业弱势群体就业困境与促进政策研究综述[J].当代社科视野,2008(3):43-48.

❷ 张建武,高凌.转型时期中国城市弱势群体就业支持体系研究[J].华南师范大学学报,2005(12):14-20.

(4)公平竞争和社会保障制度推进缓慢,使得新旧弱势群体就业问题叠加。进入21世纪后,中国的国企进入新的历史阶段,同时也带了新的问题,突出表现为行政垄断、行业垄断造成的竞争机制不完全问题,垄断直接导致了"内部人"和"外部人"之间的社会地位和经济收入差距,即使在竞争市场中具有一定优势的劳动者也可能成为垄断市场上的就业弱势群体,而这种弱势地位更多是由于垄断企业的不公平竞争所带来的。在社会保障领域,由于我国的社会保障制度是在国企改革过程中仓促建立起来的,一开始主要是为了应对国有企业下岗职工的就业问题,因此对于其他弱势群体的包容性较低,目前虽然已经建立了基本覆盖城镇的社会保障体系,但农村地区的制度建设还比较落后,再分配政策和福利制度由于其信息化建设的落后性,还存在着逆向调节的状况,使得改革过程中新出现的弱势群体仍然无法通过制度保障改善其就业状态,因此造成了新旧弱势群体的叠加。

8.4.4 弱势群体就业政策取向

我国就业弱势群体就业面临诸多困境,其就业问题的积累既有长期的历史原因,也有当前制度不完善的问题。改善弱势群体的就业状况,促进其就业数量和提升就业质量十分必要。弱势群体的就业政策既要体现政府主导,又要发挥社会整体的力量;既要包括对弱势者的社会保障政策,又要覆盖失业者的就业支持政策:

1. 社会保障制度方面

(1)社会保障是政府应该承担的基本保障,也必然是一种法定保障。作为法定保障应该是面向全社会的全体成员,不能仅仅着眼于城镇居民。为此必须尽快制定与农村生产力发展和市场经济相适应的,并切合农村实际情况的社会保障体系。养老保险、失业保险、医疗保险应首先覆盖城镇中各类企业的全部员工,及城镇个体劳动者等,逐步地把养老保险和医疗保险覆盖到农村。目前应尽快制定"养老保险""医疗保险""失业保险"援助计划,并提出计划目标,尽可能地使劳动者享受社会保障的平等权利。同时,通过保险大效法则,即覆盖范围越大则抵御风险能力越强,来均衡企业之间的负担,从而为企业改革、劳动力资源优化配置创造较好的条件。

(2)在社会保险领域,政府的责任是有限的。法律强制性的社会保障制度只能保障人们的基本要求。因此,可以允许有条件的企业开办补充养老、医疗等保险。按照我国经济发展"效率优先、兼顾公平"的指导思想,在社会保障领域应引入激励机制,即在养老保险、医疗保险项目上实行社会统筹与个人财产相结合的制度,以社会统筹方式来满足劳动者最基本的保障需求,以个人账户形式体现劳动者贡献大小,即缴费多少,使不同的劳动者在保障水平上有适当的差别。这样既能满足职工的更高需要,也能够成为企业在劳动力市场中吸引优秀人才的又一竞争手段。同时也可以采取适当的补贴措施鼓励劳动者个人通过购买人寿保险、健康保险等方式,开展个人自愿的储蓄性保险。努力使强制性、补充性、储蓄性三个层次保险成为我国社会保险体系的三大支柱。

(3)建立新型的社会保障体系,为劳动力的合理流动提供制度保障。社会保障制度的不完善阻碍了劳动力的自由流动。当前需做的工作是扩大养老金的覆盖面,逐步取消各项福利待遇在不同所有制企业间的差别,建立覆盖全国城乡的社会保障体系,降低劳动力转移成本,为各类企业失业人员合理流动构筑安全网。同时,要规范失业保险金的筹集办法,扩大筹资渠道,适当增加劳动者个人对失业保险的投入,完善享受失业保险的条件,杜绝隐性就业者领取失业救济金,使有限的失业资金真正用在非自愿失业者身上。

2. 劳动就业政策方面

(1)加强社区服务,增加社区就业。一国社区服务业发展水平与本国经济发展水平有着密切的关系。作为发展中国家,我国的社区服务业和社区就业是落后的。发达国家的社区就业份额为12~18%,而我国只有3.9%,社区就业潜力很大,如果政府指导有力,会成为增加就业的一个新增长点,同时将为就业弱势群体开辟新的就业门路。在发展社区服务业方面,可以重点扶持开发物业管理、小区绿化、车辆管理、家政服务、家电维修等社区就业岗位,优先安排弱势群体就业。

(2)加快完善劳动力市场和就业服务体系。完善的劳动力市场和就业服务体系,不但有利于缓解结构性失业问题,也会部分降低摩擦性失业。为此要大力培育劳动力市场,充分发挥其配置劳动力资源的功能。加强对就业的指导和服务,提高职业介绍所的数量和质量,建立城乡一体的就业信息服务网络,减少因信息不畅而造成的弱势群体就业困难。❶

★**本章重点:**

下岗职工的概念,下岗再就业政策变迁历史和未来取向;

青年失业群体的概念、类型、差异和演变,大学生就业政策的变迁历史,青年失业群体就业政策取向;

农民工概念、分类,农民工就业问题的表现,农民工就业政策的历史变迁和未来取向。

---

❶王宝莲,王展渊.新时期失业弱势群体社会支持政策机制的建构[J].韶关学院学报,2005(7):84-87.

弱势群体概念、类型,弱势群体就业问题的表现和历史变迁,弱势群体就业政策取向

★关键词:

下岗职工	再就业工程
再就业中心	青年失业群体
城镇青年失业群体	农村青年失业群体
大学生青年失业群体	统包统配就业阶段
双向选择就业阶段	自主择业就业阶段
市场规制政策	就业准入政策
招考录用政策	权利维护政策
宏观调控政策	创业扶持政策
社会保障政策	派遣接收政策
指导服务政策	农民工
弱势群体	

思考与应用:

请阅读以下案例"工作中的穷人的社会保障"[1],查阅相关资料,回答问题(1)~(3)。

毛腊荣,女,46岁,与其丈夫二人原在武汉市东方红床单厂工作,但由于国有企业改制和减员增效,现都已下岗。毛腊荣有严重腰椎间盘突出,需时站、时坐、时躺,2011年上半年还做了肾部手术;丈夫则患有高血压、心脏病,无法从事体力劳动,家庭没有可靠经济来源,并且由于人户分离,也没有办理低保,夫妻两人仅靠摆早点摊勉强维持生计。2009年,患有先天聋哑的女儿彭青,经过不懈努力,被北京联合大学录取,一家人喜忧交加,读大学每年7000元的学费和高昂的生活费让这一贫困家庭一筹莫展。

类似于毛腊荣一家所遇到的最低生活保障、就业、医疗、教育和残疾人社会保障等方面的问题在中国城市化、工业化和社会经济体制改革的今天并非鲜见,

---

[1]张原.工作中的穷人的社会保障——武汉市工会"四位一体"的困难职工帮扶模式,全总关于当前集体谈判和劳动关系领域最优实践的研究和公布(中国工会示范做法)[R],北京:中华全国总工会,2012.

尽管大部分个人和家庭不会集中毛腊荣一家所面临的诸多困难,但大量存在的弱势工作者却时时触碰着我国社会保障体系中存在的问题,改革和发展中的社保体系在实现"广覆盖"的目标之前,仍然需要大量的补充制度以保障工作中的穷人的权益。

中国社会保障制度建设是以减轻政府和国有企业的责任为起点的,但是随着改革的不断推进,政府、企业和个人的责任界定依然存在模糊不清之处,改革前的国有企业负担了其职工的社会保障资金,而对于"人岗分离"人员,其社会保障问题就很难得到保障,这是造成国企下岗职工社会保障难以落实的重要原因。

统筹层次过低问题是我国社会保障制度中的另一个严重缺陷,并且引起了各地方之间的社会保障制度不统一、区际转移的困难等方面的问题,有些制度仍然要求人口与户籍相捆绑,这与市场经济对劳动力自由流动的要求是完全相悖的,也造成了弱势工作者群体的权益难以保障,比如我国规定居民低保金的发放和领取地为户口所在地的财政部门,因此"人户分离"人口(即具有本市常住户口,离开常住户口登记地到本市其他区县或本区县其他派出所辖区居住三个月以上的人员)经常由于这一规定而无法享受相应的低保政策。

各种社会保障险种(基本养老保险、失业保险、工伤保险、生育保险、最低社会保障等)缺乏统一标准,不同险种往往由不同部门制定,而社会保障覆盖对象既有针对性,又存在交叉性,以个体还是以家庭为单位进行保障,往往出现种制度之间的矛盾与冲突,使得实际困难家庭在申请保障时困难重重。

不同社会群体的保障待遇水平也存在不公平,突出表现在社会保障双轨运行导致的企业与事业单位、政府机关人员之间的社会保障待遇不公平,不同所有制企业及不同就业形式人员之间的社会保障待遇不公平,及城乡之间的不公平。为数不少的非公有制企业从业人员、自雇用就业者、灵活就业人员、进城农民工、被征地农民还游离在社保体系之外,已经参保的人员实际缴费率不高,缴费年限时断时续,以灵活就业与失业人员为例,没有人替他们缴纳企业应缴纳部分,而缴费基数却要以当地社会平均工资为准,因此有很大一部分低收入群体根本缴不起各类社会保障金,成为社会保障的长期欠缴费群体,从而无法享受社会保障。

武汉市汉阳区毛腊荣一家的案例集中反映了发展中的社保制度可能无法覆盖到弱势工作者群体:由于下岗失业导致的"人岗分离"使得劳动者无法享受原国有企业的社会保险待遇,尤其是医疗保险中存在的问题成为这一家庭"因病致贫"的催化剂;由于失业和劳动力流动导致人户分离,又使得贫困家庭游离于最低生活保障制度之外;而低水平的灵活再就业也未给家庭状况带来好转,原因是虽然勉强就业,但微薄的收入导致工作中的穷人仍然缴不起各类社会保险金。随着社会保障制度改革的深入,我国社会保障制度设计越来越复杂,管理成本逐步加大,但社会保障制度的应急性、部门分割和非制度化特征尚未退却,应被覆盖而未覆盖的弱势群体、"夹心层"群体迫切需要社会保障体系的帮助,在社保制度尚未健全的时期,充分调动各方力量建立有效的社会保障底线,保障工作中的穷人的权益,成为改革和建设时期的必要选择。

(1)该案例反映了中国劳动力市场中哪些弱势群体的哪些方面的就业问题?

(2)查阅相关文件,总结我国目前对于这部分弱势群体的社会保障政策有哪些? 这些政策存在什么样的制度设计缺陷?

(3)在先前的制度环境下,有什么措施能够解决这部分就业弱势群体的困难,需要哪些政府和社会部门予以参与? 未来需要如何改进和完善这部分就业政策?

第九章　就业管理政策的国际比较

9.1　就业政策体系建设、实行和改革

我国传统的就业管理体制以计划经济为特色,劳动力市场的资源配置作用几乎没有发挥,改革开放以后,伴随着劳动力市场的逐步成长,就业管理体系经历了从无到有的发展历程。但与成熟市场经济国家相比,我国的就业管理体制还存在一定的不足,借鉴这些国家的经验具有重要意义。本小节将比较美国、日本和德国的就业管理体系,分析荷兰和丹麦的就业管理灵活实践,探索德国哈茨改革的就业管理经验,从而为中国的就业体系建设和改革提供有益的启示。

9.1.1　就业管理的体系建设——以美、日、德为例

从立法规则、组织方式、管理内容和特征来看,同样是发达市场经济国家,就业管理的方式却存在着众多的差异(表9-1)。

表9-1　美国、日本和德国的就业管理基本状况[1]

	规则	组织	内容	特征
美国	《就业法》《人力开发和培训法》		1.制定就业计划 2.建立评估、研究、示范项目,预测就业形势,促进和扩大职工培训计划 3.建立公益就业服务计划。对失业率高和失业时间长的地区提供就业帮助基金	

[1] 刘庆唐,冯虹.就业管理[M].北京:中国劳动出版社,1995.

	规则	组织	内容	特征
美国		劳工部(部长、部长帮办和部长助理)人力管理局和职业介绍局、劳动标准局、联邦就业与调节署、联邦劳工关系管理局、国家劳工关系管理委员会和职业安全和健康审议会	4.负责就业安置和职业介绍。除联邦劳工部公共职业介绍局负责外,州和地方政府也设立职业介绍机构。进行职业介绍活动相监管私营职业介绍所 5.帮助失业工人更新就业技能,发放失业津贴	自由市场化为主的就业管理,国家对企业用人、工资制度、保险福利等没有统一规定,由企业根据经营状况和市场变化决定。政府职能部门限制于立法、监督检查和咨询服务
日本	《劳动省设置法》《失业保险法》《职业安定法》《雇佣保险法》《中小企业劳动力确保法》	省设劳动大臣、政务大臣和事务大臣、大臣官房和劳动局、劳动基准局、职业安定局、职业能力开发局、妇女少年局,半官方机构为中央劳动委员会、公共企业劳动委员会、劳动保险审议和劳动科学研究所及劳动学会等附属机构	1.根据社会经济发展计划,制定中短期就业计划 2.根据劳动力市场所面临的主要问题,制定全国统一的就业政策和法规 3.建立全国一体化的就业服务体系。劳动省职业安定局和地方职业安定商议会制定就业规划、政策、法规,指导、协调、监督检查全国和地区劳动力市场活动,培训就业管理工作人员,管理、分配雇佣劳动就业保险基金,综合处理、分析劳动力供求信息 4.对老年人和残疾人就业采取适当对策 5.企业对富余人员的对策得当,在实行"终身雇佣制"的日本大企业,面对日益严重的企业富余人员问题,采取解决措施	在保证企业自主用人和求职者自主择业的前提,并保持企业活力和充分发挥市场机制作用的基础上,国家对劳动力市场的活动成功地进行宏观调控和政策指导,政府具有较强的就业管理和干预能力
德国	《就业促进法》《职业培训法》《工作时间法》《解雇保护法》	劳动与社会福利部、地方劳动与社会福利局,中央、州、地方职业介绍所(无私营职业介绍机构)、工商联负责培训工作	1.大力开展智力投资,成功进行基础教育和就业培训	

续表

	规则	组织	内容	特征
德国			2.重视培训高质量和实用性的"双轨"制职业培训,学校学习和企业学徒同时参与,制定培训内容和考核标准 3.完善的社会保障制度对解决就业问题、维持社会稳定,医疗保险、养老保险、事故保险、失业保险和社会救济等 4.政府推行劳资合作的"共同决定制",增强企业对职工的凝集力,工人参与企业管理,获得与资方的某些平等权利	就业管理主要体现在劳动力素质结构管理和企业——工人协调上,包括人力资源形成期和劳动力供求协调工作中的协调工作,更多采用经济手段而非计划管理手段

　　以"小政府,大市场"为特征的美国,其就业管理也明显体现了自由市场经济的特征,政府尽量较少介入劳动力市场,主要工作重点是建立劳动力市场运行的法律保障体系,采用税收、津贴和就业基金等经济手段调节劳动力需求,在劳动力供给上则主要集中在职业就业素质培养,政府较少直接干预企业和行业的用人总量和结构。与之相对应,日本的就业管理体制则具有较为明显的政府干预特征,除了建立劳动力市场运行法规之外,各级政府和公共机构对就业目标的制定和实现也负有重要责任。德国的状况则介于美和日之间,政府就业管理的功能较多地体现在与教育和求职相关的供需协调上。西方经济学家普遍认为德同的经济优势得益于政府制定的培训制度,本身很好地适应了劳动力需求结构,因材施教和学用结合的培养模式使得人力资本投资在初始期就能切合劳动力结构供需匹配的要求,尽量降低了劳动力市场失衡的可能性;对于就业市场上的劳资关系调节,政府也起到了一定的作用。

　　对比中国的就业管理体系建设,改革开放前,我国的就业管理体系建立在二元经济结构之上,以政府为决策中心,高度集中的指令性经济为特征。传统的就业管理体制和产业结构政策对1978年之后就业结构的调整产生了重大的影响。我国传统的就业管理制度具有集中统一、排斥灵活性的特征,以行政命令作为管理的基本形式,适应传统的计划经济模式。在人力资本供给和需求总量管理上,国家实行统一教育和统一分配,并且有劳动能力和就业要求的人,只能由国家统一安置就业和调配;在劳动力结构管理上,企业没有配置劳动力的自主权,劳动力行业间分配基本上取决于国家产业的发展倾斜政策。传统的就业管理制度在产业结构升级、产业组织优化和劳动者个体发展上具有较大的负面影响,隐性失业率的扩大,劳动者创造能力的抑制,就业结构的长时期滞后最终导致了经济活力的下降,就业管理制度亟待改革。

然而,与计划经济体制历史最长的原苏联相比,我国计划经济时代就业管理的控制力度相对弱些,我国在1978年之前也曾经在传统经济体制时期内部进行过就业管理改革的探索:1958年关于县以下工业企业劳动制度的改革,1964年亦工办农劳动制度的改革,国有、集体企业中存在的几百万"计划外用工",乡镇企业兴起之前就存在的社队企业、城镇街区小集体经济等都成为市场经济因素在旧体制内部存在的微弱生长点,在改革开放之后成为形成新型就业管理体制的劳动力市场基础。党的十一届三中全会之后,与市场经济体制改革相适应的就业管理体制逐步形成,主要体现在改革管理内容和管理方式两方面:管理内容上,通过改革统包统配的就业制度,转变企业劳动制度,建立城乡劳动力统筹管理体制;管理方式的改革主要特点是引入市场机制,培育和发挥劳动力市场主体自主运行功能,同时结合政府相机宏观调控政策,更多地采取财政、货币政策和人力计划控制总供给和总需求。

一系列措施促进了就业结构的变化,但是新旧管理体制转换过程中存在的困难仍然使得我国劳动力供需的总量和结构配置存在较多矛盾。首先,农村多年来以自然就业为主的管理模式仍然延续,使得农业人口和农业职业者的比重下降受到阻力,沿海地区农村工业的发展虽然对解决农业劳动力转移提供了重要的途径,但是中西部地区发展相对滞后的状况阻碍了劳动力的就地转移。其次,在城乡差距与地区差距较大,城市化措施不利的状况下较早放开流动人口就业管理的限制,使得"民工潮"成为新问题,非农产业发达地区在帮助农业省份解决剩余劳动力,提高就业结构水平的同时,承受了人口流动所带来的一系列问题。第三,国有和集体企业就业管理制度的重大变革造成了部分地区较为严重的失业问题,国有经济集中的重工业部门就业收缩的同时,私人资本由于自身能力不足或各种产业壁垒而无法进入这些部门,从而造成了部分地区第二产业就业比重的重新回落,就业结构退化。除了上面所说的劳动力总量和结构管理中存在的问题之外,劳动力素质管理也存在着较多的问题,除了基础教育方面的不足之外,教育与劳动力市场的衔接、劳动力就业和职业转换能力建设还未成为素质管理的重要内容,从而制约了就业率和就业结构的提升。从就业管理体系本身来看,其面临的改革任务仍然艰巨,虽然包括各级劳动厅局,就业信息服务与指导中心,培训中心和失业保险机构已经初步建立,但是各个部门之间的分工和权责关系尚待进一步明确,完成整体就业服务程序过程中,不同机构和部门间仍然存在着衔接上的困难,使得机构全面和效率不高的状况同时存在。

整体而言,中国的就业管理体系面临着适应市场化建设和改革原有管理模式的双重任务,因此更需要借鉴上述国家的相关经验,有效处理政府就业管理职能和市场自由决策之间的关系。

9.1.2　就业管理的灵活实践——以荷兰和丹麦为例

20世纪90年代,在欧洲大部分国家陷入经济与就业的双重困境之时,荷兰与丹麦却跃居全球最具竞争力国家的行列,两国的成功与其劳动力市场的灵活安全性密切相关。荷兰模式和丹麦模式被认为是劳动力市场灵活安全模式的典范,二者均强调在加强劳动力市场灵活性的同时,强化劳动力市场的安全性,在劳动力市场灵活性与安全性之间寻求均衡,以促进劳动力市场绩效的改善。灵活安全模式使两国劳动力市场迸发了持续的活力和竞争力,促使劳动力市场绩效不断改善。

1995年,荷兰政府政策科学委员会委员 H.Adriaansens 与荷兰社会事务部长 A.Melkert 首先提出了"灵活安全性"概念。H.Adriaansens 指出,随着工作安全性向就业安全性转变,政府应通过改善就业机会和提高社会保障等手段,补偿因长期就业减少和频繁解雇工人而造成的工作安全性降低。如果一国的就业保护立法比较宽松,就应该为工人提供更好的工作条件、更多的社会福利救济、更灵活的工作时间,并支持他们参加终身职业教育,从而实现灵活性与安全性的新平衡[1]。1995年12月,A.Melkert 提交了一份名为《灵活性与安全性》的备忘录,建议放松对长期性工作工人的就业保护立法,为临时性工作工人提供合法的就业地位。1997年底,荷兰议会采纳了他的建议,将灵活性与安全性的有关规定纳入法律,《荷兰灵活与安全性法案》于1999年1月1日正式生效。

OECD 则更倾向于将灵活安全性的源起归结于丹麦模式,即灵活的劳动力市场、慷慨的福利制度体制和积极的劳动力市场政策,丹麦模式又被称为"金三角"模式。丹麦劳动力市场体制是一种混合体制模式,一方面它是安格鲁-撒克逊式的自由市场,这个市场具有高度的数量灵活性,企业能够自由地雇用和解雇工人,而不受很多法令束缚;另一方面它又是高度发展的福利和社会保障体系。丹麦模式创造了丹麦的就业奇迹,也形成了丹麦经济社会的三大支柱。全球化时代生产方式的灵活化变革,生产方式的变革,及由此所导致的工作组织方式和劳动就业方式的变革,促使劳动力市场向着更加灵活化的方向发展。面对持续的高失业率等劳动力市场现实,劳动力市场的灵活化是政府、资本和工会之间新的力量平衡下的一种选择。

[1] ANDRANK TANGIAN.European Flexicurity: Concepts, Methodology and Policies[J].Transfer, 2007, 13(13):551-573.

(1)劳动力市场灵活安全模式的特征。荷兰劳动力市场的灵活化主要体现为以下一些措施:①工作时间的灵活化。在就业制度方面,荷兰采取了灵活就业制度,鼓励企业对就业人员的工作时间根据劳动需求作出灵活的安排,企业可以灵活地根据季节性和周期性需求及生产过程的需求调整劳动力需求,雇员也可以灵活地运用自己的业余时间,从而节省劳动力资源,提高生产效率,并促进充分就业。1996年新修订的工作时间法更多的提倡灵活的工作安排和权力下放。现在正常的每周工作时间为37.5小时,在集体协定中13%的劳动力执行了灵活工作制度,近来中央政府部门工作人员的每周工作减少为36小时。中央政府已将注意力由原来倡导的外在的灵活性(如通过雇用临时工增强劳动力市场的灵活性)向内在的灵活机制转移(如对长期雇员实行灵活的工作时间表)。②积极鼓励非全日制工作。政府通过增添临时机构而创造的工作岗位比原来扩大了3倍,荷兰雇主通过与雇员签订临时合同,在雇用和解雇人员方面比以往享有较大的自主权和灵活性。荷兰政府积极鼓励非全日制工作,并在法律上规定非全日制雇员与全日制人员享有同等权利,这在增加社会就业岗位的同时,很好地保障了非全日制员工的权益。③荷兰政府采取了一系列的措施增加劳动力市场的灵活性,包括简化解雇程序,缩短提前通知期,取消工作许可证制度,提高公司与就业岗位的弹性,激发劳动力在地域和职业之间的流动力,进而刺激劳动力市场的竞争程度等。这些放宽劳动力市场控制的改革,使得企业在就业人员的工作时间安排、人力资源管理程序上有了更大的自主性和灵活性,在促进荷兰的就业方面起到了不可忽视的作用。

丹麦劳动力市场通过降低就业保护,放松劳动力市场的管制,强化劳动力市场的外部数量灵活性。丹麦的就业保护立法严格程度很低,企业可以因为"缺乏工作岗位"、"雇员缺乏能力"、"没有理由的缺勤或犯罪行为"等原因解雇员工。在解雇提前通知方面,企业需要根据就业持续的时间长短,区分白领与蓝领工人,提前不同的时间通知解雇,比如工作时间9年以上的白领工人,需要提前6个月通知解雇。但是,雇主的解雇成本很低,只有工作12年以上的白领工人才有解雇费。也就是说,丹麦就业保护立法除对白领工人有某些方面的适度保护之外,对蓝领工人基本上没有任何就业保护。丹麦雇主可以因为经济、技术、雇员等原因随时解雇雇员,对劳动力数量进行任意调整。

(2)劳动力市场安全性。荷兰政府在实施劳动力市场灵活安全性改革的过程中,强化劳动力市场灵活化改革的同时,着重强调了劳动者安全的保障性。荷兰政府为失业人员提供失业救济金,包括普通救济金、延长补贴、补充补贴和短期补贴,这四类补贴均为最低工资的70%。政府积极鼓励政府、工会和企业三方合作,对荷兰的失业者加强教育和职业培训,如与企业签订合同,由企业代培一定数量的长期失业者,培训期满合格者予以录用。针对青年失业者举办职业培训班,使其获得实践经验,以备劳动力短缺的部门招收。同时,针对劳工权益受损、贫富差距扩大和劳工边缘化等社会矛盾的加剧,这些保障措施都在一定程度上保障了劳动者的权益,也使得劳动力市场越加规范。对于临时工作,为实现在不减弱灵活性的情况下保障工作的稳定性,政策强化了非正规就业人员的法律地位,给予"随传随到"工人(on-call worker)以政府资助,使其每次工作薪水至少达到三个小时的报酬;对参与工会活动的雇员在解用方面给予特别保护;规定固定期限合同的连续使用次数不得超过3次(接下来必须签订无固定期限合同);消除临时代理工作的障碍;对固定期限和临时代理合同进行统一编号,并规定临时工作所享有的最低保障水平和最低工资。临时工作人员还将受到集体协议的保护,以保证他们的工资水平、培训机会和补充养老金。

丹麦劳动力市场的高度灵活性是建立在高度的劳动力市场安全性,特别是收入安全性基础之上的,丹麦慷慨、完善的社会福利体系是其收入安全性的重要保证。虽然丹麦劳动力市场的自由度和灵活性很高,但是丹麦雇员不安全的感受程度在欧洲最低,丹麦失业者经济生活幸福度居欧洲被调查样本国家中最高水平,其从业人员与失业者经济生活幸福度的差异最低。这一切应归功于丹麦慷慨的失业安全网,是它在短期和长期失业期间,为雇员们提供了较高程度的安全性保障,参加失业保险的丹麦失业者可领取的失业保险高达失业前工资的90%。失业救济金从失业第一天开始领取,在没有任何强制条件下失业人员可以领取失业保险金一年,最长可领取4年时间。失业保险金体制使丹麦成为欧盟成员方中净替代率最高的国家。对于没有参加失业保险的失业者,没有资格领取失业救济金,他们可以申请由市政当局管理、国家提供资金的社会救济金,其金额与失业救济金大致相等,但必须经过家计调查,合格后才可以从现金救助体系中领取。虽然丹麦企业能够轻松地解雇雇员,但是由于丹麦具有完备的失业保障立法,在失业安全保障网下,被劳动力市场排斥在外的失业人员几乎都可以通过各种各样的失业补助得到补偿。

(3)积极的劳动力市场政策。积极劳动力市场政策是平衡劳动力市场灵活性与安全性的关键因素。荷兰政府积极劳动力市场政策主要表现为五方面的措施:①提高对失业者领取失业金的资格要求。比如,政府规定所有申请失业资助金者,除了具有年龄在5岁以上孩子的单亲家庭,其他失业者必须接受政府提供的有偿工作。②为失业者提供全方面的信息服务。及时将招聘信息通知求职者,把登记的求职人员引荐给招聘者;为非长期失业者和有可能成为长期失业者,提供集中指导,通过定向面试等系列行动计划为他们找到工作。③为失业者提供各种各样的培训机会。包括:职业培训中心、职业定向和准备中心、妇女职业学校、失业者基本培训项目、申请俱乐部、成人初级职业培训、项目的再培训和部门培训贡献项目等。④通过雇用补贴鼓励企业雇用失业人员。政府实施固定工的总就业项目和临时工的总就业项目,为雇用失业人员的企业提供雇用补贴。比如,雇用长期失业者的企业可以得到政府提供的一次性的补贴,与此同时雇主还可以暂时性地免缴一部分社会捐助。⑤为失业者提供积极工作经验的临时机会。例如,为青年人设置青年人工作保证项目,由市政当局雇佣面临长期失业的青年人从事临时工作,使这些年轻人获得足够的工作经验以便找到固定工作。

丹麦积极劳动力市场政策的目标是以提高失业者,特别是那些失业一段时期后仍然不能通过自身能力重返劳动力市场的失业者的就业能力为目标。积极劳动力市场政策着重强调就业安全性,通过职业教育、职业培训等,不仅使失业者获得就业安全性,还增强了从业人员的就业安全性。在20世纪90年代以前,丹麦劳动力市场政策的重点是维持收入水平,限制劳动力数量的削减,最大限度地延长失业人员领取失业保险金的期限,维持工作能力和防止严重失业对人们产生的心理压力。但是,这一政策并未改善丹麦劳动力市场的失业状况,1993年,丹麦失业水平达到有史以来最高的12.4%,结构性失业率达到10.5%,这直接导致了1994年1月1日的丹麦劳动力市场改革。

丹麦积极劳动力市场政策改革采取了如下一些措施:①引入两时期救济金措施,着力提升失业人员的就业能力。领取失业救济金持续期分为初期被动领取期(12个月)和激活期(3年),共计4年时间。在被动领取期内,失业者必须积极寻找工作,并且有义务参加激活计划。成人失业人员在领取失业津贴一年后,必须参加职业培训、职业教育、企业实习和岗位轮换等,以提高失业人员的就业能力。②实施劳动力市场政策的分散化、地区化。将劳动力市场政策从中央分化到地区的14个郡,由国家分配相应的预算给每一地区的劳动力市场委员会,地方劳动力市场委员会被授权制定设计适合当地劳动力市场发展状况的地区政策,以提高劳动力市场政策的针对性与有效性。③严格限制失业救济金的领取期限与义务,改变对个别长期失业者的救助方式。失业者如果第二次拒绝提供的工作机会或拒绝接受积极劳动力市场政策提供的就业帮助,立即停止享受失业保险金。25岁以下的失业者在接受失业救济的13个星期之内,25岁以上的失业者在接受失业救济1年之内,必须接受政府提供的工作岗位或是进入生产学校学习,否则便会失去任何支持。④政府全力安排失业者参加转岗培训,以适应新的工作岗位;改变对个别长期失业者的救助方式,以失业者的个人实际需要为衡量基础。丹麦积极劳动力市场政策成本支出占丹麦GDP的1.6%,是OECD国家中积极劳动力市场政策成本最高的国家。

(4)经济波动对灵活安全模式的挑战。荷兰劳动力市场对经济波动的反应较为温和,失业率波动比较平缓。2008年开始的全球性经济危机期间,荷兰失业率为4%,2009年为4.8%,2010年为5.5%。荷兰企业采取了持续的劳动力储备战略,其原因在于荷兰企业预见到不久的未来可能会出现劳动力的短缺及招聘方面的问题。荷兰金融危机后失业率的增加远低于丹麦,并且由于荷兰经济的缓慢复苏近年开始呈现下降趋势,2011年荷兰失业率为5.4%,2012年3月荷兰失业率进一步降至5.1%。

丹麦劳动力市场对金融危机的反应较为强烈。丹麦失业率在2008年金融危机爆发前一直维持在较低的水平,几乎达到了劳动力充分就业的水平,2008失业率仅为1.9%。金融危机爆发后,丹麦经济增长放缓,企业应对产出下降的直接反映是迅速解雇员工,因而丹麦在2009年出现失业率的大幅上升,2009年丹麦失业率达到4.3%,较2008年增加了2.4个百分点。2011年12月丹麦的失业率已高达6.1%。金融危机引致的政府债务危机,迫使政府对丹麦的高福利制度进行改革。丹麦政府缩短了失业保险金的领取时间,丹麦失业保险金领取最长时间从原来的4年变为2年;并且对失业保险金的领取条件进行了严格的限制,规定失业人员只有在过去36个月里工作至少6个月才能领取失业保险金。此外,丹麦政府改革了提前退休金制度,这为丹麦政府的财政预算每年节省了30亿美元的开支,丹麦政府还计划将退休年龄从现在的65岁逐步提高到2020年的69岁。由于失业流入数量的增加及职业空缺数量较少,失业人员需要经历更长的失业期。在2007年初,近55%的人在12个月后找到工作,2009年开始只有30%的人在12个月后找到工作,这表明,较高的失业率仍然会给丹麦劳动力市场的灵活安全模式提出挑战。

(5)劳动力市场灵活安全模式对劳动力市场绩效的影响。灵活安全模式积极寻求劳动力市场灵活化与安全性之间的平衡,这一模式在荷兰和丹麦取得了令人瞩目的成绩。在此模式之下,荷兰、丹麦的劳动力市场功能逐渐完善,荷兰、丹麦的劳动力参与率、就业率位居欧洲前列,长期失业、结构性失业状况也得到了有效改善。荷兰通过实施劳动力市场灵活安全性改革,一方面增加了社会工作岗位,另一方面提高了就业服务的数量和质量。在金融危机期间,荷兰依然保持了较低的失业率,是欧洲失业率最低的国家之一,2011年荷兰失业率5.4%,远低于欧洲国家平均失业水平。荷兰劳动力市场的灵活性和保障性成为实现荷兰充分就业、促进荷兰经济增长的重要法宝之一。

丹麦高度灵活的劳动力市场,使得丹麦各个产业部门的工人流动性和岗位周转率都表现出较高的水平,每年约有1/3的雇员变换雇主。雇员平均任职期限低,同样工作岗位创造与消失水平也很高,工作岗位创造与消失率年平均在12%左右。在丹麦,工作岗位创造与消失率与企业规模紧密相关。丹麦80%的企业是小企业,小企业寿命短,导致了较多的岗位创造与消失量;大企业由于较发达的内部劳动力市场,功能灵活性较高,但工人转岗的规模较小。

丹麦积极的劳动力市场政策体现了就业能力提升与就业激励的双重效应,

促使劳动力市场的灵活性与安全性得到了很好的平衡。一方面,积极劳动力市场政策帮助改善和提高了失业者的技能,使失业者就业能力得到增强,通过培训促使低技能者重新返回劳动力市场,增强了失业人员的就业安全性。比如25岁以下没有任何正式受教育经历、未受过二级学校教育的年轻人,失业6个月后,必须参加为期18个月(1年半)专门为之设计的特别职业教育。另一方面,积极劳动力市场政策实施激活计划,弱化了失业救济的保障功能,鼓励失业人员进行积极的就业寻找,加速失业者从失业状态到就业状态的转变。"立即激活"(instantacti-vation)的政策,能够让到地方管理机构申请社会救助的年轻人立即得到一份社区的公共工作。失业下降最多的激活措施是失业者进入私营企业参加的带工资资助的岗位培训。

灵活安全性模式有效地平衡了劳动力市场的灵活性与安全性,对劳动力市场绩效起到了积极的促进作用,但是这种模式也面临着诸多挑战。经济全球化与技术革新的变化,促使企业大量采取外包的方式将生产转移到低生产成本国家,从而导致许多就业岗位外流,给非熟练工人造成越来越大的压力。受到人口老龄化的影响,社会保障压力不断增大,进而影响到失业保险基金的支出。一旦经济形势和就业形势恶化,失业人数上升,安全灵活性模式将陷入严重的财政压力。慷慨福利制度中高比率的收入补偿,即使其补偿机制非常合理,仍会对人们的工作意愿起到潜在的抑制作用。积极劳动力市场政策促使失业人员尽快实现重新就业,再加上高度流动性的劳动力市场,雇主对雇员的培训动机减弱,这些都降低了积极劳动力市场的技能提升效应,影响到整个劳动力市场的人力资本提升。2008年的金融危机已经对丹麦安全灵活性模式提出了挑战,安全灵活性模式能否成为劳动力市场的典范还需要时间的验证。

9.1.3 就业管理的改革探索——以德国哈茨改革为例

德国的就业管理主要可以从立法规则、组织方式、管理内容和特征四方面来进行观察(表9-1),德国的政府就业管理的功能较多体现在与教育和求职相关的供需协调上,其就业管理在市场经济国家中也是比较成功的,但这一成果并非与生俱来,而是得益于其多年的劳动力市场政策改革。

(1)就业管理的"欧洲化"和政策应用的"灵活化"。德国作为欧盟核心国家,其就业管理具有明显的欧洲特征,尤其体现在他所拥有的系统劳动力市场政策(LMP),这些政策是明确针对在劳动力市场上出现就业困难时进行的公共干预政策,覆盖了失业者、从事存在非自愿性失业风险的人员及希望进入劳动力市场的非经济活动人员。欧洲大部分国家都建立了LMP体系,但是各国的应用方式和政策重点却相去甚远。2009年欧债问题爆发后,债务危机国家LMP支出占GDP比重迅速上升(图9-1),其中以保护性和救助性为主的政策支出增长幅度更大

（图9-2）。劳动力市场政策原本旨在解决经济紧缩或其他原因导致的失业问题，目标在解决失业或降低失业所引发的风险，但劳动力市场政策执行也需要较多的政府公共财政支持，尤其是失业救济和提前退休所需的资金，债务危机期间财政捉襟见肘，无疑会导致政策乏力。

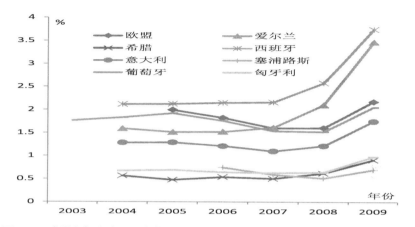

图9-1　欧盟和部分欧洲国家劳动力市场政策支出占GDP比重：2003—2009年❶

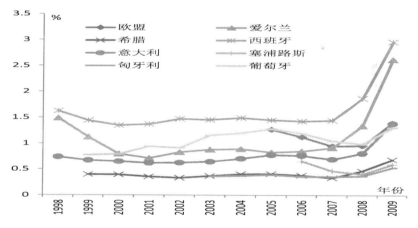

图9-2　欧盟和部分欧洲国家第8-9类劳动力市场政策支出占GDP比重：2003—2009年

　　而德国LMP在危机时期的表现则完全不同，经济危机前后，德国积极应用激活劳动力市场政策，而在危机期间的2007—2009年，德国LMP支出占GDP的比重则呈现负增长，表明德国在这一时期采取了收缩保护性劳动力市场政策支出的措施，避免政策支出带来的财政负担加剧，也防止劳动力市场僵化进一步加深

❶CountryData数据库.经济学人信息部（EIU）[EB/OL].(2010-01-05)[2015-04-21]. http://www.eiu.com.

市场危机(图9-3)。事实表明,这一政策运用策略有效地避免了德国劳动力市场出现大规模失业,而其财政政策也比危机国家拥有更大的运用空间,从而避免其经济在中长期中陷入困境。

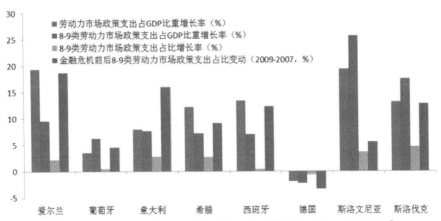

图9-3　德国和欧债危机国家劳动力市场政策变化:2007—2009年❶

　　(2)工作搜寻、求职者服务的"瘦身"和"去官僚"化。具体分析德国劳动力市场政策在工作搜寻、求职者服务方面的表现,可以发现德国在政策运用上更多地采取了政府—民间共同推动的模式。德国在就业培训、职业介绍和政策咨询等方面引入社会力量,支持鼓励社会职业培训机构、中介服务机构的发展,采用符合市场经济要求的招标、合同管理等方式引导其健康发展。

　　①德国联邦劳动局系统积极全面推进"去官僚化"改革。将总部更名为"联邦就业服务机构",地方上的178个分支机构和660个办事处也更名为"顾客服务中心"。在组织上,采取董事会领导下的非营利企业运营形式,董事会成员由来自三方的代表——雇主联合会、工会联合会和政府,其中政府代表分别由联邦政府及劳动部、洲际联盟、城市联盟和乡村地方联盟推举。在功能上,覆盖全国的服务网络为机构、企业和所有市民服务,尤其是负责落实法律规定的积极就业措施,为劳动者提供培训和就业信息、咨询和指导、介绍和安置工作及发放失业金。在运营费用上,整个系统的支出主要来自失业保险基金和联邦政府支付的劳动力市场项目经费,严格控制机构支出费用。

　　②合并失业援助和社会救助,建立二类失业金,为寻找工作者提供基本生活保障。在改革前,德国失业援助由联邦就业服务机构负责,款项由联邦政府拨付;而社会救助由市政府负责,资金由地方政府拨付。虽然在大多数情况下,失业援助和社会救助的对象是遭遇同样困难的人,但前者根据个人失业前的收入

水平计算支付标准,后者则根据住户所有成员的基本生活需求标准支付。标准不同导致的重复计算,及管理分开导致的机构开支增长影响了政策的执行效率。推行合并旨在解决这些低效率问题,同时激励失业者寻找工作,基于社会救助标准统一提供救助金,针对每一个需要就业帮助的人提供"一站式"的个性化服务。改革之后,联邦就业服务机构和市政府合作,使用税收资源为寻找工作的人提供基本收入支持。从工作内容来看,联邦就业服务机构系统的"顾客服务中心"会同当地政府,一起派人到保障金申请者和领取者家里做住户调查;然后根据家计调查结果确定住房和补助金额。

③引入竞争性的职业培训和职业介绍服务。具体来看,竞争程序分为两个阶段:一是联邦就业服务机构在全国范围内招标,无论是公立还是非公立培训机构和职业介绍所,都可以凭资质证明和标书参与定点许可竞争。二是失业者从联邦就业服务机构领取为期至少三个月的培训券,自主选择购买任何一个定点机构的服务。这些定点机构则凭借培训人数和职业介绍成功率,与联邦就业服务机构结算项目经费。这意味着通过引入"消费者选择机制",激励培训机构之间展开服务质量竞争。除此之外,联邦就业服务机构还在总部开设的网页上,既设置培训机构选择功能,又开创就业岗位网上交易所,为顾客提供便捷的电子服务❶。

(3)保护性和救助性政策改革任重道远。德国在俾斯麦时期建立起来的福利体系的核心是以保险为基础的社会保障体系,虽然限制了劳动力市场的收入不均和工资差距,却导致大量长期失业者囤积。20世纪60年代,联邦德国经济快速增长,加上政治家在竞选中轮番开出的"福利支票",使得社会保障水平水涨船高。然而,20世纪70年代石油危机之后,经济增长速度放缓,"社会福利病"却日渐明显。这突出地表现在人们的就业意愿减弱,机构和企业中有不少试图提前退休的雇员。医疗保险由于逐渐演变成免费医疗,导致病人和医生不关心医疗成本,保险公司欠缺控制医疗费用上涨的动力,联邦财政不得不为每年超支的社会医疗保险填补亏空。与此同时,人口老龄化导致养老保险入不敷出,联邦财政为此填补的部分占到预算总支出的25%以上。20世纪90年代两德统一后,联邦财政在社会支出上的绝对量和相对量都在加速增大,到2008年,联邦预算总支出中的社会保障支出(包括养老金、劳动力市场和专项社会支出)占到50%,由雇主和雇员二者平均分担的社会保险缴费,在1970年为工资总额的26.5%。到2004年高达41.9%,自2006年开始虽然有所降低,但仍然接近40%(表9-2)。联邦财政用于社会保障的支出及雇主和雇员缴纳的社会保险费用过高,削弱了公共和私人投资能力,而导致经济活力减弱。这也直接推进了德国在保护性和救助性劳动力市场政策上的改革,尤其体现在激活失业者群体的政策运用上。

❶田永坡.德国人力资源和社会保障管理体制现状及改革趋势[J].行政管理改革,2010(4):58-61.

表9-2　德国工资总额中的社会保险缴费比率：1970~2007(单位：%)❶

	社会照料保险	失业保险	医疗保险	养老保险
1970	0	1.3	8.2	17.0
1980	0	3.0	11.4	18.0
1990	0	4.3	12.5	18.7
1995	1.0	6.5	13.2	18.6
2000	1.7	6.5	13.6	19.3
2002	1.7	6.5	14.0	19.1
2004	1.7	6.5	14.2	19.5
2006	1.7	6.5	13.3	19.5
2007	1.7	4.2	13.9	19.9

　　(4)激活失业者群体政策的"多元化"。德国积极就业政策是相对于以往僵化的劳动力市场和与之相关的失业保险政策而言的，首先是指法定的失业保险和社会救济水平过高，减弱了人们接受低工资工作的意愿；其次是指解雇保护，解雇保护使得企业经营状况不良或者处于经济周期低谷时难以裁员，因此即使在经济景气时期，企业也缺少创造就业的积极性；第三是就业形式和工资决定机制的僵化，德国工会比较认同"典型就业"，即通过集体谈判设定工资水平、雇员得到长期合同的工作，而其他就业形式则被认为是安全性较低的非典型就业。

　　因此，在改革过程中，德国更注重以多种灵活就业形式来激活失业者群体。相关的制度安排也比较丰富：①鼓励失业者自谋职业，只要开业计划书经联邦就业服务机构会同行业协会评估合格，申请者即可获得两阶段开业补助，即在开业前段领取9个月与此前的失业金数额相等的基本生活保障金，每月300欧元用于缴纳社会保险，及在开业之后阶段续领6个月的上述两项开业补助，但期间必须持续经营。②迷你工作——根据临时性用人需求而设计的工作，接受此类工作的劳动者可以免除纳税和缴纳社会保险的义务，雇主通过微量工作中心与雇员签订合同，并按照雇工期限为雇员一次性缴纳养老和医疗保险费。③季节性短工，农业、林业、园艺、葡萄园和餐饮服务等行业都有季节性用工需求，获得此类工作的失业者工资根据行业通行的标准由雇主发放，劳资双方根据法规分担社会保险费，而寻找和获得工作而发生的培训费、中介费、旅费和工作服购置费等都可以去联邦就业服务机构报销，从而使保障劳动者净收入不低于工

---

❶德意志联邦共和国联邦经济和技术部.Federal Ministry of Economics and Technology Anural Report[R/OL].（2007-12-05)[2015-08-21]. https://www.bmwi.de/EN/root.html.

资额。④"一欧元工作"——地方政府投资创造的社区公益就业机会,比如照料老人儿童和居家慢性病人等,从而激励那些不可能再进入劳动力市场的失业者在领取救助的同时,通过参与公益性劳动获得一些补充收入。⑤法定最低收入的员工可以再做一份兼职工作,这意味着劳动力市场政策由人力资本指向型向更强调增强求职者接受低收入工作的"要求因素"转移,即求职者开始被要求就职于低收入工作而不是坐享福利。⑥在雇主方面,解雇保护规则的限制有所放宽,门槛由5人公司放宽至10人公司,对临时工作机构部门的管制也有所放松,并将创建临时就业引入激励型劳动力市场政策。一系列改革极大地促进了个体经济、低收入工作、兼职工作等的发展,激活了失业者群体,基本改变了过去"高福利—低就业"的状态❶。

德国劳动力市场政策的综合运用对于解决失业问题具积极的影响,受到促进就业政策影响的失业劳动力群体逐步扩大。从1970年以来的历史数据可以发现,在德国失业率较高的经济低迷期,促进就业措施的受益人人数就会显著扩大,比如在1987、1988年,受益人一度超过12万,男性受益人的数量更多,而在经济表现较好的时期,这些政策也有助于降低摩擦性失业,缩短失业持续时间(图9-4)。

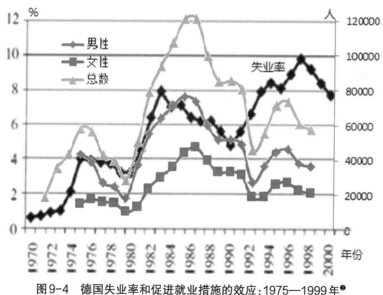

图9-4　德国失业率和促进就业措施的效应:1975—1999年❷

❶ 韩冬涛,孔令兰萱.德国就业"奇迹"的深层次原因及其隐患[J].德国研究,2013(3):12-27.

❷ 延奇.张网成,黄斌。译.德国劳资关系(1950-1999)数据时序及趋势[M].北京:知识产权出版社,2013.

9.2 就业政策与其他相关政策的协调

在多变的劳动力市场和复杂的就业环境中,就业政策不可能独立于其他公共政策而单独发挥作用,其政策效果也受到其他公共政策的影响。对于如何协调就业政策和其他政策之间的关系,本小结选取欧债危机国家的例子,用于说明社会保障政策与失业之间的协调关系;讨论欧盟东扩与劳动力市场政策融合之间的矛盾,分析经济一体化政策与就业政策之间的相关性;以日本产业政策史为线索,探讨产业政策如何与就业政策相协调。

9.2.1 社会保障与失业协调——以欧债危机国家为例

欧洲主权债务危机伴随失业率高企,其中既有经济增长减速的原因,也反映了社会保障制度的设计缺陷。2011年欧洲整体失业率飙升至10%,达到了12年以来的最高水平。并且失业问题呈现各国分化的状况,债务危机波及国家的失业问题尤为严重,主要集中在南欧,西班牙、爱尔兰、希腊和葡萄牙等国的失业率均超过10%,有些甚至高达20%以上;北欧和西欧部分国家,德国、挪威、瑞典等国的失业率基本维持在8%以下。欧债危机国家的失业问题与其经济增长和社会保障政策之间的不协调直接相关。

欧债危机国家的失业问题首先源自于其经济增长动力不足,而其社会保障制度模式导致劳动力市场僵化,成为失业率上升的另一重要推手(参考2.2.2)。欧洲国家的社会保障模式主要为"投保资助型"和"福利国家型",前者以德国为代表,对不同社会成员采用不同的保险标准,强调劳动者个人在社会保险方面的责任,社会保险费用由政府、雇主和雇员共同筹集,但以雇主和雇员的缴费为主,劳动者的权利和义务紧密联系,待遇水平与个人收入及缴费额挂钩。后者则普遍为北欧、南欧国家采用,依据福利的普遍性和保障全面性原则建立,国家为直接责任主体为全体国民提供全面保障。对比两者即可发现,"福利国家型"社会保障模式更依赖于国家税收和财政支出,因而对经济增长、政府社会管理职能的要求更高,危机时期的调整必须上升到国家政治层面,因此变化空间较小、周期较长;而从经济周期适应性和劳动力市场而进行灵活性调整的角度来看,建立在三方机制基础上的"投保资助型"社会保障模式更具弹性,其调整灵活度较高,调整速度也明显较快。高福利国家的劳动力成本上升也严重阻碍其劳动力市场的供需调节,债务危机国家单位劳动成本多年来呈现刚性增长趋势,希腊、意大利等国的经济发展速度较低,但单位劳动成本多年来刚性上升,已经超过德国(图9-5)。

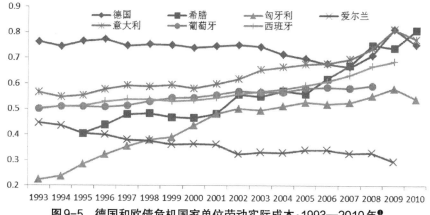

图9-5 德国和欧债危机国家单位劳动实际成本:1993—2010年❶

过高的社会保障导致工作激励下降,从而影响经济增长的内在动力,同时加剧社会保障负担。通过单位资本工作小时数和单位劳动力工作小时数两项数据可以发现,从20世纪60年代开始,欧盟相对美国出现下降趋势,这两项指标的绝对值可能反应经济体的两方面特征:工作效率较高或劳动力工作激励较低,但与同样高效率的美国相比,欧洲出现相对下降,表明主要是工作激励下降造成的,同时人口的就业参与率下降趋势也反映了同样的问题(图9-6)。

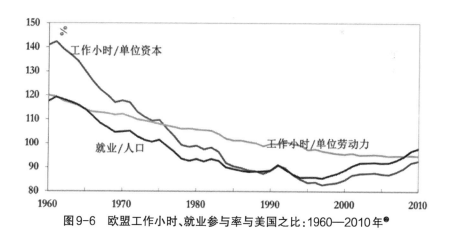

图9-6 欧盟工作小时、就业参与率与美国之比:1960—2010年❷

综合债务危机期间欧洲国家经济增长率和社会保障水平,可以发现社会支出增长率严重超过人均GDP增长率、劳动力生产率增长率及平均实际工资增长率的国家包括爱尔兰、塞浦路斯、葡萄牙、意大利、希腊、西班牙等国,而这些国家

❶CountryData 数据库.经济学人信息部(EIU)[EB/OL].(2010-01-05)[2015-04-21]. http://www.eiu.com.
❷CountryData 数据库.经济学人信息部(EIU)[EB/OL].(2010-01-05)[2015-04-21]. http://www.eiu.com.

均出现了高失业和债务违约问题(图9-7)。这表明,高水平的社会保障不一定导致失业问题,但如果社保支出超越经济增长承受能力、违背劳动力产出能力、超过社保收入基础增长能力,将导致经济面临严重债务风险,影响经济增长基础和社会稳定系统职能,加剧失业现象。

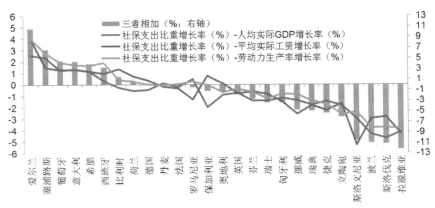

图9-7 欧洲国家社保支出与三类经济增长率[1]

债务危机中的欧洲失业问题治理面临多重矛盾和困境,这对于同样面临就业问题的中国而言具有重要的启示。自从20世纪30年代资本主义发生经济大萧条之后,以凯恩斯宏观经济理论为核心的经济增长和有效需求不足导致的失业问题一直为研究重点,政策制定者运用财政和货币政策治理有效需求不足型失业也成为常态,中国在改革开放之后也逐步接受这一理念来治理宏观层面的失业问题。然而近30年来,随着欧洲社会保障制度改革的不断推进,以社会保障为代表的劳动力市场制度运行不良所导致的失业问题越来越受重视。从近期的发展趋势来看,经济增长和保障制度组合运行不良导致的失业及其治理也逐步进入研究视野。

中国在经历了30多年的高速增长之后,目前正处于经济增长方式转型的关键时期,国家治理方式也从经济增长导向逐步转变为结构调整,调结构在一定程度上意味着经济增速的放缓。2012及2013年国内生产总值增速连续两年低于8%,意味着中国即将步入不完全依赖经济增长带动就业增长的时代。另一方面,中国正在经历劳动力市场制度建设的关键时期,从"十二五"期间开始,我国将实现中国特色社会保障制度全面定型、稳定发展,降低劳动力市场的体制性分割,构建有序的劳动力流动制度,这些都将对中国的就业产生新的影响。从欧洲已有的经验教训来看,处理好社会经济增长、社会保障和宏观调控之间的关系,及

[1]CountryData数据库.经济学人信息部(EIU)[EB/OL].(2010-01-05)[2015-04-21]. http://www.eiu.com.

早防范各系统运行不良或组合摩擦所产生的失业问题,对于制度形成期的中国具有深远的意义。

新闻链接6:欧盟消除壁垒统一劳动力市场❶

自2014年1月1日起,欧盟宣布取消对此后入盟的罗马尼亚和保加利亚劳动力在欧盟范围内自由流动的限制。至此,欧盟所有成员方基本实现相互完全开放劳动力市场。

统一的劳动力市场需要劳动力可以自由流动。为确保劳动力自由流动,《欧洲共同体条约》第48条非歧视原则规定,劳动者有权在任何一个成员方工作、求职或退休。一个成员方授权建立的养老基金可以在其他所有成员方按照同等条件运作。同时,为切实保障跨国流动劳动者的养老保险待遇,欧盟立法规定各成员方养老保险转移接续的具体办法:一是全面覆盖,即劳动者至少会被其中一个成员方的社会保障计划所覆盖,使其养老保险及其他社会保险福利能得到保障。二是保险记录连续累加,即劳动者在各成员方的缴费年限应当得到连续累计。三是保险待遇分段计算,各成员方分别按照劳动者在就业国完成的缴费年限计算该劳动者的养老保险待遇,即劳动者的养老保险待遇为在各成员方工作期间按其缴费年限所应得的养老金之和。

为提振欧盟就业市场,欧盟委员会2010年发布了《欧盟2020战略》,提出“到2020年,欧盟20~64岁人口就业率提升至75%”的就业目标,同时出台多项具体就业措施。2012年,欧盟委员会出台《实现能够促进就业的经济增长》一揽子就业措施:一是鼓励各成员方制订政策,对创造新就业岗位的企业进行补贴,减轻劳动力市场上的税赋,鼓励自主创业。二是要求各成员方从金融危机和欧债危机中吸取教训,推动劳动力市场改革,对年轻人进行终身培训。三是建立真正的欧盟统一劳动力市场,在成员方之间消除各种就业壁垒。四是建立考评机制,定期对各成员方的就业计划执行情况进行考核。为此,欧盟有步骤地实施相应计划。2012年底,欧盟启动“欧盟技能全景”计划,对国家层面的就业技能需求提供中短期前景展望。此外,关注青年人就业问题。2010年,推出“青年人行动计划”一揽子就业措施,旨在为欧盟青年人就业、创业和教育提供欧盟层面和国家层面的信息、资金和政策支持。该计划还包括“青年人机遇倡议”、“来自欧洲就业服务网络的第一份工作”和“青年在工作”等一系列促进青年人就业的措施。2013

---

❶于晓.欧盟消除壁垒统一劳动力市场[EB/OL].(2014-06-19)[2016-02-01].http://www.cfen.com.cn/web/meyw/2014-06/19/content_1096528.htm.

年春季,欧盟还就"青年保障"计划达成协议,以帮助欧盟25岁以下的失业或毕业后待业青年获得高质量就业机会或再教育机会。

9.2.2 经济一体化与就业政策——以欧盟东扩为例

2004年5月1日和2007年元旦,欧盟完成了第五、六次扩大。随着波兰等10国与保加利亚和罗马尼亚等两国的先后加入,欧盟成员方从原来的15国扩大到27国。但这两次东扩最显著的特点在于新老成员方之间巨大的经济差异,东扩国家的GDP都明显低于欧盟原成员方的平均水平,而其中许多国家的失业率却明显高于欧盟当时的水平。

(1)一体化的经济和差异化的劳动力流动政策。巨大的经济及失业率的差距必然会对各欧盟老成员方的劳动力市场带来不同程度的影响。欧盟成员方担心劳动力市场开放后,东欧国家廉价的劳动力会降低欧盟的工资水平,同时带来失业问题。但是在欧盟15个成员方对是否向新成员方开放劳动力市场存在严重的分歧。英国、爱尔兰和瑞典三国在东扩之初向新入盟国全面开放本国劳动力市场。2006年,经过两年的过渡期,西班牙、芬兰、葡萄牙三国也宣布取消对中东欧国家劳工流动限制,但奥地利、德国两接壤国及法国等邻近国则不改变原有的限制政策。

德国不放弃对新入盟国家劳动力流动的限制,主要是基于国内经济现状的考虑。作为欧盟经济发展的火车头,德国有着强大的经济实力和国力。同时,在地理位置上,德国紧临新加入的成员方,和中东欧国家的贸易也占有举足轻重的地位。在入盟十国中除了爱沙尼亚、立陶宛、马耳他和塞浦路斯以外其它国家的第一大贸易伙伴都是德国,而其中波兰、捷克、斯洛伐克和匈牙利这四个中欧国家与德国的贸易更是占其总贸易额的25%以上。东扩后,中东欧国家大量的非技术劳动力将流向德国,使德国的非劳动力供给增加,从而改变了德国劳动力市场的格局。

从理论上说,欧盟东扩后的自由贸易会使得德国更多地从中东欧国家进口劳动密集型产品(服装、鞋帽、橡胶塑料制品等),而向中东欧国家出口资本密集型和知识密集型产品(通信设备、测量仪器、电脑及大型运输设备等)。因而,德国的劳动密集型行业将受到来自中东欧国家产品竞争的冲击,在这些行业从业的人员将有可能受到东扩所产生的负面影响;相反,那些高科技行业可能将从东扩中得益,因为对于这些行业而言,欧盟东扩不异于开拓了新的市场。欧盟东扩获得了经济上的巨大成功:不仅整个欧盟的经济和富裕程度增长从中得益,新成员方的经济更是获得了大幅度提升,但是,新的劳动力市场整合仍旧有待加强,德国因自身的地理位置和经济实力会比其他国家更多地受益于高素质的移民劳动力❶。

（2）劳动力市场分化促使经济体内部失衡。欧盟发布的统计数据显示,德国与欧洲国家在欧元区成立前劳动力成本差异显著,德国与希腊分别处于最低与最高水平。随着欧盟一体化进程的加快,德国与其他国家的劳动力成本不仅没有收敛,反而持续扩大,希腊等南欧国家呈现持续的上升态势,希腊劳动力成本比欧元区成立时的1999年增长70%,爱尔兰、意大利、葡萄牙、西班牙同期分别增加了69%、62%、73%、71%。而德国仅仅增长31%,凸显欧元区劳动力成本分化。

在欧元区的区域经济一体化背景下,如果劳动力充分流动,那么劳动力成本差异并不会出现大问题,因为劳动力差异将引起劳动力流动,最终促使各国的工资趋同,从而各国竞争力也就不会出现大的差异。但结合欧盟统计数据来看,2011年德国与西班牙失业率分别为5.98%与21.64%,表明尽管欧元区属于区域经济一体化的典范,但劳动力流动并不充分,由此将由于劳动力成本差异导致各国工资的差异,直接结果是各国产品的竞争力存在显著差异。

劳动力成本差异及工资分化引起的各国产品竞争力差异,将促使各国外部账户出现不平衡,德国具有劳动力成本优势,支撑外部账户盈余,而欧洲国家竞争力缺失直接引起外部账户陷入逆差境地。欧盟统计数据显示,德国自2002年以来出现持续的经常账户盈余,而欧洲国家则出现持续的赤字,而且在金融危机之前德国盈余的程度出现持续扩大,凸显其竞争力持续增强的事实。尽管金融危机强制性的外部失衡调整,但随着全球经济复苏增长,德国外部盈余呈现逐步恢复的迹象,表明欧元区内部竞争力差异引发内在的外部失衡问题将长期存在。

9.2.3 就业结构相关的产业政策——以日本为例

理论分析表明,就业政策在劳动力供给和供需匹配上所起的作用相对高于它在劳动力需求上所发挥的作用,这与市场经济国家劳动力需求方主要由私营企业构成有关,国家几乎不对私人企业劳动力需求模式产生重要的直接影响,在产业结构调整上也没有明确的干预政策。然而,与自由市场经济国家的传统不同,以日本为代表的市场经济国家其产业结构政策对在就业需求管理上所起的作用是比较显著的。

（1）战后日本的产业政策。日本战后产业结构政策主要是政府制订和实施的旨在推进产业结构高度化、合理化的政策,在制定初期并没有将产业结构政策的就业效应作为重点考虑,主要分为:1945—1948年倾斜生产方式时期,将煤炭和钢铁工业被选为重点工业,形成了煤炭和钢铁循环增长的体制,主导产业选择

---

❶陈洋.欧盟东扩与德国劳动力市场开放——基于H-O模型的视角[J],中南财经政法大学研究生学报,2008(5):51-58.

和就业倾斜政策主要都由政府决策；1949—1959年企业合理化时期，废除了各种管制，《关于企业合理化的决议》《企业合理化促进法》等制度的建立，企业开始成为经济高速增长主要推动力，选择小汽车、石化等有代表性的重化学工业作为主导产业仍然主要由政府决策，但产业活动主体已经转向企业，劳动要素投入决策也主要企业决定，并且《禁止垄断法》的两次修订为行业内中小企业开拓了发展空间，有利于发挥中小企业的就业吸纳优势；1960—1969年为重化学工业时期，《贸易外汇自由化计划大纲》为日本产业的对外开放奠定了基础，海外市场的开拓成为部分行业就业增长的新动力；20世纪70年代开始到进入知识集约化时期，20世纪80年代后日本经济进入低速增长时期，该时期传统制造业处于平稳发展或收缩中，而电子工业等高技术产业成为新的主导方向。

总体来看，日本主导产业更替经历了钢铁、机械、化学工业→汽车、家电工业→电子工业等高技术产业三个时期，在选择主导产业的过程中，日本政府并没有将产业的就业效应作为主要的政策目标出发点，就业管理主要作为主导产业政策的配套政策发挥作用，基础教育和职业教育的合理匹配使得主导产业更替受劳动力供给结构制约的状况并不显著。然而，这并不意味着主导产业选择完全没有考虑它所产生的就业结构效应，而是主要体现在主导产业后续成长的过程中对其就业效应的调整，比如对产业内企业规模及产业对外开放程度的政策调控就体现了就业管理的作用。

（2）产业更替中的就业结构管理。主导产业在不同时期的变化必然意味着产业的更替，合理处理衰退产业释放劳动力和新兴产业中吸纳的就业者的需求成为就业结构管理政策的重点，也是就业管理与产业结构政策的结合点。具体来看，在产业结构调整的不同阶段，日本在就业方面采取了不同的政策措施。

第二次世界大战结束到20世纪50年代，日本处于失业率较高的经济恢复期，产业结构刚刚开始复苏，从而创造就业机会。这一时期政府采取了一系列稳定就业的政策，在控制失业总量方面，20世纪40年代末的《失业保险法》规定对失业者发放保险金，《紧急失业对策法》则以凯恩斯主义方式的失业解决方案尽可能为失业者创造就业机会，如新建政府工程等。在职业就业管理方面，20世纪40年代末出台的《职业安定法》和1958年制定的《职业训练法》规定由政府负责组织向失业者进行职业介绍，国家和民间的各种职业训练学校负责提高劳动力职业能力，并由国家举办技术鉴定和考试，与职业相关的工作从中央向地方网络化。

20世纪50年代末"倾斜式生产方式"政策之后，针对日本煤炭产业主导产业地位失去、煤矿工人大量失业情况，制定了专门针对煤矿业的《煤矿离职者临时措施法》，以解决该行业收缩过程中产生的就业结构转换问题。

20世纪60年代中期至70年代中期，日本政府根据新兴主导产业发展的特点，相应制定了以改善就业结构为主要内容的法规，1966年颁布的《雇佣对策法》

和1969年修改的《职业训练法》,提出了进行终生职业培训的新原则。

20世纪70年代,日本纺织工业面临劳动力成本高涨和市场需求减缓的压力,而能源密集型产业和基础原材料产业在20世纪70年代石油危机以后也进入结构性萧条。面对两大产业的衰退带来的劳动力安置问题,日本在1978年开始实施效期五年的《萧条产业安定临时措施法》,针对十多类面临萧条的具体产业进行调整,设立了特定产业信用基金用于这些产业的资产和人员就业转换;1983年第二次石油危机后又将《萧条产业安定临时措施法》进一步修改为五年执行期的《产业结构改善临时措施法》,在企业转产、技术开发投资、产业人员处理等方面增加新内容。正对区域产业经济中出现的类似问题,1978年制定了《萧条地区临时措施法》,提出了对萧条地区的离职者实行再就业措施,对就业的产业结构和区域结构上进行双向调整。而20世纪70年代之后针对知识密集型产业为主导的结构调整,日本政府将《职业训练法》修订为《职业能力开发促进法》,以提高就业者在产业结构快速转型期的适应能力。

针对产业更替中的就业问题,日本政府的就业管理主要包括针对劳动力需求方的雇佣补助和保险计划,针对劳动力供给方的职业能力建设计划,及针对供需匹配问题的职业介绍三大类内容。具体来看:①雇用补助计划的主要对象为企业,包括雇佣调整补助金制度、产业雇佣安定补助金和雇用高龄职工的补助。对缩小规模的但同时又采取了雇员转岗措施的企业,在企业发放职工工资时给予一定补助:大企业和中小企业通过得到政府1/3~2/3的补助,将暂时停业的工人保留在企业内部,待经济情况好转时可以重新就业;为多余职工举办培训,参与培训职工工资的一半培训费用由国家补助;多余职工单位间临时调动,国家补贴原来企业担负这部分职工的工资的1/2。雇用调整补助和产业雇佣安定补助有助于避免萧条行业失业率的集中快速上升。而对雇用高龄职工企业的补助主要是为了避免萧条产业内年龄较高职工的大规模失业,主要措施是对雇用45岁以上、65岁以下高龄职工的企业,国家进行1/4的工资补助。②职业能力建设和职业介绍的主要对象为劳动供给方,同时也结合了用工方的作用。开发职业能力方面的措施主要包括:企业本身进行职业训练、公共职业训练及工人的自学及自我培养,三种开发方式国家都针对不同的对象给予差别补助。在产业离职手册制度中,国家对特定的萧条产业的离职者发给各种手册,各个单位对持有此手册的人在就业时给予多种照顾及提供各种指导。

(3)就业导向的区域主导产业政策。1957年日本经济学家筱原三代平提出的"动态比较费用论",结合了李嘉图的"比较成本说"和李斯特的"扶持幼小产业说",提出"需求收入弹性"和"生产率上升率"两基准为作为选择主导产业的准则,认为选择收入弹性较大、有巨大社会需求,生产率上升快、技术水平高的产业作为主导产业是保证区域经济增长的关键。从就业促进来看,主导产业选择中没有充分考虑就业效应,及各地区不同人力资源状况对主导产业发展可行性的制约,是导致产业结构与就业结构无法良好互动的主要原因。要解决主导产业和就业结构调整中存在的问题,需要从产业的就业效应和区域劳动力资源实际状况两个角度出发制定有关的主导产业政策。

日本学者提出的"创造就业机会基准"明确将产业的就业效应作为重要选择主导产业的重要标准,有利于缓解经济转型时期巨大的就业压力。在主导产业选择时,对其就业功能的考虑包括两个方面——产业的就业规模和就业密度,前者用各产业就业人数占整体就业人数的比例来衡量;后者用年平均就业人数与各产业工业总产值的比值来衡量,表明一定量的产业资本投入所创造的就业机会,将就业规模和就业密度的加权平均值作为衡量产业就业功能的综合指数,在主导产业选择的过程中考虑这一指标的作用。

"丰富劳动内容基准"也是涉及产业就业效应有关的主导产业基准,由日本产业结构审议会在1971年提出,它的主要内容是,在选择主导产业时首先考虑发展能为劳动者提供安定的工作岗位和稳定的劳动场所,反映了社会经济达到一定水平之后,更向以人为本的目标发展的特征。虽然作为发展中国家的中国,提出"丰富劳动内容基准"作为选择主导产业的准则从整体社会需求层次上看还不必要,尤其是对于经济发展水平较低的区域,它更加不可能作为选择主导产业的主要标准,但是正对就业和产业发展中存在的流动关系矛盾,将其作为区域主导产业选择的一个参考因素也有其实际意义,而随着经济增长和谐社会建设的深化,以此标准来选择主导产业会显得越来越重要。

就业导向的主导产业政策除了需考虑产业本身的就业效应之外,还需要注意外部条件对主导产业发展可行性的约束,比如区域资源约束(特别是劳动力总量和素质结构状况)、历史政策因素等。地区主导产业政策制定与其资源禀赋密切相关,各种资源的丰富程度直接影响到该区域相应产业的发展,从我国不同区域产业结构演变路进已经可以观察到资源禀赋的重要作用。就劳动力约束资源来看,其总量丰富程度和素质结构对主导产业发展可能性产生了最为重要的制约:素质较低但劳动力总量丰富的地区通常能够发展低附加值的劳动力密集型产业,而要以技术密集型产业作为主导产业将会受到较多的劳动力瓶颈制约;熟练劳动力资源相对其它要素丰富的地区通常可以发展高加工制造业和与之相关的外向型加工出口产业。

由于不同地区的劳动力市场所面临的总量和结构性矛盾不同,劳动力资源比较优势也有所差别,因此在各自就业导向的主导产业选择不可能采取放之四海而皆准的政策,其至是否需要将就业相关的主导产业选择基准纳入整体的选择指标体系也应就不同地区和不同阶段的实际状况而定,整体上需遵循以下选择流程:

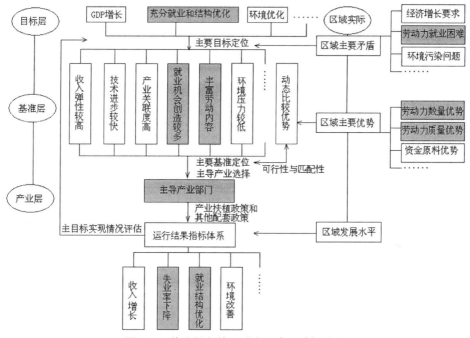

图9-8　就业导向的区域主导产业选择流程

　　首先,必须对区域内经济发展主要目标进行比较准确的定位,而其主要依据为目前区域经济内主要存在的矛盾和问题,比如衰退产业集中的地区,以产业人口转移为主要表现的就业矛盾与其它地区相比显得更加突出,那么在区域主要目标定位中需要作为重点。其次,依据定位的主要目标,对主导产业的各项选择基准进行遴选,将与主导目标相关性较高的作为选择产业定位的主要基准。与此同时,需要将当前区域主要的优势与定位的主要基准加以比较,判断所选产业当前或者潜在的可行性,以防止目标产业与实际发展可能性之间的脱节。再次,依据目标、基准和可行性定位主导产业,采取产业扶植政策和相关的配套政策。最后,需要将主导产业政策的运行结果与定位的主要目标进行对比,采用相关指标加以评估,并以此为依据制定新的产业结构调整和主导产业政策。

9.3　群体性就业政策的国际经验

　　对于各类群体性就业政策,本节选取了联合国、国际劳工组织、世界银行、经济合作与发展组织等国际组织的政策建议,用于说明青年就业政策的实践经验;以美国的平等就业委员会为例,说明除了反就业歧视立法之外,反就业歧视机构如何在整体反就业制度中发挥作用,落实各项法律;总结东欧国家在经济转型中所采取的就业政策,从而为中国的改革过程中的劳动力市场问题解决提供启示。

9.3.1 青年就业政策实践——以国际组织为例

关于青年的就业问题,不仅各国有自己的政策,联合国等国际组织也有相关的建议和行动。

(1)青年就业政策的"四个E"。1995年第五十届联合国大会通过了《到2000年及其后世界青年行动纲领》,青年就业被列为优先领域。2000年的《千年宣言》决定制订和执行推进青年就业的战略,明确提到为青年人创造就业机会。正是在强调青年就业为经济社会和青年发展的优先领域的基础上,联合国等国际组织呼吁国家元首和政府首脑调动国家和地方行动者的力量,审查、重新考虑和调整旧政策,实施新政策。联合国、国际劳工组织、世界银行为落实《千年宣言》中有关青年就业的全球承诺,于2001年成立了青年就业网(YEN)。青年就业网是联合国秘书长科菲·安南、国际劳工局局长胡安·索马维亚和世界银行行长詹姆士·沃尔芬森建立的一个伙伴关系。这个网络召集政策制定者、雇主和工人、青年人和其他利益攸关者,共同拿出技能、经验和知识,为应对青年就业的挑战,拿出新的、持久的政策和计划解决方法。青年就业网规划了青年就业政策的"道路图",即青年就业四个领域——就业能力、平等机会、创业精神和创造就业(又称为"四个E")。

青年就业网的四个优先事项,主要是强调国家要在青年人的教育和职业培训方面进行投资,以提高青年的就业能力;纠正和消除在获得教育、培训和进入劳动力市场方面的性别差距,以向女青年提供和男青年一样的机会;使创办和经营企业更为容易,并为男女青年提供更多和更好的工作;把创造就业机会放在宏观经济政策的中心位置。尽管各国的国情有所不同,经济和社会发展水平也不尽相同,但这四个能够促进青年就业的共同因素应当作为每个国家行动计划的高度优先事项。围绕"四个E",在青年人就业方面正在发挥国际牵头作用的国际劳工组织,提出了更为具体的政策建议。国际劳工组织强调,"在作出政策决定之前,必须拥有国家一级良好的青年就业定量和定性数据,按年龄和性别,及按与单个国家相关的其他变量,如民族、地理位置、居住身份分类"[1]。拥有这些数据,是正确决策的基础。这就是说,拥有了这些数据,我们就能够很清楚地知道

---

[1]国际劳工组织.青年:通向体面就业之路[EB/OL].(2005-09-01)[2010-08-06].http://www.ilo.org/global/publications/lang--en/index.htm.

是什么样类型的青年处于就业不足或失业的状态,及是什么样的具体原因导致他们处于这样的状态。国际劳工组织认为,影响青年就业的因素包括总需求和经济增长、青年群体的规模、经济周期、青年就业能力及全球化等因素,但具体到不同的国家和不同的青年群体,应当有具体的以定性和定量数据为基础的分析。

(2)青年就业政策的共性和重点。国际劳工组织在综合分析全球范围内各个国家应对青年就业问题的不同举措后认为:"在国家一级促进青年体面劳动方面,政府努力为实质性的、可持续的和全方位的经济增长、体面劳动及公、私营和社会企业发展创造有利环境是关键。"而从不同国家应对青年就业的要素中,可以得出的供决策者参考的重要经验教训包括:将青年就业纳入诸如减贫(扶贫)战略、地区和国家就业战略的发展计划中;执行以促进创造就业为重点的宏观经济政策框架;注重部门的发展并让社会伙伴参与部门的规划;出台针对青年就业或促进企业创业的立法和法规;就业密集型计划正创造短期和长期的工作岗位;通过支持创业培训、鼓励青年借贷战略、孵化器和合作社为青年创造更多的工作岗位;具有积极效果的青年就业战略注重一系列因素;贯彻积极的劳动力市场政策和计划,为青年创造就业或提高就业能力;在校学习与工作实习和学徒制相结合的双轨体制依然是有效的学习模式;加强针对提高青年就业能力的培训计划。在此基础上,国际劳工组织提出了自己的政策建议。

国际劳工组织的青年就业政策建议,可以分成倡导国家制定的施行一系列旨在推动优质生产性就业的经济社会综合政策和提高青年就业能力两大部分构成。国际劳工组织呼吁各个国家要超出传统的劳动力市场政策,制定将就业纳入经济社会政策中心的政策。国际劳工组织提出的以就业为中心的社会经济政策建议包括:以就业为中心的宏观政策;部门发展政策劳动力市场法规;积极的劳动力市场政策。

在提高青年就业能力方面,国际劳工组织强调的是教育和培训、积极的劳动力市场计划,以加强青年就业能力和通过有的放矢的倡议打击歧视和弱势。在历年的人力资源开发建议中,国际劳工组织和其他国际组织都强调教育和培训是青年人力为劳动作准备的关键因素。这里所强调的教育既包括学历教育,也包括职业教育;而培训也包括岗前培训和工作中的培训。积极的劳动力市场计划,主要是呼吁采用创新的方法,以使青年具有面向当地经济和就业增长的知识和技能。考虑到青年经常受到年龄歧视和女性青年及其他弱势群体的青年也会受到歧视,国际劳工组织呼吁各国政府应当采取积极措施以消除这些歧视。

联合国、国际劳工组织和其他国际组织,都认为青年就业问题是一个综合性的问题,需要相关各方的共同参与,因而也都强调社会对话的重要性。社会对话也可以说是国际组织的政策建议或者说制定政策的方法建议。社会对话能够确保青年就业政策、规章和计划反映所有利益攸关者的观点和经验。最基本的对话可能让社会伙伴之间共享信息。社会对话也可以是磋商或谈判。利用社会对话,也能够使政府、雇主代表和工人代表就所有重大的经济社会政策问题达成协商一致。国际组织所提出的政策建议,可以说是在各方对话基础上形成的。

(3)青年就业服务活动。联合国、国际劳工组织、世界银行、经合组织除就青年就业提出政策建议、制定相关的国际公约和分析青年就业形势之外,还为青年就业提供一些服务。这些服务活动包括知识库建设、为各国的青年就业服务提供支持和开展具体的培训活动等。在这些方面,做得最多也最有实效的是国际劳工组织,有许多项目都是国际劳工组织发起或负责实施。

在知识库建设方面,联合国分别于2003年和2005年发表了《世界青年报告》。这两份报告虽然包括青年发展的诸多方面,但提供了比较翔实的青年就业方面的全球性的数据资料。经合组织2002年发布了《经济合作与发展组织国家的就业展望:朝着更多和更好的工作》,其他国际组织也提供了一些数据。相比之下,国际劳工组织所提供的青年就业方面的资料更为详尽。《青年:通往体面劳动之路》《全球青年的就业趋势》《处在风险中的青年》等不仅提供了全球青年就业的数据资料,对许多国家在青年就业中所采取的做法都做了介绍。

知识库建设方面最为重要的是提供技能发展方面的资料和编制各种青年就业的指导手册。国际劳工组织在青年就业方面编制的青年就业的指导手册,以2004年的《改善青年男女在劳动世界中的前景:青年就业指南》最为详尽,还有《人力资源开发建议书的修订》《为在知识社会工作而进行的学习和培训》等。当前,国际劳工组织为了在协助某些国家拟定非正规经济中青年和成人的技能方面加强自己的政策咨询和技术合作能力,正在以包括青年在内的非正规经济工人的技能发展程序和技能相关的需要为基础建立知识库。国际劳工组织还建立了"人力资源开发信息库",涵盖了包括获得教育和培训的机会、机构框架、职业和生活指导、终生学习等一系列活动。

联合国青年方案、国际劳工组织等开展各种活动,支持包括青年就业活动在内的公共服务活动。2000年以来,国际劳工组织对韩国、印度尼西亚、约旦、南非等进行了公共服务就业评估。同时,还在塞拉利昂、科索沃、阿富汗和阿根廷协助发展紧急就业服务。这些公共就业服务活动虽然不是具体针对青年人的,但青年人能够从这些活动中获益。

国际组织开发的一些培训项目,在针对青年的方面,比较有影响的有创业发展项目、基于社区的培训和赋予农村经济以力量项目等。创业发展将包括了解企业(KAB)、产生你的经营想法(GYB)、开办你的企业(SYB)、改善你的企业(IYB)。基于社区的培训项目,是国际劳工组织与联合国教科文组织和世界卫生组织共同发起的,目的是为儿童、青年和有残疾的成年人提供平等的机会,包括职业康复和培训及就业促进,农村就业培训计划(TREE),国际劳工组织以基于社区的培训为基础设立这些项目,目的是在两个不同国家的多种多样的地理区域,为最为边缘化的群体创造一个创收和创造就业的替代模式。国际组织,甚至就是国际劳工组织开展的培训项目也还有很多,比如为残疾人设计的就业培训等。这些项目都为改善某些国家和地区的青年就业状况提供了有效的支持。❶

9.3.2 就业歧视的规制——以美国平等就业委员会为例

美国政府反就业歧视的一个重要举措就是设立一个专门的机构——平等就业机会委员会(EEOC)负责反就业歧视法律的执行。EEOC是一个独立的准司法机构,由5名委员(任期5年)和1名总辩护律师(任期4年)组成,全部成员都由总统任命并经众议院批准生效。5人委员会负责法律的执行、平等就业机会的政策制定和法律的宣传普及,如向雇主和雇员提供法律咨询、培训和相关信息等。总辩护律师负责由EEOC执行的法律诉讼。半个多世纪以来,美国EEOC在消除就业歧视、促进就业平等方面发挥了极其重要的作用。据统计,在1997—2006财政年度内,每年受理的歧视投诉在7500—8500件,执行歧视诉讼每年在400件左右。

(1)歧视控诉处理程序。一般说来,EEOC在正式受理劳动者关于就业政视的控诉后,就会直接展开证据调查工作。在调查过程中,可以查阅相关信息和文件、询问相关人员和访查涉案企业,有权根据调查证据决定是否撤销歧视控诉。在调查取证的任何阶段,EEOC会在双方自愿的条件下寻求歧视控诉的调解工作。调解不成则进入仲裁阶段,仲裁需要双方遵守保密、自愿和对结果一致同意的原则。如果仲裁失败,歧视控诉案件又回到调查阶段,EEOC会根据进一步的调查信息做出撤销案件或提起诉讼的决定(EEOC可代理受害人直接向法院提起民事诉讼,被告是政府的除外)。如果EEOC决定撤销控诉或是决定不予起诉,受害方有权自发出通知之日起90天内自行向法院提起民事诉讼。如果法院判定就业歧视成立,EEOC就会依法负责对判决的执行,并监督、指导雇主采取补救性的措施,尽量消除歧视的不利影响。

(2)歧视的救助或补偿。如果歧视控告成立或歧视诉讼成功,不管是不是由故意歧视导致的,只要具有歧视后果,雇主都必须对受害人进行以下救助或补偿:补发欠薪、雇用、晋升、重新安置、提供合适的工作便利或采取其他恢复原状(没有歧视情况下的状况)的措施,当恢复原状不可行时,必须补偿未来工资的损失。补偿费用还包括律师费、专家证人费和诉讼费等。如果歧视被证明是故意或雇主恶意和不计后果的粗心大意造成的,EEOC会让雇主向受害人支付惩罚性补偿,包括实际经济损失补偿、未来经济损失补偿和精神损失补偿。除了经济补

---

❶徐章辉.国际组织的青年就业政策[J].当代青年研究,2006(7):68-72.

偿之外,EEOC会要求雇主在醒目和方便阅读的情况下,贴出公告,向所有雇员告知他们在EEOC所能获得的法律援助和免遭雇主报复的权利。最后,EEOC还要求雇主采取纠偏行动防止或减少类似歧视案件的发生。

(3)反就业歧视机构的效果。经过美国政府和EEOC多年的不懈努力,反歧视行动虽然不算十分成功,但有关反歧视的法律法规已是政府规制劳动力市场最重要的手段和规范人力资源管理工作最重要的法律制度,对劳动力市场及整个社会产生了重要的影响。

①《同工同酬法》《民权法案》反就业歧视目标基本实现。《同工同酬法》是最基本反歧视法律,而1964年的《民权法案》是美国最重要的反歧视法律,保护对象全面,覆盖范围广泛,对美国产生了深远的影响。这两部法律有效地促进了少数民族就业水平、就业质量和收入的提高。女性—男性的工资差距和黑人—白人的工资差距不断缩小,女性和黑人进入大企业工作的比例不断上升。但由于政府放松对劳动力市场的管制,少数民族的就业和收入的改进在20世纪80年代有明显放缓的迹象。

②《雇用中的年龄歧视法案》正面效果大于负面效果。美国的反年龄歧视立法增加了60岁以上老年劳动者的就业率,强制退休的现象得到一定程度的减少。但是,年龄歧视立法也受到了一些批评,如取消强制退休可能会减少雇主签订有效的长期劳动合同,从而使得雇主和老年劳动者都受到效率损失的负面影响,也有可能导致老年人的寻租行为,甚至有人认为,立法增加了雇用老年劳动者的成本和面对更多的诉讼,因此老年劳动者的就业会减少。但通过对美国年龄歧视立法效果评估的文献表明,立法增加了受保护的老年劳动者的就业,而且,年龄歧视立法并没有造成新近入劳动者长期劳动合同签订的减少,相反,雇主和劳动者的长期关系得到巩固。因此,美国年龄歧视立法的积极效果大于负面影响。

③《残疾人法案》(ANA)短期内具有负面效果,但在长期中有积极效果。残疾人歧视立法的提倡者认为,雇主的偏见对残疾人的就业产生了不利的影响,立法可以改进残疾劳动者的经济地位。但是自从1992年ADA生效以来,大多学者认为,ADA并没有实现立法的目标,相反,给残疾劳动者的就业造成了负面影响。而出现这个结果的原因主要是残疾劳动者的使用成本上升了:一是雇用成本增加了,因为ADA要求雇主为残疾劳动者的工作提供合理的便利,如购买特殊的设备或改变工作结构或流程,这些强制的便利要求显著地会增加用工成本;二是残疾劳动者的解雇成本增加了,因为ADA禁止雇主歧视性解雇残疾劳动者,即使因为合同到期而终止也要证明是非歧视的。这就可能会显著地提高预期的歧视诉讼,从而使预期的解雇成本增加。尽管在短期内对残疾劳动者产生了负面影响,但是,由于ADA会提高残疾劳动者人力资本投资激励,因此残疾劳动者的地

位得到了根本的改善。❶

阅读推荐6:有关美国女性就业歧视的研究

请你查阅这些资料阅读并撰写一篇读后感:

(1)[英]J. D. 波尔著,张聚国译,《美国平等的历程》,商务印书馆,2007。

(2)[美]凯瑟琳·A·麦金农著,曲广娣译,《迈向女性主义的国家理论》,中国政法大学版社,2007。

(3)张千帆、蔡定剑,《海外反就业歧视制度与实践》,中国社会科学出版社,2007。

(4)李炳安,《欧盟与美国两性工作平等法制之比较》,武汉大学学报,2004.3。

(5)凯塔琳娜·佛罗斯特尔,《实质平等和非歧视法》,环球法律评论,2005.1。

9.3.3　扶持经济转型中的失业群体——以东欧国家为例

受经济发展、产业结构、劳动力市场等多种因素影响,欧洲各国就业状况差异较大,东欧和南欧地区失业率较高,北欧地区的失业率较低。在就业问题方面,东欧国家面临着一些共性的问题:一是年轻人和就业弱势群体失业率较高;二是福利政策抑制了劳动力市场的活力;三是就业存在结构性矛盾;四是面临人口老龄化问题。对此,这些国家采取了一些措施,解决转型经济中的各种就业矛盾:

(1)支持吸纳就业能力较强的服务业等产业发展。1989年东欧剧变后,德国东部地区和捷克、匈牙利等地区都曾面临工业萎缩,失业人口大幅上升的问题。为缓解失业,三国均采取多种手段大力支持吸纳就业能力强的服务业等产业发展。目前,德国服务业就业人员占全部就业人员的比重已达到73%,较1991年提高了12个百分点,捷克2011年服务业就业人员占比也达到59%。近五年来,德捷匈三国新增就业岗位的三分之二来源于服务业,服务业成为稳定就业市场的重要依托。

(2)以灵活多样的方式广开就业门路。除了发展就业吸纳能力较强的产业之外,转型经济国家也在已有的产业中挖掘可以扩大就业数两的岗位,或者采取兼职和短期工作的方式实现灵活就业。在波兰,地方劳动部门与地方自治机构、公共事业部门、环保、文教、体育、旅游、社会保健、社会福利和水利等部门,合作安排失业者参加社会公益劳动。失业者劳动期间的报酬按照规定分别由地方财政与国家预算负担。俄罗斯劳动部门不断向失业者提供临时性就业机会,如城

---

❶卿石松.美国反就业歧视立法[J].中国劳动,2008(3):29-31.

市清洁、绿化、道路维修、保养、货物装卸、商品零售、家庭服务、报刊发行、简单修理、庄稼收割和蔬菜粗加工等,临时就业机会由地方劳动部门和当地企业共同提供,劳动报酬则有相应的组织者发放❶。

（3）提供优质的公共就业服务。德捷匈三国在欧盟就业总司的指导下,建立了统一的全社会就业数据库,并与欧盟的欧洲就业服务组织(EURES)互联互通,全面收集雇主和求职者信息,方便供求双方找到合适的人员或者岗位。EURES已实现17国联网,可以实现输入一个职位后自动提供匹配的求职者资料,或者输入求职者资料后提供推荐职位。同时,德国、捷克等国在居民社区设立了就业中心,将职业指导、培训咨询、职业介绍、申领失业金等一系列服务联署办公,便利了居民求职。比如波兰建立国家、省、地三级就业行政管理机构和就业咨询机构,形成有上万名就业服务人员组成的就业服务网络;罗马尼亚除由劳动社会保障部负责就业工作外,还建立了失业咨询委员会等中介组织,尽量缩短失业者的李刚期限;保加利亚通过社会福利部所属的全面就业服务局系统的网状服务机构开办多种类型、不同范围的劳动了市场,组织失业者在就业

（4）加大对重点失业人群的就业指导。对年轻人,重视加强毕业后培训和职业生涯引导,预防学习与就业市场不匹配引发的失业。德国制定了《职业教育法》,要求对学生开展入职前预备培训,德国职业技术学院的学生毕业前90%以上的人须接受1~2年在岗职业培训,通过职业技能水平考核后可同时获得学校成绩证明单、企业实习证明和职业资格证书,成为企业的正式员工。以保时捷公司为例,公司为符合条件的在校生安排为期三年的在岗培训,考核合格后转为正式员工。同时,对初高中学生提前开展职业规划引导,有法定的就业指导机构与教育部门和学生家长进行沟通,对孩子未来职业发展提出建议。在各方的引导下,学生的就业观比较切合实际,据德国经济和劳动部统计,目前德国的初中毕业生60%左右会选择进入职业技术院校,将来成为技术工人;40%的人选择进入高中,而后升入大学。对大龄失业人员,注重再就业培训和心理辅导,再就业培训主要帮助进行知识和技能更新,提高转岗就业能力;心理辅导用于防止失业使人精神萎靡。对于失业时间较长的大龄失业人员,安排专人提供一对一的针对性服务。波兰政府规定,受训者在培训期间享受职业培训补贴、病假补助、交通补助和工资补助;负责培训的单位也依法享受国家的财政不同,同时无偿为失业者提供就业信息。

（5）通过财税等优惠政策扶持就业。对新建企业,根据其吸纳就业力给予一定的补贴,对经济困难应该减员而不减员的企业,根据就业人数减免一定额度的税收;对年轻人、大龄失业人员、残疾人等重点失业人群,通过欧洲社会基金和政府财政补贴实施求职补助、免费技能培训、生活补贴等各具特色的就业援助工

---

❶ 姜作培.俄罗斯与东欧转轨国家再就业政策及其启示[J].理论与现代化,1998(10):41-42.

程,如为妇女提供新工作机会的"Now"(new opportunities for women)项目、帮助残疾人的"展望项目"及帮助年轻人首次就业的"青年开始项目"等❶。具体来看,俄罗斯政府为使那些希望开创自己的事业,同时又有一定才能的失业者实现就业愿望,出台了自主就业计划:对参与这项计划的失业者进行测试和筛选,对入选者除进行相应的培训、帮助其制定具体就业计划和办理必要的就业手续外,还为其提供一定数量的启动资金。对军工企业大规模转产所造成的困难,劳动部门向制定转产企业提供财政支持。罗马尼亚政府规定,对规定,对那些主动接受失业者的经济单位,提供失业基金贷款并给予贷款的利息优惠,一般只相当于银行贷款利息的50%。对投资开办经济实体的失业职工,可以一次性得到六个月的失业补助金,并可在两年内免交所得税。波兰政府规定,因企业原因而失业的人可想劳动就业部门申请自谋职业低息贷款,其数额高达全国平均工资的20倍,对招收失业人员的雇主提供优惠贷款。对失业率高的地区,地方劳动了部门还硬性安排了一些雇主接收失业者就业,由劳动部门支付就业者部分工资、奖金和社会保险费。

★本章重点:

就业管理体系建设的国际比较,灵活化实践和改革方向;

就业政策如何与其它社会政策相协调,比如社会保障政策的、经济一体化政策和产业政策;

国际组织有关青年就业政策的建议对中国的启示;

美国的反就业歧视规制对中国反就业歧视制度建设的启示;

东欧国家在经济转型中采取的失业治理政策对中国的启示。

★关键词:

就业管理体系建设	就业管理灵活化
丹麦"金三角"模式	就业管理改革
德国哈茨改革	社会保障模式
投保资助型模式	福利国家型模式
工作激励	经济一体化
欧盟东扩	产业更替

---

❶王大野,许欣.原东欧三国促进就业的经验及启示[J].中国经贸导刊,2013(12):52-53.

就业结构管理　　　　　　　　　主导产业准则

创造就业机会基准　　　　　　　丰富劳动内容基准

主导产业选择流程　　　　　　　青年就业政策的"四个E"

平等就业机会委员会　　　　　　经济转型中的失业群体

思考与应用：

请阅读以下案例"欧盟国家青年失业严重"[1]，查阅材料中提到的"欧洲社会公正指数"调查报告和其它相关资料，回答问题(1)~(3)。

德国贝塔斯曼基金会2014年9月15日发布的"欧洲社会公正指数"调查报告显示，欧盟28个成员方的社会不公正情况正在加剧，面临贫富对比悬殊、青年人严重失业、南北差距拉大等挑战，反映出当前欧洲面临的严峻社会形势和政策制度困境。贝塔斯曼基金会项目负责人丹尼尔·施拉德·蒂施勒对本报记者说，他们发表这一研究报告的目的，就是希望让欧洲的政治家掌握客观依据，在制定政策时，把握好经济增长和社会公平之间的平衡。但当前欧盟国家经济复苏势头不稳，欧盟能否切实推出保护社会公平的政策还是个未知数。

青年成为欧洲社会不公平的突出受害者。青年失业不仅事关社会公平正义，而且会成为经济发展的不利因素。施拉德·蒂施勒说，欧盟国家总体呈现老龄化趋势，但老年人有庞大的养老金体系供养。统计数据显示，在15~24岁的年轻人中，希腊的失业率是58%，西班牙为53.8%。2014年7月，欧盟共有500多万年轻人找不到工作，平均失业率21.7%。值得注意的是，即使在部分北欧国家，青年失业问题也很严重，瑞典失业率为23.5%，芬兰是19.9%。联合国相关报告认为，瑞典的青年失业主要是教育结构原因而非经济危机。瑞典雇主协会负责人说，瑞典大约有25%的年轻人不能顺利从学校毕业。毕业生则大量"扎堆"在旅游和理发等服务行业。贝塔斯曼基金会的报告则指出，瑞典和芬兰的移民政策需要更加包容。美国《华盛顿邮报》曾分析说，瑞典有庞大的一个外国移民群体，但政府对移民的包容性政策不足，导致他们受教育程度低，政治参与意愿不强。

贝塔斯曼基金会的报告强调，解决青年失业的长期政策是加大对人的投资，特别是教育和职业培训。大规模削减对教育和研发领域的投入，不仅给社会公正领域带来长期负面影响，也会阻碍经济活力。教育机会的丧失把脆弱的民众群体排除在社会之外，削减研发领域预算还将造成本国年轻科学家外流。

[1]管克江.欧盟国家社会不公正现象加剧[N].人民日报,2014-09-18(021).

在大多数社会政策议题上，欧盟国家还缺乏统一协调的战略。施拉德·蒂施勒表示，总体而言，经济发展对社会公正指数有积极相关作用。但是，经济发展不一定带来社会公平，相关国家政府采取什么社会政策也起到关键作用。捷克虽然经济连年衰退，但是注重预防贫困，其社会公正指数得分高于德国。爱尔兰人均国内生产总值接近瑞典和德国，但社会公正指数处在中下游。

贝塔斯曼基金会的这份报告强调，社会公正和经济繁荣应当齐头并进，缺一不可。报告警告，社会政策的失败及短视的紧缩政策，将给未来带来严重后果。届时再采取措施补救，付出的代价将比现在行动昂贵得多。报告批评说，近几年欧盟国家忙于应付欧债危机和紧缩财政，对创建更加公正的欧洲努力不足。虽然不能说欧盟在社会政策上不作为，但是在大多数社会政策议题上，欧盟还缺乏统一协调的战略。

施拉德·蒂施勒期待该报告能给欧洲政治家提供一个事实依据，在制定政策时把握好经济增长和社会公平之间的平衡。他说，控制预算和削减债务是欧洲国家的可持续发展之道，也是欧元区建立信任的基础，但必须对政策的短期和长期作用有清醒认识。他同时承认，考虑到当前欧盟国家经济复苏势头不稳，"增长派"和"紧缩派"意见严重对立，欧盟能否切实推出保护社会公平的政策还很难说。

(1)材料中反映了青年群体哪些方面的就业问题，查阅相关数据资料，说明青年就业者和其它就业者在这些问题方面的差距有多大？

(2)从材料中反映的情况来看，哪些政策方面的原因导致了青年群体的就业出现困难？就业政策和其它社会政策之间的不协调性反映在哪些方面？

(3)查阅中国青年就业群体的相关数据，对比欧洲的情况，分析两者存在哪些方面的异同，对中国有何启示，在解决青年人的就业问题时有哪些值得共同借鉴的政策措施？